U0496826

国家社科基金项目成果经管文库

Synergy Effect of Capital Elements in Economic Growth

资本要素协同效应与经济发展

吴慈生　徐静　赵旭阳／著

中国财经出版传媒集团
经济科学出版社
Economic Science Press

图书在版编目（CIP）数据

资本要素协同效应与经济发展/吴慈生，徐静，赵旭阳著.
—北京：经济科学出版社，2020.12
（国家社科基金项目成果经管文库）
ISBN 978-7-5218-1992-2

Ⅰ.①资… Ⅱ.①吴…②徐…③赵… Ⅲ.①资本-影响-中国经济-经济发展-研究 Ⅳ.①F124

中国版本图书馆 CIP 数据核字（2020）第 205880 号

责任编辑：崔新艳　胡成洁
责任校对：蒋子明
责任印制：李　鹏

资本要素协同效应与经济发展
吴慈生　徐　静　赵旭阳　著
经济科学出版社出版、发行　新华书店经销
社址：北京市海淀区阜成路甲 28 号　邮编：100142
经管编辑中心电话：010-88191335　发行部电话：010-88191522
网址：www.esp.com.cn
电子邮件：expcxy@126.com
天猫网店：经济科学出版社旗舰店
网址：http：//jjkxcbs.tmall.com
北京季蜂印刷有限公司印装
710×1000　16 开　22.5 印张　400000 字
2020 年 12 月第 1 版　2020 年 12 月第 1 次印刷
ISBN 978-7-5218-1992-2　定价：90.00 元
（图书出现印装问题，本社负责调换。电话：010-88191510）

国家社科基金项目成果经管文库

出版说明

我社自1983年建社以来一直重视集纳国内外优秀学术成果予以出版。诞生于改革开放发轫时期的经济科学出版社，天然地与改革开放脉搏相通，天然地具有密切关注经济领域前沿成果、倾心展示学界翘楚深刻思想的基因。

2018年恰逢改革开放40周年，40年中，我国不仅在经济建设领域取得了举世瞩目的成就，而且在经济学、管理学相关研究领域也有了长足发展。国家社会科学基金项目无疑在引领各学科向纵深研究方面起到重要作用。国家社会科学基金项目自1991年设立以来，不断征集、遴选优秀的前瞻性课题予以资助，我社出版了其中经济学科相关的诸多成果，但这些成果过去仅以单行本出版发行，难见系统。为更加体系化地展示经济、管理学界多年来躬耕的成果，在改革开放40周年之际，我们推出“国家社科基金项目成果经管文库”，将组织一批国家社科基金经济类、管理类及其他相关或交叉学科的成果纳入，以期各成果相得益彰，蔚为大观，既有利于学科成果积累传承，又有利于研究者研读查考。

本文库中的图书将陆续与读者见面，欢迎相关领域研究者的成果在此文库中呈现，亦仰赖学界前辈、专家学者大力推荐，并敬请经济学界、管理学界给予我们批评、建议，帮助我们出好这套文库。

经济科学出版社经管编辑中心

2018年12月

前言

Preface

回顾有关经济增长的理论，知识资本概念的提出及理论的形成先后经历了从“物质资本”到“人力资本”再到“知识资本”的演进过程。20 世纪 90 年代以来，有关知识对经济发展的影响研究取得了许多成果，其中有一个重要的共识：正是知识产业化的影响改变着组织的利润来源和竞争优势，知识资本已经成为生产过程中的一项要素。但从资本要素对经济增长的作用来看，目前经济发展仍面临许多有待回答的理论与实践问题。

（1）忽略了各项经济增长要素的协同作用。劳动力、物质资本、知识资本等是经济增长的主要驱动力，但各经济要素之间的替代关系、分配比例和协同效应等对经济的影响尚需深入研究。

（2）低估了制度变迁对经济发展的影响。改革开放以来，制度创新是中国经济社会发展的重要因素。国内学者从不同角度阐述了制度变迁对经济发展的作用，但制度变迁的内涵和外延以及计量分析等有待探讨。

（3）仅仅用知识或者人力资本或者技术进步来解释发展中国家的经济增长显得证据不足。以技术进步为例，在二战后相当长一段时间内，苏联科学技术进步迅速，然而科学技术的进步并没有带来相应的经济发展，表明用技术进步来解释经济发展也存在一些前提条件，同物质资本存在折旧和累计类似，知识或知识资本在折旧、累计、增值、与其他因素的协同等方面尚需做进一步的解释。

基于以上三个方面的问题，本书在理论和实践上对知识资本、物质资本的协同效应以及与经济发展的关系进行了较系统的研究，初步提出“资本要素协同与经济发展”的理论与方法体系。从区域层面解释了物质资本与知识资本的协同效应对经济发展的影响机制，从企业角度验证了多元化战略与组织结构之间的协同作用、团队成员知识异质性对创新绩效的影响等。

本书受到国家社会科学基金重点项目（批准号：13AJY004）的资助，是在总结相关研究成果的基础上撰写的，适合从事知识资本研究、创新管理研究的人员阅读，也可供政府经济管理部门、高等学校相关科研人员、企业从事人力资源管理与知识管理的中高层管理人员参考。

本书项目组成员李兴国、徐静、张弢、杜先进、代宝、赵静、赵旭阳等对课题研究和书稿写作做出了积极的贡献，潘昱婷、王林川、周震、彭彦芳、胡正、苗根地等博士生和硕士生参与了课题的部分研究工作。感谢全国哲学社会科学工作办公室国家社会科学基金的资助，感谢课题结项过程中各位评审专家提出的宝贵意见，感谢经济科学出版社崔新艳编审的细致工作。希望本书的出版对协同经济学的理论研究和中国经济的协同发展有抛砖引玉的作用。

限于作者水平，书中不足之处在所难免，希望各位读者不吝指教。

作　者

2020年3月

目　录

Contents

第1章 绪　论

围绕物质资本与知识资本的协同效应对经济发展的影响这一研究目标，本章对课题研究的背景、研究意义与研究内容、技术路线与研究方法等进行了概括性介绍，为后续的系统分析、计量研究和实证研究提供依据。

1.1 研究背景

半个多世纪以来，经济学家们就经济长期增长的动力或源泉进行了广泛而深入的研究。哈罗德（Harrod，1939）和多马（Domar，1946）先后提出了长期经济增长模型。在此基础上，索洛（Solow，1956）创立了新古典经济增长模型。20 世纪 60 ~80 年代中后期，围绕对全要素贡献的解释，西方一些经济学家将知识和技术等要素内生化，对经济增长的内在机制进行了系统的研究。美国经济学家丹尼森（Denison）在 1962 年出版的《美国经济增长因素和我们面临的选择》一书中，根据美国的历史统计资料测算了各个增长因素对美国国民收入增长所作的贡献，其后又对西欧各主要国家和日本战后经济做了测算。丹尼森的主要贡献是，把“技术进步”这一因素进一步分解，突出了劳动投入量的增长率和劳动素质的提高对经济增长的作用。舒尔茨（Schltz）在 20 世纪 50 年代强调了教育在经济发展中的重要性和必要性。阿罗（Arrow）于 1962 年发表了关于“学习效果”的论文，认为除了资本和劳动以外，生产经验的增长也是一种生产性投入。贝克尔（Becker）于 20 世纪 60 年代出版了《人力资本》专著，对人力资本在经济增长中的作用进行了全面论述。20 世纪 80 年代，加利福尼亚大学伯克利分校的罗默（Romer）提出知识是经济增长的要素。他认为知识能够提高投资收益，知识需要投资，知识与投资存在良性循环的关系。无独有偶，以诺思（North）和舒尔茨为代表的新制度经济学理论从另一角度解释了经济增长的动因。他们认为，在影响人的行为决定、资源配置与经济绩效的诸因素中，市场机制的功能固然是重要的，但是，市场机制运行并非是尽善尽美的，因为市场机制本身难以克服“外部性”等问题。因此，在考察市场行为者的利润最大化行为时，必须把制度因素列入考察范围。他们强调，制度是内生变量，对经济增长有着重大影响。在美国经济史上，金融业、商业和劳动力市场方面的制度变迁都促进了美国的经济增长。新经济增长理论中知识资本的内涵与新制度经济学所强调的制度是相通的。

管理大师德鲁克（Drucker，1998）指出，“知识的生产率日益成为一个国家、一个行业和一家公司竞争的决定因素”。经济合作与发展组织（OECD）认为，现有的 GDP 统计指标和其他多数宏观经济指标基本上不适用于对知识的计量。为此，OECD 提出了一套计量知识的基本分析框架，以测量知识资本的绩效。经济学家斯图尔特（Stewart，1991，1994）在美国《财富》杂志上先后发表了论文《知识资本：如何成为美国最有价值的资产》和《你的公司最有价值的资产：知识资本》；并在其专著《知识资本：组织的新财富》中，首次提出了知识资本概念，认为企业员工的技能和知识、顾客的信任，以及公司的组织文化、制度和运作中所包含的集体知识，都体现了知识资本，知识资本是企业、组织和一个国家最有价值的资产；并探讨了如何将组织中的未成型、未编码的知识转化为企业的竞争力，揭示了长期以来被忽视的知识资本的重要性。此后，许多学者诸如埃德文森和沙利文（Edvinsson and Sullivan，1996）、斯维比（Sveiby，1997）、布鲁金（Brooking，1997，1998）、加尔布雷思（Galbraith，1969）、费格伯格（Fagerberg，1994）等分别从不同角度研究分析了知识资本的内涵、结构对区域发展和企业成长的意义。

从以上研究可以发现，知识资本概念和理论的发展经历了三个主要阶段，即从“物质资本”到“人力资本”再到“知识资本”。在古典经济学中，资本的概念主要指企业的总财富或总资产，即企业在经营中长期使用的固定资产，包括土地、房屋、各种设备等。因此资本的内涵主要包括实物资本或资金形态的资本，即物质资本。在现代经济活动中，知识日益成为企业经营的核心资源，而知识性要素已经具有物质资本的相同特征和功能，广泛而深入地参与社会生产和再生产，并创造价值、产生利润。实际上，新制度经济学与新经济增长理论从不同角度揭示，经济发展的源泉不仅依赖物质资本，还取决于由人力资本、结构资本、关系资本所组成的知识资本。

在国内，也有不少专家学者基于中国经济发展的实践，探讨中国经济持续增长的驱动力。易纲、樊纲、李岩（2003）指出，发达国家和新兴经济国家（地区）处于不同的发展阶段和不同的外部环境，因而不能简单地将中国这样的新兴经济国家（地区）与发达国家进行比较，或采用既有的模型解释其增长机制。王小鲁认为，中国改革开放以来经济增长的主要动因有三个方面：一是资本、劳动力和人力资本等投入要素的持续增长；二是制度变革对经济增长的贡献；三是企业微观效率、外资和出口等条件的改善。仲大军认为，过去几十年中国经济的高速发展和生产效率的大幅提高，最大的动力源泉就是权力的下放。贺菊煌认为中国经济增长最重要的原因是经济体制的改革和境外资本的大量流入。吴敬琏认为如果用西方经济学标准的两要素投入进行分析，“索洛剩余”在欧美发达国家主要解释为技术进步，而在中国，推动经济增长的动力除了技术进步，还有制度改革。

在经济增长领域，郭凯明和龚六堂（2012）通过动态一般均衡模型考察了公共教育和社会保障两种公共政策对经济增长和不平等的长期影响。结果表明，提高公共教育投入可以促进经济增长，减缓人口增长，但是对于调节收入分配的作用较弱；加大社会保障可以有效地降低不平等程度，但是却不利于经济的长期增长。韩中元和黄险峰（2014）将垄断引入生产函数，构造了一个两部门经济增长模型，结果表明，垄断既不利于收入分配，也不利于经济增长。王弟海（2017）在一个具有生产部门的OLG模型中，分析经济的多重均衡和经济效率，讨论了政府在经济中的作用。王华（2011）将知识产权因素引入内生增长模型，分析了知识产权保护对技术进步的影响机制。杨莉莉和邵帅（2011）分析了资源开发活动及政府行为对人力资本积累与区域经济增长可能产生的影响及其作用机制。严成樑等（2013）在R&D驱动的经济增长框架下考察了习惯形成对经济增长的影响，并具体分析了模型的动态特征。

在知识资本研究方面，袁丽（2000）、王勇和许庆瑞（2002）、孙涛等（2003）、陈劲、谢洪源（2004）、陈美纯和张善杰（2004）、李嘉明和黎富兵（2004）、徐扬（2012）等学者分别研究了知识资本、知识资本结构、知识效用、知识价值等。孟庆松等（1998）从系统科学角度，重点考察知识系统的构成要素及其功能特征。鹿峰、李竟成（2007）在研究科技—经济系统协同度模型及实证分析中指出，通过新的制度安排，可以保证公共科学的资源投入，保证产业科学的效率，使其真正成为企业技术创新的发动机。

从整体上看，2000年以来，有关知识对经济发展的影响研究取得了许多成果。其基本结论是：正是知识产业化的影响改变着企业的利润来源和竞争优势。从经济全球化来看，知识资本正逐渐成为生产过程中的核心生产要素，扮演着日益重要的角色。新经济增长理论解释了知识是经济增长的主要源泉，演化经济学强调了组织学习是维持核心竞争力的手段，新制度经济学则强调了规则对经济的意义，但目前世界经济发展仍面临许多有待回答的理论与实践问题。

（1）现有研究忽视了各项经济增长要素的协同作用。毋庸置疑，诸如物质资本、劳动力、知识资本等各项要素对经济发展具有不可或缺的推动作用，但对于各经济要素间的替代关系、分配比例和协同效应等对经济的影响尚需做深入的研究。近年来，美国由于实体经济日益衰落而提出了“重振美国制造业”的国家战略；中国虽然保持持续稳定增长，但由于技术创新和制度创新滞后，形成了一些结构性的社会矛盾，中央先后提出了“新经济新常态”和“高质量发展”的转型思路。这些在一定程度上，反映了各项经济增长要素的协同对经济增长的重要作用。

（2）现有研究低估了制度变迁对经济发展的影响。改革开放 40 多年来，制度创新是中国经济社会发展的最重要因素。国内学者从不同角度阐述了制度变迁对经济发展的作用，但对制度变迁的内涵和外延以及计量研究仍需深入。

（3）仅仅用知识、人力资本或者技术进步来解释发展中国家的经济增长仍显得证据不足。以技术进步为例，在二战后相当长一段时间内，苏联科学技术进步迅猛，然而并未带来持续的经济发展，这从一个侧面说明技术进步来促进经济增长也存在一些前提条件，如物质资本的折旧和积累，知识或者知识资本的投入、折旧、积累和增值，要素之间的协同作用等。这些值得我们深入研究。

（4）中国新经济发展迫切需要对改革开放的实践经验进行总结和理论创新。2014 年，习近平总书记在国际工程科技大会上指出，“世界正在进入以信息产业为主导的新经济发展时期”，同年，李克强总理在博鳌亚洲论坛年会开幕式上也有相关阐述，“各国要顺应全球新技术革命大趋势，推动以绿色能源环保、互联网等为重要内容的‘新经济发展’”（范洁，2017）。新经济在中国已初现端倪，并呈现出蓬勃发展态势。2016 年 2 月，李克强总理主持召开国务院常务会议，明确提出要发展“新经济”，并在随后的《政府工作报告》中提出：“当前中国发展正处于关键时期，必须培育壮大新动能，加快发展新经济。”这应该是“新经济”一词首次出现在中央文件中（中国农业银行战略规划部课题组，周万阜，2017）。从理论层面讲，中国的新经济与供给侧结构性改革、高质量发展一起，是中国宏观经济理论和实践的一次升华。从实践上来看，中国新经济的形成也遵循着技术创新和制度创新两条路径。制度创新保证了技术创新的顺利实施。

首先，从技术创新来看，新经济发展中的新技术是中国技术创新的重要代表。随着中国经济高质量发展，经济结构开始优化升级、提质增效，新经济在国民经济中所占的比重日益增加。据2017年12月发布的《世界互联网大会蓝皮书》显示，中国新经济总量为22.6万亿元，同比增长19%，占GDP的30.3%。中国信息通信研究院发布的《中国数字经济发展白皮书》（2017）预测，到2020年，中国新经济规模将达到32万亿元，占GDP的35%，到2030年将超过50%。上海社会科学院的研究报告《中国数字经济宏观影响力评估及中长期税收政策走向设计》预测，2030年中国新经济将达到150万亿元，占GDP的80%左右（戚聿东，李颖，2018）。

其次，从制度创新来看，为促进新经济发展，中国各级政府纷纷出台各种鼓励政策及措施。2014年，上海市政府提出“四新”经济概念，从四个方面对新经济的概念进行诠释，即“新技术、新业态、新模式、新产业”，加快“四新”经济主体培育、载体建设、服务体系和制度环境的完善，打造具有全球影响力的科技创新与金融创新中心，并在2015年10月首次发布《上海“四新”经济发展绿皮书》。中国现已初步形成北（京）上（海）深（圳）杭（州）等城市超越引领，成（都）武（汉）广（州）天（津）部分区域中心城市竞相追赶的新经济发展格局。北京形成了技术原创、金融创投到场景应用的良性经济循环，涌现出数量为全国第一、全球第二的独角兽企业群体，成为城市新经济的领跑者（童晶，2018）。

总而言之，以新一轮信息技术为代表的先进技术正在迅速提升中国技术创新能力（童晶，2018）。2018年，新经济领域对经济增长的贡献超过30%，对新增就业贡献超过70%，成为新一轮经济制高点。2018年1月至10月，中国新经济指数（NEI）分别为31.3%、29.8%、31.3%、29.7%、29.6%、29.2%、30.6%、29.1%、31.3%、29.8%。虽然目前新经济在国民经济中所占比例还不是很高，但从与新经济息息相关的信息技术、人工智能的发展来看，中国新经济发展已具有肥沃的土壤，新经济的兴起将是大势所趋。在这一背景下，中国新经济的发展在理论与实践上都面临一系列需要解决的问题。

1.2 研究意义

1.2.1 理论意义

（物质）资本，作为一种资源，遵从“收益递减”规律，即使用得越多，从增加的单位（物质）资本获得的增加值就越少。也就是说，如果经济增长背后的主要动力只是简单的物质资本累计，看到的将是下降的物质资本生产率。然而，无论是从美国或者英国的长期发展历史来看，还是从中国40多年改革开放的发展情况来看，单位物质资本和单位劳动力的产出大致交替增长着，两者都没有收益递减的标志。同时，日本在20世纪90年代出现的经济长期停滞以及2008年以来的全球经济危机，似乎又呈现了投入要素的收益不变甚至递减的标志。那么物质资本以及知识资本等投入要素与经济发展有着怎样的复杂关系？从物质资本与知识资本的协同效应角度回答并解释这些实践问题需要新的理论解释。国内外学者对知识型资本的研究经历了半个多世纪，从教育、人力资本、制度资本、社会资本到知识资本，都进行过系统的研究，也取得了不少研究成果。但是，从理论和实践上对知识资本与物质资本协同效应及其与经济发展的关系进行研究还刚刚开始，基于中国经济运行的数据进行相关研究的成果还不多。因此，探讨物质资本动态变化与知识资本动态变化及其协同关系对经济发展的影响，探索构建“协同经济学”理论与方法体系有较大的理论意义。

1.2.2 实践意义

随着现代科学技术的迅速发展，技术进步对人类社会和经济增长产生了极大的影响，带来了经济结构的重大变革。17世纪到18世纪的产业革命使经济结构由农业经济走向工业经济，20世纪70年代以来高科技的发展产生了“后工业经济”（又称为“信息经济”）；继农业经济、工业经济时代后，人类自20世纪后期开始进入了联合国提出的“知识经济”时代。近年来，面对国际金融危机的严重冲击，主要发达国家（如美国、日本等）纷纷将注意力转向新兴产业与知识产业，加大对知识资本的投入、加快对新兴技术和产业发展的布局，力争通过发展新技术、培育新产业，创造新的经济增长点。2014年第3季度，美国GDP数字公布，增速达到了5%，创下11年的新高。美国经济总量庞大，2013年GDP为16.8万亿美元，这样的经济体增速达到了5%让人震撼。2017年，美国GDP为19.39万亿美元。美国经济增长的巨大动力是什么现在还不能完全下结论。但是基本的共识是，美国转变了增长方式，开启了人类新一轮工业革命，这包括以互联网为代表的信息技术革命，以3D打印为代表的制造业革命，以页岩气、页岩油为代表的新能源革命。全球经济发展历史中无数次的经验表明，全球科技又将进入一个创新密集时代，重大发现和发明将改变人类社会生产方式和生活方式。在科技创新力量的推动下，一批又一批新兴产业在战胜重大经济危机的过程中孕育和成长，并以其特有生命力成为新的经济增长点，成为摆脱经济危机的根本力量，并在危机过后，推动经济进入新一轮繁荣（吴慈生、李兴国，2015）。

正如前述，当前中国宏观经济出现了很多值得关注的新力量、新因素、新变化。突出表现为：生产结构中的农业和传统制造业比重下降，服务业比重上升，战略性新兴产业、服务业成为经济增长主要动力之一；需求结构中的投资率下降，消费率上升；收入结构中的企业收入占比下降，居民收入占比上升；动力结构中的劳动力、自然资源投入下降，技术进步和创新正在形成一系列新的增长点，形成新的增长动力。这些新力量和新因素的出现，标志着中国宏观经济"新常态"步入新的阶段。但是，中国宏观经济仍面临一系列挑战。中国经济如何从物质要素驱动、固定资产投资驱动转向创新驱动；如何通过深化改革适应新常态，激发市场活力，发挥创新的市场拉力作用；如何推进高水平对外开放，增进人民福祉、促进社会公平正义是经济新常态下需要思考的问题。因此，研究物质资本与知识资本的协同效应对经济发展的影响具有重大的实践意义。

1.3 研究内容

根据新经济增长理论和新制度经济学理论及中国改革开放40多年的伟大实践，结合课题组近年来在该领域的研究积累，本书主要研究内容包括以下几个方面。

（1）物质资本与知识资本的内涵、特征研究。通过文献梳理，系统分析资本的演化；知识、知识资本的内涵和外延、知识资本结构；知识资本与物质资本的协同关系对经济发展影响的研究进展；在对文献进行评述的基础上，提出物质资本与知识资本的协同效应对经济发展影响的这一命题。主要内容体现在第1章、第2章中。

（2）区域知识资本测度指标体系构建与区域分布分析。通过对知识资本增值、知识资本折旧等相关指标计量分析，构建知识资本测度指标体系，为课题研究提供理论依据与方法支撑；并对中国区域知识资本进行测度，分析其空间分布特征和结构类型。主要内容体现在第3章。

（3）物质资本与知识资本对经济发展影响的协整分析。经济时间序列经常会出现伪相关问题，从经济意义分析几乎没有联系的序列，可能计算出较大的相关系数。因此，本研究利用中国 2004 ~ 2016 年省域面板数据，采用面板单位根和面板协整检验来分析物质资本与知识资本对经济发展的均衡关系，建立面板数据的变系数或变截距模型。变截距模型研究表明，物质资本与知识资本的交互作用对经济发展影响明显；加大知识资本的投入，会促进经济发展。主要内容体现在第 4 章。

（4）物质资本与知识资本对经济发展影响的协同度分析。以经济投入和经济发展系统为研究对象，结合新经济增长理论、发展经济学理论、人口资源环境经济学理论，建立物质资本—知识资本—经济发展的三系统耦合模型；利用中国 2004 ~ 2016 年省域面板数据，计算三者的耦合度，并对其动态变化进行比较分析。研究结果在一定程度上揭示了物质资本、知识资本与经济发展三者之间的协同关系，即经济要素间的替代关系、分配比例和协同效应等对经济发展的影响。主要内容体现在第 5 章。

（5）物质资本与知识资本的协同效应对经济发展影响的实证分析。基于一般生产函数，建立了物质资本与知识资本的协同效应对经济发展影响的计量模型；利用中国 2004 ~ 2016 年省域面板数据，分析了物质资本与知识资本的协同效应对经济发展的影响。主要内容体现在第 6 章。

（6）物质资本与知识资本的动态变化对企业成长的影响研究。基于知识资本理论及企业成长的过程，构建了企业成长的“目标、过程和结果”（G-P-R）三要素理论模型，探讨了企业物质资本与知识资本的动态变化对企业发展的影响。在此基础上，建立了计量模型，利用中国创业板上市公司的数据进行了因子分析和多元线性回归分析，探讨了物质资本与知识资本的动态变化对企业成长的影响。研究验证了企业知识资本的累积效应，物质资本与知识资本的动态变化及其对企业成长的影响。主要内容体现在第 7 章。

（7）团队成员知识互补性对创新绩效的影响分析。基于知识互补性原理，构建了团队成员知识互补性对团队创新绩效影响的理论模型。通过对 25 个团队的问卷调查，采用因子分析和线性回归分析等研究方法，检验了包容型领导风格的调节作用和团队冲突的中介作用，解释了团队知识互补性对团队创新绩效的影响。研究表明，从团队协作的视角探索企业知识资本内部协同对企业成长的影响具有重要意义。主要内容体现在第 8 章。

（8）企业多元化战略与组织结构的协同效应对创新绩效的影响。基于知识资本理论，建立企业多元化战略与组织结构的协同效应模型；以中国上市企业为研究对象，通过实证分析，验证了相关多元化程度与非相关多元化程度、组织结构与企业绩效的关系。研究在一定程度上为物质资本与知识资本的协同效应对企业发展的影响提供了现实证据。主要内容体现在第9章。

1.4　基本观点、研究思路与研究方法

1.4.1　基本观点与研究思路

（1）物质资本动态变化与知识资本动态变化及其二者之间的协同关系对经济发展与企业成长有重大影响。

（2）知识（资本）的异质性普遍存在，即处于不同的发展阶段的不同国家、区域、组织的知识结构存在巨大差异。文化或制度环境对人力资本如何通过组织学习进行知识创新、创造新的有竞争力的产品，进而促进知识在组织内扩散和资本化的作用与影响显著不同。因此，不同国家、区域、组织需要根据自身的物质资本与知识资本的动态特征，制定相应的发展战略与路径。

（3）仅仅用知识或者人力资本或者技术进步来解释发展中国家的经济增长仍显得证据不足。改革开放以来，制度创新是中国经济社会发展的最重要因素。劳动力、物质资本、知识资本等是经济增长的重要动力，但各经济要素间的替代关系、分配比例和协同效应等对经济的影响不同。资本的协同作用也就是经济系统的自组织能力，是经济系统借此使自己统一为一个有机整体并向更完善形式发展的进化动力。资本的协同作用是经济系统有序结构形成的内驱力。任何复杂系统，当在外来能量的作用下或物质的聚集态达到某种临界值时，子系统之间就会产生协同作用。这种协同作用能使系统在临界点发生质变，产生协同效应，使系统从无序变为有序，从混沌中产生某种稳定结构。物质资本，作为一种资源，遵从“收益递减”规律，即使用得越多，从增加的单位（物质）资本中获得的增加值就越少。中国 GDP 不断增长，但制度创新滞后。因此，新常态下，发挥劳动力、物质资本、知识资本等要素的协同性对经济增长的作用，转变增长经济方式，加大制度创新，增加知识资本存量是中国经济未来发展面临的紧迫课题。

基于以上观点，本书的研究思路如下所述（见图 1－1）。

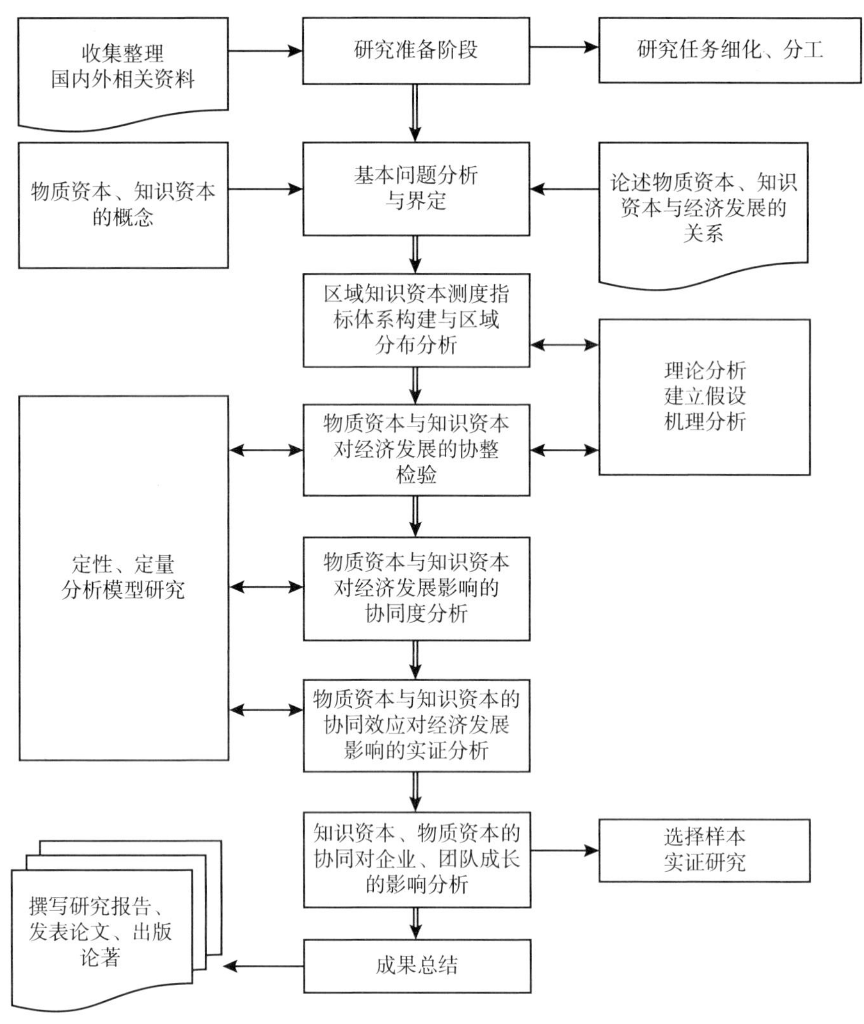

图 1-1　研究框架与技术路线

第一步，应用新经济增长理论，紧密结合中国经济发展的实际，系统梳理国内外相关文献；界定物质资本和知识资本的概念，提出物质资本与知识资本协同效应对经济发展影响的理论分析框架，为后续研究提供理论基础。

第二步，基于知识资本的相关研究，构建区域知识资本测度指标体系，提出知识资本测度的一般理论与方法，并结合相关数据进行测度分析。

第三步，在对知识资本测度的基础上，探讨物质资本、知识资本对经济发展影响的协整关系。

第四步，应用协同学理论，构建物质资本、知识资本和经济发展的耦合模型，计算物质资本、知识资本和经济发展的协同度，为物质资本与知识资本协同效应对经济发展的影响研究奠定基础。

第五步，基于一般生产函数，构建物质资本与知识资本的协同效应对经济发展影响的计量模型，验证物质资本与知识资本的协同效应对经济发展的影响。

第六步，结合中国企业发展的实际，分别从物质资本与知识资本的动态变化对企业成长的影响、团队成员知识互补性对创新绩效的影响分析、企业多元化战略与组织结构协同对企业的影响三个方面，实证分析物质资本与知识资本的协同效应对企业成长的影响。

第七步，对相关的研究结论进行总结，提出下一步研究的方向。

1.4.2　研究方法

(1) 归纳与演绎相结合的方法。本书在系统梳理相关文献的基础上，归纳、提炼物质资本、知识资本协同效应对经济发展影响的理论基础和分析框架，总结可资借鉴的理论与方法，归纳出对本研究的启示；同时，分析其在理论和实践方面存在的不足，提出有待研究的问题。

(2) 定性与定量分析方法。本书对理论基础和概念模型，物质资本、知识资本与经济发展协同的相关经验、问题和启示等以定性分析为主；对物质资本与知识资本的协整分析，物质资本与知识资本的耦合效应及其与经济发展的关系，物质资本、知识资本的协同效应对经济发展的影响等以定量分析为主；并通过研究方法创新，为研究物质资本与知识资本协同效应对经济发展的影响提供科学性和可操作性的工具。

(3) 实证研究法。本书利用系统分析技术，分别构建了团队成员知识互补性对团队创新绩效的影响模型、企业成长的 G-P-R 三要素模型和企业多元化战略与组织结构的协同效应对企业发展的影响模型。在此基础上，通过选择样本、数据分析，检验物质资本、知识资本的协同效应对经济发展的影响机理，分析企业物质资本与知识资本的动态变化对企业发展的协同效应。

1.5　创新之处

中国改革开放 40 多年来，取得了举世瞩目的成就，经济社会发生了巨大变化，中国特色的发展实践特别需要进行总结并形成“中国发展模式”。本书的创新之处如下。

（1）在文献分析的基础上，提出了物质资本与知识资本的动态变化、协同关系对经济发展的影响命题，研究视角在理论上具有前沿性和新颖性。

（2）究竟如何计量物质资本、知识资本存量，验证物质资本、知识资本的协同效应对经济发展的影响，现实中一直缺乏科学、有效实用的工具。本研究构建的知识资本计量方法体系和协同理论模型，可为计量物质资本、知识资本、协同度等提供理论和方法基础，具有广泛的现实针对性和应用前景。

（3）构建了物质资本、知识资本和经济发展相关指标的数据库。本研究对中国31个省级区域2004～2013年的统计数据进行了收集和整理，涉及物质资本、知识资本和经济发展3大类共58个指标，采集2.5万个原始数据，为后续相关研究提供了数据支撑。

（4）采用理论分析、实证研究方法，并借助协同理论开展协同经济学方面的研究，在经济研究领域也有一定的特色。虽然新经济增长理论解释了知识是经济增长的主要源泉；演化经济学强调了组织学习是维持核心竞争力的手段等，但其理论依然有待完善。

此外，与当前的经济增长理论相比，本书通过理论研究和实证研究，取得了一定的创新性研究结论。

（1）各项经济发展要素的协同效应。劳动力、物质资本、知识资本等对经济发展有重要作用，但仅仅用知识或者人力资本或者技术进步来解释发展中国家的经济增长显得证据不足。也就是说，用技术进步、人力资本或者是知识资本等单个要素来解释经济发展也存在一些前提条件。本书基于一般生产函数，构建物质资本与知识资本的协同效应对经济发展影响的计量模型，验证了物质资本与知识资本的协同效应对经济发展的影响，较好地解释了各经济要素之间协同关系对经济发展的影响，拓展了新经济增长理论的研究内容。

（2）组织结构、制度、规则是知识资本的重要组成部分。在企业战略选择方面，现有的研究多集中于多元化战略和组织结构的匹配度或者是采用不同组织结构的多元化企业的绩效差异，而忽略了知识资本、特别是组织结构资本对企业多元化战略的影响。本书采用“战略—结构—绩效”的研究范式，将多元化战略类型、组织结构、企业绩效纳入同一个模型内，验证了多元化战略与组织结构之间的协同作用。

（3）团队成员知识互补性有利于提升团队的创新绩效。大量研究表明，知识异质性通过团队冲突进行互补，进而影响团队的创新绩效。与现有研究相比，我们从团队视角出发，引入团队冲突、包容型领导风格等因素，探讨了团队成员知识异质性通过何种机制影响团队继而提升其创新绩效，构建的理论模型及相关研究结论对团队成员知识异质性研究是一个完善和补充。

（4）借鉴知识资本理论，从企业层面首次提出了目标（goal）—过程（process）—结果（results）（G-P-R）的三要素模型，探讨了推动企业物质资本与知识资本动态变化、知识资本累积的动力，分析了物质资本、知识资本及其构成因素对企业成长产生的协同作用，进一步验证了企业知识资本的累积效应、物质资本与知识资本的协同效应及其对企业成长的影响。

第2章　文献综述

本章首先对资本的演化进行介绍，然后对知识资本及其对经济发展影响的研究现状进行梳理。在此基础上，介绍协同理论及研究现状，通过文献评述，提出有待研究的问题。

2.1　资本的演化与经济发展

2.1.1　资本

资本是经济学中最基本的范畴之一，在西方经济学与马克思主义经济学中，都把资本作为一个基本的范畴看待。按照马克思主义政治经济学的观点，资本是一种可以带来剩余价值的价值。它在资本主义生产关系中是一个特定的政治经济范畴，体现了资本家对工人的剥削关系，因此，资本并不完全是一个存量的概念。在研究宏观经济存量核算时，“资本”泛指一切投入再生产过程的有形资本、无形资本、金融资本和人力资本。在现实生活中，资本总是表现为一定的物，如货币、机器、厂房、原料、商品等，但资本的本质不是物，而是体现在物上的生产关系。随着时代的进步与科技的发展，资本的内涵也变得丰富与复杂，原来许多不成为资本的东西，现在也被纳入资本的范畴中。例如，在现代信息社会，信息也被纳入资本的范畴，人们称其为信息资本；市场经济是信誉经济，信誉也成为一种资本，称为信誉资本。

2.1.2　资本与经济发展

经济增长是指一国或区域一定时期内产品和服务量的增加值，一般用国内生产总值（GDP）或其人均值度量。经济发展是指在经济增长的基础上，一个国家或地区经济结构和社会结构持续高级化的创新过程或变化过程。经济发展与经济增长是相互联系又相互影响的：经济增长构成了经济发展的物质基础，经济发展又通过经济结构的改进和优化、经济质量的改善和提高促进经济增长。所以，经济增长是经济发展的基础，没有经济增长就不会有经济发展。从西方经济学理论来看，资本对经济发展的作用经历了“从以物质资本为主体到以人力资本为中心再到以知识资本为核心”的过程。

1. 从物质资本到人力资本的演化

经济学早期代表人物亚当·斯密（Adam Smith）关于经济增长的观点可以概括为：劳动分工是经济增长的主要源泉；分工取决于市场容量；技术进步引起收益递增；物质资本累计促进分工和技术进步。大卫·李嘉图（David Ricardo）和托马斯·马尔萨斯（Thomas Malthus）则认为土地是除劳动以外的最重要的生产要素，因为在他们所处的年代，土地是比资本更为重要的财富。随着工业革命在欧洲兴起，土地在各国财富增长中体现出的价值逐渐变小，工业化国家中土地占总财富的比例也在明显下降。以英国为例，从1688年到1885年，土地在英国总财富中所占比例由64%下降到18%。相反，资本作为另一种生产要素，在各国财富增长中的重要性日益上升。二战后，学者们普遍认为资本累积是经济增长中最为关键的因素。其中，哈罗德（Harrod，1939）和多马（Domar，1946）提出了经济增长数学模型，其基本思想是：一个时期的经济均衡增长要求该时期国民收入增长率提高到使它所引致的投资等于同期全部储蓄。1956年，索洛创立了新古典经济增长模型，他认为哈罗德—多马模型的假设之一是资本和劳动不能相互替代，从而得出资本主义市场经济不能持续稳定增长的结论。索洛认为完全竞争的经济是产出的增长对应于资本和劳动投入的增长，“物质资本增长”决定了经济增长率；在不存在技术进步对经济增长影响的假设条件下，物质资本的规模及增长速度是影响现代经济增长的关键因素。

20世纪60年代至80年代初期，一些学者不满意新古典增长理论将技术进步作为外生变量的观点，开始将知识和技术等要素内生化，剖析决定长期经济增长的因素——技术（新古典增长模型中的A）的确切含义，对经济增长的内在机制进行系统的研究。美国经济学家丹尼森于1962年出版的《美国经济增长因素和我们面临的选择》一书中，根据美国的历史统计资料测算了各个增长因素对美国国民收入增长所做的贡献，其后又对西欧各主要国家和日本战后经济作了测算。丹尼森的主要贡献是，把索洛所指的“技术进步”这一因素进一步分解，突出了劳动投入量的增长率和劳动素质的提高对经济增长的作用。舒尔茨在20世纪50年代首先提出了教育在经济增长中的重要性和必要性。阿罗于1962年发表了关于“学习效果”的论文，认为除了资本和劳动以外，生产经验的增长也是一种生产性投入。贝克尔于20世纪60年代出版了《人力资本》专著。他认为，人力资本是对人力资源进行开发性投资所形成的可以带来财富增值的资本形式；完整的资本概念应当包括物质资本和与其相对应的人力资本两个方面；人的知识、能力、健康等人力资本的提高对经济增长的贡献远比物质资本、劳动力数量的增加重要得多。人力资本理论在理论上带来了资本理论、增长理论和收入分配理论的革命性变化；实践上使人们认识到物质资本和人力资本的高度互补性，促进了许多国家把人力资源开发纳入国家经济发展规划，极大地促进了国家、社会和家庭对教育的投入，推动了教育的迅速发展和人口质量的提高，有力地促进了研究与开发投入和科学技术的发展。

2. 从人力资本到知识资本的演化

20世纪80年代中期，新经济增长理论的主要建立者罗默（1986）和卢卡斯（1988）开始纠正新古典经济增长理论的局限性，经济增长理论再次焕发生机。新经济增长理论认为经济增长不是外生变量（如技术进步）而是经济系统的内生变量作用的结果。新经济增长理论强调知识外溢、人力资本投资、研究和开发等内生性因素对经济增长的影响。

内生经济增长理论是基于新古典经济增长模型发展起来的，从某种意义上说，内生经济增长理论的突破在于放松了某些新古典增长理论的假设并把相关的变量内生化。但是，内生增长理论的假设与发展中国家的实际情况相差甚远，也没有考虑模型的微观基础问题，也就是说内生增长理论的一些前提条件被人们所忽视。美国经济学家加尔布雷思（1969）指出，知识资本不是储存在大脑中的纯意识形态的知识，它是一种基于智力活动来实现具体目标的具体方法，即通过创新思维体现出来的知识的价值，它是一种动态的、无形的资产。这是对新增长理论中的“知识”的进一步拓展。罗默（1986）的技术进步内生增长模型、格罗斯曼和赫尔普曼（Grossman and Helpman，1991）的产品质量阶梯理论、克鲁格曼（Krugman，1988）的新经济地理模型等开始突破完全竞争假设，在不完全竞争（垄断竞争）条件下考察了经济增长的因素与机制，直接研究知识的积累、地理关系、地区差异等新问题，补充了经济增长的一些前提条件。在该阶段，加尔布雷斯将狭义的知识型要素正是以“知识资本”的形式提出来的。罗默、格罗斯曼和赫尔普曼等则提出了“知识的积累”，即知识资本存量，更好地诠释了知识资本的内在属性。

知识资本是一种知识性的活动，是一种动态的资本；知识资本的价值体现在人力资本（humancapital）、结构资本（structurecapital）和关系资本（customercapital）三者之中。人力资本是指组织员工所具有的各种技能与知识，是知识资本的重要基础。结构资本是组织的组织结构、制度规范、文化等。关系资本是指组织与组织之间、组织与个人之间、个人与个人之间的关系价值。对企业而言，有营销渠道、顾客忠诚、企业信誉等，是企业与顾客往来间的关系价值。大量实践表明，知识资本是企业、组织和一个国家最有价值的资产，员工的技能和知识、顾客的信任以及公司的组织文化、制度和运作中所包含的集体知识，都体现着知识资本。经济增长的动力不仅依赖物质资本，还依赖由人力资本、结构资本、关系资本所组成的知识资本。

进入21世纪，随着科学技术主导的知识经济的兴起，知识型要素对经济发展的作用日趋突出。克鲁格曼在他的著作《萧条经济学的回归》中指出，（物质）资本，作为一种资源，是遵从“收益递减”规律的：使用得越多，从增加的单位（物质）资本中获得的增加值就越少。也就是说，如果经济增长背后的主要动力只是简单的物质资本累计，我们将看到的是下降的物质资本生产率。然而，无论是从发达国家的长期历史来看，还是从中国的发展情况来看，单位物质资本和单位劳动力的产出都表现出增长趋势，两者都没有收益递减的标志。同时，日本在20世纪90年代出现的经济长期停滞的状态以及2008年以来的全球经济危机，似乎又呈现了投入要素的收益不变甚至递减的标志。

事实上，包括物质资本和劳动力在内，经济增长的贡献因素一直是半个多世纪以来经济学研究的重点内容，学者们对知识资本的内涵及外延进行了深入研究。其中，埃德文森和马龙（Edvinsson and Malone，1997）、邦蒂斯和尼克（Bontisand Nick，1998）、许和方（Hsu and Fang，2009）等人对知识资本的定义采用的H-R-S结构，得到了国内外学者的认可。随着研究的深入，人们有以下发现。

（1）在运用索洛模型分析投入要素和经济增长的关系时，往往把研究对象假定为一个相对封闭独立的研究对象，这已经不符合今天各国经济运行的现实。索洛模型往往以国家为研究对象，假设该国的劳动力、资本存量、储蓄率等受其他经济体影响很小，这种假设在过去的工业经济时代是合理的。然而，随着经济全球化和知识经济的到来，加上区域经济一体化程度的加深，各国

（地区）之间经济往来更加频繁，彼此关系更加密切，不考虑地区之间相互影响、彼此联系的索洛模型有待完善，这也是近年来学者们逐渐将 FDI、国际贸易、交通设施等因素纳入生产函数模型的重要原因。而知识资本中的关系资本则考虑了各地区之间的经济联系，克服了传统产出模型把各国（地区）假定为一个相对封闭独立的研究对象的局限。

（2）随着新制度经济学研究的深入，人们发现知识资本中的结构资本与新制度经济学里的制度质量（Institutional Quality）或制度比较优势（Institutional Comparative Advantage）内涵相近。在新制度经济学的经典理论里，政治制度和产权制度先于经济发展并决定经济增长（Acemoglu et al.，2004）。诺斯指出，美国经济史上，金融业、商业和劳动力市场方面的制度变迁都促进了美国的经济增长。至此，尽管新经济增长理论与新制度经济学的理论基础及分析范式不同，但在对知识资本中结构资本（或制度变迁）的认识上，二者已殊途同归，即都承认了结构资本（或制度变迁）对经济增长的促进作用。

尽管知识资本的引入能够解释一部分经济现象，但是引入知识资本的经济学在理论上和现实运行中仍存在诸多问题。例如，在现实经济运行中，人们发现政治制度开放和产权制度明确的西方发达国家，并未达到理想的发展效果；而中国、印度、巴西等新兴的发展中国家经济发展势头良好。近年来出现的欧洲债务危机及全球金融危机，也让人们开始重新思考新制度经济学的理论基础以及传统经济投入要素的内在联系。

在此背景下，有必要对过去的经济学分析范式进行进一步的探索。过去，经济发展的困境在很大程度上讲是由生产资料或者劳动力的匮乏导致，但是在知识经济背景下，由于知识资本本身具有多重属性，经济发展的困境并不一定是由劳动力的短缺导致，也不一定是由物质资本的匮乏导致，而是由以知识资本为代表的无形资本和以物质资本、劳动力为代表的有形资本二者的不协同导致。

2.2 知识资本的研究现状

2.2.1 知识资本的提出

正如前述，人们对知识资本的研究是从探索经济增长的源泉开始的。随着社会进步和相关研究的深入，知识资本逐渐从知识的概念中分离出来，其在经济发展中的作用开始引起人们广泛的关注。知识之所以能成为资本，是因为知识具有资本的特征和功能，并逐步成为地区经济增长的核心驱动要素。吴慈生、李兴国（2013）在《中国区域知识资本发展研究报告》中对知识资本的H-R-S结构做了详细的论述。该研究报告指出，区域知识资本是一个区域内的人员、企业、政府和其他社会组织蕴藏的资本价值，它既体现在一些显而易见的资源上，也蕴藏在一些潜在的资源上，它由区域人力资本（H）、区域关系资本（R）和区域结构资本（S）组成。区域人力资本是体现在一个区域人身上的资本，为一个区域中对区域内人员进行普通教育、职业培训等支出和人员接受教育的机会成本、社会福利等价值的凝结；区域关系资本指的是一个区域为实现其价值目标而与其他区域、城市或组织等相关利益体和区域内部之间发生的各种互利关系；区域结构资本指的是一个区域蕴藏在企业、政府和其他社会组织中的不以人为载体而存在的知识资本形式以及维持和实现这些知识资本的组织结构和制度资本。

2.2.2　知识资本的构成

目前，有关知识资本的分类方法有很多，除前述的H-R-S结构，有代表性的有以下几种（如表2－1所示）。

表2－1　　知识资本构成要素

作者（年份）	人力资本	组织资本	技术资本	市场资本	社会资本	制度资本	创新资本	关系资本	智慧资本	结构资本	流程资本	顾客资本	更新资本
斯图尔特（1997）	★									★		★	
沙利文（2000）	★									★			
范徵（2000）	★	★	★	★	★								
陈通（2008）	★		★	★	★	★							
滕春尧等（2005）	★	★					★	★					
王孝斌（2009）	★						★	★		★			
王学军（2010）	★							★		★			
唐新贵（2012）			★					★	★	★			
王向华（2012）	★			★							★		

续表

作者（年份）	人力资本	组织资本	技术资本	市场资本	社会资本	制度资本	创新资本	关系资本	智慧资本	结构资本	流程资本	顾客资本	更新资本
赵坤等（2006）	★		★	★								★	
徐爱萍（2009）	★							★			★		
刘浩等（2013）	★			★				★		★	★		★
吴慈生等（2008、2013）													

资料来源：根据相关资料整理。

斯图尔特（1997）认为知识资本的价值体现在人力资本（Human capital）、结构资本（Structure capital）和顾客资本（Customer capital）三者之中，以此为基础，他提出了知识资本的 H-S-C 结构。其中，人力资本（H）是指企业员工所具有的资本，是企业员工为顾客提供解决方案的能力，人力资本是知识资本的基础。结构资本（S）是企业的组织结构、制度规范、企业资源、企业文化等，它与人力资本的重要区别在于：人力资本是依附于员工个人的，是可以带走的，而结构资本与企业本身融合在一起，更多地体现在“固化”于企业的资源。顾客资本（C）是指市场营销渠道、顾客忠诚、企业信誉等，是企业与顾客往来间的关系价值，关系资本可以直接转变为账面资产。知识资本的这三个要素是相互作用、有机动态的结合关系，共同推进企业价值的增长。

沙利文（Sullivan，2000）在企业层面对知识资本进行了研究，将企业的知识资本分为人力资源和结构性资本两部分。其中，人力资源是指组织中所有与人的因素有关的资源，而结构性资本是指不依附于企业人力资源而依附于组织本身的其他所有能力。

此外，斯维比（1997）在企业层面将知识资本分为 3 部分：员工胜任力、内部结构和外部结构。马尔霍特拉（Malhotra，2003）、帕希尔和沙查尔（Pasher and Shachar，2005）在前人研究基础上进行研究，认为一个国家的知识资本有五种类型——人力资本、市场资本、流程资本、创新资本和财政资本。其中，人力资本由教育、知识、健康、经验、创新、企业家精神、专业知识等反映人综合能力的因素构成；市场资本反映一个国家与国际市场建立的关系；流程资本是由信息系统、软件、硬件、实验室、基础设施等构成的便于知识协作和流动的资本；创新资本反映一个国家通过投资在未来市场上创造竞争力的能力；财政资本则反映 GDP、对外负债、各行业产值和通货膨胀等宏观经济指标的健康状况。

具体到各组成要素上，中国学者对如何有效地积累知识资本并进而推动经济增长提出了不同的看法。较多的学者认为知识资本中的人力资本是促进其积累的重要因素，这沿袭了人力资本理论的思想。慕静（2005）、杨肃昌（2012）等认为教育、人才及专利等知识资本要素对经济增长的促进作用在长期内表现得更加明显，特别是教育投资和时间的积累可以明显改善劳动者的质量，使个人和经济单位都得到增值价值，对知识资本积累表现出正的外部效应。郭凯明等（2011）认为收入的分布会影响家庭在储蓄、生育和教育子女上的选择，因此会进一步影响物质资本积累和人力资本增长。

也有一些学者对中国知识资本的管理、应用等进行了内涵的界定和内容的扩展。余亮等（2011）认为对知识资本的管理与运用是提升研发效率的重要环节；认为区域知识资本可以通过经济环境、人力资本质量、社会网络对企业研发效率产生作用；同时，整个研发过程中伴随的知识溢出会增加区域整体的知识存量。初凤荣（2013）提出知识资本除了包含开发策略（人力资本、关系资本、结构资本、创新资本），还包括利用策略（完善市场机制、制定管理战略、加快知识资本扩散度）和投资策略（政府财政投入、企业自主投入、风险投资）。李祎（2011）对中国1995～2009年经济增长要素的促进作用做了实证分析研究，认为信息化建设对GDP的边际贡献呈上升趋势。刘思嘉等（2009）采用TOPSIS方法，对2003～2007年我国31个省份的知识资本进行了测度；进而对2008年经济增长率与2003～2007年区域知识资本进行回归分析，发现中国区域知识资本对经济增长的促进作用时滞约为1年，而持续时间大约为3年。

2.2.3 知识资本对经济发展的影响

尽管目前的研究对知识资本定义及测度存在不同的标准，但知识资本在经济发展和企业经营中扮演的重要角色已得到国内外学者们的认可，学者们也对其进行了大量探索。

1. 国外相关研究

莱萨奇和费舍尔（LeSage and Fischer，2011）的研究表明，区域的全要素生产率（TFP）不仅受该地区知识资本水平的直接影响，还会受其他相关区域知识资本水平的间接影响。他们建立的模型考虑了区域的全要素生产率（TFP）的空间依赖和技术依赖，将专利和R&D作为知识资本存量的替代指标，并将其作为投入变量，来考察知识资本存量与输出变量——全要素生产率的关系。科拉多、赫尔滕和西谢尔（Corrado，Hulten and Sichel，2009）指出无形资产在美国经济增长中起到了重要的作用，如果将无形资本计入资本存量的话，将得到更高的人均产出。他们估计 1990 年美国非农商业部门有将近 1.0 万亿美元的无形产出被忽略，而这类商业资本的存量也达到 3.6 万亿美元。弗莱舍和麦奎尔等（Fleisher and McGuire et al.，2013）考察了 2001 ~ 2007 年中国无形知识资本投入对中国全要素生产率、创新能力、比较优势的影响，以科学技术累计投入量作为知识资本存量的测度指标，认为中国的知识资本对经济发展的贡献偏低，并建议中国应同时重视发展新技术与保护创新。西利略（Schilirò，2008）等研究发现，近年来 OECD 地区的知识型投资及活动驱动着工业经济向知识经济转变，现代经济是知识驱动型的经济模式，长期的经济增长是一个复杂的过程，而不是单一的要素驱动。此外，格罗斯曼和赫尔普曼（1994）认为知识资本是影响 TFP 的一个关键因素；罗默（1986）认为知识具有非竞争性和部分排他性，由此导致了知识溢出效应的产生；卡尼尔斯（Caniels，2000）和凯尔巴赫（Keilbach，2000）建立了多区域的知识溢出经济增长模型；格罗斯曼和赫尔普曼（1995）认为一个地区的知识溢出会带动其他地区的经济发展。

2. 国内相关研究

近些年，中国知识资本水平呈现出大幅度增长的态势，特别是 20 世纪 90 年代以来，知识资本水平增长迅速。据测算，1990 年，我国知识资本相当于 GDP 的 4.6%，2003 年已达到 15.0%。其中有两个高增长期：一是 1991 ~ 1994 年，这一比例翻了一番，主要是由于外商直接投资（FDI）和高技术产品进口大幅度增长；二是 1999 年以来，增长了近 50%，主要是由于高技术产品的大幅度增长，以及科技经费投入的较大增长。2003 年，中国 FDI 和高技术产品进口额相当于 GDP 的 11.1%，科技经费支出相当于 GDP 的 2.95%，其中 R&D 支出为 1.31%。这说明，中国当时的主要知识资本的来源是外部吸收和引进技术，而不是本国的技术创新。赵坤和孙锐（2006）指出，中国近年来将区域城市视为区域经济的战略发展极。用区域眼光测度未来，实现区域城市化，缩小发展中区域与发达地区差距、发达地区与发达国家差距，关键还是要提高区域知识资本的存量。从一定意义上讲，通过人才、技术、市场等的交流，提高区域知识资本存量，是实现区域网状交织发展的有效途径。李冠众、刘志远（2007）依据 VAIC 模型，利用沪深 A 股

2005年895个样本公司的数据，按行业对知识资本增值效率进行比较，得到以下三个结论：（1）垄断行业具有较高的知识资本增值系数；（2）一些IT行业知识资本增值效率过低，与一般的认知和以往的研究相悖；（3）非垄断的传统产业知识资本增值效率低。

2.3 协同理论及研究现状

2.3.1 协同理论简介

协同的概念最早是由安索夫（Ansoff，1965）在1965年出版的《公司战略》中提出的。他把协同作为公司战略四要素中的一个要素，其他三个要素分别是产品市场范围、成长方向和竞争优势，同时他认为协同便是这三个要素的协同一致、相互适应。随后，很多学者围绕“协同”进行了探索。但协同学成为一门独立的学科，则是由德国著名物理学家赫尔曼·哈肯创立的。他在吸收平衡相变理论、激光理论、信息理论、控制理论等众多物理学理论后，经过与突变论、耗散结构理论的交叉研究，于20世纪70年代建立了处理非平衡相变的理论和方法，即协同学。协同学按统一的观点处理一个系统各部分之间的相互作用，以形成宏观水平上的结构和功能的协作，这种思想为经济学研究各种投入要素之间的协同作用及其对产出的影响提供了方法基础。

协同学的理论核心是自组织理论（着重研究自组织的产生与调控等问题），这种自组织是伴随“协同作用”而进行的。“协同作用”是协同学与协同理论的基本概念，实际上就是系统内部各要素或各子系统相互作用和有机地整合的过程。在此过程中，强调系统内部各个要素（或子系统）之间的差异与协同，强调差异与协同的辩证统一必须达到的整体效应等。在自然科学领域，一般用耦合（coupling）来表示系统之间的协同关系。这一概念在社会科学中也被广泛使用（郑刚，2006）。

2.3.2 研究现状

在经济学领域，对各经济系统的协同研究是从各子系统的相关性研究开始的。经济系统是在一定外界条件下具有一定输入、输出，同时不断改变转换过程的动态系统。随着社会的不断进步，社会分工越显精细，经济系统规模庞大、部门繁多、相互联系复杂，控制及运行方式多样，其系统各元素的联系及外部条件对系统的影响也愈加复杂。正因为如此，学者们在度量子系统间协同度、充分发挥子系统间的协同作用、控制协调国民经济的健康发展等方面做了积极的探索。

虽然新经济增长理论充分肯定人力资本投资的正外部性，强调人力资本投资对经济增长的促进作用，且知识资本理论将关系资本、经济体制和结构也纳入分析模型之中，但是这些理论主张的背后有严格的前提条件。如果无视其前提条件，盲目进行经济要素投入，并不能达到预期的经济增长。其中，经济系统内的协同作用也是经济增长的一个重要前提条件。

钟铭等（2011）运用协同理论，构建了港口物流与城市经济协同度测度模型；基于构建模型对大连市港口物流与城市经济协同发展程度进行评价，验证了该模型的有效性。徐浩鸣等（2003）构造了充分表征专业化、信息化的序参量和产业组织系统自组织协同宏观效果的具体指标体系，在此基础上给出了产业组织系统有序度、协同度模型，对作为中国第一支柱产业的电子及通信设备制造业进行了实证分析，为制定产业协同发展战略提供了重要的依据。陶长琪等（2007）建立了信息产业组织演变的协同度模型，并以 IT 产业组织为例进行实证分析，揭示了企业绩效和企业融合之间存在一定程度的协同关系，并且呈逐年递增的趋势，同时还针对可能出现的问题为宏观调控提供了政策性建议。鹿峰、李竟成（2007）以系统协同分析为基础，依据中国 1998～2003 年的统计数据，对科技系统与经济系统序参量的协同度进行实证分析，发现中国科技 - 经济系统协同度偏低，科技进步对经济增长的贡献不高。这就要求我们进一步提高科技 - 经济系统协同水平，推动经济增长由资源驱动、资本驱动向科技驱动转变。刘兵等（2010）针对开发区所特有的区域经济与人才聚集优势，对二者的协同关系加以验证；分析了开发区人才聚集与区域经济发展的协同效应，构建了协同度评价模型；并以大连经济技术开发区为例，揭示开发区人才聚集与区域经济发展协同演进的一般规律，进而给出协同发展的实现途径。黄鲁成和张红彩（2006）对中国电子及通信设备制造业的系统协同度进行了分析，并把该产业分为科技与经济两个子系统，认为科技与经济两个子系统的协作关系极为显著，呈现出彼此相互影响相互制约的互利共生关系。潘开灵等（2007）将协同学解释为一个系统发生相变时，会因大量子系统的协同一致引起宏观结构的质变，产生新的结构和功能。徐爱萍（2009）认为协同效应是由于协同作用而产生的结果，是指复杂开放系统中大量子系统相互作用而产生的整体效应或集体效应。徐少同（2013）通过对现有文献的梳理评价，对知识协同的内涵、要素和机制的研究现状进行归纳和论述，并围绕机制体系提出了知识协同理论的基本框架。

1. 区域知识资本内部协同

在区域知识资本内部协同方面（知识资本的内部协同指知识资本各要素维度之间，在知识资本积累过程中互相合作、协同，形成集体效应并对知识资本的积累产生正向作用），对于各要素维度的协同机理及作用路径，中国学者的研究主要包括以下几个方面。

一是建立知识资本多维模型，分块化地考察知识资本内部自组织路径模式。王学军等（2010）按照知识资本H-R-S结构，构建了区域智力资本及区域创新能力的测度指标体系，并对我国2006年31个省份的区域智力资本水平和区域创新能力进行了测度和评估。基于评估得分，运用简单相关分析、二阶偏相关分析和一阶偏相关分析对区域智力资本及其三要素与区域创新能力的相关性进行了研究，发现区域智力资本及其三要素都能有效提升区域创新能力，区域智力资本三要素必须协同发展发挥协同作用才能有效地培育区域创新能力，在区域创新能力的培育中必须高度重视区域结构资本优化尤其是制度创新。还有一些学者从不同视角，采用不同方法揭示了知识资本内部要素的协同作用。赵坤等（2006）构建了知识资本存量结构的二维或多维转化模式，认为对于中国经济欠发达地区，可以从二维资本存量结构的角度有选择地形成自己的优势资本；而对于经济比较发达、知识资本结构水平已经处于较高程度的区域，应该选择从多维资本存量结构角度，扩大知识资本存量向该区域的欠发达地区转移和渗透。蒋琰等（2008）以江苏、浙江等地的企业为分析样本，通过结构化方程构建了四个嵌套模型，认为财务资本（物质资本）仍发挥着重要的作用；人力资本要能够转化为与企业系统相适应的关系资本和结构资本等，才能间接创造绩效。徐爱萍（2009）揭示了智力资本构成要素（人力资本、结构资本、关系资本）的三维互动关系、协同过程、协同模式和协同机制；分析了智力资本三维协同的自组织演化特征、演化过程；并就智力资本三维协同提升组织绩效路径展开了研究。

二是建立协同度模型，系统考量协同程度及影响效应。吴慈生和宋萌等（Wu Cisheng and Song Meng，2012）构建了区域知识资本和区域经济发展协同度公式，测算了中国2004~2009年度知识资本与区域经济发展的协同度系数，指出知识资本中人力、结构、关系三大资本通过系统学习，相互作用、相互影响，能量越来越高，所带动的知识资本提升越来越快，进而带动了区域经济的整体发展。王向华（2012）构建了区域智力资本三要素协同创新模型，对中国天津、北京、上海三个地区时间序列上区域智力资本积累及其对创新的影响分别进行了分析；在此基础上，建立了知识资本协同度模型，并通过测算2000年、2005年、2010年各省（市、区）知识资本协同度数值及天津、北京、上海三个直辖市的时间序列上知识资本协同度数值加以验证。

三是从系统动力学角度分析知识资本内部协同的运作模式。唐新贵等（2012）建立了区域知识资本系统动力学结构图，认为关系资本与结构资本相互影响，共同决定着智慧资本的集聚能力，并间接决定了技术资本的水平。区域知识资本的协同指区域知识资本内部达到的一种均衡状态，在这种状态下区域知识资本出现收敛，而结构资本和关系资本为外生变量，因此区域知识资本的协同是指智慧资本和技术资本增长出现均衡点。研究结论为：（1）知识资本中智慧资本与技术资本的增长率出现均衡点时，两者的增长率都是结构资本和关系资本改善速度的函数；（2）当区域知识资本协同时，知识资本的增长率和区域发展的速度是智慧资本存量、技术资本存量、结构和关系资本存量以及结构和关系资本的改善速度的函数。

2. 物质资本与知识资本的协同

在物质资本与知识资本的协同作用方面，以往的研究学者更多的是论证劳动力、物质资本、知识技术等经济要素对经济增长的重要性及其对经济的贡献率、产出弹性等。虽然有少数学者提出协同概念及模型，但尚未形成受众度较高的统一的一套研究体系，特别是针对物质资本、知识资本两大关键性因素的协同作用研究。

刘浩等（2013）建立了关于物质资本、知识资本（人力资本指数、流程资本指数、市场资本指数、更新资本指数）的研究模型，研究了2004～2011年30个省份的资本投资，认为现阶段知识资本对经济的推动作用较小；知识资本内部，人力资本、流程资本、市场资本均起到明显正向影响作用，产值弹性依次为人力资本（0.264）、流程资本（0.158）、市场资本（0.050）；更新资本回归结果不显著。这说明知识的研发和更新能力对中国区域增长的作用相对较弱。从东西部比较来看，物质资本产出弹性都较大，均在0.7左右；人力资本东部达到0.238，西部产出弹性不明显。

李海东（2014）对距离协同模型进行了创新，基于测度区域现有状态与理想状态或者基点状态的差距这一思想，引入理想规划值，运用相对距离比来衡量区域系统发展度；运用各个子系统间的灰色关联度来确定子系统间的拉动因子，进而得出理想发展度和协同度；并以皖江城市带作为一个区域系统，定义社会支持能力、环境支持能力、资源支持能力、经济支持能力四个维度为子系统，实证检验了协同度评价方法。虽然切入视角及指标体系选取不同，但可以将此评价方法应用于区域知识资本及各维度协同性的测度。

3. 管理的协同

从管理演变的历史来看，如何提升组织效率自始至终都是最重要的命题。有学者提出“企业必须是个整体，效率来源于协同而非分工，共生是未来组织进化的基本逻辑”（陈春花，2019）。

在管理学上，首次提出协同观的应是亨利·法约尔，他在著作《工业管理与一般管理》中界定了管理的五大职能：计划、组织、指挥、协调和控制，其中协调被看作是联结与调和各种活动，而协调职能也理所当然被看成是最早的管理协同观。首次提出协同概念的安索夫（1965）在《公司战略》中将“协同”看作是企业的重要战略要素，可以指导企业的多元化经营战略有序运作，认为协同可以分为销售协同、运营协同、投资协同、管理协同等几种类型。创立协同学的赫尔曼·哈肯（Haken，1971）指出协同能够使群体中的个体获得更高质量的生活条件，而当离开彼此合作，其生活条件将会下降；在整个环境中，具有不同属性的系统间存在着相互影响而又相互合作的关系。霍费尔和申德（Hofer and Schende，1985）认为，协同是相互独立的各个组成部分经过汇聚之后而产生的“共同效应”（Joint Effect）。随后，众多学者们分别从不同视角对协同理论在管理学中的应用进行了研究探索和延伸。利希滕斯坦和麦凯维（Linchtenstein and McKelvey，2002）分别从水平方向和垂直方向以及宏观层面和微观层面对企业战略协同演进进行了划分。麦凯维（2002）进一步提出了协同演进的管理及协同演进的速度等问题的研究方向。

（1）管理的静态协同与动态协同。从状态来看，协同经历了从静态到动态的演进进程，二者的区别主要在于作用的时间点不同，前者是针对某一时间点上的协同活动，后者是不同时间点上的连续协同活动。

波特（Porter，1985）从价值链理论的角度分析了企业静态协同，认为企业的经营活动分为基本增值与辅助增值两大类活动，前者包括内部生产、销售和服务等，后者包括开发、人力资源管理和基础设施等。这些互不相同但又相互关联、相互影响的企业内部活动构成了企业的价值链，其综合实力决定了企业的竞争实力。波特的价值链理论利用价值链分析方法不仅可以了解企业的每项业务活动之间基于资源共享所形成的相互关系及其对企业整体价值实现的影响，而且还可以识别出各项业务活动之间的协同机会，为企业降低成本和实施差别化战略提供思路。但价值链理论所探讨的各业务单元的协同是基于同一时点上的一种静态协同，忽略了不同时点上企业各业务单元的协同活动。

日本学者伊丹广之（Itami Hiroyuki，1987）从资源配置方面对动态协同与静态协同加以区别，指出静态协同是讨论静态的、短期内的资源最佳配置状态，而动态协同效应是讨论动态的、长期的最佳资源配置状态。他指出企业文化和商标等隐性资产，不受时间、地点的约束，不易被模仿或替代，能够产生长期、动态的协同效应。普拉哈拉德和哈默（Prahalad and Hamel，1990）提出的核心竞争力理论认为企业培育专属于自己、不能被竞争对手模仿或替代的资源、技能是获取竞争力的关键。企业核心竞争力属于隐性资产的范畴，依据伊丹广之（1987）的观点，核心竞争力是企业具有动态协同能力的前因。马其茨和威廉姆森（Markides and Williamson，1994）基于核心能力视角对企业并购所产生的动态协同效应进行了研究，认为核心能力是公司并购管理的关键，它决定了业务组合的选择。安德鲁·坎贝尔（Andrew Campbell，1998）认为核心技能可以为企业带来协同效益，并提出了建立核心技能的方法。可见，无论是“核心竞争力”“核心技能”还是“核心能力”都可以概括为企业隐性资产或知识资产的一种形式，都是企业取得竞争优势的关键。任通海等（1999）指出，核心能力是企业各种业务共同作用的结果，整体行为的协调性决定了核心能力效用的发挥。由此可见，核心能力理论与协同理论并不是矛盾的，两者之间是相辅相成的，核心能力理论进一步丰富了协同理论的内容，协同理论进一步促进了核心能力理论的发展。

（2）管理的内部协同与外部协同。从作用范围来看，协同经历了由内部到外部的演进进程。内部协同是指通过组织内部各种要素之间的协调合作，来提高内部资源的使用效率，进而为组织带来更大的收益。外部协同是指组织通过与其他组织建立联盟或进行并购，获得互补性资源和协同性资源，实现互惠共赢。

内部协同具体表现为：经营战略与组织结构协同、跨部门协同、业务协同和要素协同。

经营战略与组织结构协同观认为企业在由小到大发展的过程中必然经历单一经营到多元化经营的过度，为适应新的经营环境，企业的组织结构也应发生相应的调整，也就是多元化企业经营战略与组织结构协同（Chandler，1962；Hoskisson，1988）。

跨部门协同观认为组织内跨部门的业务协同能够形成协同效应（Song et al.，1993），跨部门协作能够将跨部门的知识有效整合，形成知识的协同效应（Boer et al.，1999）。

管理学家克里斯托弗和布伦南对企业实施多元化战略而导致失败的原因进行了分析，发现其根本原因在于企业经理们将关注点放在单独的业务单元发展状况，而没有站在企业整体的角度来审视各个业务单元之间的关联，忽略了业务协同机会的存在。

要素协同观则认为组织内各创新要素的全面协同能够提高创新绩效（郑刚，2004）。

但是随着组织所面临的环境越来越复杂多变，组织面临的竞争压力越来越大。组织仅仅依靠内部协同已经难以满足组织不断发展的需要，外部协同成为组织发展的不二选择。组织外部协同主要是通过实施并购或组建战略联盟来实现的（Weston，1990）。张丽英（2013）认为企业已将并购作为提高自身技术创新能力的主要途径和手段，并且通过将并购获得的资源与已有资源进行有机结合，来产生协同效应。巴特利特和高歇尔（Bartlett and Ghoshal，1997）提出在快速多变的环境下，跨国公司可以通过企业之间各种资源与行为的共享来实现国际化业务的协同，进而产生协同收益。

（3）协同创新。协同创新源自协同学，是对“开放式创新”和“三要素”理论的进一步提升。从作用范围来看，协同创新同样可以区分为组织内部协同和组织间协同。本书的研究视角主要基于企业内部的内部协同创新。

彼得·格洛尔（Peter Gloor）最早提出协同创新的定义，认为它是网络成员将各种想法、信息和技术等通过网络来进行传播和共享，促进共同目标的实现。王树国（2011）认为协同创新是组织内部形成的知识分享机制。塞拉诺和费舍尔（Serrano and Fischer，2007）认为协同创新是指系统优化合作创新主体各要素的过程，并提出从整合和互动两个维度来进行分析。周正等（2013）认为协同创新是基于主体间优势资源互补与整合的创新活动。许庆瑞和谢章澍（2004）认为协同创新是各创新要素的整合和创新资源在系统内的无障碍流动。可见，协同创新包含“知识流动”“要素整合与互补”“共赢”等关键特征，其中知识流动是必要条件、要素整合与互补是途径、共赢（也即共同创新）是协同的最终目标。

2.4 研究述评

从整体上看，2000 年以来，有关知识对经济发展的影响的研究取得了许多成果，其基本结论是：知识产业化影响改变着企业的利润来源和竞争优势。从新经济来看，知识资本逐渐成为生产过程中的一项要素。新经济增长理论解释了知识是经济增长的主要源泉；演化经济学强调了组织学习是维持核心竞争力的手段；新制度经济学则强调了规则对经济的意义等。

目前，世界经济发展仍面临许多有待回答的问题。

（1）忽略了各项经济增长要素的协同作用。劳动力、物质资本、知识资本等是经济增长的重要动力。但对各经济要素之间的替代关系、分配比例和协同效应等对经济的影响尚需做深入的研究。

（2）低估了制度变迁对经济发展的影响。改革开放 40 多年来，制度创新是中国经济社会发展的最重要因素。国内学者从不同角度阐述了制度变迁对经济发展的作用，但对制度变迁的内涵和外延以及计量研究仍需深入。

（3）仅仅用知识或者人力资本或者技术进步来解释发展中国家的经济增长显得证据不足。在二战后相当长一段时间内，苏联科学技术进步迅速，然而科学技术的进步并没有带来相应的经济繁荣，也就是说用技术进步来解释经济繁荣也存在一些前提条件值得我们去研究。主要存在的问题：一是很多学者将人力资本限定于区域知识资本体系外，将知识资本内涵局限于科学技术的创新，从而忽略了人力资本在知识资本积累过程中的外部性作用及其流动性。二是通过对知识资本要素的整理，可以发现知识资本要素划分多种多样，出现频数较多的包括人力资本、技术资本、市场资本、制度资本、创新资本、关系资本、结构资本、流程资本、顾客资本、更新资本等。这使得在研究知识资本的过程中，难以形成系统的、延续的、辨识度较高的指标体系、研究方法及系列成果。

（4）对知识资本及其作用的研究多集中在微观经济层面。即多数学者主要从提高企业的经济效益、核心竞争力以及企业的持续发展等方面来进行知识资本研究，而对宏观层面的国家、区域知识资本的研究缺乏系统性。

（5）现有研究多从局部出发对区域知识资本进行研究，缺乏将知识资本与物质资本作为同一系统内单个子系统的整体协同性研究，即除了关注各要素对经济增长的影响外，还应该关注各要素投入比例、替代比例、互动作用对于经济增长影响的综合影响水平。

（6）企业或组织层面的协同理论及应用研究中“物质”要素鲜被提及，对要素之间的协同研究还比较少，特别是企业知识资本与物质资本的协同研究文献较少。

概括来讲，目前有关物质资本与知识资本的协同效应对经济发展的影响研究，无论是在国内还是国外，都没有建立起一个公认的理论体系和研究框架，对“协同”内涵及构成要素也没有一个统一的认识。在微观层次，学者们对企业制度、知识创新、管理创新等的作用进行了大量研究；在宏观层次，学者们研究主要集中在某一产业内部协同作用、地区经济发展中的协同作用以及社会经济系统子系统之间的协同作用。本书将在此基础上，进一步探究经济学领域要素协同效应的内涵、协同度的计算方法和协同效应对经济发展的影响，聚焦经济发展中物质资本与知识资本的协同效应这一研究目标，既关注区域层面知识资本各构成要素的协同作用，也关注企业与团队层面的协同作用，力争初步构建一个“资本协同效应与经济发展”的经济学理论与方法体系。

第3章 区域知识资本测度指标体系构建与特征分析

对知识资本进行量化和测度是研究物质资本与知识资本的协同效应对经济发展影响的基础，也是制定知识资本管理策略的前提。因此，如何分析知识资本存量和结构，一直都是知识资本研究领域中的核心内容。尽管学术界目前对知识资本内涵的界定、测度方法尚未达成共识，但已经形成了若干成熟的测度方法。这些方法从不同的角度揭示出知识资本的本质特征，促进了知识资本量化研究的深入。本章基于知识资本相关理论研究，明确了区域知识资本的结构，确立了测度指标构建的原则。在此基础上，建立了区域知识资本测度指标体系与数据库，为探讨区域物质资本与知识资本的协同效应对经济发展的影响提供方法基础与数据支撑。

3.1 区域知识资本测度指标体系构建

3.1.1 知识资本测度的文献综述

有关知识资本的测度研究最初主要集中于企业，对于区域知识资本的研究相对较少。近些年，基于知识资本的内涵，国内外对区域知识资本的研究取得了一些成果，主要集中于以下几个方面。

1. 区域知识资本基准系统研究

维德玛（Viedma，2004）提出了城市知识资本基准系统。马丁斯和维德玛（Martins and Viedma，2005）在此基础上，改进并提出了区域知识资本衡量系统，将城市知识资本基准系统进一步推广到区域层面。在该系统中，知识资本的资源被分类并予以测度。资源包括区域政府体系、科技实力、环境质量、人力资本、经济绩效及集群内部实体之间的交易频率和深度等若干方面。

2. 知识导航者模型或斯坎迪亚（Skandia）公司知识资本模型研究

埃德文森（1997）提出了知识导航者模型，并运用于瑞典的斯坎迪亚保险公司，其核心思想是从公司的业务中找出哪些是公司的成功因素，把这些因素分解成具体的指标，包括 91 个新指标和 73 个传统指标，并把这些指标分别归类为财务、客户、人力资本、业务流程和更新与发展五类指标。随后，埃德文森和马龙（1997）把知识导航者模型中的指标删减为 112 个指标。邦蒂斯（2002）将埃德文森（1997）的知识导航者模型转换为国家知识资本模型，称之为知识资本导航者模型。部分概念从企业层面转换到国家层面：市场价值变为国家财富，财务资本变为金融财富，客户资本变为市场资本，创新资本变为更新资本，其余的概念保持不变。随后邦蒂斯和尼克（2004）第一次提出了国家知识资本的概念，并对阿拉伯国家的知识资本发展进行了实证研究。陈钰芬（2006）在《区域知识资本测度指标体系的构建》中，参照斯坎迪亚公司知识资本模型，认为区域知识资本由人力资本、关系资本、过程资本、创新资本四要素构成，并设计了共计 22 个三级指标。张艳艳和张炳发（2008）在《城市知识资本评估研究》中将城市知识资本定义为城市中的每一个人、企业、组织、团体和地区蕴藏的价值，这些价值可能体现在一些显而易见的资源上，也可能体现在一些潜在的资源上，是一个城市未来财富创造和积聚的源泉；认为城市知识资本由人力资本、关系资本、过程资本以及更新与发展资本四部分构成，并构建了城市知识资本评估指标体系。夏和牛（Xia and Niu，2010）将区域知识资本划分为四个元素，即区域人力资本、区域关系资本、区域过程资本和区域创新资本；区域人力资本划分为两个二级指标，分别是教育水平、健康保护；区域关系资本划分为三个二级指标，分别是国际经济贸易、内部贸易、旅游经济；区域过程资本划分为两个二级指标，分别是交通状况、邮电通信；区域创新资本划分为三个二级指标，分别是科技输入、科技输出、创新数量。李等（Li et al.，2012）建立了区域知识资本指标体系，包括区域人力资本、区域关系资本和区域结构资本。其中，区域人力资本包括教育水平、社会保障，区域关系资本包括国际贸易、国内贸易和人际交易，区域结构资本包括工业效率、信息交换、基础设施。刘浩（2013）从人力资本、流程资本、市场资本和更新资本四个方面描述了区域知识资本的结构。

3. 知识资本动态价值方法研究

波尔弗（Bounfour，2003）认为知识竞争力包含资源、流程、无形资产以及产出四个维度，在无形资产的基础上建立竞争优势，需要考察资产的财务价值和企业的内在表现之间的联系，据此提出了知识资本的动态价值（IC - dVAL）指标体系。波尔弗和埃德文森（Bounfour and Edvinsson，2005）从建立在微观经济层面的知识资本动态价值方法推广出适用于中观和宏观经济层面的指标体系。吴洁、张运华（2009）在《从知识资本指数评估地区创新表现》中基本沿袭了波尔弗（2003）的分析框架，从资源、流程、产出及资产四个维度度量了知识资本指数，分析比较了中国各地区的创新表现。

4. 知识资本结构研究

斯图尔特（1997）认为企业知识资本的价值体现在人力资本、结构资本和顾客资本三者之中。人力资本指的是公司员工各种能力和知识；结构资本指的是满足市场需求的能力，如战略目标、组织结构、规章制度等；顾客资本指长期以来公司和外部公司以及顾客之间形成的关系，包括销售渠道、品牌等。埃德文森和斯塔姆（Andriessen and Stam，2005）运用多维价值测量理论，以欧盟 15 个国家为研究对象开展区域知识资本研究，较系统地分析了欧盟 15 国的知识资本情况。在指标体系的选取上，他们以欧盟里斯本议程（Lisbon Agenda）确定的战略目标为欧盟国家的整体目标；并将这些目标解释成 38 个具体指标，分别归类到人力资本、结构资本和关系资本的财产、投资和成果指数三个方面，形成了区域知识资本测量的指标体系。王学军和陈武（2008）在《区域知识资本与区域创新能力的关系——基于湖北省的实证研究》中，从人力资本、关系资本和结构资本三方面设计了区域知识资本存量指标，并定量测度了湖北省的区域知识资本存量。吴慈生和李兴国（2013）在《区域知识资本指数发展报告》中构建了一套较系统的知识资本指数测度指标体系。

5. 区域知识竞争力研究

周霞等（2008）在《论中国地区知识竞争力评价指标体系的构建》中，沿用哈金斯协会 5 大知识竞争力要素的分类方法，结合中国统计标准，设计了中国地区知识竞争力评价指标体系，包括 5 大模块和 18 个指标。5 大知识竞争力要素包括人力资本、知识资本、金融资本、经济产出和知识支持。林善浪和王健（2008）在《区域知识竞争力及其评价指标体系研究》中，将区域知识竞争力系统划分为3个层次：知识要素层、资源要素层和市场要素层，构建了25个指标测度区域知识竞争力。

6. 行业范围的知识资本指数研究

泽伦勒（Zerenler，2008）通过对土耳其汽车行业的研究，发现顾客资本、雇员资本和结构资本这三种类型的知识资本与行业的绩效成正相关的关系。夏维力（2009）将知识资本划分为人力资本、财务资本、市场结构资本、技术创新资本四方面，运用VAIC和DEA模型对中国制造业企业的行业数据进行分析，认为知识资本效率与技术创新效率之间存在不协同性。查罗恩斯里瓦特（Charoensiriwath，2009）对工业集群的知识资本聚集指数进行了测度，将中国台湾地区硬盘驱动产业的知识资本聚集指数区分为以下几个方面：人力资本、社会资本、结构资本和供应链资本，并采用层次分析法进行了测算。

总体来看，以上各种测度模型采用的基本上都是直接评价法。这种评价方法的基本思路是：首先确定知识资本的具体构成，然后逐级分类为各子因素集或指标体系，再对各个具体指标进行详细评价，最后将各具体指标的评价结果通过数学方法汇总成一个总评价值，或者不再进行汇总，而只对指标进行管理上的监测。

3.1.2　知识资本测度指标选择

从前述来看，区域知识资本基本采用多维价值测量理论，在此基础上形成指标体系，分指标定量测度，然后加总获得评价指数。因而，测量维度的分类尤其重要。结合我们以往的研究基础，本书沿用了斯图尔特（1997）提出的知识资本H-R-S结构，即将区域知识资本划分为区域人力资本、区域关系资本和区域结构资本三大维度；并根据吴慈生和李兴国（2013）在《区域知识资本指数发展报告》中的思路，构建了知识资本指数测度指标体系。

1. 区域知识资本测度的H-R-S结构

区域人力资本（H）是体现在一个区域人员身上的资本，是蕴含于人身中的各种生产知识、劳动与管理技能和健康素质的存量总和。区域人力资本是区域知识资本中最活跃的因素，是联系其他资本的纽带，是区域实现价值和价值增值的重要基础。

区域关系资本（R）指的是一个区域为实现其价值目标而与其他区域、城市或组织等区域外相关利益体所建立的各种联系，包括外部关系资本和内部关系资本。外部关系资本指区域对区域相关利益体的影响，内部关系资本是指区域内部组织之间相关利益体对区域的影响。

区域结构资本（S）指的是一个区域蕴藏在企业、政府和其他社会组织中的不以人为载体而存在的知识资本形式以及维持和实现这些知识资本的组织结构和制度资本，如硬件、软件、实验室、学校、文化、历史、习俗、政府方针政策等，包括对一个区域中城镇居民的生产率有贡献作用的活动、过程，以及能够实现知识的创造、传播、共享的基础设施。包括物质结构资本、技术结构资本、知识结构资本、制度结构资本等。

区域人力资本（H）、区域关系资本（R）、区域结构资本（S）构成了区域知识资本的 H-R-S 结构。

2. 区域知识资本指标构建的原则

为保证区域知识资本指标选择的客观性、全面性和实用性，在构建测度指标体系时，需要遵循必要的原则，通过主客观的分析，对初步构建的指标体系进行筛选，经过信度和效度分析，在反复实践检验的基础上，最终确定指标体系。需要明确的原则包括：

（1）先进性。指标项的确定既要从区域经济发展的现实状况出发，又要结合区域经济发展的长远趋势。

（2）可行性。指标应具有可评价性，支持数据具有可获取性，数据来源具有可靠性，目标值具有可实现性。指标值的确定，既要参照国际、国内同类区域的标准，又要考虑获得目标区域数据的可能性、可行性。

（3）可比性。指标必须反映被评价对象共同的属性。这种属性的一致性，是可比性的前提和基础。指标既要便于进行纵向比较，也要便于进行横向比较。

（4）导向性。区域知识资本指标体系的设计和构建应重点关注影响区域经济发展的知识性要素积累和优化过程的制约因素，探寻区域知识资本的发展规律。指标不仅能够客观评估和预测区域知识资本的水平，并有助于对知识资本的管理，即以指标体系为参照，制定政策，指导经济发展。

（5）规范性。指标的设置要有明确的统计口径，要充分借鉴国际经验；指标的选择应遵循国内外公认、常见的指标原则，使指标符合相应的规范要求。此外，还要根据指标的重要性合理取舍，精选具有代表性的指标，最大限度地反映区域知识性生产要素的本质特征、复杂性和质量水平。

（6）目标的总体性和阶段性。区域知识资本及其构成要素的积累和优化是一个持续的动态过程，与区域经济发展水平保持一致。因此，构建区域知识资本指标体系时，既要把握对所有区域知识资本进行均质衡量的目标的总体性，又要关注处于不同历史发展阶段区域的过程阶段性。

3.1.3　知识资本指标体系构建

在吸收相关指标体系研究成果的基础上，本研究建立了中国区域知识资本测度指标体系，并经过了信度和效度检验。该指标体系将知识资本分为 3 个一级指标（区域人力资本、区域关系资本、区域结构资本）、7 个二级指标（区域人力资本投入、区域人力资本结构、区域人力资本积累、区域外部关系资本、区域内部关系资本、区域技术结构资本、区域制度文化结构资本）、45 个三级指标（见表 3－1）。指标体系构建的具体过程即说明详见附录 1。

表 3－1　　区域知识资本测度指标体系

一级指标	二级指标	三级指标
区域人力资本	区域人力资本投入	社会捐赠教育经费（万元）
		民办学校办学经费（万元）
		企业培训投入经费（亿元）
		科教文卫事业经费占财政支出比重（%）
	区域人力资本结构	高中毕业生占区域总人口比例（%）
		大学毕业生占区域总人口比例（%）
		万人 R&D 科学家和工程师数（人）
		企业 R&D 科学家和工程师占全社会 R&D 科学家和工程师比重（%）
	区域人力资本积累	城镇居民人均可支配收入（元）
		农村居民人均可支配收入（元）
		每万人拥有的病床数（张）
		交通事故发生数（起）（负向指标）
		火灾发生数（起）（负向指标）
		人均医疗卫生财政支出（元/人）
		社会保障和就业财政支出占各地区财政支出总额比例（%）
		公共图书馆藏书人均拥有量（册/人）
		参加城镇基本医疗保险人数（万人）
		生态环境水平（%）

续表

一级指标	二级指标	三级指标
区域关系资本	区域外部关系资本	对外贸易额（万美元）
		入境旅游人数（万人次）
		FDI（外商投资企业总额）（亿美元）
		对外承包工程、劳务合作合同额（万美元）
		万人国际互联网上网人数（人）
	区域内部关系资本	货运量（万吨）
		邮电业务量（亿元）
		亿元以上商品市场成交金额（万元）
		社会消费品零售总额（亿元）
		每万人拥有公交车辆（标台）
		铁路、航空运输业就业人员数（人）
区域结构资本	区域技术结构资本	万名 R&D 活动人员科技论文数（篇）
		获国家级科技成果奖系数（项/万人）
		高技术产业增加值占工业增加值比重（%）
		高科技产业就业人员劳动生产率（万元/人）
		技术市场成交金额（万元）
		大中型工业企业试验发展支出占 R&D 经费内部支出比例（%）
		每万人拥有的专利授权数（件）
	区域制度文化结构资本	城镇每百户拥有家用汽车（辆）
		城镇每百户拥有电脑数量（台）
		艺术表演场馆（个）
		公共图书馆（个）
		博物馆（个）
		城镇社区服务设施数（个）
		人均城市道路面积（平方米）
		区域内规模以上工业企业利润总额（亿元）
		上市公司数量（家）

资料来源：笔者自制。

该指标体系相比已有的研究成果具有以下几个特点：

(1) 强化了区域结构资本指标。在很多测度结构资本的指标体系中，由于操作性指标过少，不能反映结构资本指标的系统性。本书在系统分析技术结构资本和制度文化结构资本的基础上，突出了研发经费结构等指标。

(2) 指标选取更为丰富合理。在理论上，三级指标能够更好地诠释二级指标的含义；在实践上，对不易获取数据的指标进行了替代，便于操作。

(3) 改进后的指标体系更为全面、规范，各维度之间区分度较强，选取指标具有代表性。信度和效度检验表明，可以用来测度区域的知识资本。

3.2　区域知识资本的空间分布特征分析

3.2.1　数据选择与分析方法

1. 数据选择

本书研究时序为2004～2016年，涵盖了我国31个省份（不含香港、澳门和台湾地区）13年的面板数据。根据国家发改委划分标准，将研究对象划分为东部、中部和西部三个地区。东部地区包括北京、天津、辽宁、河北、上海、江苏、浙江、福建、山东、广东和海南等11个省份；中部地区包括山西、安徽、江西、河南、湖北、湖南、吉林和黑龙江等8个省份；西部地区包括广西、重庆、四川、贵州、云南、西藏、陕西、甘肃、青海、宁夏、新疆和内蒙古等12个省份。

数据主要来源于2004～2017年国家和地方统计局正式出版的统计年鉴，及政府网站和其他官方数据。主要包括《中国统计年鉴》《中国区域统计年鉴》《中国科技统计年鉴》《中国教育统计年鉴》《中国城市统计年鉴》《中国工业统计年鉴》《中国人口统计年鉴》《中国能源统计年鉴》《中国环境统计年鉴》《中国证券期货统计年鉴》、国家商务部网站、各地区2004～2016年度国民经济与社会发展统计公报等。这些数据都是由政府有关部门根据国家统计标准定时发布的，具有较高的可信度和客观性。对于部分年度数据的缺失，采用线性插值法和虚拟变量法填补缺失值。

2. 数据分析方法

由于区域知识资本测度指标体系中各指标变量属性的不同，造成数据量纲的差异，往往会对分析结果产生影响。因此，在数据采集完成后，需要对原始指标数据进行无量纲化处理。

区域的各项指标数据均以相应的全国31个省份的数据的平均值为标准，进行标准化处理，各指标标准化值的计算如式（3-1）、式（3-2）、式（3-3）、式（3-4）、式（3-5）和式（3-6）所示。

$$\bar{x}_{jk} = \sum_{i=1}^{n} x_{ijk}/n \quad (3-1)$$

$$h_{ijk} = \frac{x_{ijk}}{\bar{x}_{jk}} \quad (3-2)$$

$$\bar{y}_{jk} = \sum_{i=1}^{n} y_{ijk}/n \quad (3-3)$$

$$r_{ijk} = \frac{y_{ijk}}{\bar{y}_{jk}} \quad (3-4)$$

$$\bar{z}_{jk} = \sum_{i=1}^{n} z_{ijk}/n \quad (3-5)$$

$$s_{ijk} = \frac{z_{ijk}}{\bar{z}_{jk}} \quad (3-6)$$

式中，x_{ijk}是对应于各区域人力资本三级指标h_{ijk}的原始值；$\bar{x}_{jk}$是指各区域的人力资本三级指标x_{ijk}的平均值；h_{ijk}是指各区域人力资本三级指标标准化值。如果$h_{ijk}>1$，则表示x_{ijk}的值高于全国平均水平；如果$0<h_{ijk}\leqslant 1$，则表示x_{ijk}的值低于全国平均水平。n是指标变量的个数。

y_{ijk}是对应于各区域关系资本三级指标r_{ijk}的原始值；$\bar{y}_{jk}$是指各区域的关系资本三级指标的y_{ijk}的平均值；r_{ijk}是指各区域关系资本三级指标标准化值。如果$r_{ijk}>1$，则表示y_{ijk}的值高于全国平均水平；如果$0<r_{ijk}\leqslant 1$，则表示y_{ijk}的值低于全国平均水平。n是指标变量的个数。

z_{ijk}是对应于各区域结构资本三级指标s_{ijk}的原始值；$\bar{z}_{jk}$是指各区域的结构资本三级指标z_{ijk}的平均值；s_{ijk}是指各区域结构资本三级指标的标准化值。如果$s_{ijk}>1$，则表示z_{ijk}的值高于全国平均水平；如果$0<s_{ijk}\leqslant 1$，则表示z_{ijk}的值低于全国平均水平。n是指标变量的个数。

利用区域知识资本测度指标体系，通过对三级指标进行适当的加权处理，计算出区域人力资本投入、区域人力资本积累、区域人力资本结构、区域外部关系投入、区域内部关系投入、区域技术结构资本、区域制度文化结构资本这7个二级指标；再通过对二级级指标进行加权处理，计算区域人力资本、区域关系资本、区域结构资本，进而计算出区域知识资本指标。7个二级指标的计算公式如式（3-7）、式（3-8）、式（3-9）所示。

$$h_{ij} = \sum_{k=1}^{m} h_{ijk}/m \tag{3-7}$$

$$s_{ij} = \sum_{k=1}^{m} s_{ijk}/m \tag{3-8}$$

$$r_{ij} = \sum_{k=1}^{m} r_{ijk}/m \tag{3-9}$$

式中，m为各二级指标所包含的三级指标的个数。

三个一级指标的计算公式如式（3-10）、式（3-11）、式（3-12）所示。

$$H_i = \sum_{j=1}^{3} h_{ij}/3 \tag{3-10}$$

$$R_i = \sum_{j=1}^{2} r_{ij}/2 \tag{3-11}$$

$$S_i = \sum_{j=1}^{2} s_{ij}/2 \tag{3-12}$$

最后得到31个省份的区域知识资本计算公式：

$$I_i = (H_i + R_i + S_i)/3，其中\ i = 1，\cdots，31 \tag{3-13}$$

3.2.2 知识资本空间分布的整体特征

1. 知识资本的空间分布与排序

根据前述数据处理方法，经过测算，获得了中国31个省份2004~2016年知识资本的数值和历年排序，详见附录2。从区域知识资本的分布来看，中国31个省份的知识资本2004~2016年整体上呈同步上升趋势，东高西低、差距巨大。13年中31个省份的排序变化不明显。

从排序看，知识资本排名前5名的始终是广东、北京、上海、江苏、浙江。其中，广东始终排名第1；北京2004年、2006年、2015年和2016年超过上海排名第2，其余年份都排名第3；上海2005年超过北京成为第2名，2007~2009年排名第2，2010~2012年排名第4，2013~2016年在第4、第5徘徊；江苏2004~2009年始终排名第4，2010年上升至第2，并始终保持第2至2014年，2015～2016年排名第3；浙江2004～2012始终排名第5，2013年超越上海排名第4，2014年排名第6，2015年排名第4，2016年又排在了第5名。知识资本排名靠后的是宁夏、西藏、青海、贵州这些西部省份。其中，宁夏2004～2011年始终排名最后，西藏除了2006年上升到22位，其余年份基本排名后三名，2013～2016年排名最后一位。此外，在全国31个省份中，知识资本与所在区域发展差距最大的是东部省份中的海南省，它的排名始终处于后10名，与东部其他省份相比，存在相当的差距。

分年度来看，2004年知识资本最高的地区是广东（26.28），最低的地区是宁夏（3.73）；2005年最高的地区是广东（31.18），最低的地区是宁夏（4.23）；2006年最高的地区是广东（36.79），最低的地区是宁夏（5.04）；2007年最高的地区是广东（44.64），最低的地区是宁夏（5.38）；2008年最高的地区是广东（48.03），最低的地区是宁夏（6.31）；2009年最高的地区是广东（50.49），最低的地区是宁夏（7.56）；2010年最高的地区是广东（59.09），最低的地区是宁夏（7.94）；2011年最高的地区是广东（64.16），最低的地区是宁夏（9.19）；2012年最高的地区是广东（72.84），最低的地区是青海（10.09）；2013最高的地区是广东（82.50），最低的地区是西藏（10.67）；2014年最高的地区是广东（76.83），最低的地区是西藏（12.07）；2015最高的地区是广东（88.79），最低的地区是西藏（12.15）；2016年最高的地区是广东（94.00），最低的地区是西藏（12.74）。处于中位值的省份分别是河南、黑龙江、陕西、安徽、湖南和重庆。

整体来看，区域知识资本的动态趋势呈现以下主要特征：

（1）广东的知识资本始终排名第一，几乎高于平均数3倍左右。

（2）宁夏2004～2011年始终排名最后，2012年青海排名最后，2013～2016年西藏排名最后，除此以外，最低的省份的知识资本几乎都是平均数的1/3。

（3）从标准差的变化可以看出，随着时间的推移，中国各省份知识资本间的差异性逐渐扩大。2004年31个省份的标准差是5.92，到2016年达到20.29，极差也从2004年的22.55扩大到2016年的81.26，说明知识资本在31个省份随着时间发展，这种不均衡差距越来越大。这一点从各省份知识资本各年度的最大值与最小值间扩大的差距也可以得到体现。偏度整体大于1，峰度大于3，呈现右偏，中低分位分布较集中，变异系数大于0.6，呈分化趋势。

2. 区域知识资本趋势分析

对区域知识资本变化趋势进行分析（见图3－1、图3－2），可以发现：

（1）中国知识资本平均值呈上升趋势。从2004年的9.56上升到2016年的33.15，整体上升了246.76%。其中，2005年增长速度为17.07%，2006年增长速度为14.13%，2007年增长速度为13.17%，2008年增长速度为12.15%，2009年增长速度为13.12%，2010年增长速度为12.73%，2011年增长速度为10.26%，2012年增长速度为11.45%，2013年增长速度为8.72%，2014年增长速度为5.98%，2015年增长速度为7.16%，2016年增长速度为7.90%。

（2）中国知识资本增长速度逐年降低，有一定波动。

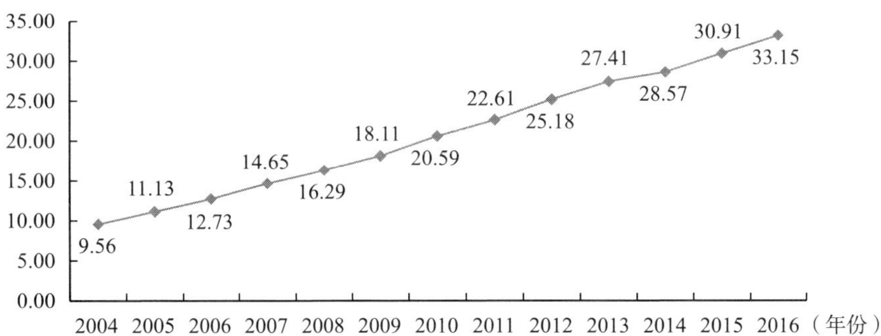

图3－1　2004～2016年中国知识资本指数平均值趋势

资料来源：根据数据计算结果绘制而成。

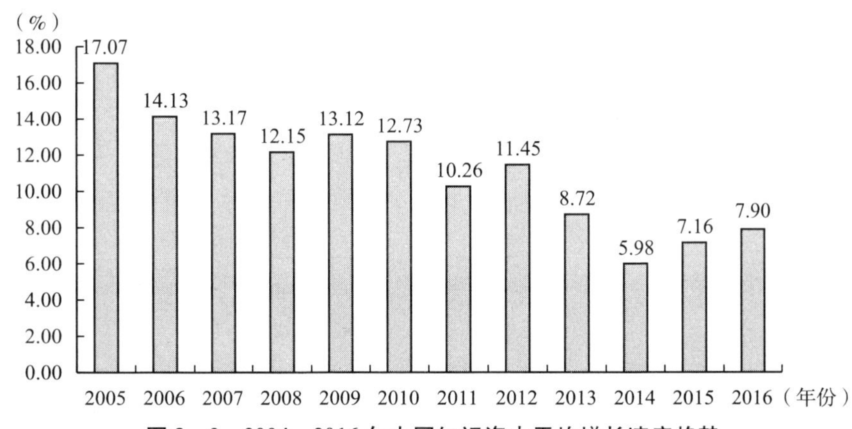

图3－2　2004～2016年中国知识资本平均增长速度趋势

资料来源：根据数据计算结果绘制而成。

3. 东部、中部、西部知识资本的空间分布比较分析

对东部、中部、西部知识资本的变化趋势进行分析（见图3-3），有以下发现。

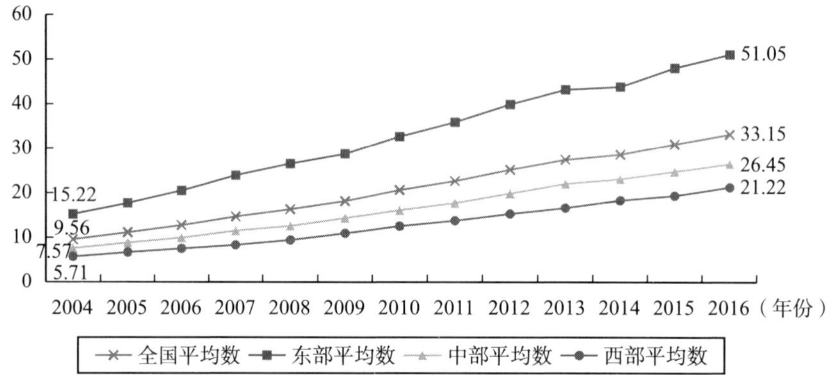

图3-3 2004~2016年全国与东部、中部、西部知识资本指数均值变化趋势比较

资料来源：根据数据计算结果绘制而成。

（1）中国知识资本2004~2016年整体呈上升趋势，2004~2013年几乎呈直线上升，2014年后增长速度有所下降，与中国近年来经济增长速度放缓的趋势保持一致。

（2）东部、中部、西部的整体上升趋势与全国上升趋势相似。全国的知识资本平均值从2004年的9.56上升至2016年的33.15，东部知识资本平均值由2004年的15.22上升至2016年的51.05，中部知识资本平均值由2004年的7.57上升至2016年的26.45，西部知识资本平均值由2004年的5.71上升至2016年的21.2。

（3）东部、中部、西部在知识资本上存在明显的地区差异，从一定程度上说明中国知识资本可能与地理位置相关，与经济发展水平有一定程度的相关关系。

全国知识资本的增长速度整体上逐年呈波动下降趋势（见图3-4）。2006年知识资本增长速度比2005降低2.94%，2007年比2006年降低了0.96%，2008年比2007年降低了1.02%，2009年比2008年上升了0.97%，2010年比2009年降低了0.39%，2011年比2010年降低了2.47%，2012年比2011年上升了1.19%，2013年比2012年降低了2.73%，2014年比2013年降低了2.74%，2015年比2014年上升了1.18%，2016年比2015年上升了0.74%。

东部、中部、西部每年的知识资本增长速度和全国的增长速度相似，总体呈现波动下降状态，同时，中部、西部地区的知识资本增长速度随着时间变化，其增长速度逐渐比东部快。

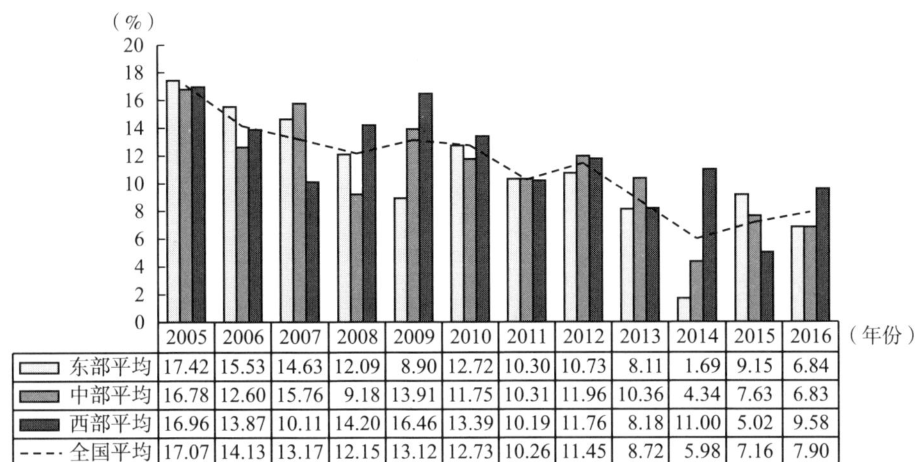

	2005	2006	2007	2008	2009	2010	2011	2012	2013	2014	2015	2016
东部平均	17.42	15.53	14.63	12.09	8.90	12.72	10.30	10.73	8.11	1.69	9.15	6.84
中部平均	16.78	12.60	15.76	9.18	13.91	11.75	10.31	11.96	10.36	4.34	7.63	6.83
西部平均	16.96	13.87	10.11	14.20	16.46	13.39	10.19	11.76	8.18	11.00	5.02	9.58
全国平均	17.07	14.13	13.17	12.15	13.12	12.73	10.26	11.45	8.72	5.98	7.16	7.90

图3-4　2004~2016年全国与东部、中部、西部区域知识资本增长速度比较

资料来源：根据数据计算结果绘制而成。

对东部、中部、西部知识资本分布与构成情况进行分析（见图3-5），有以下发现。

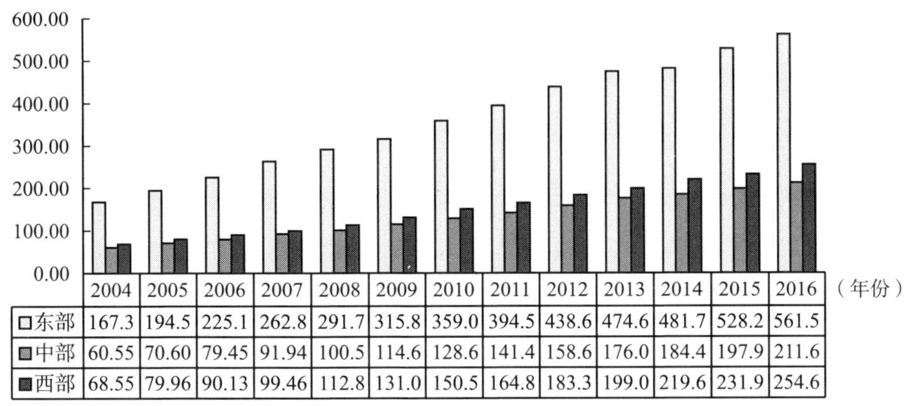

	2004	2005	2006	2007	2008	2009	2010	2011	2012	2013	2014	2015	2016
东部	167.3	194.5	225.1	262.8	291.7	315.8	359.0	394.5	438.6	474.6	481.7	528.2	561.5
中部	60.55	70.60	79.45	91.94	100.5	114.6	128.6	141.4	158.6	176.0	184.4	197.9	211.6
西部	68.55	79.96	90.13	99.46	112.8	131.0	150.5	164.8	183.3	199.0	219.6	231.9	254.6

图3-5　2004~2016年东部、中部、西部知识资本指数

资料来源：根据数据计算结果绘制而成。

（1）2004～2016年东部知识资本远大于中部、西部，几乎占了全国总数的1/2，东部第1，西部第2，中部第3。

（2）中部、西部差距不是很大，东部和中部、西部存在明显的差异。

（3）中部和西部的总和在全国的比例越来越大，说明中部、西部发展相对较快。

（4）中部的平均数比西部的要高，说明中部知识资本发展相比西部地区有一定的优势。

东部、中部、西部知识资本内部结构也存在显著差异（见图3－6）。2004年东部知识资本中，人力资本占比为26.79%，关系资本占比为40.14%，结构资本占比为33.07%；2016年东部知识资本中，人力资本占比为20.56%，关系资本占比为42.11%，结构资本占比为37.33%，人力资本占比降低了，结构资本和关系资本占比都上升了。2004年中部知识资本中，人力资本占比为32.58%，关系资本占比为29.91%，结构资本占比为37.52%；2016年中部知识资本中，人力资本占比为25.30%，关系资本占比为37.18%，结构资本占比为37.52%，人力资本占比降低明显，关系资本占比上升明显，结构资本占比没有变化。2004年西部知识资本中，人力资本占比为36.50%，关系资本占比为26.31%，结构资本占比为37.20%；2016年西部知识资本中，人力资本占比为28.90%，关系资本占比为31.19%，结构资本占比为39.91%，人力资本占比显著降低，关系资本和结构资本均上升了。从这些数据可以发现以下几个特点。

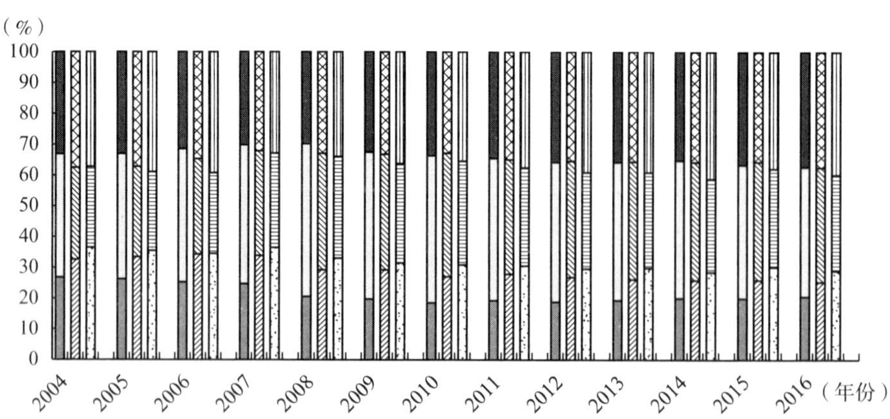

图3－6　2004～2016年东部、中部、西各部知识资本构成

资料来源：根据数据计算结果绘制而成。

（1）东部知识资本占比较大的部分是关系资本，其次是结构资本，最后是人力资本；中部知识资本占比较大的部分是结构资本和人力资本；西部知识资本占比较大的部分主要是人力资本和结构资本。

（2）从东部到西部，人力资本在各部分所占的比例呈递增趋势，关系资本呈递减趋势，结构资本呈递增趋势。

（3）随着时间的推移，知识资本占比中，人力资本呈递减趋势；关系资本增长较快；结构资本占比变化不是很大，但也呈递增趋势。

3.2.3 东部、中部、西部知识资本的特征分析

1. 东部知识资本分析

对东部各省份知识资本特征进行分析（见图3－7至图3－19），可以发现：东部各省份知识资本除海南外都比全国平均数高，说明东部地区知识资本累积效应明显。2004年，东部知识资本最高的是广东（26.28，指数，后同），最低的是海南（4.43），平均值是15.22；2016年，东部知识资本最高的是广东（94.00），最低的是海南（14.91），平均值是51.05。从附录2（见附表2－4）中可以发现，东部几个省份的知识资本始终排在前几名，海南除外。同时，随着时间发展，东部各个省份的知识资本标准差、极差越来越大，说明东部地区知识资本发展中两极分化的趋势加大。

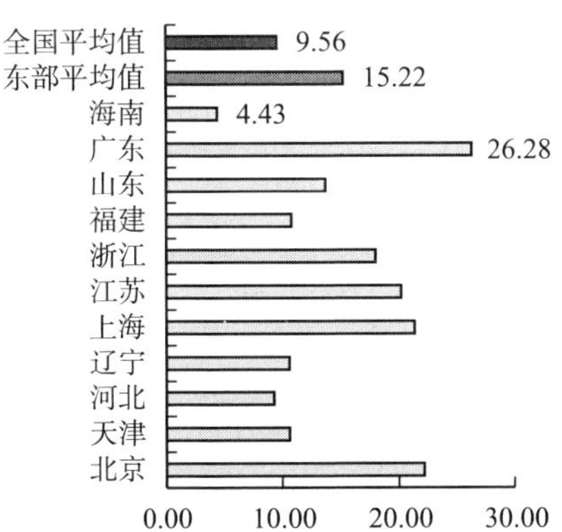

图3－7 2004年东部各省知识资本

资料来源：根据数据计算结果绘制而成。

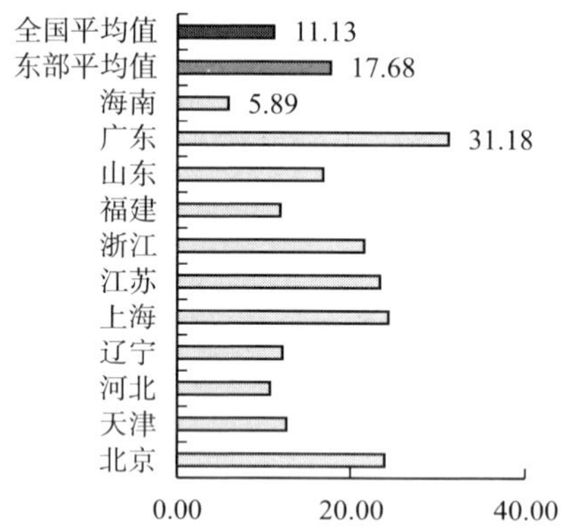

图 3-8　2005 年东部各省知识资本

资料来源：根据数据计算结果绘制而成。

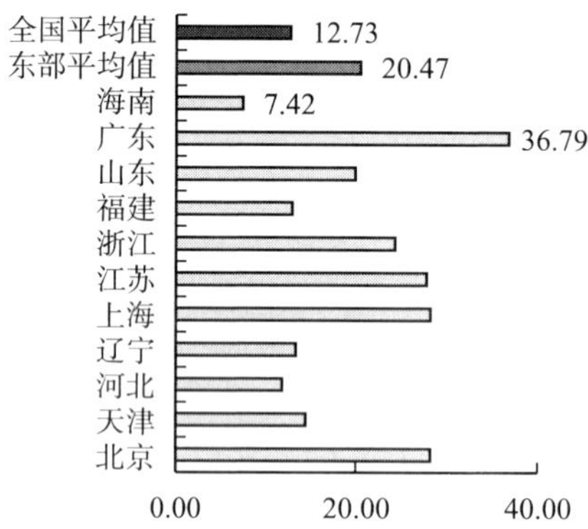

图 3-9　2006 年东部各省知识资本

资料来源：根据数据计算结果绘制而成。

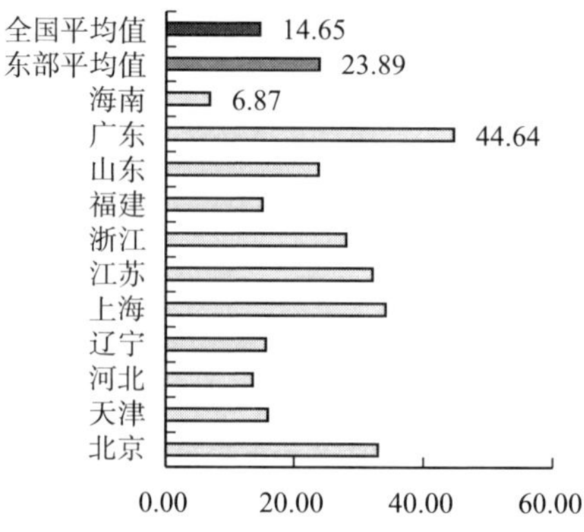

图 3-10　2007 年东部各省知识资本

资料来源：根据数据计算结果绘制而成。

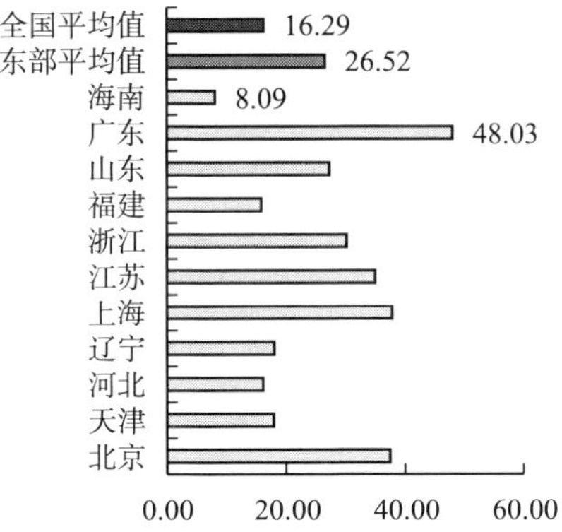

图3-11　2008年东部各省知识资本

资料来源：根据数据计算结果绘制而成。

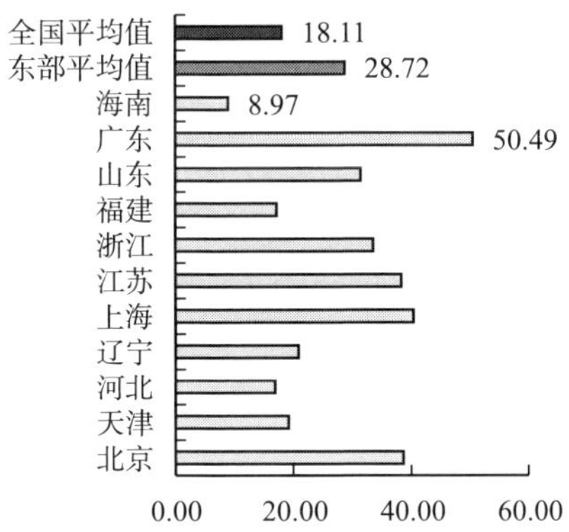

图3-12　2009年东部各省知识资本

资料来源：根据数据计算结果绘制而成。

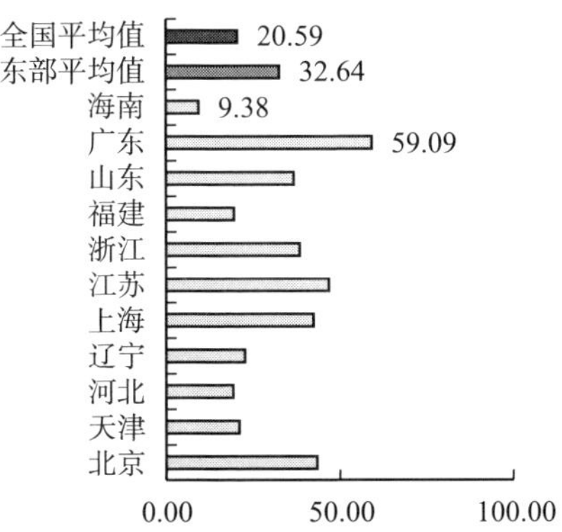

图3-13　2010年东部各省知识资本

资料来源：根据数据计算结果绘制而成。

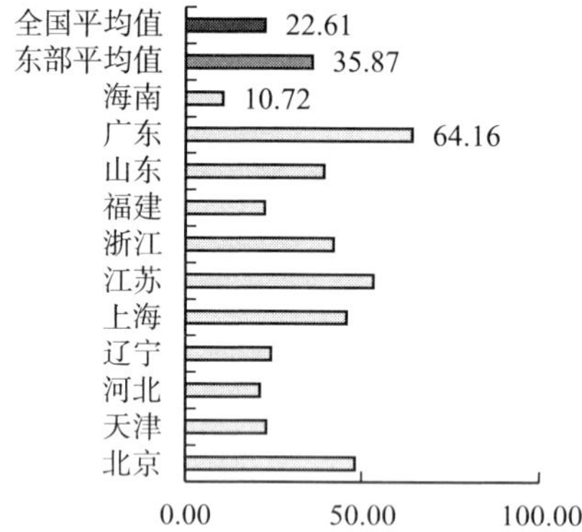

图 3－14　2011 年东部各省知识资本

资料来源：根据数据计算结果绘制而成。

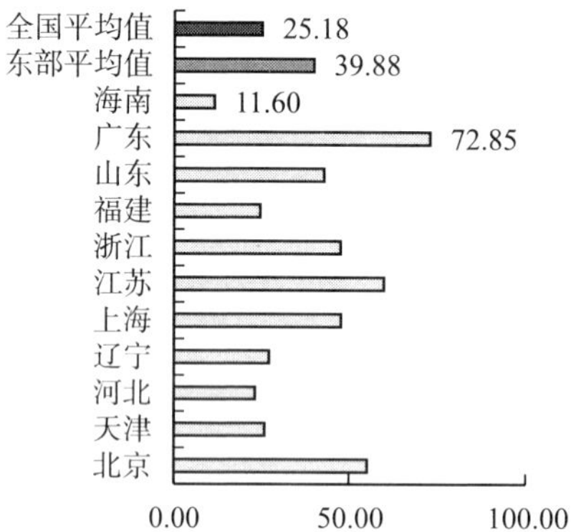

图 3－15　2012 年东部各省知识资本

资料来源：根据数据计算结果绘制而成。

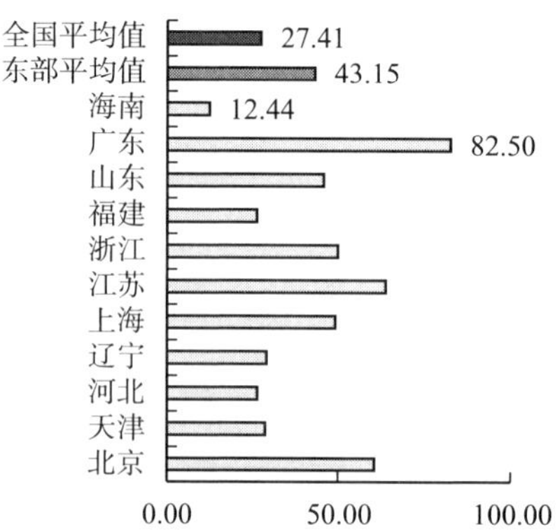

图 3－16　2013 年东部各省知识资本

资料来源：根据数据计算结果绘制而成。

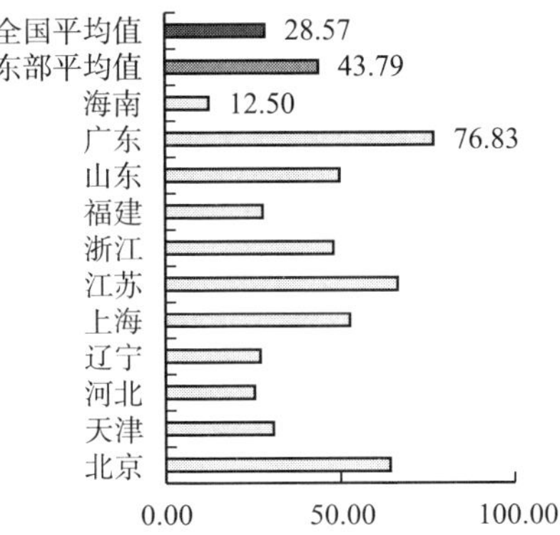

图3-17　2014年东部各省知识资本

资料来源：根据数据计算结果绘制而成。

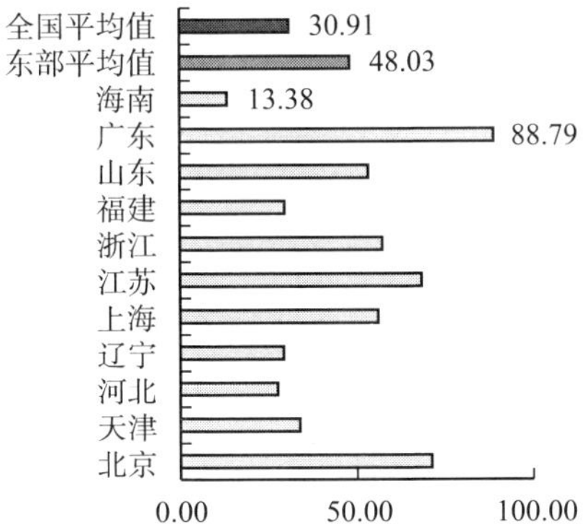

图3-18　2015年东部各省知识资本

资料来源：根据数据计算结果绘制而成。

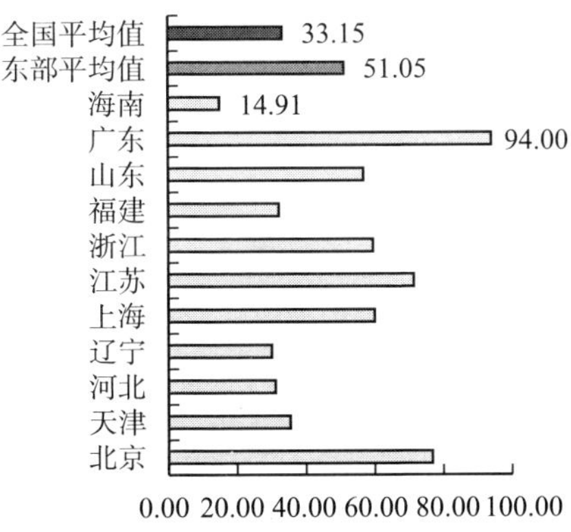

图3-19　2016年东部各省知识资本

资料来源：根据数据计算结果绘制而成。

2. 中部知识资本分析

对中部各省份知识资本特征进行分析（见图3-20至图3-32），可以发现：湖北、湖南和河南知识资本超过中部知识资本平均值；2004~2009年，中部所有省份的值都低于全国平均值；2009年以后，湖北超过全国平均数，排在中部省份第一位。从附录2（见附表2-5）中可以看出，湖南在2004~2006年始终位于中部第一位，2007以后湖北位居中部地区第一位；2004~2007年，江西排名最后一位，2008年吉林排名最后一位，2009年江西排名最后一位，2010~2014年吉林排名最后一位，2015~2016年山西排名最后一位；2004年中部知识资本最高的是湖南（8.91），最低的是江西（5.88），2016年最高的是湖北（40.15），最低的是山西（19.15）。同时，中部地区知识资本的标准差由2004年的1.10上升到2016年的6.86，极差由2004年的3.03上升到2016年的21.00，说明中部地区知识资本的差距越来越大，但是与全国和东部地区相比较，这种差距的变化不是很大。

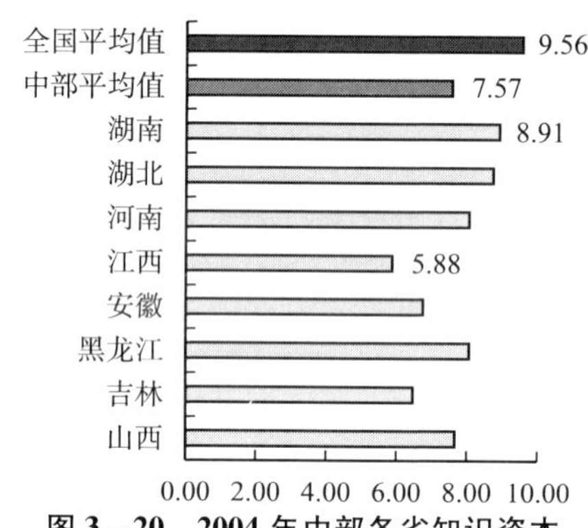

图3-20 2004年中部各省知识资本

资料来源：根据数据计算结果绘制而成。

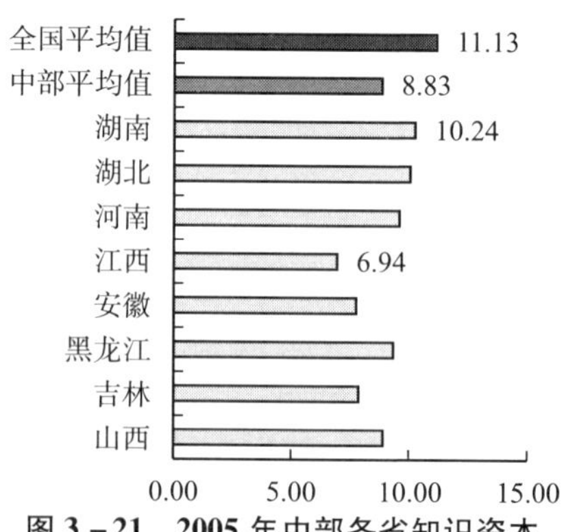

图3-21 2005年中部各省知识资本

资料来源：根据数据计算结果绘制而成。

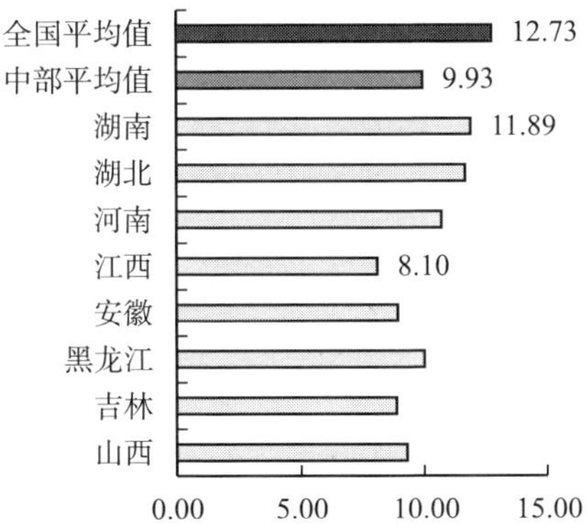

图 3－22　2006 年中部各省知识资本

资料来源：根据数据计算结果绘制而成。

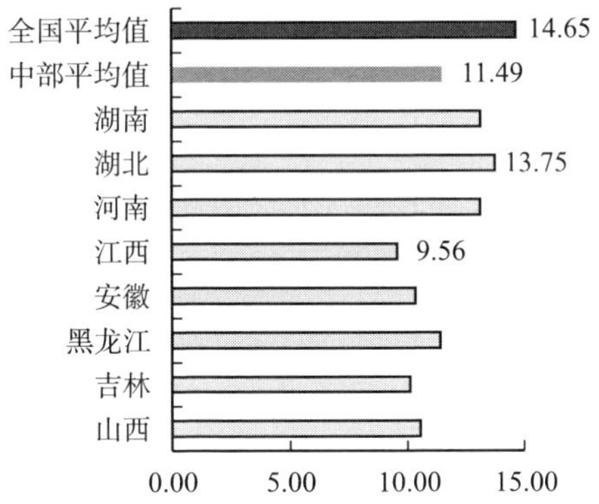

图 3－23　2007 年中部各省知识资本

资料来源：根据数据计算结果绘制而成。

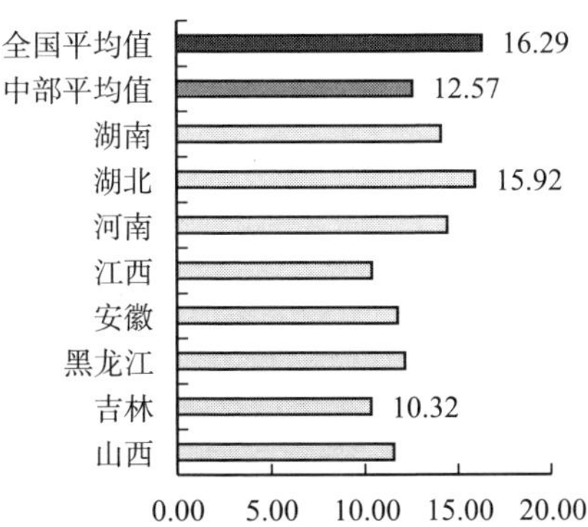

图 3－24　2008 年中部各省知识资本

资料来源：根据数据计算结果绘制而成。

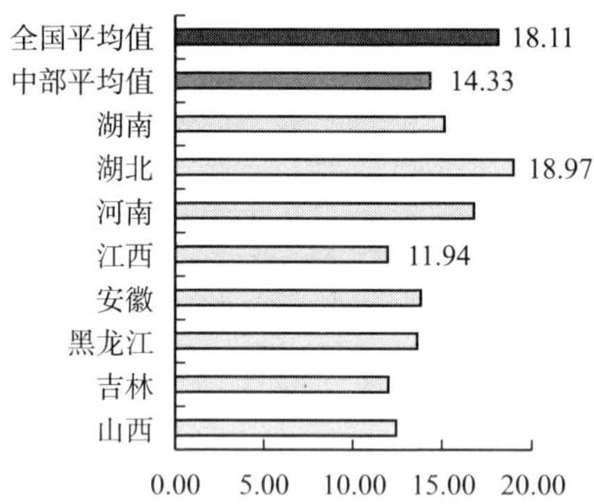

图 3－25 2009 年中部各省知识资本

资料来源：根据数据计算结果绘制而成。

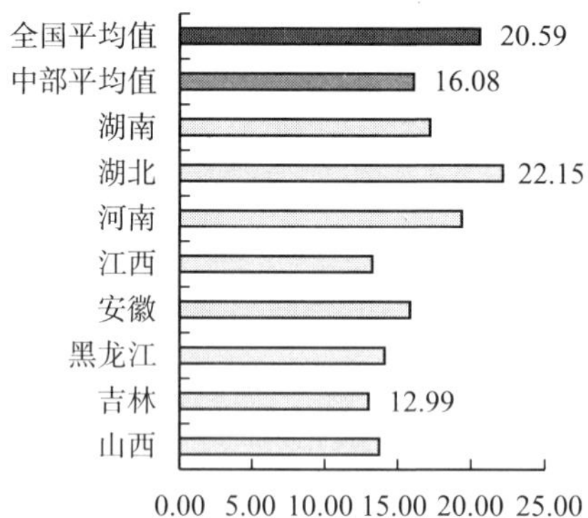

图 3－26 2010 年中部各省知识资本

资料来源：根据数据计算结果绘制而成。

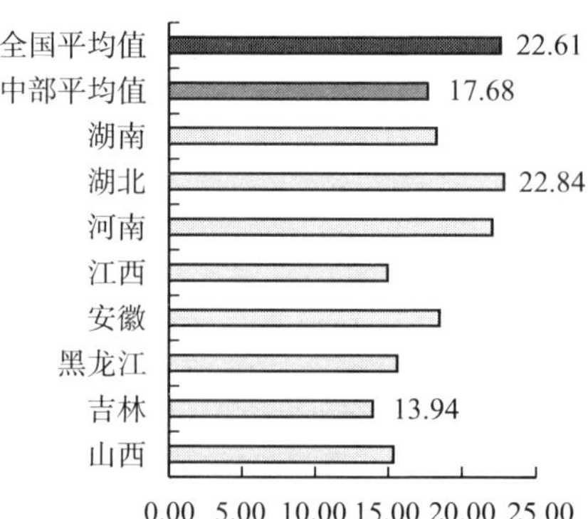

图 3－27 2011 年中部各省知识资本

资料来源：根据数据计算结果绘制而成。

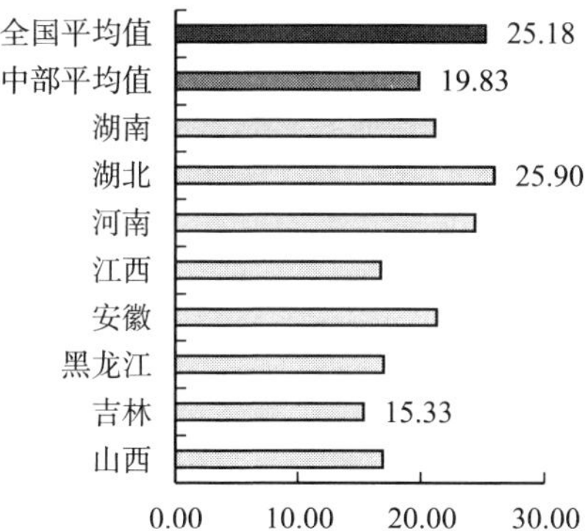

图 3-28　2012 年中部各省知识资本

资料来源：根据数据计算结果绘制而成。

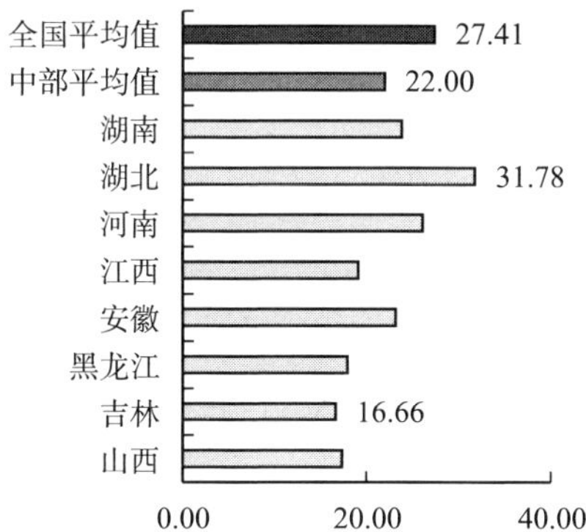

图 3-29　2013 年中部各省知识资本

资料来源：根据数据计算结果绘制而成。

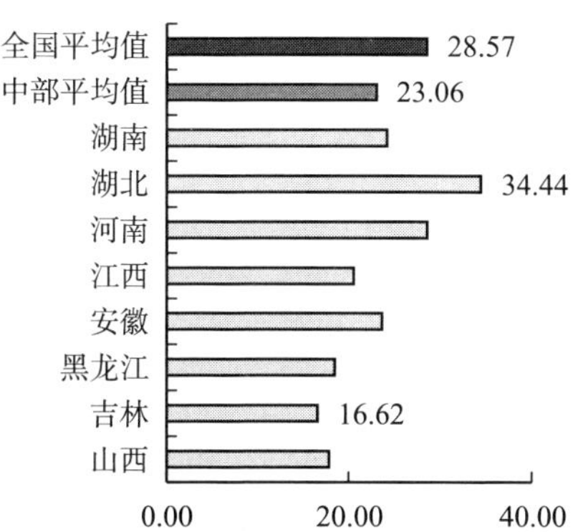

图 3-30　2014 年中部各省知识资本

资料来源：根据数据计算结果绘制而成。

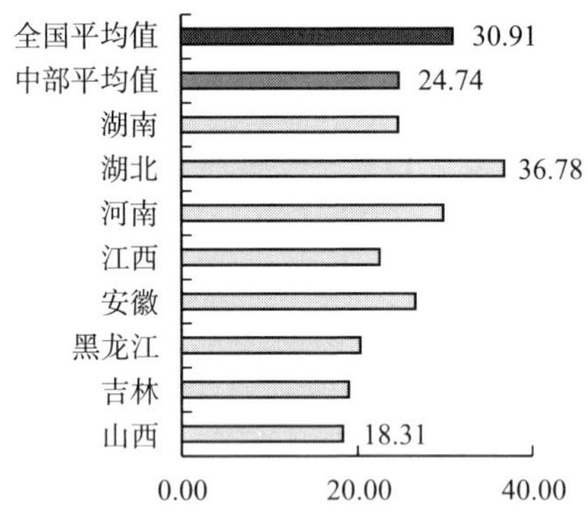

图 3－31 2015 年中部各省知识资本

资料来源：根据数据计算结果绘制而成。

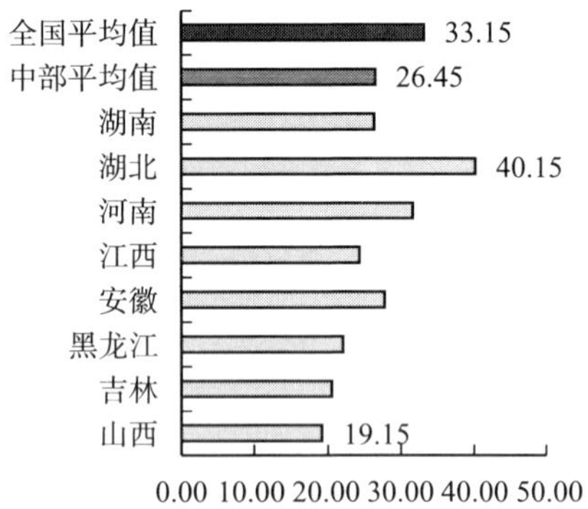

图 3－32 2016 年中部各省知识资本

资料来源：根据数据计算结果绘制而成。

3. 西部知识资本分析

对西部各省份知识资本特征进行分析（见图 3－33 至图 3－45），从中可以发现：西部各省份人力资本最大值均低于全国知识资本平均值，说明西部发展同东部存在较大的差异。除陕西 2005 年处于西部第一位外，四川一直处于西部第一位，宁夏 2004～2011 年一直处于西部最后一位，2012 年青海处于西部最后一位，2013～2016 年西藏处于西部最后一位。2004 年知识资本最高的是四川（8.45），最低的是宁夏（3.73）；2016 年知识资本最高的是四川（36.60），最低的是西藏（12.74）。同时，西部地区知识资本的标准差由 2004 年的 1.55 上升到 2016 年的 7.22，极差也由 2004 年的 4.72 上升到 2016 年的 23.86，说明西部地区知识资本最高的省份与最低的省份之间的差距越来越大，超过了中部地区。详见附录 2：附表 2－6。

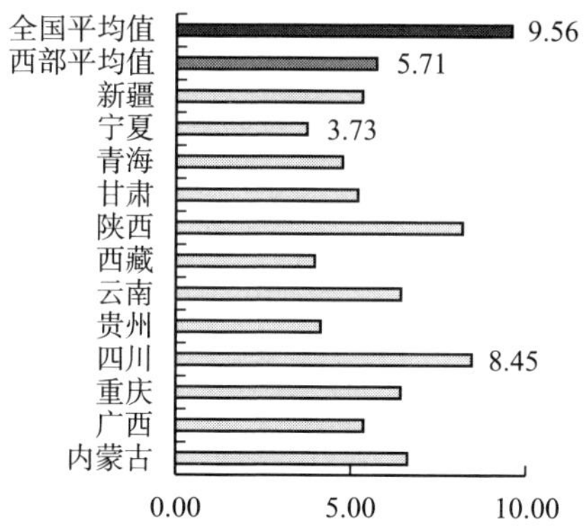

图3-33　2004年西部各省知识资本

资料来源：根据数据计算结果绘制而成。

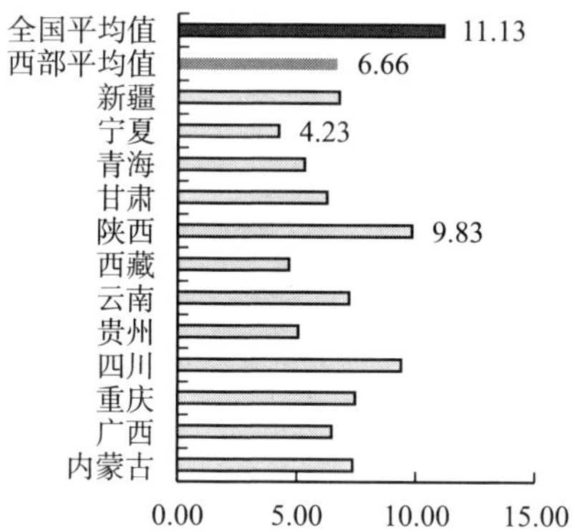

图3-34　2005年西部各省知识资本

资料来源：根据数据计算结果绘制而成。

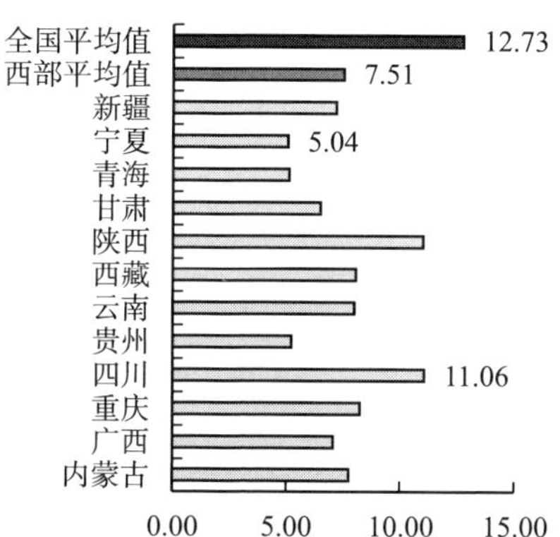

图3-35　2006年西部各省知识资本

资料来源：根据数据计算结果绘制而成。

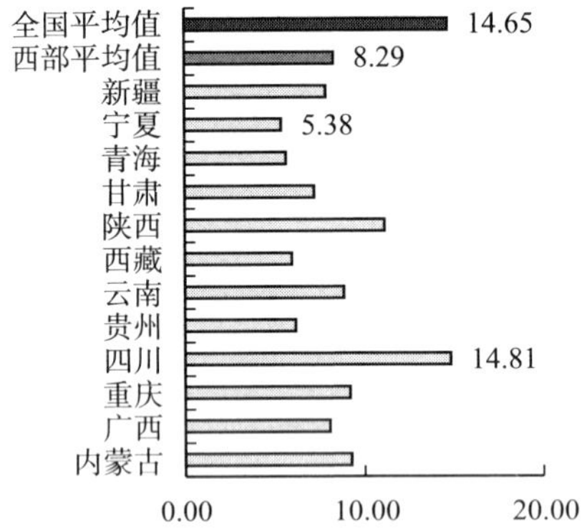

图 3-36 2007 年西部各省知识资本

资料来源：根据数据计算结果绘制而成。

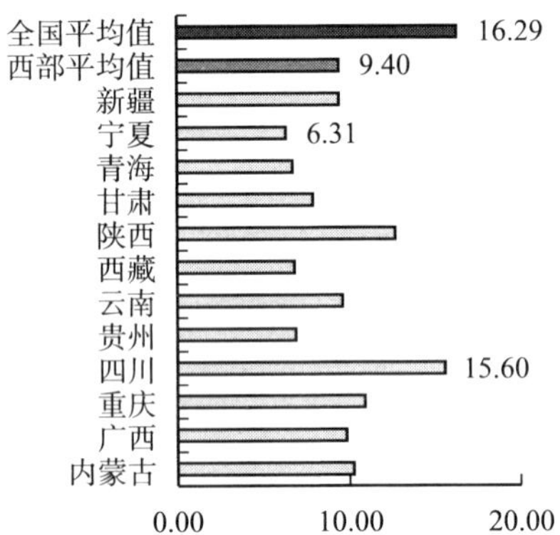

图 3-37 2008 年西部各省知识资本

资料来源：根据数据计算结果绘制而成。

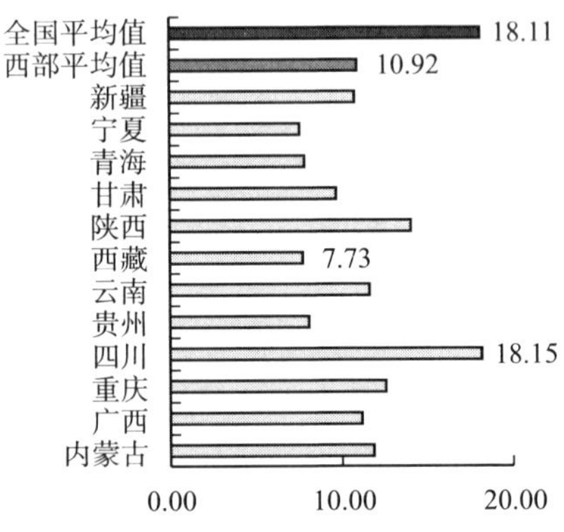

图 3-38 2009 年西部各省知识资本

资料来源：根据数据计算结果绘制而成。

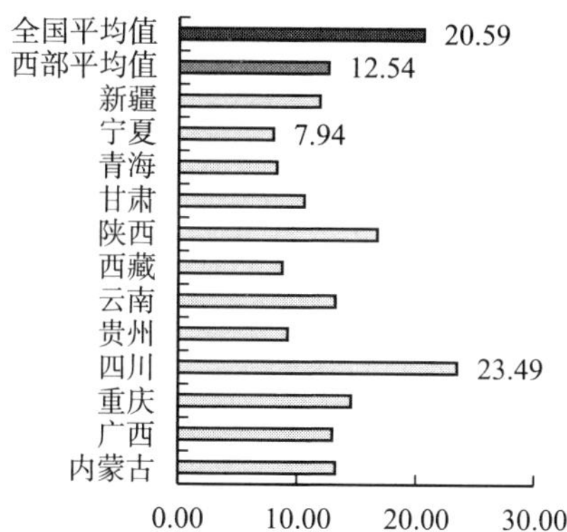

图 3-39　2010 年西部各省知识资本

资料来源：根据数据计算结果绘制而成。

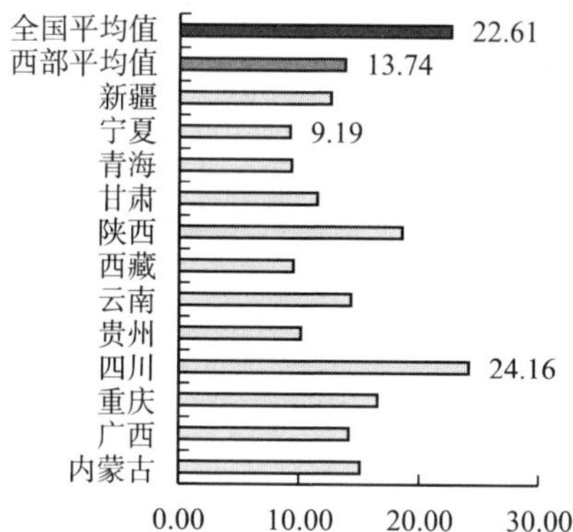

图 3-40　2011 年西部各省知识资本

资料来源：根据数据计算结果绘制而成。

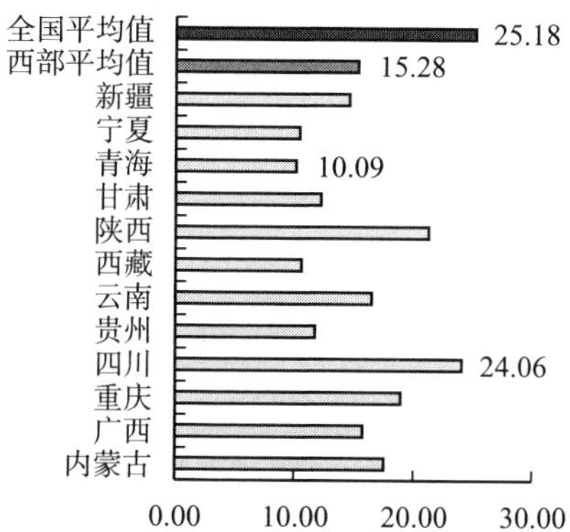

图 3-41　2012 年西部各省知识资本

资料来源：根据数据计算结果绘制而成。

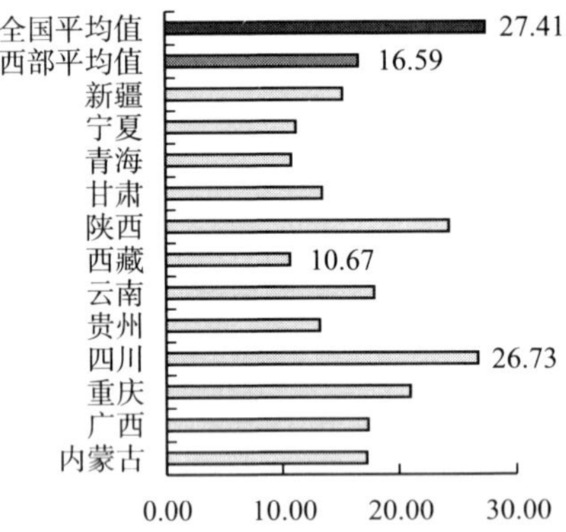

图 3-42　2013 年西部各省知识资本

资料来源：根据数据计算结果绘制而成。

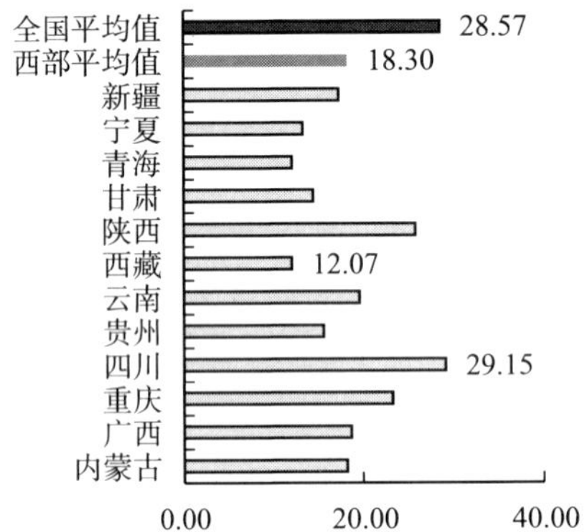

图 3-43　2014 年西部各省知识资本

资料来源：根据数据计算结果绘制而成。

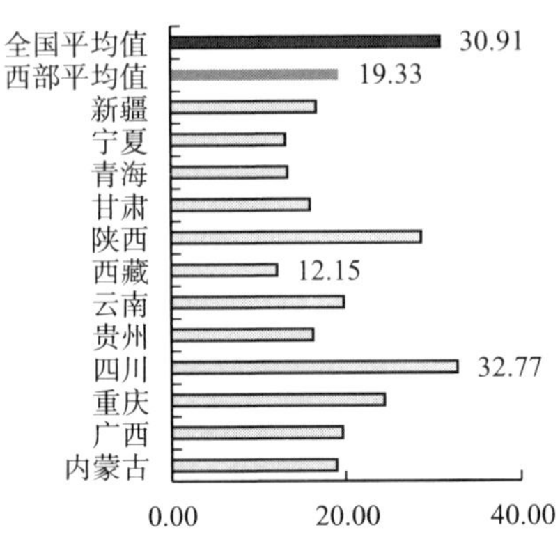

图 3-44　2015 年西部各省知识资本

资料来源：根据数据计算结果绘制而成。

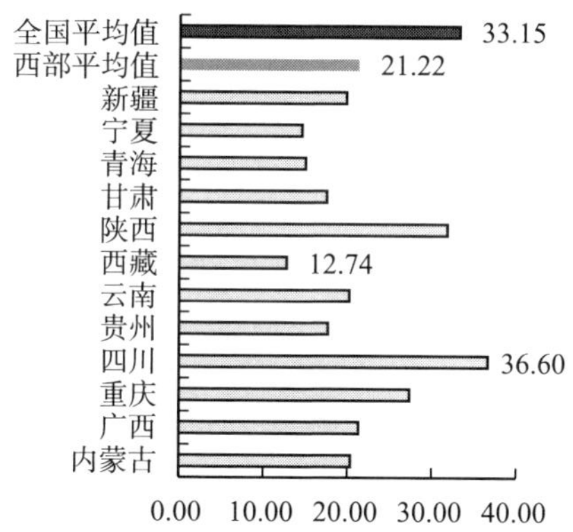

图 3-45　2016 年西部各省知识资本

资料来源：根据数据计算结果绘制而成。

3.3　区域知识资本结构类型与动态变化

区域知识资本结构是指每个区域知识资本七个分项的相互关系和组合特征。区域知识资本水平的高低不仅取决于知识资本总体水平，而且与知识资本内部结构密切相关。本部分运用聚类分析方法，根据知识资本七个 2 级指标的计算结果，对 31 个省份的知识资本进行聚类分析，揭示其动态变化规律。

3.3.1　聚类分析方法

聚类分析方法能够有效地解决科学研究中多因素、多指标的分类问题。在目前的实际应用中，系统聚类法和 K-means 聚类法是聚类分析中最常用的两种方法。K-means 聚类法由于计算速度快而适用于大样本分类，但是使用该方法需要根据样本空间分布事先指定分类的数目，而且当样本的变量超过 3 个时，该方法的可行性较差，因此，本研究采用的是 SPSS 软件中的系统聚类分析的方法。

在系统聚类法下，首先，计算样本间的距离，开始时因为每个样本自成一类，类与类之间的距离就是样本之间的距离并将距离最小的类合并为一类。然后，再计算新类与其他类之间的距离，接着继续将距离最小的两类合并为一新类，这样每次减少一类，直到将 n 个样本合并为一类为止。最后，将上述并类过程做成一张聚类图，按一定原则决定分为几类。具体步骤如下。

第一步：定义样本间的距离和各类类间距离。

样本间距离，选择欧式距离的平方，其计算公式为：

$$D_{ij} = d(x_i, x_j) = \sum_{k=1}^{m} (x_{ik} - x_{jk})^2 \tag{3-14}$$

各类之间的距离，使用 Ward 法（离差平方和法）确定。Ward 法的基本思想来源于方差分析，是指先将 n 个样本各自看作一类，然后每次缩小一类，每缩小一类离差平方和 S 就要增大，选择使 S 增加最小的两类合并，直至所有样本为一类为止。好的分类表现为：同类样本的离差平方和较小，类与类之间的偏差平方和较大。Ward 法计算类 G_p 与类 G_q 之间的距离 G_{pq}的公式为：

$$D_{pq}^2 = \frac{n_p n_q}{n_r}(X_p - \overline{X}_q)^T (X_p - \overline{X}_q) \tag{3-15}$$

假设将 G_p 和 G_q 合并为 G_r，即 $G_r = G_p \cup G_q$，各类间距离递推公式为：

$$D_{kr}^2 = \frac{n_p + n_k}{n_r + n_k} D_{kp}^2 + \frac{n_q + n_k}{n_r + n_k} D_{kq}^2 - \frac{n_k}{n_r + n_k} D_{pq}^2 \tag{3-16}$$

第二步，找出距离最小的元素，设为 D_{pq}，将 G_p 和 G_q 合并为一个新类，记为 G_r，$G_r = \{G_p, G_q\}$。

第三步，按上述各类间距离计算方法计算出新类与其他类的距离。

第四步，重复第二步和第三步，直到所有样本被合并为一类为止。

根据以上步骤，使用 SPSS 20.0 对数据进行聚类。

3.3.2 聚类指标选择及样本确定

本书采用二级指标的七项指标作为聚类变量（如表 3－2 所示）。基于中国区域知识资本的空间分布特征分析，选择 31 个省份作为聚类样本。同时，为了研究中国知识资本静态特征随时间的动态变化，我们选择 2004 年和 2016 年两个时间点上的样本进行聚类分析。2004 年和 2016 年的聚类分析样本见附录 2（附表 2－7 和附表 2－8）。

表 3－2 聚类变量选择

变量	二级指标
X_1	区域人力资本投入
X_2	区域人力资本结构
X_3	区域人力资本积累
X_4	区域外部关系资本

续表

变量	二级指标
X_5	区域内部关系资本
X_6	区域技术结构资本
X_7	区域制度文化结构资本

资料来源：笔者自制。

3.3.3　聚类结果与分析

将各省2004年和2016年的知识资本数据导入SPSS 20.0中，根据系统聚类分析原理，得到31个省份的聚类结果。详见附录2。

从聚类结果来看，存在两个方面问题。（1）当分类数不多时，也会出现多个样本单独成类的情况。以2016年的分类结果为例进行说明（本章举例皆是使用2016年的数据，下文不再进行说明），当仅分为5类时，广东、北京、上海三个地区依然单独成类，分类数增多，单独成类的地区也更多。（2）虽然分类数不少，依然会出现大量成员集中在同一类的情况。如当分类数为12类时，存在江西、黑龙江等14个省份聚集在同一类的情况。

不管是单独成类的地区过多还是多数成员聚集成同一类，这样的分类结果都不利于本章对区域知识资本结构的研究。因此，对于以上存在的问题，我们采取在聚类原始结果的基础上进行调整的策略，但调整过程要遵循以下原则。

（1）稳定聚在一起的成员不拆分原则。如当分类数达到19类的较细分类水平时，对{青海、海南、宁夏、西藏}、{黑龙江、吉林、新疆、甘肃}、{河南、河北}等稳定聚集在一类的省份不做拆分调整。

（2）调整时，从类数多的分类方案开始，将单独成类的样本与其他类合并，并遵循就近原则。与聚类算法本身相区别的是聚类算法机械地遵循就近原则，不管是类还是单独的样本都可以聚在一起，这里为了避免上述存在的两个问题，规定只将单个样本与类合并或样本与样本合并。例如，当分类数为17时，{青海、海南、宁夏、西藏}与{黑龙江、吉林、新疆、甘肃}各成一类；当分类为16时，这两类合并成同一类{青海、海南、宁夏、西藏、黑龙江、吉林、新疆、甘肃}，造成了该类有8个成员。为了避免这种情况，我们未采取这种类与类合并的方法。

（3）遵循结构相似原则。存在样本单独成类的主要原因是该样本的知识资本与其他样本相比过高或者过低，造成本来结构相似的样本未聚合在一起。

为解决这种差异过大而造成的“散点”过多的问题，在调整的过程中遵循结构相似的原则，即通过对比单独成类的样本的知识资本结构特征是否相同来判定是否聚在一起。

具体的调整步骤为：

（1）以19类分类方案为基础，将类成员多于2个的类标记为稳定类（稳定聚在一起的成员组成的类），找出所有的稳定类，同时找出所有未与其他样本聚为一类的单独样本；

（2）将18类分类方案依次向低分类数的分类方案遍历，排除类与类合并的方案，采取单个样本间聚合或单个样本与类聚合的方案；

（3）检查调整结果，按照结构相似原则进行再次调整，最终得到分类结果。

以原始的分类结果为基础，结合以上调整原则和步骤，将2004年的知识资本结构类型分成12类，将2016年的知识资本结构类型分成11类，详见附录（见表2-9、表2-10）。在确定类别之后，我们根据每一类别的知识资本共同表现出的强弱、高低特征分别为其类别命名。需要特别说明的是，在分析每个区域的知识资本结构特征时，本章所判定的知识资本“强”和“弱”、“高”和“低”是基于特定区域自身的7个知识资本子系统的结构对比给出的，而非与其他区域的对比结果。如2016年广东省和上海市的知识资本（见表3-3），上海市的外部关系资本为21.49，与广东省外部关系资本（38.98）相比显得低，但与上海市的人力资本、结构资本相比表现为“强”。同理，广东省外部关系资本与广东省的其他知识资本子系统相比也表现为“强”。通过对比分析，将广东和上海归为同一类，即“强外部关系资本型”知识资本结构。同样地，根据上述思路分别对其他类型进行命名。

表3-3　2016年广东省和上海市知识资本

省份	人力资本投入	人力资本结构	人力资本积累	外部关系资本	内部关系资本	技术结构资本	文化结构资本	综合
广东	10.28	2.11	5.12	38.98	13.95	11.12	12.45	94.0
上海	4.62	2.38	4.95	21.49	6.93	12.86	6.69	59.92

资料来源：根据数据计算结果整理而成。

1. 2004年中国区域知识资本结构类型分析

在对2004年中国31个省份知识资本聚类分析的基础上，根据人力资本、结构资本与关系资本之间的相互作用和组合关系特点，将中国的31个省份分为12类，结构类型分类如表3－4所示。从雷达图上可以发现，归为一类的若干省份，其形状结构比较相近。

表3－4　　2004年各省知识资本的结构类型

类别	地区
强外部关系—弱人力资本积累型	广东、上海、江苏
强人力资本结构—强外部关系—强技术结构型	北京、天津
强关系资本—弱人力资本积累型	浙江、山东
均衡型	福建
强结构资本—强内部关系型	湖南、四川、山西、安徽
弱人力资本积累型	辽宁、湖北、陕西、黑龙江
强文化结构—强内部关系—弱人力资本积累—弱技术结构型	河北、河南
弱人力资本投入型—弱外部关系型	内蒙古、新疆
弱人力资本积累—强内部关系—强技术结构型	吉林、重庆
强内部关系资本—强文化结构资本型	江西、广西、云南
弱外部关系—强结构资本—强内部关系型	甘肃、贵州
弱人力资本投入—弱外部关系型	青海、海南、西藏、宁夏

资料来源：根据数据计算结果绘制而成。

（1）强外部关系资本—弱人力资本积累型。

对强外部关系资本—弱人力资本积累型的样本进行分析，有以下发现。相关雷达图见图3－46至图3－48。

第一，从知识资本内部结构看，外部关系资本同其他知识资本子系统相比占绝对优势，而该类地区人力资本相对不足，表现为区域外部关系资本较高，而区域人力资本积累较低。因此，该类区域表现为“强外部关系—弱人力资本积累型”知识资本结构。

第二，从地区分布来看，广东、上海和江苏均是东部沿海经济发达地区。

第三，从知识资本水平来看，该类地区的知识资本很高，远高于全国平均水平。其中，广东知识资本为26.28，排名第1位；上海知识资本为21.34，排名第3位；江苏知识资本为20.19，排名第4位。

该类地区知识资本水平在全国位居前茅，特别是广东稳居第一，是全国平均水平的四倍。该类区域经济发展水平较高，处于全国的领先水平，改革开放实行的早，又处于东部沿海地区，有着天然的区位优势，与外部交流频繁。然而，从实际的数据测度分析得知，该类地区人力资本存量相对薄弱，主要原因在于该类地区在交通事故发生数和火灾事故发生数等负向指标方面表现不足。如广东 2004 年发生交通事故 68423 起，火灾事故发生 15756 起，高于全国多数地区，在一定程度上拉低了人力资本积累水平。

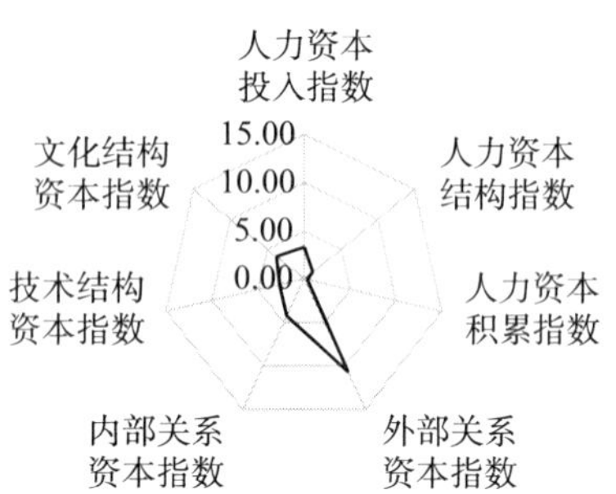

图 3－46　广东知识资本结构

资料来源：根据数据计算结果绘制而成。

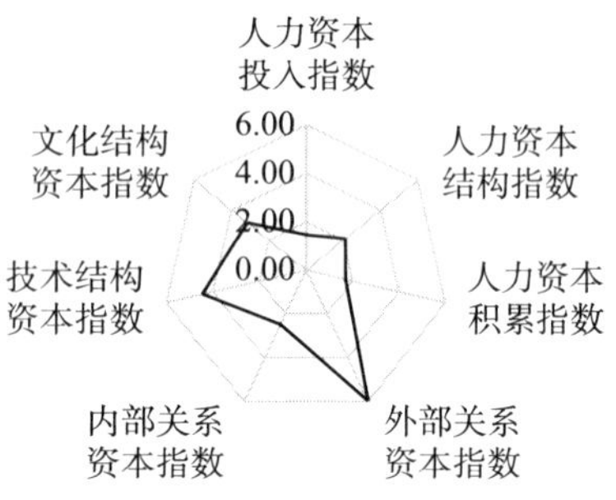

图 3－47　上海知识资本结构

资料来源：根据数据计算结果绘制而成。

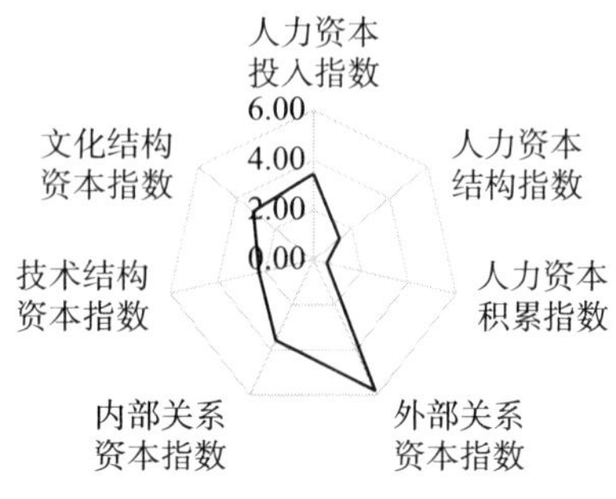

图 3－48　江苏知识资本结构

资料来源：根据数据计算结果绘制而成。

（2）强人力资本结构—强外部关系—强技术结构型。

对强人力资本结构—强外部关系—强技术结构型的样本进行分析，有以下发现。相关雷达图见图 3－49 至图 3－50。

第一，从知识资本内部结构看，该区域的人力资本结构、外部关系资本和技术结构资本发展水平相对较高，而其他知识资本子系统发展水平较弱。因此，该类区域表现为“强人力资本结构—强外部关系—强技术结构型”知识资本结构。

第二，从地区分布来看，该类地区主要位于中国首都都市圈，均为国家直辖市，经济比较发达。

第三，从知识资本水平来看，该类地区的知识资本较高，均高于全国平均数，其中北京的知识资本是 22.17（第 2 名），天津的知识资本为 10.63（第 8 名）。

北京、天津作为华北地区的核心城市，知识资本发展相对较快，这当然与其自身的经济实力密切相关，进而形成知识资本与经济发展相互促进的良性循环。从测度的数据中发现，该类地区外部关系资本、技术结构资本以及人力资本结构发展相对领先，但在人力资本投入和内部关系资本方面表现较弱。

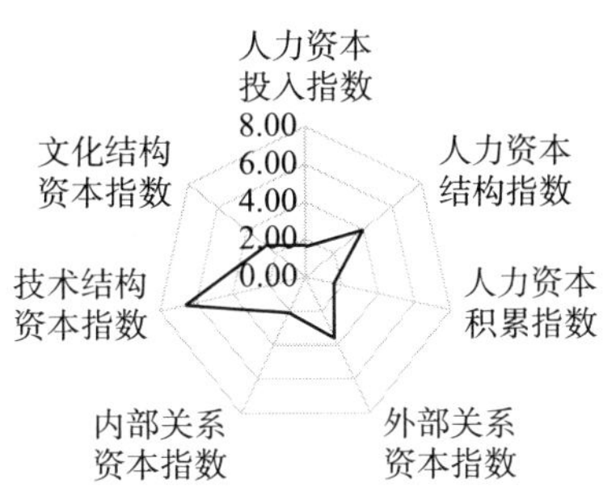

图 3－49　北京知识资本结构

资料来源：根据数据计算结果绘制而成。

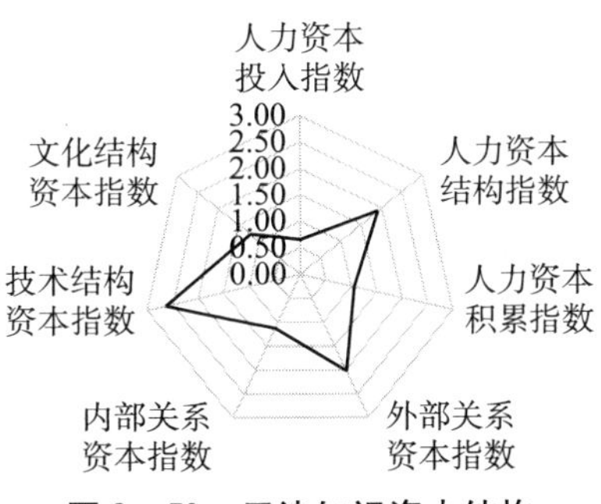

图 3－50　天津知识资本结构

资料来源：根据数据计算结果绘制而成。

（3）强关系资本—弱人力资本积累型。

对强关系资本—弱人力资本积累型的样本进行分析，有以下发现。相关雷达图见图3-51、图3-52。

第一，从知识资本内部结构看，该类区域对外资本交流较为活跃，但人力资本积累较为薄弱，主要表现为外部关系资本和内部关系资本水平较高，人力资本积累水平较低。因此，该类区域表现为“强关系资本—弱人力资本积累型”知识资本结构。

第二，从地区分布来看，包括东部地区的浙江和山东。

第三，从知识资本水平来看，该类地区的知识资本综合水平较高，两省的知识资本综合均高于全国平均水平。其中，浙江知识资本综合为17.99，排名第5位；山东知识资本综合为13.70，排名第6位。

该类地区主要是东部的经济强省，经济、技术资源都比较丰富，而且与国内、国外资本交流较为活跃，省内也不缺乏优秀的高等院校。然而从实际的数据测度分析中得知，该类地区的人力资本积累较为薄弱，说明该类地区虽有人力资本投入，但人才流出较为严重。因此，政府政策应强调留住人才。

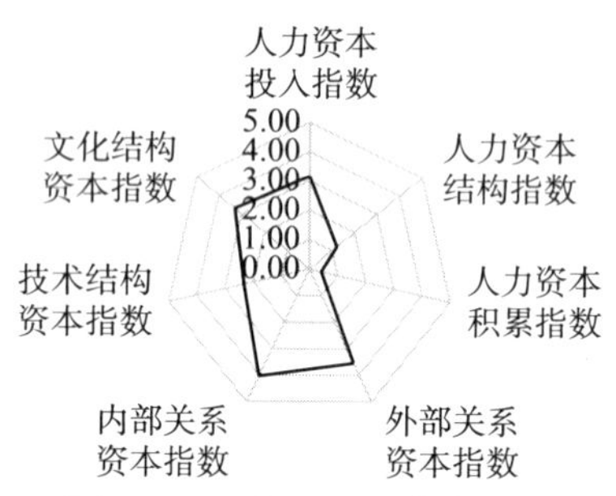

图3-51　浙江知识资本结构

资料来源：根据数据计算结果绘制而成。

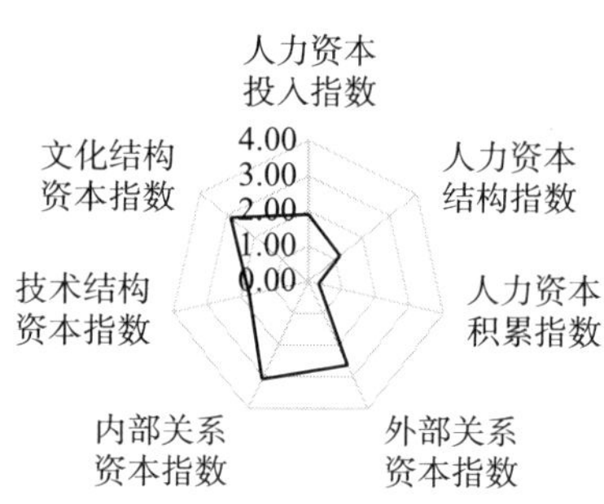

图3-52　山东知识资本结构

资料来源：根据数据计算结果绘制而成。

（4）结构均衡型。

对结构均衡型的样本进行分析，有以下发现。相关雷达图见图3-53。

第一，从知识资本内部结构来看，该类型的地区知识资本结构整体上处于一种均衡的状态，即各个知识资本子系统发展水平相似。因此，该类区域表现为“均衡型”知识资本结构。

第二，从知识资本综合水平来看，福建2004年知识资本为10.78，排名第7。

第三，从地区分来看，福建位于中国东部沿海地区。该类地区的知识资本结构发展状况相对较为完善，整体发展较为均衡。

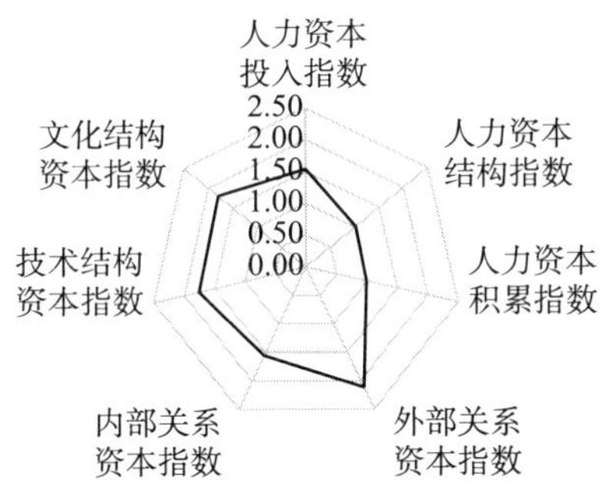

图3-53　福建知识资本结构

资料来源：根据数据计算结果绘制而成。

（5）强结构资本—强内部关系型。

对强结构资本—强内部关系型的样本进行分析，有以下发现。相关雷达图见图3-54至图3-57。

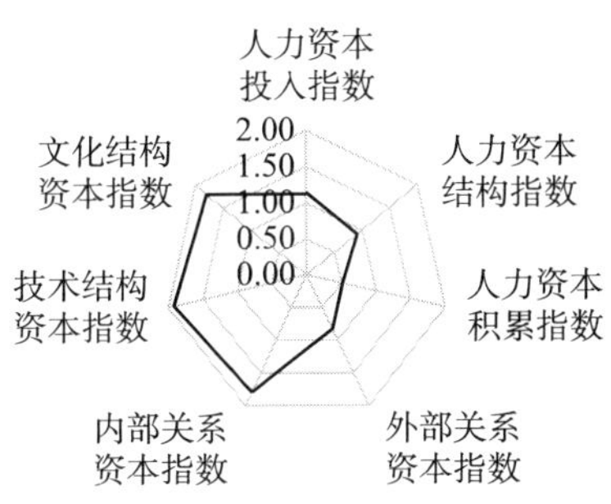

图3-54　湖南知识资本结构

资料来源：根据数据计算结果绘制而成。

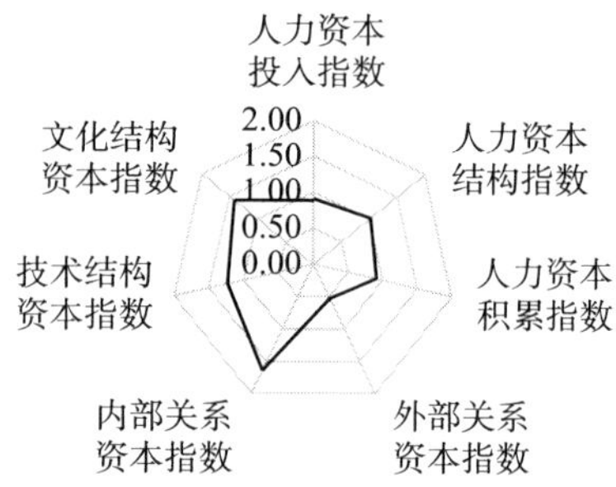

图 3-55 山西知识资本结构

资料来源：根据数据计算结果绘制而成。

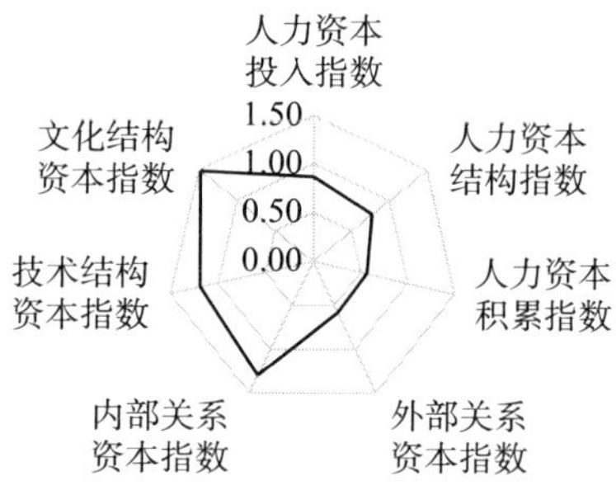

图 3-56 安徽知识资本结构

资料来源：根据数据计算结果绘制而成。

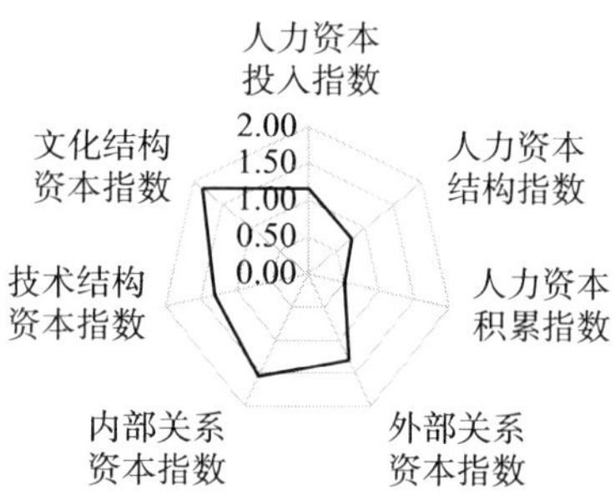

图 3-57 四川知识资本结构

资料来源：根据数据计算结果绘制而成。

第一，从知识资本内部结构看，文化结构资本、技术结构资本和内部关系资本对该类地区知识资本的综合水平的影响占主导地位，其他知识资本子系统的发展较为均衡。因此，该类区域表现为“强结构资本—强内部关系型”知识资本结构。

第二，从地区分布来看，包括中部地区的湖南、山西、安徽，以及西部地区的四川。

第三，从知识资本水平来看，该类地区的知识资本综合水平中等。其中，湖南的知识资本为 8.91，排名第 11 位；四川的知识资本为 8.45，排名第 13 位；山西的知识资本为 7.66，排名第 17 位；安徽的知识资本为 6.76，排名第 18 位。

（6）弱人力资本积累型。

对弱人力资本积累型的样本进行分析，有以下发现。相关雷达图见图 3－58 至图 3－61。

第一，从知识资本内部结构看，该类地区人力资本积累较为薄弱，而知识资本的其他子系统较为完善。该类区域表现为“弱人力资本积累型”知识资本结构。

第二，从地区分布来看，包括东部地区的辽宁、中部地区的湖北和黑龙江、西部地区的陕西。

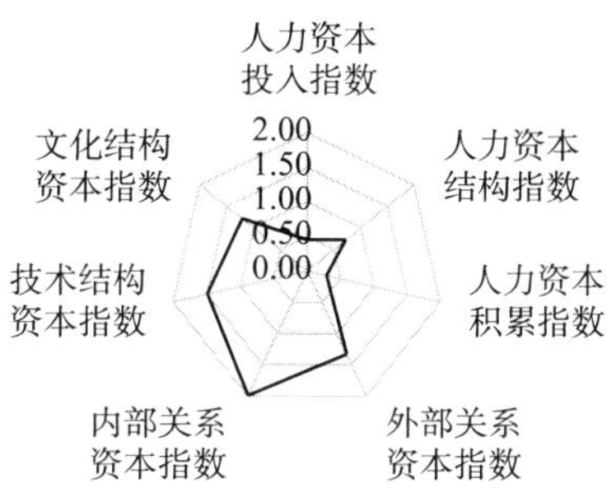

图 3－58　辽宁知识资本结构

资料来源：根据数据计算结果绘制而成。

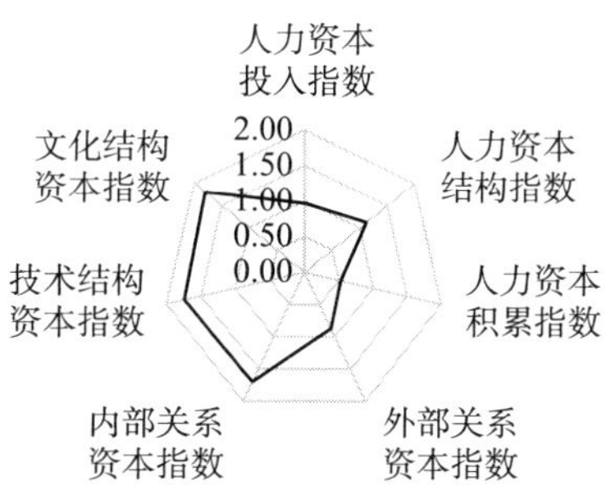

图 3－59　湖北知识资本结构

资料来源：根据数据计算结果绘制而成。

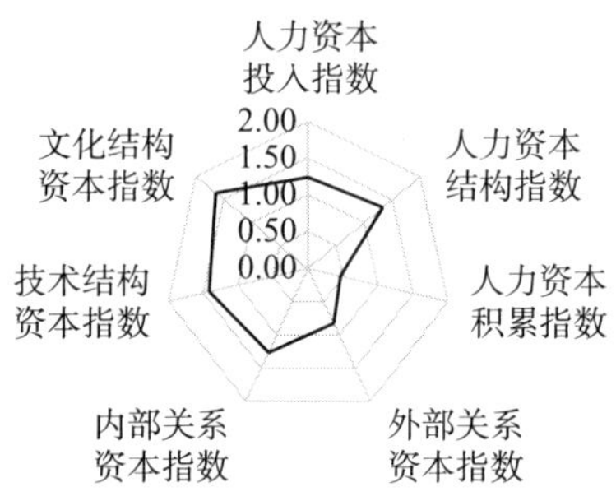

图 3-60　陕西知识资本结构

资料来源：根据数据计算结果绘制而成。

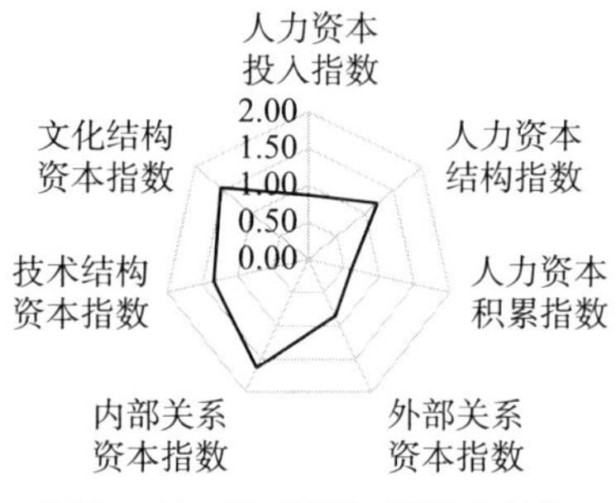

图 3-61　黑龙江知识资本结构

资料来源：根据数据计算结果绘制而成。

第三，从知识资本综合水平来看，该类地区的知识资本综合水平中等。其中，辽宁的知识资本为 10.59，排名第 9 位；湖北的知识资本为 8.74，排名第 12 位；陕西的知识资本为 8.18，排名第 14 位；黑龙江的知识资本为 8.07，排名第 15 位。

（7）强文化结构—强内部关系—弱人力资本积累—弱技术结构型。

对强文化结构—强内部关系—弱人力资本积累—弱技术结构型的样本进行分析，有以下发现。相关雷达图见图 3-62、图 3-63。

第一，从知识资本内部结构看，该类地区知识资本主要依赖内部关系资本与文化结构资本，技术结构资本和人力资本积累相对来说比较弱。因此，该类区域表现为“强文化结构—强内部关系—弱人力资本积累—弱技术结构型”知识资本结构。

第二，从地区分布来看，包括东部地区的河北和中部地区的河南。

第三，从知识资本水平来看，该类地区的知识资本综合水平中等。其中，河北的知识资本为 9.28，排名第 10 位；河南的知识资本为 8.06，排名第 16 位。

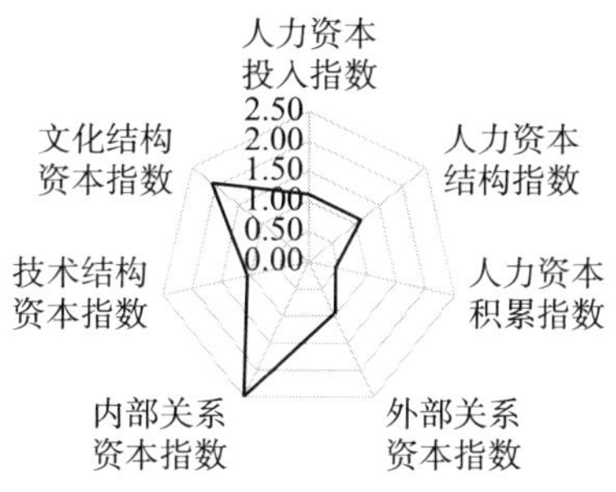

图3-62　河北知识资本结构

资料来源：根据数据计算结果绘制而成。

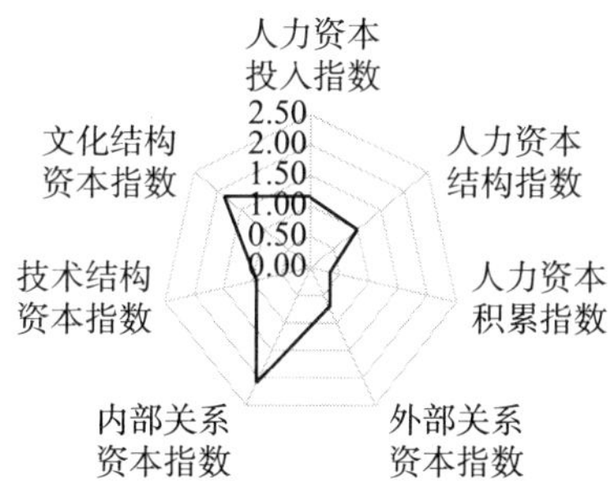

图3-63　河南知识资本结构

资料来源：根据数据计算结果绘制而成。

（8）强文化结构—强内部关系—弱人力资本投入—弱外部关系型。

对强文化结构—强内部关系—弱人力资本投入—弱外部关系型的样本进行分析，有以下发现。相关雷达图见图3-64、图3-65。

第一，从知识资本内部结构看，该类区域的文化结构资本和内部关系资本相对较强，然而人力资本投入较为薄弱，并且与外资交流较少，这些方面成为影响该类区域知识资本结构的主要因素。该类区域表现为“强文化结构—强内部关系—弱人力资本投入—弱外部关系型”知识资本结构。

第二，从地区分布来看，包括西部地区的内蒙古和新疆。

第三，从知识资本水平来看，该类地区的知识资本综合水平较低，两个地区的知识资本综合水平均低于全国的平均水平。其中，内蒙古的区域知识资本水平综合为6.62，排名第19位；新疆的知识资本为5.32，排名第25位。二者均属于中国知识资本综合较低水平区域。

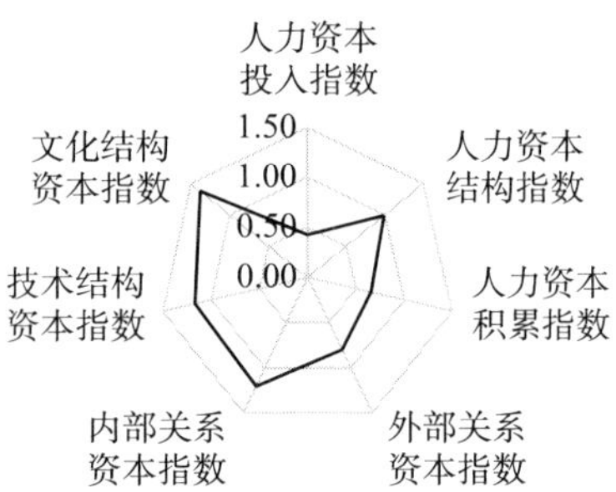

图3-64 内蒙古知识资本结构

资料来源：根据数据计算结果绘制而成。

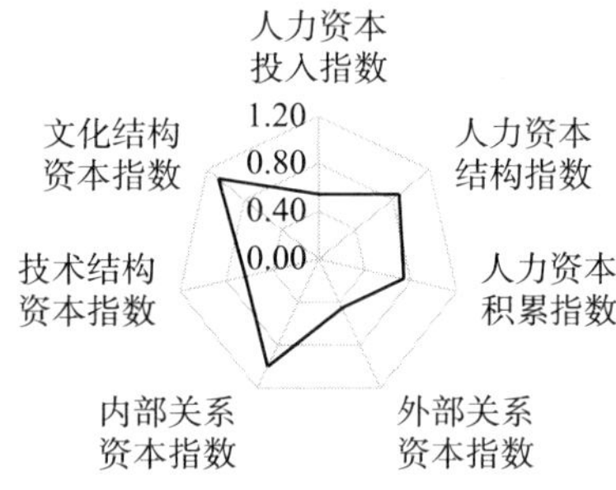

图3-65 新疆知识资本结构

资料来源：根据数据计算结果绘制而成。

(9) 弱人力资本积累—强内部关系—强技术结构型。

对弱人力资本积累—强内部关系—强技术结构型的样本进行分析，有以下发现。相关雷达图见图3-66、图3-67。

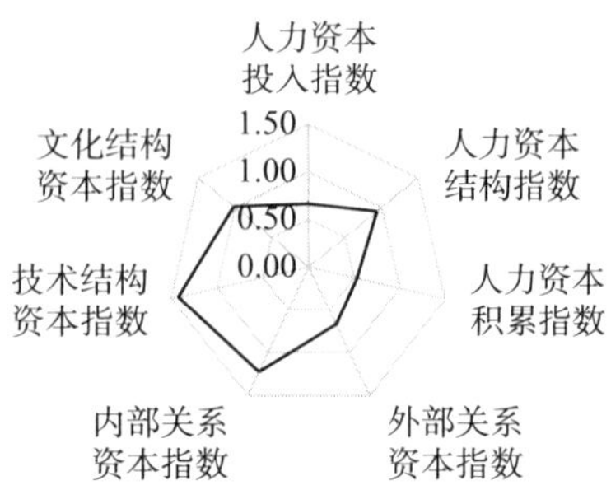

图3-66 吉林知识资本结构

资料来源：根据数据计算结果绘制而成。

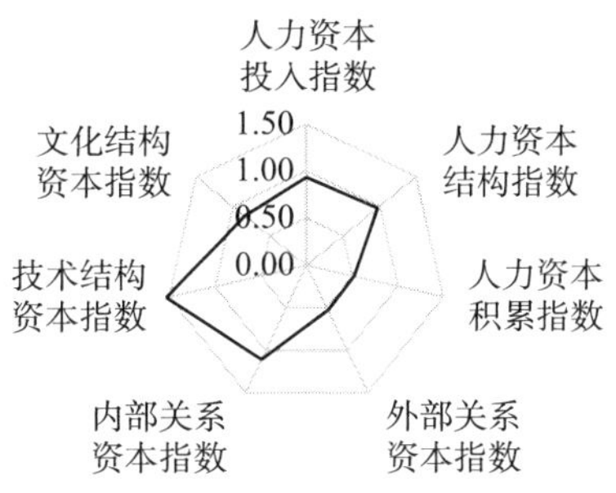

图3-67　重庆知识资本结构

资料来源：根据数据计算结果绘制而成。

第一，从知识资本内部结构看，该类地区技术结构资本和内部关系资本同其他知识资本子系统相比占相对优势，而人力资本积累相对不足。因此，该类区域表现为“弱人力资本积累—强内部关系—强技术结构型”知识资本结构。

第二，从地区分布看，包括中部地区的吉林和西部地区的重庆。

第三，从知识资本综合水平来看，该类地区的知识资本综合水平较低，其知识资本综合水平均低于全国的平均水平。其中，吉林的知识资本为6.47，排名第20位；重庆的知识资本为6.42，排名第22位。

（10）强内部关系资本—强文化结构资本型。

对强内部关系资本—强文化结构资本型的样本进行分析，有以下发现。相关雷达图见图3-68至图3-70。

第一，从知识资本内部结构看，该类区域的文化结构资本和内部关系资本相对较强，在知识资本结构中占主导地位。如三个区域的文化结构资本占本区域知识资本的比例分别为21.56%、19.75%和26.23%，内部关系资本所占比例分别为20.19%、19.31%、17.53%。因此，该类区域表现为“强内部关系资本—强文化结构资本型”知识资本结构。

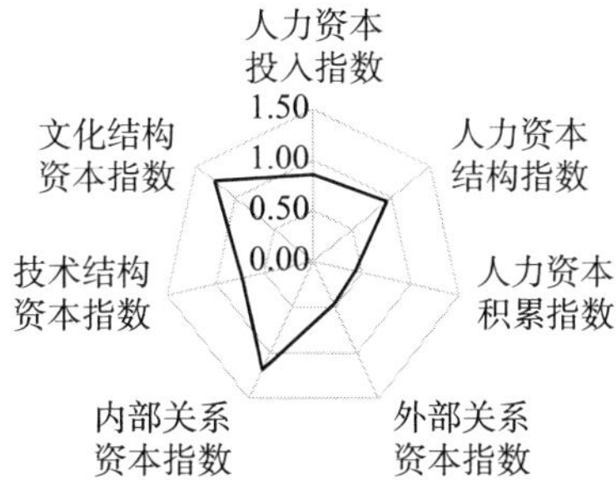

图3-68　江西知识资本结构

资料来源：根据数据计算结果绘制而成。

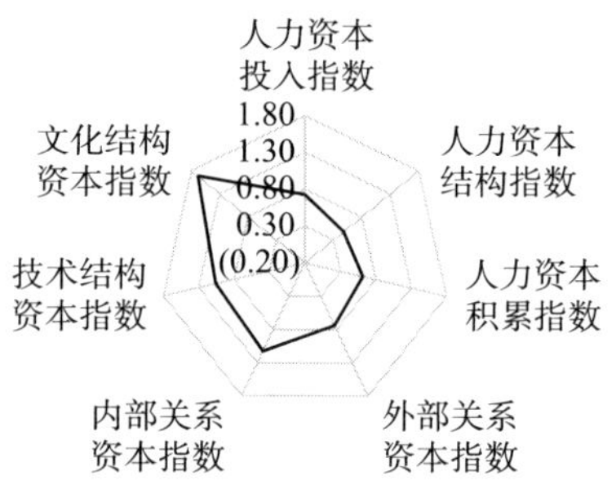

图 3-69　云南知识资本结构

资料来源：根据数据计算结果绘制而成。

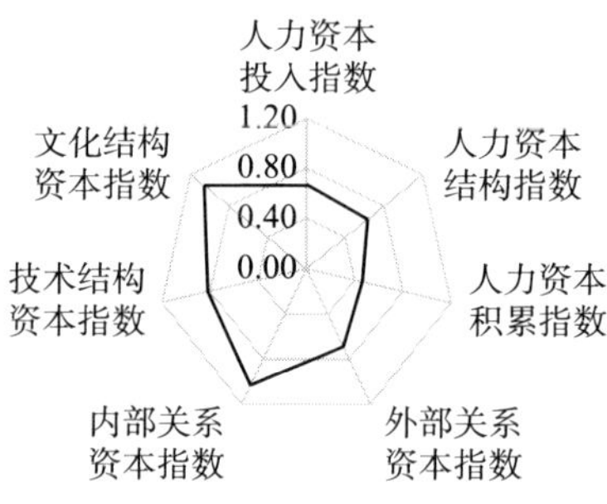

图 3-70　广西知识资本结构

资料来源：根据数据计算结果绘制而成。

第二，从地区分布来看，包括中部地区的江西、西部地区的云南和广西。

第三，从知识资本综合水平来看，该类地区的知识资本综合水平较低，均低于全国平均水平。其中，云南的知识资本为 6.43，排名第 21 位；江西的知识资本为 5.88，排名第 23 位；广西的知识资本为 5.37，排名第 24 位。

（11）弱外部关系型。

对弱外部关系型的样本进行分析，有以下发现。相关雷达图见图 3-71、图 3-72。

第一，从知识资本内部结构看，相较于其他几个知识资本子系统，该类区域的外部关系资本对知识资本综合影响最小，同时知识资本结构中的其他子系统发展较为均衡。因此，该类区域表现为“弱外部关系型”知识资本结构。

第二，从地区分布来看，该类区域包括甘肃和贵州，均属于西部地区。

第三，从知识资本综合水平来看，该类区域的知识资本较低，均低于全国平均水平。其中，甘肃的知识资本为 5.19，排名第 26 位；贵州的知识资本为 4.13，排名第 29 位。

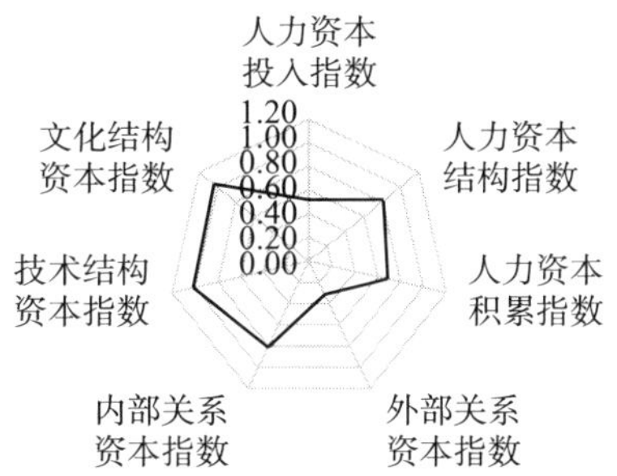

图3－71　甘肃知识资本结构

资料来源：根据数据计算结果绘制而成。

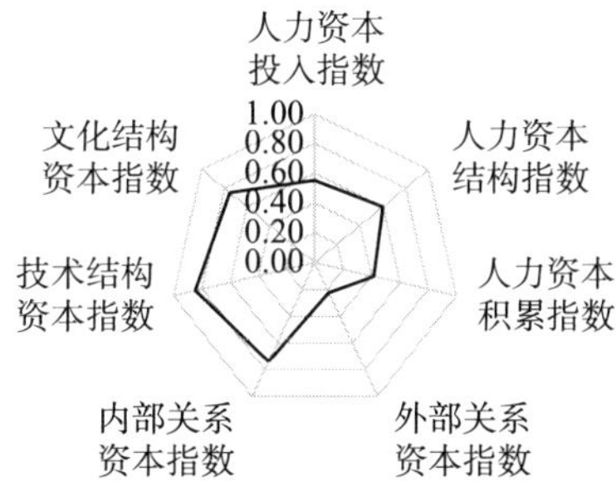

图3－72　贵州知识资本结构

资料来源：根据数据计算结果绘制而成。

（12）弱人力资本投入—弱外部关系型。

对弱外部关系型的样本进行分析，有以下发现。相关雷达图见图3－73至图3－76。

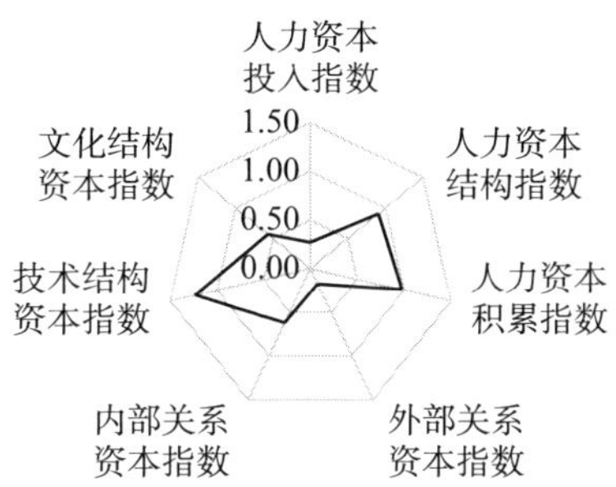

图3－73　青海知识资本结构

资料来源：根据数据计算结果绘制而成。

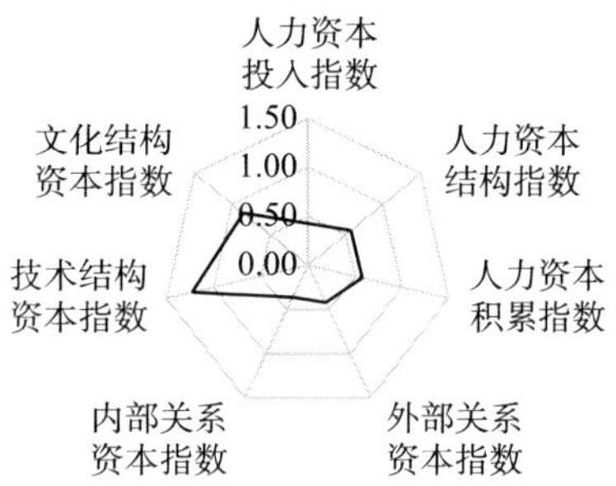

图 3-74 海南知识资本结构

资料来源：根据数据计算结果绘制而成。

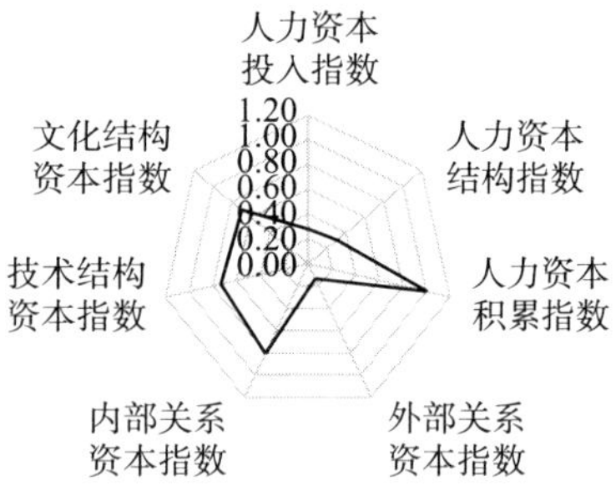

图 3-75 西藏知识资本结构

资料来源：根据数据计算结果绘制而成。

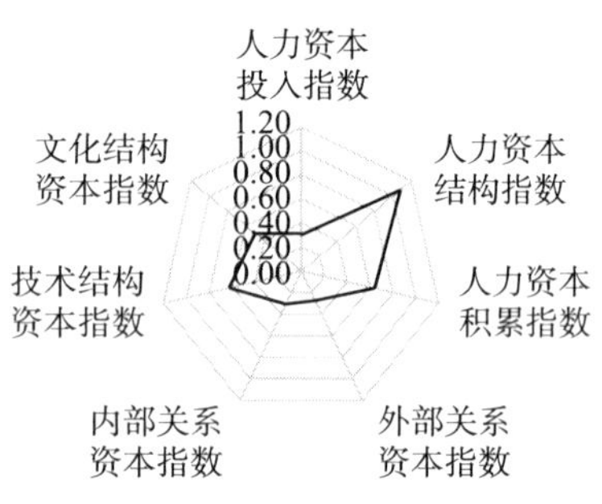

图 3-76 宁夏知识资本结构

资料来源：根据数据计算结果绘制而成。

第一，从知识资本内部结构看，该类区域的共同特征表现为人力资本投入较为薄弱，并且与外部资本交流欠缺，这两个方面成为影响该类区域知识资本结构的主要因素。因此，该类区域表现为“弱人力资本投入—弱外部关系型”知识资本结构。

第二，从地区分布来看，包括东部地区的海南省以及西部地区的青海、西藏和宁夏，均属于经济发展欠发达区域。

第三，从知识资本水平来看，该类区域的知识资本较低，均低于全国平均水平，全国排名靠后。其中，青海的知识资本为 4.75，排名第 27 位；海南的知识资本为 4.43，排名第 28 位；西藏的知识资本为 3.96，排名第 30 位；宁夏的知识资本为 3.73，排名第 31 位。

2. 2016 年中国区域知识资本结构类型分析

以下是在对 2016 年中国 31 个省份知识资本内部结构分析的基础上，根据知识资本二级指标之间的相互作用和组合关系的不同特点，将中国的区域知识资本划分为 11 类（见表 3－5）。

表 3－5　2016 年各省份知识资本结构类型

类　型	省　份
强外部关系—弱人力资本结构型	广东、上海
强技术结构—弱内部关系资本型	北京
强外部关系资本—弱人力资本结构型	江苏、山东、浙江
强外部关系资本—强技术结构资本型	湖北、天津、陕西
强外部关系—弱人力资本结构型	四川、福建
弱人力资本型	重庆、湖南、辽宁、安徽
强文化结构—强关系资本型—弱人力资本结构型	河南、河北
强文化结构—弱人力资本投入型	内蒙古、山西、贵州
弱人力资本结构型	江西、广西、云南
强技术结构资本—弱人力资本投入—弱人力资本结构型	黑龙江、吉林、新疆、甘肃
强人力资本积累—弱人力资本投入—弱内部关系资本型	青海、海南、宁夏、西藏

资料来源：据数据计算结果整理而成。

（1）强外部关系—弱人力资本结构型。

对强外部关系—弱人力资本结构型的样本进行分析，有以下发现。相关雷达图见图 3－77、图 3－78。

第一，从知识资本内部结构看，外部关系知识资本同其他知识资本子系统相比占绝对优势，但人力资本结构发展水平相对较弱。因此，该类区域表现为“强外部关系—弱人力资本结构型”知识资本结构。

第二，从地区分布来看，包括广东、上海，均是东部沿海经济发达地区。

第三，从知识资本水平来看，该类地区的知识资本很高，远高于全国平均水平。其中，广东的知识资本为94.0，排名第1位；上海的知识资本为59.92，排名第4位。

广东和上海处于东部沿海地区，人力资本、技术资源都很丰富，加之地理位置和良好的经济发展环境，与外部的交流尤其是国际贸易便利，大大推动了它们的发展。特别是，上海作为金融中心城市，是外商投资的重点，也是国家重点打造的品牌城市，外部关系资本优势明显。但从实际的数据测度发现，该类地区人力资本结构配置不够完善，这成为该地区知识资本发展的短板。因此该类地区应该充分发挥人力资本存量大以及经济、技术等优势，加强对人力资本结构的配置和管理，实现人力、物力、财力等资源的优化利用，实现经济的可持续发展。

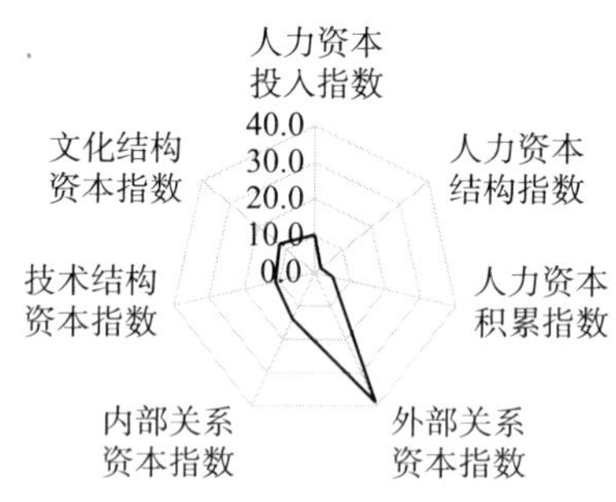

图3－77　广东知识资本结构

资料来源：根据数据计算结果绘制而成。

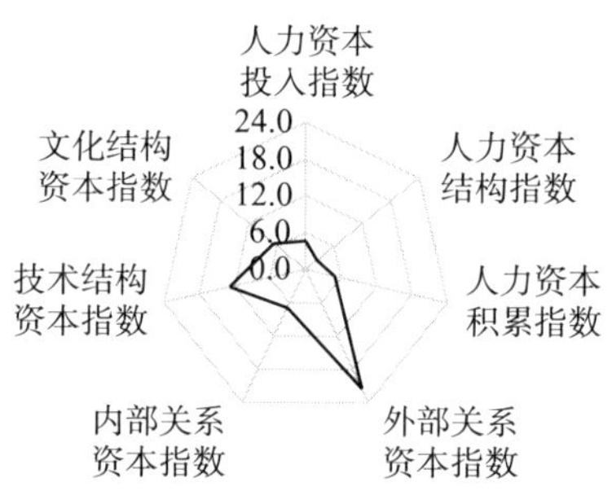

图3－78　上海知识资本结构

资料来源：根据数据计算结果绘制而成。

（2）强技术结构—弱内部关系资本型。

对强技术结构—弱内部关系资本型的样本进行分析，有以下发现。相关雷达图见图3－79。

第一，从知识资本内部结构看，该类区域技术结构资本对知识资本综合的发展水平起绝对主导作用，但内部关系资本相对较弱。因此该类区域表现为“强技术结构—弱内部关系资本型”知识资本结构。

第二，从地区分布来看，该类区域只包括北京市，是中国首都，经济发达。

第三，从知识资本水平来看，该区域的知识资本很高，远高于全国平均水平，知识资本综合为76.80，排名第2位。

北京作为中国的首都，在技术结构的发展上，拥有自己独特的优势。然而，从我们的数据测度中发现，该地区知识资本结构中，内部关系资本相对较弱，主要原因是北京作为首都城市，与外界联系较广，而内部关系相对较弱。因此，需要加大国内各地区与北京的交流，促进首都知识资本和经济的和谐发展。

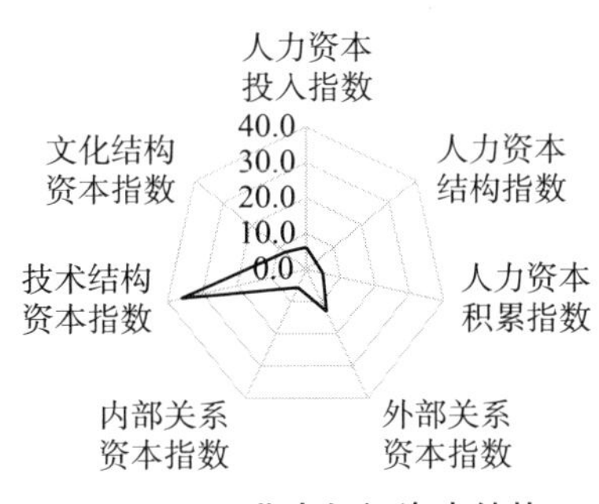

图3－79 北京知识资本结构

资料来源：根据数据计算结果绘制而成。

（3）强外部关系资本—弱人力资本结构型。

对强外部关系资本—弱人力资本结构型的样本进行分析，有以下发现。相关雷达图见图3－80至图3－82。

第一，从知识资本内部结构看，该类区域外部关系资本子系统与其他知识资本子系统相比具有显著优势，具有强外部关系的特征，但在人力资本结构方面表现较弱，因此该类区域表现为“强外部关系资本—弱人力资本结构型”知识资本结构。

第二，从地区分布来看，包括江苏、浙江和山东，均属东部沿海地区，经济比较发达。

第三，从知识资本水平来看，该类地区的知识资本较高，高于全国平均水平。其中，江苏的知识资本为71.34，排名第3位；浙江的知识资本为59.48，排名第5位；山东的知识资本为56.71，排名第6位。

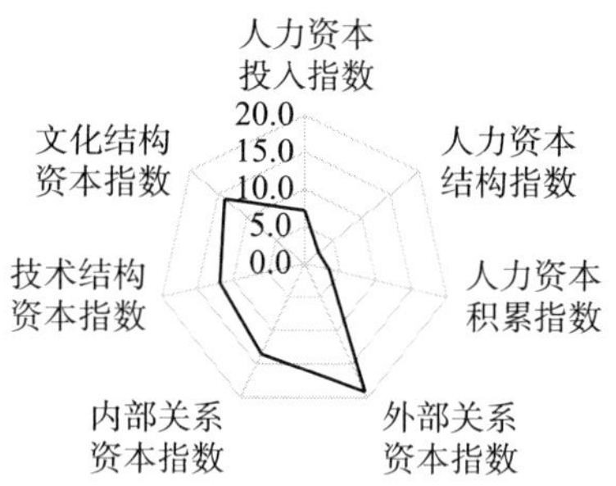

图 3-80 江苏知识资本结构

资料来源：根据数据计算结果绘制而成。

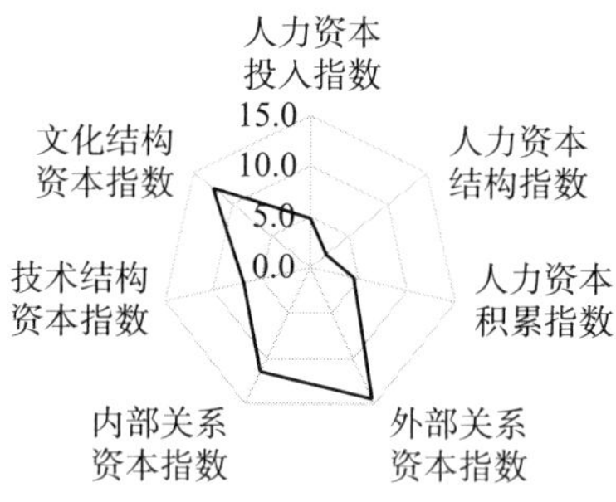

图 3-81 山东知识资本结构

资料来源：根据数据计算结果绘制而成。

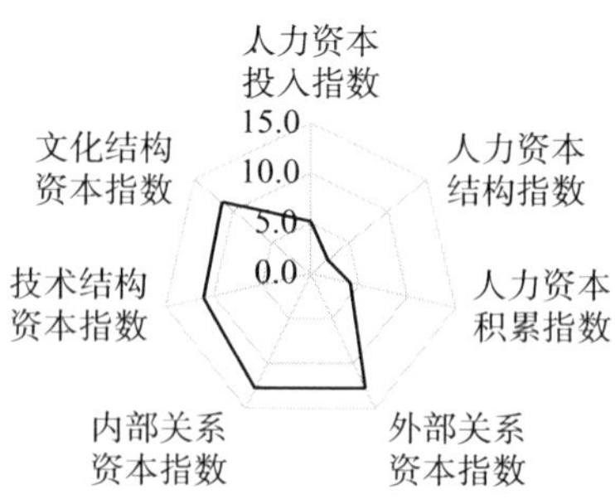

图 3-82 浙江知识资本结构

资料来源：根据数据计算结果绘制而成。

该类区域知识资本水平在全国位列前茅，特别在外部关系资本方面表现尤为突出，这主要是因为该类区域位于东部沿海地区，具有较好的区位优势，经济发展水平较高，具有较好的经济基础优势。但从实际的数据测度发现，该类地区人力资本结构配置不够完善，成为该类地区知识资本发展的短板。所以该类地区应该发挥人力资本存量大以及经济、技术等优势，加强对人力资本的结构配置和管理，实现人力、物力、财力等资源优化利用，实现经济的持续发展。

（4）强外部关系资本—强技术结构资本型。

对强外部关系资本—强技术结构资本型的样本进行分析，有以下发现。相关雷达图见图 3－83 至图 3－85。

第一，从知识资本内部结构看，该类区域的外部关系资本和技术结构资本对知识资本综合水平影响较大，其他知识资本子系统的表现不够突出，因此该类区域表现为“强外部关系资本—强技术结构资本型”知识资本结构。

第二，从地区分布来看，包括东部的天津、中部的湖北和西部的陕西。

第三，从知识资本水平来看，该类地区的知识资本居于全国中等偏上水平。其中，湖北的知识资本为 40.15，排名第 7 位；天津的知识资本为 35.31，排名第 9 位；陕西的知识资本为 31.79，排名第 11 位。

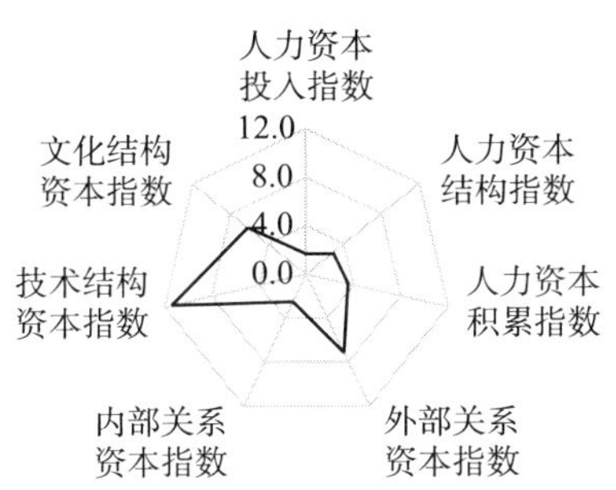

图 3－83　天津知识资本结构

资料来源：根据数据计算结果绘制而成。

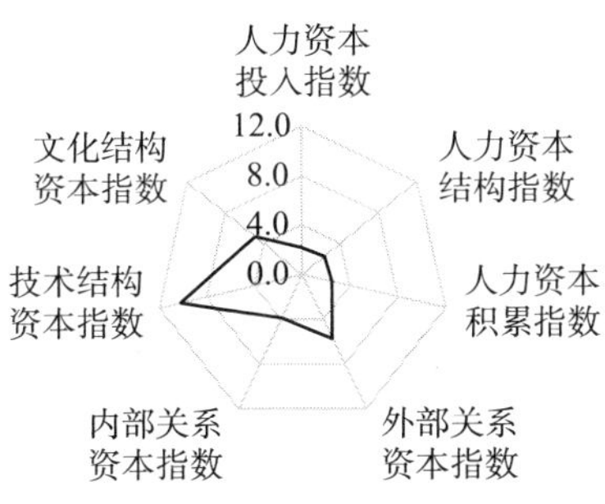

图 3－84　陕西知识资本结构

资料来源：根据数据计算结果绘制而成。

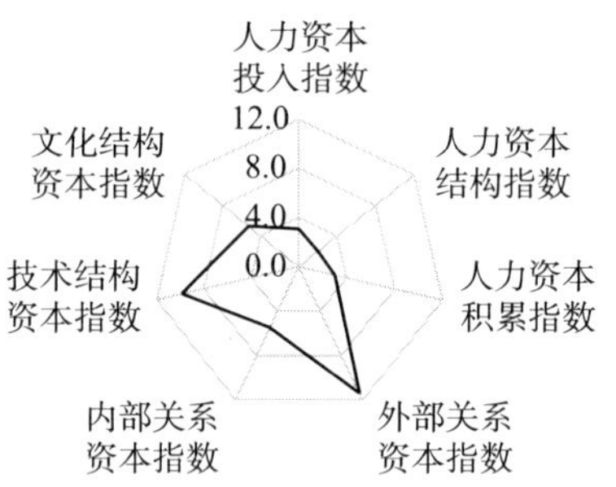

图 3-85 湖北知识资本结构

资料来源：根据数据计算结果绘制而成。

（5）强外部关系—弱人力资本结构型。

对强外部关系资本—弱人力资本结构型的样本进行分析，有以下发现。相关雷达图见图 3-86、图 3-87。

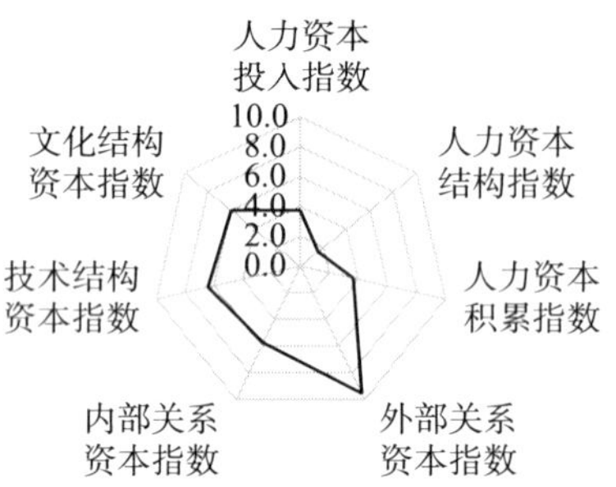

图 3-86 四川知识资本结构

资料来源：根据数据计算结果绘制而成。

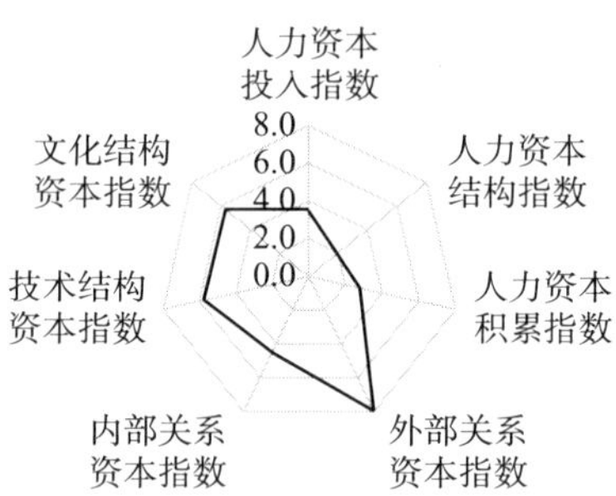

图 3-87 福建知识资本结构

资料来源：根据数据计算结果绘制而成。

第一，从知识资本内部结构看，与其他知识资本子系统相比，外部关系资本具有一定的优势，而人力资本结构相对来说不够完善。因此该类区域表现为“强外部关系—弱人力资本结构型”知识资本结构。

第二，从地区分布来看，包括东部的福建和西部的四川。

第三，从知识资本水平来看，该类地区的知识资本处于中等偏上水平。其中，四川的知识资本为 36.60，排名第 8 位；福建的知识资本为 32.11，排名第 10 位。

（6）弱人力资本型。

对弱人力资本型的样本进行分析，有以下发现。相关雷达图见图 3－88 至图 3－91。

第一，从知识资本内部结构看，该类区域的人力资本投入、人力资本结构和人力资本积累三个子系统的发展水平均相对较弱，其他知识资本子系统表现比较均衡。该类区域表现为“弱人力资本型”知识资本结构。

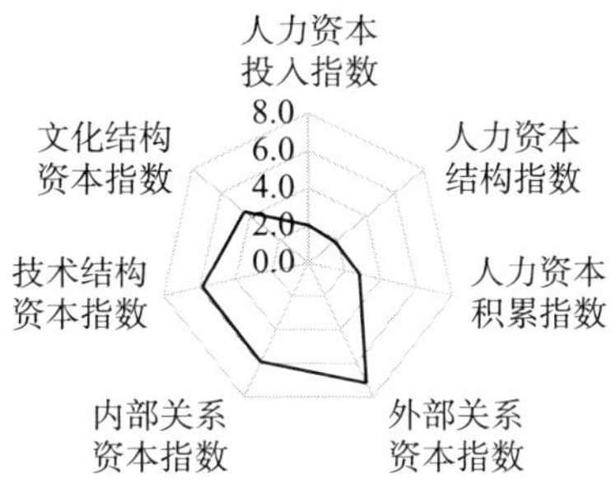

图 3－88　辽宁知识资本结构

资料来源：根据数据计算结果绘制而成。

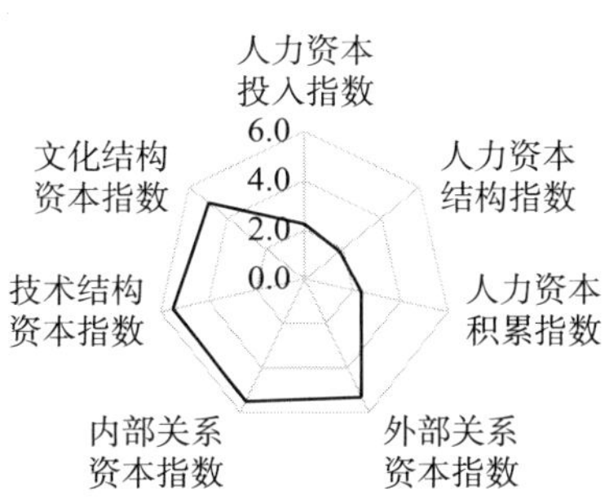

图 3－89　安徽知识资本结构

资料来源：根据数据计算结果绘制而成。

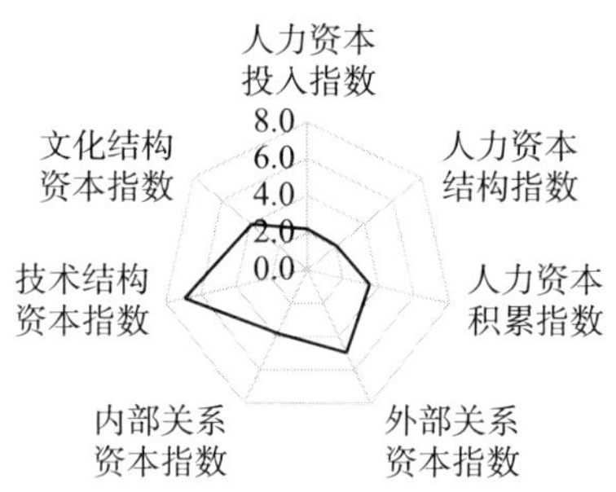

图 3 -90　重庆知识资本结构

资料来源：根据数据计算结果绘制而成。

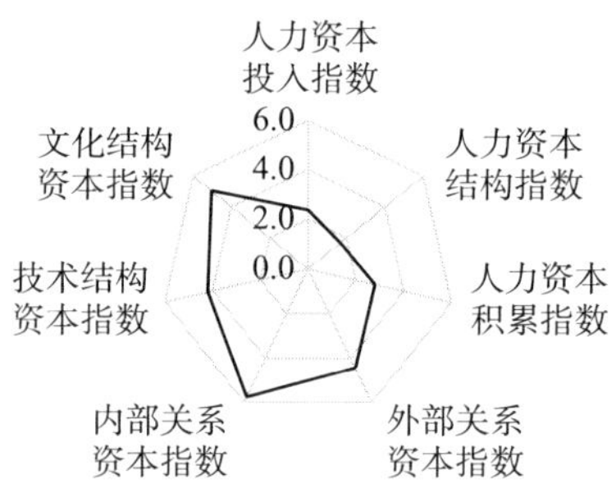

图 3 -91　湖南知识资本结构

资料来源：根据数据计算结果绘制而成。

第二，从地区分布来看，包括东部的辽宁、中部的安徽和湖南以及西部的重庆。

第三，从知识资本水平来看，该类地区的知识资本水平不高。其中，辽宁的知识资本为 29. 97，排名第 14 位；安徽的知识资本为 27. 71，排名第 15 位；重庆的知识资本为 27. 33，排名第 16 位；湖南的知识资本为 26. 28，排名第 17 位。

（7）强文化结构—强内部关系资本—弱人力资本结构型。

对强文化结构—强内部关系资本—弱人力资本结构型的样本进行分析，有以下发现。相关雷达图见图 3 -92、图 3 -93。

第一，从知识资本内部结构看，该类区域的文化结构资本和内部关系资本表现突出，而人力资本结构表现较弱，因此该类区域表现为“强文化结构—强内部关系资本—弱人力资本结构型”知识资本结构。

第二，从地区分布来看，包括中部的河南和东部的河北。

第三，从知识资本水平来看，该类地区处于中等水平。其中，河南的知识资本为 31. 61，排名第 12 位，河北的知识资本为 30. 99，排名第 13 位。

该类地区知识资本整体水平较高，两省的交通、旅游业比较发达，特别是河南的铁路行业，地处中国的交通咽喉，铁路运输比较发达，旅游行业比较发达，这些加强了河南与国内其他地区的联系。然而，虽然两省具有较多的人力资本存量，但在人力资本结构方面不够均衡。

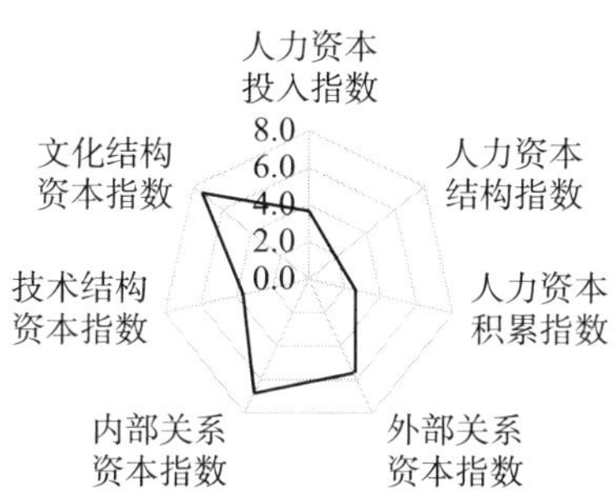

图 3 - 92　河南知识资本结构

资料来源：根据数据计算结果绘制而成。

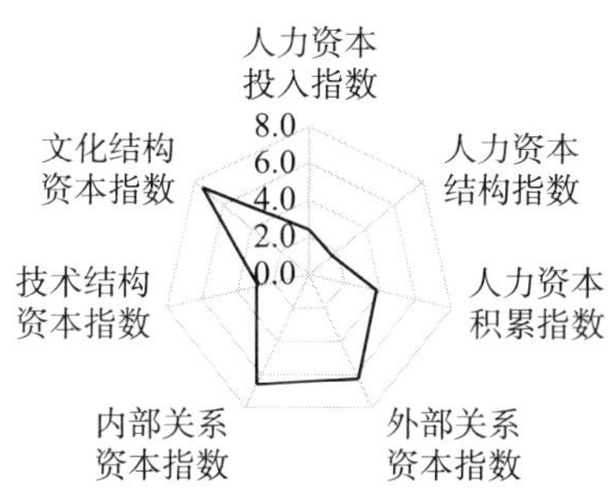

图 3 - 93　河北知识资本结构

资料来源：根据数据计算结果绘制而成。

（8）强文化结构—弱人力资本投入型。

对强文化结构—弱人力资本投入型的样本进行分析，有以下发现。相关雷达图见图 3 - 94 至图 3 - 96。

第一，从知识资本内部结构看，该类区域文化结构同其他知识资本子系统相比占相对优势，而人力资本投入相对不足，表现为区域文化结构资本较高，而人力资本投入较低。因此，该类区域表现为“强文化结构—弱人力资本投入型”知识资本结构。

第二，从地区分布来看，包括中部的山西省和西部的内蒙古、贵州。

第三，从知识资本水平来看，该类地区的知识资本综合水平较低，其知识资本综合均低于全国平均水平。其中，内蒙古的知识资本为20.35，排名第22位；山西的知识资本为19.15，排名第25位；贵州的知识资本为17.65，排名第26位。

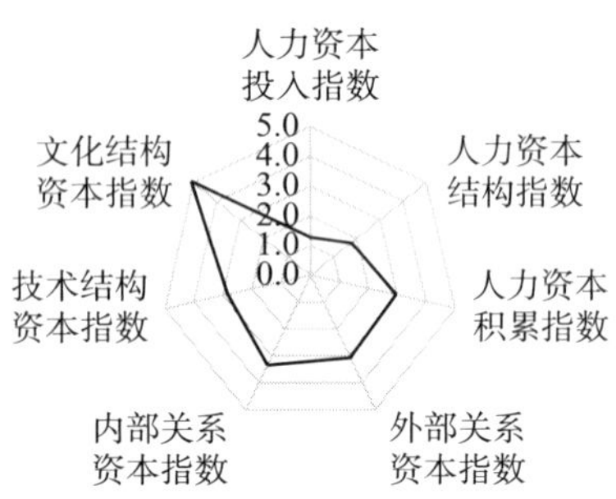

图3-94　内蒙古知识资本结构

资料来源：根据数据计算结果绘制而成。

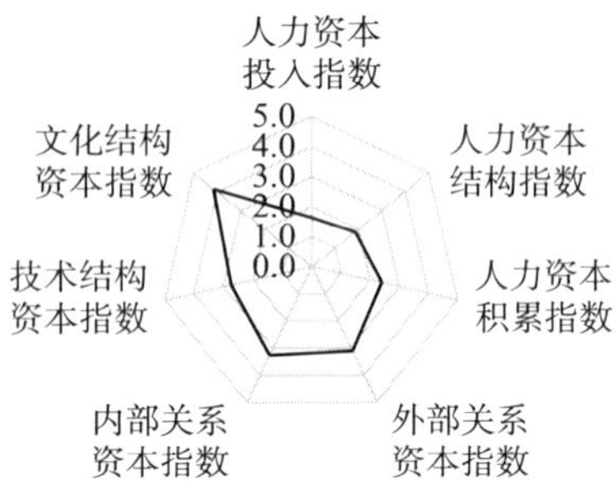

图3-95　山西知识资本结构

资料来源：根据数据计算结果绘制而成。

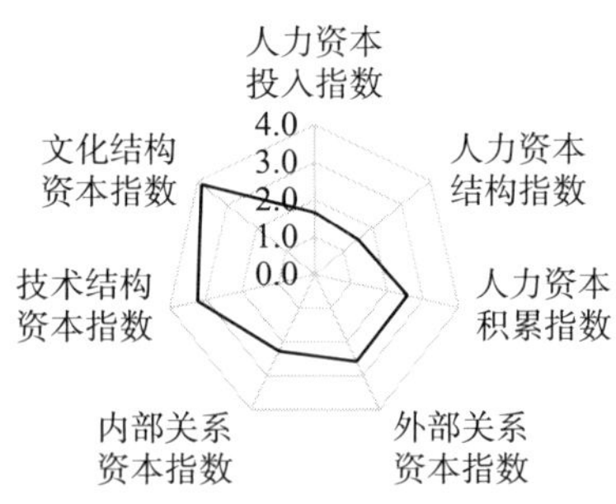

图3-96　贵州知识资本结构

资料来源：根据数据计算结果绘制而成。

该类地区处在中西部，它们的知识资本水平均低于全国平均水平，这可能与地理位置关系密切。对比东部沿海地区，中西部发展较为缓慢，仅有文化结构资本较为突出。

（9）弱人力资本结构型。

对弱人力资本结构型的样本进行分析，有以下发现。相关雷达图见图3-97至图3-99。

第一，从知识资本内部结构看，该类区域的人力资本结构发展水平相对较弱，而其他的知识资本子系统发展较为均衡。因此，该类区域表现为“弱人力资本结构型”知识资本结构。

第二，从地区分布来看，包括中部的江西和西部的广西、云南。

第三，从知识资本水平来看，该类地区的知识资本综合水平较低，其知识资本综合均低于全国平均水平。其中，江西的知识资本为24.25，排名第18位；广西的知识资本为21.30，排名第20位；云南的知识资本为20.18，排名第23位。

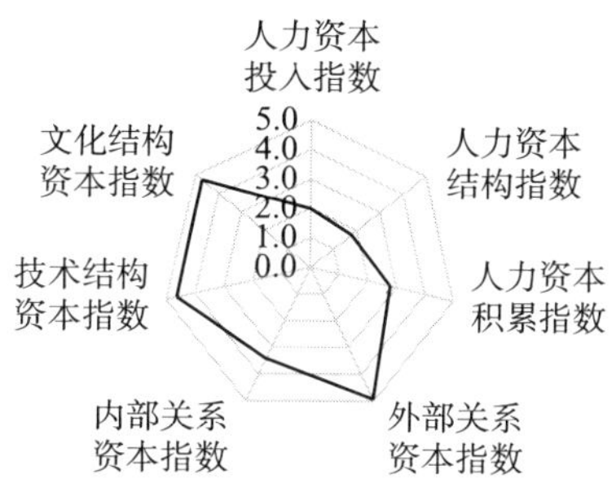

图3-97　江西知识资本结构

资料来源：根据数据计算结果绘制而成。

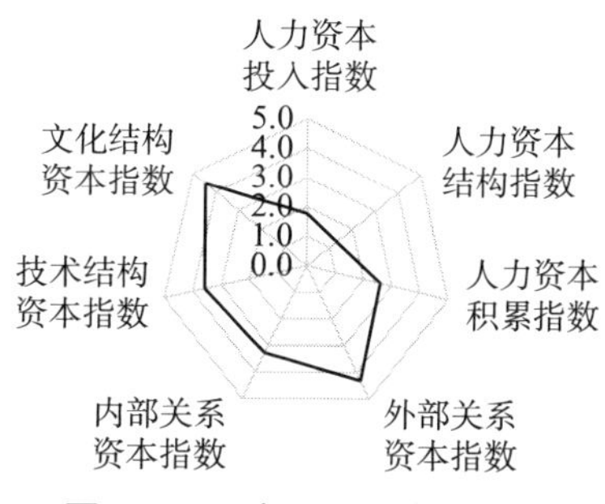

图3-98　广西知识资本结构

资料来源：根据数据计算结果绘制而成。

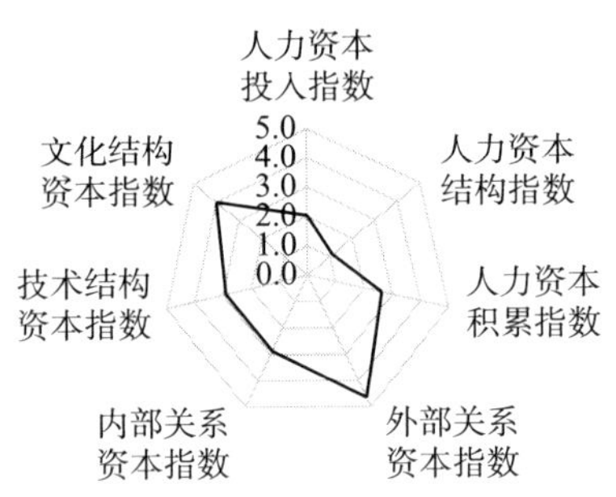

图 3－99　云南知识资本结构

资料来源：根据数据计算结果绘制而成。

（10）强技术结构资本—弱人力资本投入—弱人力资本结构型。

对强技术结构资本—弱人力资本投入—弱人力资本结构型的样本进行分析，有以下发现。相关雷达图见图 3－100 至图 3－103。

第一，从知识资本内部结构看，该类区域的人力资本投入和人力资本结构两个知识资本子系统表现较为欠缺，对区域知识资本综合贡献较小；而技术结构资本子系统表现相对突出，对区域知识资本综合贡献较大。因此，该类区域表现为“强技术结构资本—弱人力资本投入—弱人力资本结构型”知识资本结构。

第二，从地区分布来看，包括中部地区的黑龙江和吉林、西部地区的新疆和甘肃。

第三，从知识资本水平来看，该类地区的知识资本综合水平较低，其知识资本综合均低于全国平均水平。其中，黑龙江的知识资本为 22.00，排名第 19 位；吉林的知识资本为 20.48，排名第 21 位；新疆的知识资本为 19.76，排名第 24 位；甘肃的知识资本为 17.47，排名第 27 位。

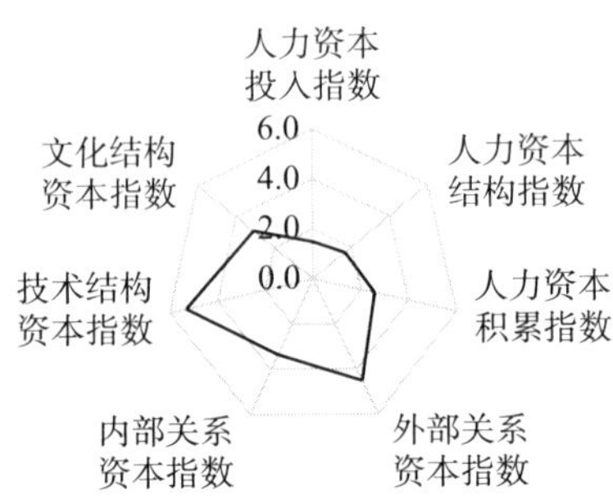

图 3－100　黑龙江知识资本结构

资料来源：根据数据计算结果绘制而成。

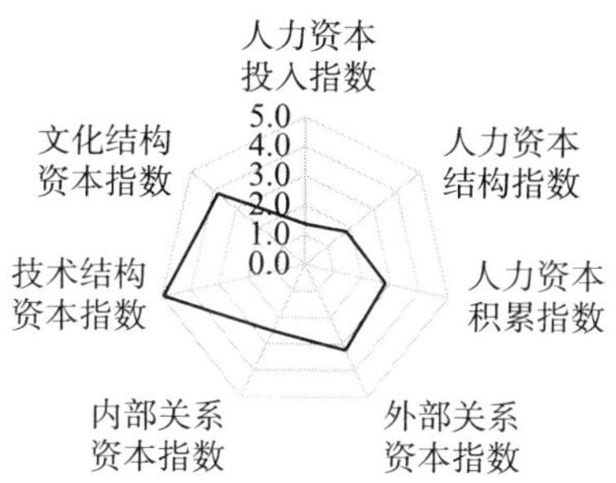

图3－101　吉林知识资本结构

资料来源：根据数据计算结果绘制而成。

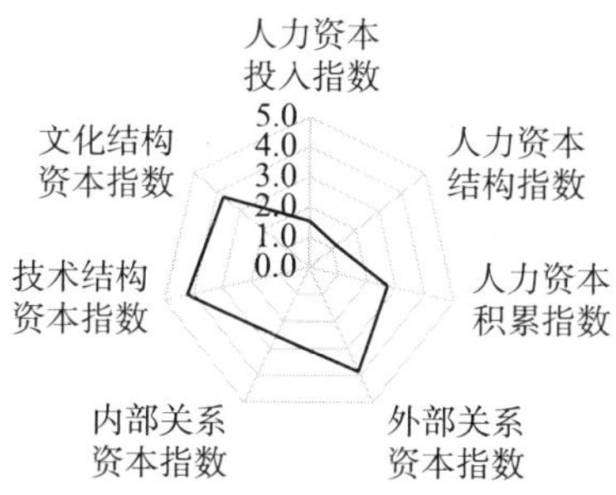

图3－102　新疆知识资本结构

资料来源：根据数据计算结果绘制而成。

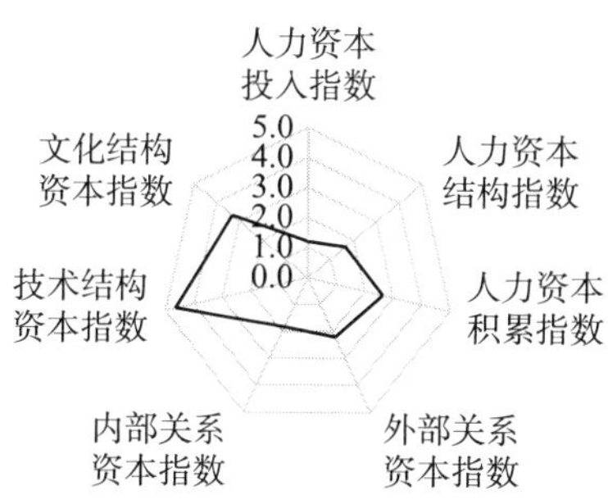

图3－103　甘肃知识资本结构

资料来源：根据数据计算结果绘制而成。

（11）强人力资本积累—弱人力资本投入—弱内部关系资本型。

对强人力资本积累—弱人力资本投入—弱内部关系资本型的样本进行分析，有以下发现。相关雷达图见图3－104至图3－107。

第一，从知识资本内部结构看，相对于其他知识资本子系统来说，该类区域的人力资本投入和技术结构资本对该类地区知识资本影响较弱；而人力资本积累表现相对突出。因此该类区域表现为“强人力资本积累—弱人力资本投入—弱内部关系资本型”知识资本结构。

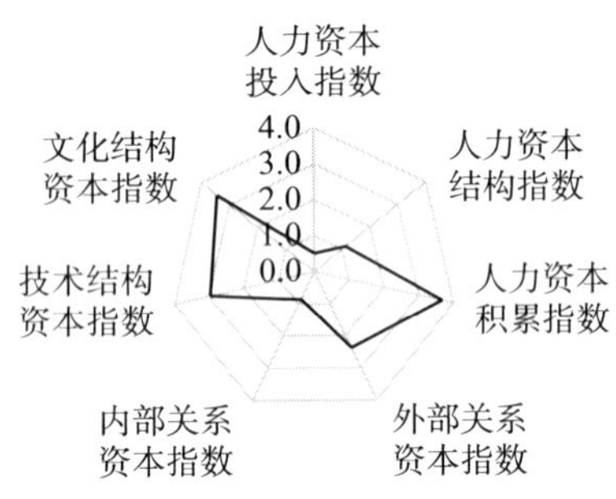

图 3－104　青海知识资本结构

资料来源：根据数据计算结果绘制而成。

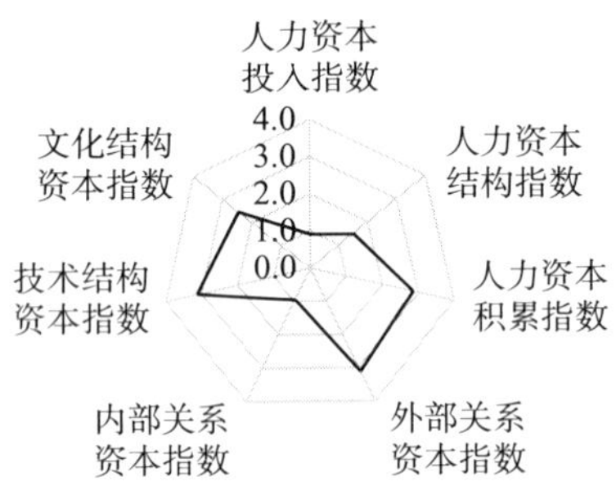

图 3－105　海南知识资本结构

资料来源：根据数据计算结果绘制而成。

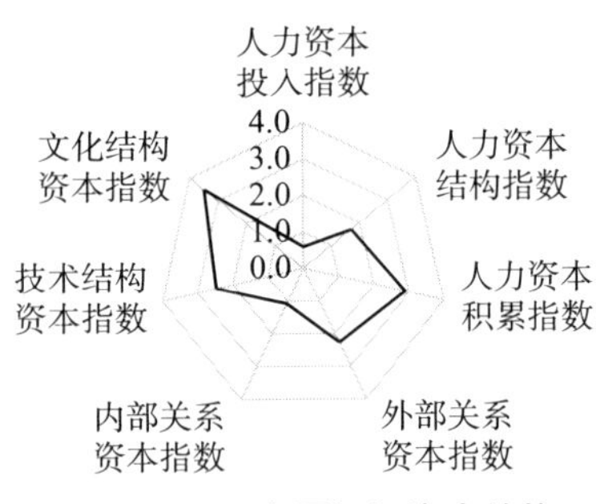

图 3－106　宁夏知识资本结构

资料来源：根据数据计算结果绘制而成。

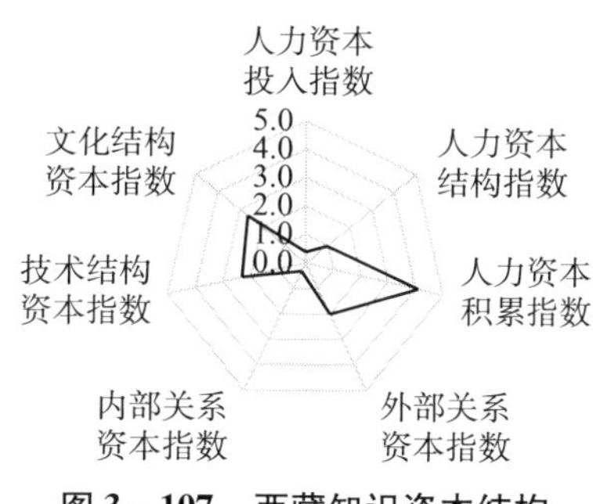

图3-107　西藏知识资本结构

资料来源：根据数据计算结果绘制而成。

第二，从地区分布来看，包括中国东部的海南省，西部的青海省、宁夏回族自治区和西藏自治区。

第三，从知识资本水平来看，该类地区的知识资本综合水平较低，其知识资本综合均低于全国平均水平。其中，青海的知识资本为14.95，排名第28位，海南的知识资本为14.91，排名第29位；宁夏的知识资本为14.51，排名第30位；西藏的知识资本为12.74，排名第31位。

由于该类地区多处于中国的西部，该类地区内的高等院校不多，人力资本投入不足；同时由于地理位置的原因，交通不便利，内部关系资本相对较弱。因此，该类地区的政策制定应结合自身的知识资本的特点，增加人力资本投入、优化人力资本结构，进一步扩大人力资本存量，进而通过人力资本优势和技术资源优势吸引外资或内资，实现区域经济快速发展，以此来弥补地理位置上的缺陷。

3. 中国区域知识资本对比分析

为了便于分析31个省份在2004~2016年时间段内的知识资本结构类型的变化，我们将2004年和2016年知识资本结构类型合并，进行对比分析（见表3-6），有以下发现。

（1）从2004年到2016年，超过半数的省份存在与其他至少一个省份知识资本结构相同，而且那些保持结构同步的地区经济发展水平相当或地理位置相邻。如广东和上海，2004年两地区的知识资本结构相同，2016年两地区的知识资本结构仍然相同。存在该类情况的还有浙江和山东、湖南和安徽、河北和河南等。

（2）从前文分析中可明显看出，不论是2004年还是2016年，不论是中部、西部还是东部，均存在人力资本较弱的普遍情况。

（3）东部地区多数省份强外部关系资本类型一直保持，如广东、上海、北京、江苏、天津、浙江、山东东部7个地区2004～2016年一直保持强外部关系资本结构。同时，多数东部地区从弱人力资本积累转变为弱人力资本结构类型，如广东、上海、江苏、浙江、山东、辽宁、河北7个地区。

（4）中部地区2004年并未出现弱人力资本投入和弱人力资本结构的情况，但随着时间的变化，到2016年时，人力资本投入不足和人力资本结构不协同日益凸显。

表3-6　2004年和2016年各省份知识资本结构类型

区域	地区	2004年	2016年
广东、上海	东部	强外部关系—弱人力资本积累型	强外部关系—弱人力资本结构型
北京	东部	强人力资本结构—强外部关系—强技术结构型	强技术结构—弱内部关系资本型
江苏	东部	强外部关系—弱人力资本积累型	强外部关系资本—强文化结构—弱人力资本结构型
天津	东部	强人力资本结构—强外部关系—强技术结构型	强外部关系资本—强技术结构资本型
浙江、山东	东部	强关系资本—弱人力资本积累型	强外部关系资本—强文化结构—弱人力资本结构型
福建	东部	均衡型	强外部关系—弱人力资本结构型
辽宁	东部	弱人力资本积累型	弱人力资本型
河北、河南	东部、中部	强文化结构—强内部关系—弱人力资本积累—弱技术结构型	强文化结构—强关系资本型—弱人力资本结构型
山西	中部	强结构资本—强内部关系型	强文化结构—弱人力资本投入型
湖南、安徽	中部	强结构资本—强内部关系型	弱人力资本型
黑龙江	中部	弱人力资本积累型	强技术结构资本—弱人力资本投入—弱人力资本结构型
吉林	中部	弱人力资本积累—强内部关系—强技术结构型	强技术结构资本—弱人力资本投入—弱人力资本结构型
湖北、陕西	中部、西部	弱人力资本积累型	强外部关系资本—强技术结构资本型

续表

区域	地区	2004 年	2016 年
江西、广西、云南	中部、西部	强内部关系资本—强文化结构型	弱人力资本结构型
四川	西部	强结构资本—强内部关系型	强外部关系—弱人力资本结构型
内蒙古	西部	弱人力资本投入型—弱外部关系型	强文化结构—弱人力资本投入型
新疆	西部	弱人力资本投入型—弱外部关系型	强技术结构资本—弱人力资本投入—弱人力资本结构型
重庆	西部	弱人力资本积累—强内部关系—强技术结构型	弱人力资本型
甘肃	西部	弱外部关系—强结构资本—强内部关系型	强技术结构资本—弱人力资本投入—弱人力资本结构型
贵州	西部	弱外部关系—强结构资本—强内部关系型	强文化结构—弱人力资本投入型
青海、海南、西藏、宁夏	西部	弱人力资本投入—弱外部关系型	强人力资本积累—弱人力资本投入—弱内部关系资本型

资料来源：据数据聚类结果整理而成。

（5）2004 年，西部多数地区存在弱外部关系资本，但到 2016 年这种情况得到一定的改善。另外，2004 ~ 2016 年，西部地区一直呈现弱人力资本状态。

3.4 本章小结

本章构建了区域知识资本测度评价指标体系，并对中国 31 个省份知识资本进行了测算和分析，研究揭示了知识资本在中国不同区域上的空间分布特征，反映了中国在经济发展过程中，知识资本累积及空间分布的差异性，即不同的区域具有不同的知识资本结构特征。本章内容为进一步探讨物质资本与知识资本协同对经济发展的影响奠定了基础。

（1）整体上来看，中国知识资本持续上升，但上升速度有所放缓；从目前的数据来看，知识资本的变化与中国总体经济增长具有一定的同步性，均呈现减速增长的趋势。

（2）从东部、中部、西部三区域比较来看，知识资本明显呈现出东高西低的态势，东西差距巨大，而且随着时间的推移，这种差距越来越大。

（3）从东部、中部、西部知识资本构成的内部比较来看，东部地区关系资本一直比较高，人力资本增长变缓而结构资本走高。从知识资本结构形式上看，人力资本累积趋于稳定，结构资本在升高；中部地区最初人力资本、结构资本与关系资本较为均衡，但随之时间的推移，人力资本增长变缓，结构资本和关系资本则同步升高；西部地区结构资本一直相对较高，人力资本从增长较快到增长变缓，而关系资本则由初期的较低逐渐走高。

第4章　物质资本与知识资本对经济发展影响的协整分析

第3章构建了区域知识资本测度指标体系，结合中国31个省份的数据对中国区域知识资本指标进行了测度，并对区域知识资本的分布特征进行了分析。由于经济时间序列经常会出现伪相关问题，从经济意义分析几乎没有联系的序列，可能计算出较大的相关系数。因此，本章利用中国2004～2016年省域面板数据，采用面板单位根和面板协整检验来分析物质资本与知识资本对经济发展的均衡关系，建立面板数据的变系数或变截距模型。变截距模型研究表明，物质资本和知识资本与经济发展存在协整关系，知识资本对物质资本促进经济发展的调节作用显著；知识资本对经济发展表现出正向的影响，加大知识资本的投入，会促进经济发展。

4.1　知识资本的作用

传统经济学侧重于物质资本，而忽略了知识资本的重要作用（Corrado，2006）。新增长经济理论则将技术进步作为内生过程，强调知识是增长的主要驱动力（Lucas，1988；Romer，1986）。因此，处于低发展水平的经济体可以通过技术溢出实现快速增长，并与发达经济体趋同（Acemoglu et al.，2006）。人们一致认为，技术外溢主要体现在对外直接投资和贸易上，受到国际开放的深刻影响（Wang et al.，2016）。这一过程也被证明高度依赖于知识吸收和创新能力，包括人力资本、金融发展、技术差距、自主创新努力、市场监管等（Runiewiczwardyn，2014）。这些能力与区域内有形基础设施和无形环境以及它们的协同效应密切相关（Barkhordari et al.，2018；Pino－Ortega，2018）。自1978年改革开放以来，中国经济以年均近9.8%的速度增长（Liu et al.，2018）。但近年来，在外部需求不旺、国内产能过剩的情况下，中国经济增速放缓至6% ~7%的较低水平，进入“新常态”（Chen & Groenewold，2018）。长期以来，中国经济增长的主要动力一直是物质资本的投入（李洪，2012）。在新技术和经济转型背景之下，中国经济增长的驱动要素结构正在发生重大变化，具体表现为知识资本逐渐成为经济增长的一个关键因素，但是各要素之间的失衡现象比较常见，物质资本与知识资本的协同效应正日益受到关注（Wu and Li，2015）。

因此，为了探索知识资本与物质资本的协同效应对经济发展的影响，首先需要分析物质资本和知识资本与经济发展的协整关系，以考察物质资本和知识资本对经济发展影响的关联性。

4.2 研究假设

4.2.1 知识资本对物质资本促进经济发展有调节作用

古典经济学家认为物质资本是最基本的生产要素。据估计，从1952年到20世纪90年代，中国的物质资本积累对经济增长的贡献是最重要的（Chow and Li，2002）。一项研究认为，1978年后中国的快速增长主要是由于物质资本积累的强劲增长（李红，2012）。其他研究发现，即使考虑了各种非物质因素，物质资本积累仍然在2000~2013年中国经济增长中发挥着关键作用（Feng et al.，2017）。这些研究表明，物质资本对经济增长的促进作用是主要的。

新增长经济理论认为，知识积累和知识溢出可以促进技术进步，提高生产率，最终导致产出增长（Aghion et al.，1998）。在内生增长框架下，将各种知识要素引入生产函数，如人力资本（Becker，1962；Schultz，1961）、教育与研发投资（Lucas，1988）、组织与制度因素（Barro，1997）、社会网络（Ishise and Sawada，2009）、国内与全球市场（Krugman，1998）等，这些因素在知识溢出和技术创新的过程中，对提高物质资本的生产率起着重要的作用。在中国也有一系列类似的研究，关注包括教育和开放（陈，2000）、外国直接投资（李，2009）、法律制度（Allen et al.，2005）、金融发展（Guariglia and Poncet，2008）、制度发展（Hasan et al.，2009）等对物质资本生产效率的促进。本章将这些知识要素归纳在知识资本框架内，并按照前文所述将其划分为人力资本、关系资本和结构资本三个维度。

物质资本与知识资本存在协整关系是指知识资本与物质资本相互作用，共同促进经济增长。根据上述文献可以看出，物质资本推动经济增长，而知识资本促进知识溢出，从而提高了物质资本的生产率。因此，提出假设4－1。

假设4－1：知识资本对物质资本促进经济发展有调节作用。

4.2.2　人力资本对物质资本促进经济发展有调节作用

人力资本是指嵌入区域经济系统行动者的知识，包括由区域利益相关者雇用的个人拥有和使用的各种知识因素。根据组织学习理论，人力资本是知识创新和溢出的载体（Argyris，1996）。人力资本水平越高，组织吸收新知识的能力越强，并加速了技术扩散（Nelson and Phelps，1966）。研究表明，人力资本在吸收先进技术和技术赶超以及提高生产率方面发挥着重要作用（Ali et al.，2016；Fortuna，2010）。因此，提出假设4－2。

假设4－2：人力资本对物质资本促进经济发展有调节作用。

4.2.3　关系资本对物质资本促进经济发展有调节作用

关系资本是指与区域经济系统相关的知识资源，包括区域利益相关者建立和维持的内外部关系，是知识创新和溢出的渠道和媒介。关系资本的作用主要体现在以下几个方面：（1）通过贸易关系发挥禀赋优势；（2）促进知识学习，并与技术先进的合作伙伴建立关系；（3）参与知识学习网络，并通过产业链协作提高自主创新能力（Mendoza and Lau，2014）。研发溢出效应受隐性知识传播规律的影响，随着空间距离增加而衰减（Krugman，1998），因而区域内各类组织和社区的商业联系和协作网络，在知识创新和溢出过程中发挥了重要作用（Belussi et al.，2010）；而国际和区域之间的各种关系也对知识和技术创新具有重要意义（Gress，2015）。因此，提出假设4－3。

假设4－3：关系资本对物质资本促进经济发展有调节作用。

4.2.4　结构资本对物质资本促进经济发展有调节作用

结构资本是指涉及区域利益相关者的技术、制度和文化因素的显性知识（Seleim and Khalil，2011），它构成了支持组织吸收和创造知识的潜在条件和外部环境（Chang and Chen，2004）。有证据表明，创新不仅依赖于技术存量本身，还依赖于知识积累和技术发展的方式（Li and Yu，2018）。从区域经济参与者的角度来看，生产和传播知识的机构（如政府、大学、研究机构和公司）起到了支持作用，影响了创新活动的质量（Jiao et al.，2016；Zhao et al.，2015）。同时，政策环境，如公共服务组织、孵化设施和创新政策对学习能力和创新活动有显著影响（Doloreux，2002；Han－Ko，2017）。此外，考虑到学习和共享信息的意愿可能受到文化的激励（Cooke et al.，1997），区域文化也很重要，因为区域文化转化为一个生产环境。因此，提出假设4－4。

假设4－4：结构资本对物质资本促进经济发展有调节作用。

基于上述假设，形成以下理论研究框架（见图4－1）。

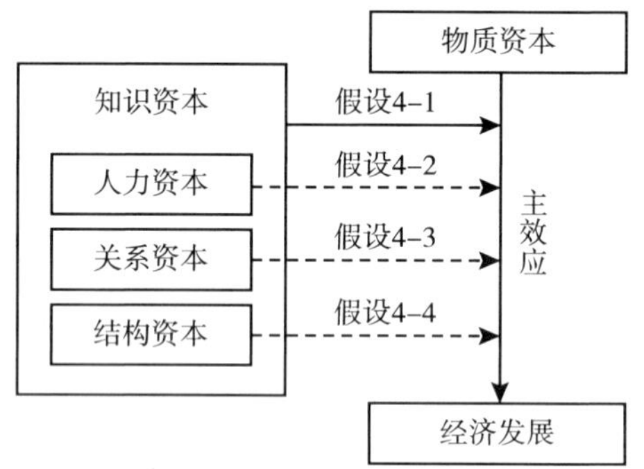

图4－1　研究理论框架

资料来源：根据提出的假设绘制。

4.3　变量选择与模型构建

4.3.1　变量设计

1. 知识资本（IC）

指标选择与测度与第3章相同，将知识资本分为3个一级指标（区域人力资本、区域关系资本、区域结构资本）、7个二级指标（区域人力资本投入、区域人力资本结构、区域人力资本积累、区域外部关系资本、区域内部关系资本、区域技术结构资本、区域制度文化结构资本）及 45 个三级指标。

2. 物质资本（MC）

遵循常规的研究方法，本研究以固定资本存量作为物质资本的测度指标。关于资本存量的估算，目前学界广泛采用的方法是 Goldsmith（1951）提出的永续盘存法（PIM），即假设固定资产的相对效率呈几何下降，而此时重置率为常数，在此模式之下，折旧率和重置率是相同的。因而，固定资产存量主要涉及四个变量：（1）基期资本存量 K；（2）每年新增投资额 I；（3）投资品价格指数；（4）经济折旧率 δ。本研究直接采用“永续盘存法”估算各省份历年的实际资本存量，该方法的实质是将不同时期的资本流量逐年调整、折算，以累加成意义一致的资本存量，计算方法为：

$$K_{it} = I_{it} + (1 - \delta_i) K_{i(t-1)}$$

该式中 K_{it} 代表 i 地区第 t 年的物质资本存量和投资，δ_i 是 i 地区第 t 年的固定资产折旧率。目前学界普遍将 1978 年作为固定资产存量计算的初始年份。资本存量计算方式是个难题，张军（2004）和单豪杰（2008）的观点是公认最具代表性的研究。本书借鉴单豪杰（2008）的方法，以 1979 ~ 1983 年五年的平均增长速度和名义资本存量反推 1978 年基年的资本存量，并结合张军等（2004）的研究，得到 2004 年各省份资本存量。根据单豪杰（2008）的研究，各省份的固定资产折旧率 δ_i 统一按照 10.96% 进行折算。各年各省份投资 I_{it} 通过历年《国家统计年鉴》和《地方统计年鉴》披露的固定资本形成实际总额获取，并除去相应价格指数，得到实际经济价值。按照张军（2004）和单豪杰（2008）的处理方法，以 2004 年为基期计算固定资产存量至 2016 年，以 2004 年不变价格表示。

3. 经济发展（G）

区域经济发展状况的度量采用区域 GDP 总量作为度量方式。计算方法为：

$$G_{ij} = g_{ij}$$

$$i = 1, 2, \cdots, 31; \ j = 2004, 2005, \cdots, 2016$$

其中，g_{ij} 表示区域 GDP 总额，i 代表第 i 个地区，j 表示该地区第 j 年的数据，以 2004 年不变价格平减处理。综上所述，本章使用的变量及定义见表 4 - 1。

表 4-1 变量定义表

变量类型	变量名	代号	定义
被解释变量	经济发展	G	区域 GDP 名义总额/价格指数
解释变量	物质资本	MC	区域物质资本存量/劳动投入
	知识资本	IC	根据知识资本指标体系计算
	人力资本	HC	根据知识资本指标体系计算
	关系资本	RC	根据知识资本指标体系计算
	结构资本	SC	根据知识资本指标体系计算

资料来源：笔者自制。

4.3.2 模型构建

将知识资本及其各个组成部分作为调节变量，用带有乘积项的回归模型进行层次回归分析。第一层回归是经济发展（G）对物质资本（MC）进行回归，第二层加入调节变量知识资本（IC）及其各个组成部分变量，第三层加入知识资本及各组成部分与物质资本的交互项。因为在模型中涉及对交互项的回归，根据温忠麟、侯杰泰（2005）的方法，模型中$\overline{MC}_{it}$、$\overline{IC}_{it}$、$\overline{HC}_{it}$、$\overline{RC}_{it}$、$\overline{SC}_{it}$均为取对数处理后的数据。

$$\ln G_{it} = \alpha_0 + \beta_0 \ln\overline{MC}_{it} + \mu_{it} \tag{4-1}$$

$$\ln G_{it} = \alpha_0 + \beta_0 \ln\overline{MC}_{it} + \beta_1 \ln\overline{HC}_{it} + \mu_{it} \tag{4-2}$$

$$\ln G_{it} = \alpha_0 + \beta_0 \ln\overline{MC}_{it} + \beta_1 \ln\overline{HC}_{it} + \beta_3 \ln\overline{MC} \times \ln\overline{HC} + \mu_{it} \tag{4-3}$$

$$\ln G_{it} = \alpha_0 + \beta_0 \ln\overline{MC}_{it} + \beta_1 \ln\overline{RC}_{it} + \mu_{it} \tag{4-4}$$

$$\ln G_{it} = \alpha_0 + \beta_0 \ln\overline{MC}_{it} + \beta_1 \ln\overline{RC}_{it} + \beta_3 \ln\overline{MC} \times \ln\overline{RC} + \mu_{it} \tag{4-5}$$

$$\ln G_{it} = \alpha_0 + \beta_0 \ln\overline{MC}_{it} + \beta_1 \ln\overline{SC}_{it} + \mu_{it} \tag{4-6}$$

$$\ln G_{it} = \alpha_0 + \beta_0 \ln\overline{MC}_{it} + \beta_1 \ln\overline{SC}_{it} + \beta_3 \ln\overline{MC} \times \ln\overline{SC} + \mu_{it} \tag{4-7}$$

$$\ln G_{it} = \alpha_0 + \beta_0 \ln\overline{MC}_{it} + \beta_1 \ln\overline{IC}_{it} + \mu_{it} \tag{4-8}$$

$$\ln G_{it} = \alpha_0 + \beta_0 \ln\overline{MC}_{it} + \beta_1 \ln\overline{IC}_{it} + \beta_3 \ln\overline{MC} \times \ln\overline{IC} + \mu_{it} \tag{4-9}$$

若加入交互项之后，拟合优度增高，且交互项的系数显著为正，则说明物质资本对于知识资本或者其组成部分促进经济发展有着显著的正向调节作用，即物质资本与知识资本的交互作用可以进一步促进经济发展。

4.4　协整分析

4.4.1　样本选择

研究对象为2004~2016年的中国各省、自治区、直辖市（不含港澳台地区），数据来源于统计年鉴和官方数据，并经过相应的计算整理。对于部分年度数据的缺失，采用线性插值法填补缺失值。由于西藏的缺失值较多，为保证分析的准确性，将除西藏以外的其他30个省份的面板数据作为研究对象。

4.4.2　单位根检验

采用面板数据进行回归分析时，为了避免出现伪回归现象，需对数据进行平稳性检验和协整检验。首先采用ADF检验方法对原序列及一阶差分序列进行平稳性检验，其原理是在回归方程中加入因变量的滞后差分项来调整高阶序列相关，见式4-10、式4-11和式4-12。

$$\Delta y_t = \gamma y_{t-1} + \sum_{k=1}^{p} \beta_k \Delta y_{t-k} + u_t \tag{4-10}$$

$$\Delta y_t = \gamma y_{t-1} + \alpha + \sum_{k=1}^{p} \beta_k \Delta y_{t-k} + u_t \tag{4-11}$$

$$\Delta y_t = \gamma y_{t-1} + \alpha + \delta t + \sum_{k=1}^{p} \beta_k \Delta y_{t-k} + u_t \tag{4-12}$$

ADF检验的原假设是$H_0: \gamma = 0$，即存在一个单位根，备择假设是$H_0: \gamma < 0$，即不存在单位根。若估计值拒绝原假设，进而可判断存在一个高阶自相关序列AR(p)过程不存在单位根，则认为序列平稳。否则，则判定序列为不平稳。ADF检验包含有截距和趋势项的模型、只含截距项的模型和两者都不含的模型。ADF检验一般先从水平序列开始检验，如果存在单位根，则需对该序列进行一阶差分后再进行检验；如果仍然存在单位根，再进行二阶甚至高阶差分后再进行检验，直至序列平稳为止。检验借助EViews7.0完成，检验结果见表4-2。由表4-2可以看出，人力资本和结构资本的原序列都未通过ADF检验，即原序列是不平稳的，但一阶差分序列均通过了ADF检验，是平稳序列，因此各变量均为一阶单整序列。

表 4-2 单位根检验结果

变量	lnG	lnMC	lnIC	lnHC	lnRC	lnSC
ADF	(4.837)	(5.512)	(6.016)	(1.088)	(4.578)	(1.257)
检验形式	(c, 0, 1)	(c, 0, 1)	(c, 0, 1)	(c, 0, 1)	(c, 0, 1)	(c, 0, 1)
P值	0.000	0.000	0.000	0.720	0.000	0.649
结论	平稳	平稳	平稳	不平稳	平稳	不平稳
变量	D. lnG	D. lnM	D. lnIC	D. lnHC	D. lnRC	D. lnSC
ADF	(1.346)	(2.946)	(1.660)	(3.819)	(0.582)	(2.228)
检验形式	(c, 0, 1)	(c, 0, 1)	(c, 0, 1)	(c, 0, 1)	(c, 0, 1)	(c, 0, 1)
P值	0.006	0.019	0.027	0.000	0.033	0.011
结论	平稳	平稳	不平稳	平稳	平稳	平稳

注：(c, n, t) 表示 ADF 检验中常数项、时间趋势项和滞后期期数。D. (*) 表示*的一阶差分值。

资料来源：EViews7.0 计算结果输出。

4.4.3 协整检验

在实际应用中，大多数经济指标的时间序列是不平稳的，但是通过差分处理可以消除序列中含有的非平稳趋势。如果序列经过一次差分后变成平稳序列，则该序列为1阶单整。同阶单整变量的线性组合反映了变量之间长期稳定的均衡关系，这种平衡的关系称为协整。本章使用 EG 两步法检验，其基本原理是：若解释变量和被解释变量之间存在稳定的协整关系，则被解释变量能被解释变量的线性组合所解释，被解释变量不能够被解释变量所解释的那部分变量为残差部分，而该残差序列应当为平稳序列。因此，可使用 ADF 检验来验证回归方程的残差序列是否平稳。第一步，用 OLS 法估计方程 $y_t = \alpha_0 + \alpha x_t + u_t$，并计算非均衡误差，得到 $\hat{y}_t = \hat{\alpha}_0 + \alpha_1 x_t$，$\hat{u} = y_t - \hat{y}_t$。第二步，利用 ADF 检验残差估计值 $\hat{u}$ 的平稳性。若平稳，则解释变量和被解释变量之间存在着稳定的协整关系；若不平稳，则说明二者之间不存在协整关系。

由于原序列是不平稳序列，经济发展、物质资本、知识资本三者之间是否存在长期的相关关系需要进一步进行协整检验，而经济发展、物质资本和知识资本是同阶单整序列，满足协整检验所需条件。协整检验需以 G 为因变量，分别以 lnMC 和 lnIC 为自变量建立回归模型，通过豪斯曼检验（见表 4-3）。

表 4－3　　豪斯曼检验结果

检验结果	Chi－Sq. 统计量	Chi－Sq 自由度	P 值
Cross-section random	680.551	2	0.000

资料来源：EViews 计算结果输出。

以 lnG 为因变量，分别以 lnMC 和 lnIC 为自变量建立个体固定效应模型，得出残差序列 $\hat{u}_k$ 和 $\hat{u}_i$，检验 $\hat{u}_k$ 和 $\hat{u}_i$ 序列的平稳性（见表 4－4）。检验结果显示，残差序列 $\hat{u}_k$ 和 $\hat{u}_i$ 平稳，即经济发展与物质资本和知识资本存在着协整关系，物质资本与知识资本对经济发展起着长期稳定的作用。

表 4－4　　协整检验结果

变量	ADF 统计量	检验形式（c，t，k）	P 值	结论
$\hat{u}_k$	－1.136	（0，0，1）	0.0305	平稳
$\hat{u}_i$	－2.656	（0，0，1）	0.032	平稳

注：（c，n，t）表示 ADF 检验中常数项、时间趋势项和之后期期数。
资料来源：EViews 计算结果输出。

4.4.4　结果分析

1. 回归分析

采用层次回归分析法，分别考察知识资本及其各个组成部分在物质资本促进经济发展过程中的调节作用（见表 4－5）。回归结果显示，各回归模型均具有显著的统计学意义，模型 1（式 4－1）是以经济发展为被解释变量，以物质资本为解释变量进行回归，物质资本的回归系数为 0.81，且在 1% 的水平下显著，说明物质资本对于经济发展有显著的促进作用。

表 4－5　　实证结果

模型	物资资本		知识资本		交互项		Adj. R^2	F
M1	lnMC	1.037*** 70.815	—	—	—	—	0.951	252.263***
M2	lnMC	0.907*** 57.940	lnHC	0.533*** 13.040	—	—	0.966	363.203***

续表

模型	物资资本		知识资本		交互项		Adj. R^2	F
M3	lnMC	0.980*** 32.412	lnHC	1.056*** 5.531	lnHC* lnMC	0.127*** 2.804	0.967	359.076***
M4	lnMC	0.795*** 39.200	lnRC	0.352*** 14.579	—	—	0.969	393.840***
M5	lnMC	0.839*** 41.896	lnRC	0.969*** 10.638	lnRC* lnMC	0.142*** 6.991	0.973	433.706***
M6	lnMC	0.906*** 59.137	lnSC	0.363*** 13.603	—	—	0.967	374.048***
M7	lnMC	0.980*** 37.514	lnSC	0.827*** 6.063	lnSC* lnMC	0.114*** 3.471	0.968	374.142***
M8	lnMC	0.862*** 50.427	lnIC	0.400*** 14.078	—	—	0.968	383.584***
M9	lnMC	1.050*** 30.590	lnIC	1.199*** 9.099	lnIC* lnMC	0.187*** 6.195	0.971	411.392***

注：* 表示 $p<0.05$，** 表示 $p<0.01$，*** 表示 $p<0.001$，括号内数值表示对应系数 t 值。
资料来源：EViews 计算结果输出。

从知识资本整体出发，模型8（式4－8）以物质资本和知识资本为解释变量，以经济发展为被解释变量进行回归分析，其中，物质资本与知识资本的回归系数显著，分别为0.332和0.624；模型9（式4－9）在模型8（式4－8）的基础上加入知识资本与物质资本的交互项后，交互项系数为0.034，在1%的水平下显著。假设4－1得到了支持，知识资本与物质资本之间存在调节效应，该种调节效应会正向影响经济发展。

当人力资本作为调节变量时，模型2（式4－2）在解释变量中加入人力资本，物质资本与知识资本的回归系数显著，分别为0.516和0.488，模型3（式4－3）在模型2（式4－2）的基础上加入了人力资本与物质资本的交互项作为解释变量，方程的 R^2 从0.9689提高到了0.9722，方程的交互项系数显著，系数为0.077，说明人力资本对于物质资本具有明显的正向调节作用。假设4－2得到了支持，人力资本与物质资本之间存在调节效应，该种调节效应会正向影响经济发展。

当关系资本作为调节变量时，模型4（式4－4）以物质资本和关系资本为解释变量，以经济发展为被解释变量进行回归分析，两者系数均显著，分别为0.51和0.346，可见物质资本与关系资本对经济发展均具有显著的正向作用。模型5（式4-5）在模型4（式4-4）的基础上，加入关系资本与物质资本的交互项作为解释变量，交互项系数显著，为0.06，说明关系资本对于物质资本具有正向调节作用。假设4-3得到了支持，关系资本与物质资本之间调节效应明显。

当结构资本作为调节变量时，模型6（式4-6）以物质资本和结构资本为解释变量，以经济发展为被解释变量进行回归分析，物质资本和结构资本在1%的水平下显著，系数分别为0.332和0.624。模型7（式4-7）在模型6（式4-6）的基础上加入了结构资本与物质资本的交互项，方程的R^2从0.9915提升至0.9997，且交互项系数在1%水平下显著，系数为0.034，说明结构资本对于物质资本具有正向调节效应。假设4-4得到了支持，结构资本与物质资本之间调节效应明显。

综上所述，对中国30个地区的面板数据进行分析，知识资本的3个维度人力资本、关系资本和结构资本都能正向地调节物质资本与经济发展的关系，知识资本整体的调节效果也是显著的，说明目前中国的知识资本与物质资本已经形成了较好的协同关系。

2. 东部、中部、西部三地区结果对比

为进一步分析中国不同区域的物质资本与知识资本的交互效应，将样本划分为东部、中部和西部三大区域（见表4-6），分别进行分析。

表4-6　东部、中部、西部区域划分

地区	省份
东部	北京、天津、河北、辽宁、上海、江苏、浙江、福建、山东、广东、海南
中部	山西、吉林、黑龙江、安徽、江西、河南、湖北、湖南
西部	内蒙古、广西、重庆、四川、贵州、云南、陕西、甘肃、青海、宁夏、新疆

资料来源：国家统计局中国区域划分标准，http：//www.stats.gov.cn/。

首先，对东部地区的样本进行分析（见表4-7）。当对东部地区11个省份的省级面板数据进行回归分析时，各回归模型均具有显著的统计学意义，结果与全国样本大致相同，但也存在细微差异。具体表现为，模型7（式4-7）将结构资本作为调节变量时，交互项系数不显著，东部地区结构资本对物质资

本的调节作用不明显；模型9（式4-9）将知识资本整体作为调节变量时，交互项系数不显著，说明东部地区知识资本对物质资本的调节作用有限。这说明相对于人力资本和结构资本，东部地区的结构资本未能充分发挥调节作用，溢出效果不明显。

表4-7 东部地区知识资本对物质资本影响经济发展的调节作用

模型	物资资本		知识资本		交互项		Adj. R^2	F
M1	lnMC	0.999*** 46.676	—	—	—	—	0.954	267.044***
M2	lnMC	0.872*** 56.007	lnHC	0.512*** 14.492	—	—	0.983	669.95***
M3	lnMC	0.965*** 22.832	lnHC	0.894*** 7.194	lnHC* lnMC	0.116*** 3.856	0.986	786.061***
M4	lnMC	0.724*** 29.502	lnRC	0.393*** 13.480	—	—	0.981	627.152***
M5	lnMC	0.808*** 26.486	lnRC	0.803*** 7.883	lnRC* lnMC	0.100*** 4.179	0.984	659.178***
M6	lnMC	0.903*** 61.259	lnSC	0.344*** 14.168	—	—	0.982	658.099***
M7	lnMC	0.995*** 26.741	lnSC	0.771*** 4.796	lnSC* lnMC	0.106*** 2.685	0.983	639.134***
M8	lnMC	0.814*** 48.116	lnIC	0.425*** 15.776	—	—	0.985	763.047***
M9	lnMC	0.965*** 22.832	lnIC	0.894*** 7.194	lnIC* lnMC	0.116*** 3.856	0.986	786.061***

注：*表示 $p<0.05$，**表示 $p<0.01$，***表示 $p<0.001$，括号内数值表示对应系数t值。
资料来源：EViews计算结果输出。

其次，对中部地区的样本进行分析（见表4-8）。当对中部地区8个省份的省级面板数据进行回归分析时，各回归模型均具有显著的统计学意义，其结果与全国样本和东部地区有所差别。从表4-8可以看出，模型3（式4-3）将人力资本作为调节变量时，交互项系数不显著，中部地区人力资本对物质资本的调节作用不明显；模型5（式4-5）将关系资本作为调节变量时，交互项系数不显著，说明中部地区关系资本对物质资本的调节作用有限。模型9（式4-9）将知识资本整体作为调节变量时，交互项系数不显著，说明中部地区知识资本整体对物质资本的调节不强，其经济发展主要由物质资本驱动。

表4-8　　中部地区知识资本对物质资本影响经济发展的调节作用

模型	物资资本		知识资本		交互项		Adj. R^2	F
M1	lnMC	0.677*** 12.004	—	—	—	—	0.868	85.713***
M2	lnMC	0.636*** 9.429	lnHC	0.251 1.095	—	—	0.869	76.62***
M3	lnMC	0.699*** 3.234	lnHC	0.612 0.511	lnHC* lnMC	0.088 0.308	0.867	68.313***
M4	lnMC	0.458*** 8.831	lnRC	0.540*** 7.667	—	—	0.921	135.184***
M5	lnMC	0.680*** 6.015	lnRC	1.708*** 3.190	lnRC* lnMC	0.279** 2.199	0.925	127.853***
M6	lnMC	0.514*** 8.279	lnSC	0.576*** 4.512	—	—	0.893	96.112***
M7	lnMC	0.624*** 3.925	lnSC	1.120 1.520	lnSC* lnMC	0.135 0.750	0.892	86.221***
M8	lnMC	0.456*** 7.676	lnIC	0.755*** 6.040	—	—	0.907	112.25***
M9	lnMC	0.823*** 3.677	lnIC	1.997*** 2.689	lnIC* lnMC	0.296* 1.696	0.909	103.676***

注：*表示 $p<0.05$，**表示 $p<0.01$，***表示 $p<0.001$，括号内数值表示对应系数t值。
资料来源：EViews计算结果输出。

最后，对西部地区的样本进行分析（见表4-9）。当对西部地区11个省份的省级面板数据进行回归分析时，由表4-9可以看出，各回归模型均具有显著的统计学意义。在模型7（式4-7）中，结构资本作为调节变量时，交互项系数不显著，西部地区结构资本对物质资本的调节作用不明显。其他模型结果表明，西部地区的人力资本、关系资本和知识资本整体对物质资本的调节效应比较明显。对上述实证结果整理如表4-9所示。

表 4-9 西部地区知识资本对物质资本影响经济发展的调节作用

模型	物资资本		知识资本		交互项		Adj. R^2	F
M1	lnMC	1.017*** 51.160	—	—	—	—	0.955	274.271***
M2	lnMC	0.927*** 45.205	lnHC	0.814*** 7.396	—	—	0.968	356.716***
M3	lnMC	0.919*** 17.422	lnHC	0.754** 1.954	lnHC* lnMC	0.015 0.161	0.967	328.969***
M4	lnMC	0.742*** 23.330	lnRC	0.584*** 9.825	—	—	0.974	440.860***
M5	lnMC	0.753*** 22.152	lnRC	0.738*** 4.103	lnRC* lnMC	0.039 0.908	0.974	409.070***
M6	lnMC	0.906*** 39.950	lnSC	0.514*** 7.235	—	—	0.967	353.447***
M7	lnMC	0.911*** 20.222	lnSC	0.547** 2.154	lnSC* lnMC	0.009 0.137	0.967	325.937***
M8	lnMC	0.827*** 33.736	lnIC	0.771*** 9.757	—	—	0.973	434.064***
M9	lnMC	0.927*** 14.431	lnIC	1.204*** 4.467	lnIC* lnMC	0.107* 1.679	0.974	408.726***

注：* 表示 $p<0.05$，** 表示 $p<0.01$，*** 表示 $p<0.001$，括号内数值表示对应系数 t 值。
资料来源：EViews 计算结果输出。

从表 4-10 中可以看出，在中国东部、中部、西部三个地区，知识资本及其各个维度与物质资本的调节效应在不同地区有所差别。其中，西部地区的调节效应最好，人力资本和关系资本对物质资本的调节效应都十分显著；同时，知识资本整体与物质资本也存在显著的调节作用，主要是因为西部地区物质资本与知识资本都相对匮乏，知识资本溢出效应较强，具有较强的边际生产效率，即便是少量的知识资本积累也能发挥较强的调节作用。

表 4-10 知识资本与物质资本的调节效应检验结果

变量	东部	中部	西部	整体
人力资本	显著	不显著	显著	显著
关系资本	显著	不显著	显著	显著

续表

变量	东部	中部	西部	整体
结构资本	不显著	显著	不显著	显著
知识资本	不显著	不显著	显著	显著

资料来源：根据回归结果汇总编制。

中部地区知识资本对于经济发展的促进作用并不显著，主要表现在人力资本和关系资本的调节效应较弱。主要原因是中部地区已经处于转型升级的关键时期，快速增长的物质资本与缓慢积累的知识资本成为经济发展的主要矛盾，主要表现在人力资本和关系资本积累缓慢，人力资本溢出未能转化为当地的驱动要素，关系资本疲弱，市场化程度仍需加强。结构资本调节效应显著则表明，历史形成的技术、制度和文化方面的积累发挥了积极作用。

东部地区的物质资本存量与知识资本水平都处于领先地位，但是关系资本与知识资本整体与物质资本的调节作用不明显，主要表现在结构性资本的影响不显著。这反映东部地区知识资本内部结构出现了不匹配，表现在技术产出未完全转化为生产力、供给侧制度改革滞后等方面，限制了知识的溢出效应，制约了调节作用。另外，东部地区强大的人力资本和关系资本，是驱动其经济持续增长的发动机。

图4－2显示了东部、中部、西部的物质资本、知识资本的平均水平（均为标准化后的数据）。从图4－2中可以看出，在物质资本与知识资本及其各个测度上，都呈现出东高西低的态势，从高到低依次是东部、中部、西部。其中，东部在物质资本、知识资本与关系资本上的优势更加明显。

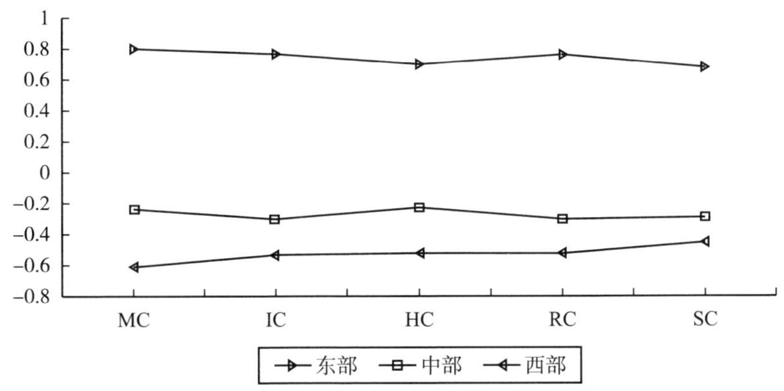

图4－2　各地区物质资本与知识资本平均发展水平

资料来源：根据数据计算结果汇制。

区域知识资本与物质资本调节效应程度的差异形成的主要原因如下。(1) 中国东部、中部、西部各地区自身经济发展存在差异，东部地区经济发展程度高于中部、西部，物质资本遥遥领先，知识资本也处于领先地位。东部地区经济的多年高增长使得物质资本投资总量扩大，知识资本中的人力资本与结构资本的发展水平虽然很高，但依然滞后于物质资本发展的水平，导致调节效应不明显。在关系资本方面，由于东部地区地理位置优越，贸易尤其是对外贸易的发展优势十分突出，互联网的普及率高和信息通信技术发达，交通便利，高铁、航空行业发展迅速，内外部关系资本发展水平较高，远远领先于中部、西部水平，从而与物质资本达到协同的发展水平。(2) 中部的经济发展水平、物质资本存量、知识资本都处于东部、西部之间，知识资本与物质资本存量之间发展程度较为匹配，因此有较好的调节作用。(3) 西部地区物质资本存量、知识资本与东部、中部相比较低，人力资本、结构资本发展水平与物质资本相近，因此有一定的调节效应。西部的关系资本发展水平略高于人力资本以及结构资本，然而物质资本存量过低不足以产生调节作用。

4.5 本章小结

本章基于知识资本测度指标体系对区域知识资本进行了测算，并构建了知识资本与物质资本的协整检验模型，采用层级回归方法对全国范围内以及东部、中部、西部的知识资本与物质资本的调节效应进行了检验。结果表明，中国知识资本总体上与物质资本存在着协整关系，在各个维度中，人力资本与物质资本的调节效应显著，关系资本、结构资本与物质资本调节效应不显著。东部、中部、西部的知识资本总体上与物质资本的调节效应都是显著的，但各个维度与物质资本的调节效应有所差别。该结论对于改进要素投资方式、优化要素配置具有一定的指导意义。

从全国范围内来看，在知识资本的三个测度中，人力资本与物质资本和关系资本的调节作用最为明显，结构资本发挥的作用不足，难以与物质资本形成良好的匹配作用，成为制约经济发展的短板。因此，应当重点加大结构资本的投资，加强制度创新，使之与物质资本发展水平相匹配，发挥两者之间的交互作用。

东部地区需要及时调整投资结构，将投资的重心转移到结构资本上来，使之与物质资本的发展水平相匹配，从而发挥两者之间的交互效应；同时，注重知识资本内部结构优化，提升知识资本整体对物质资本的调节作用，以创新引领发展。对于物质资本投资，可将资金引入到可持续发展的知识密集型行业上来，从而引发对人力资本以及技术结构资本的需求，抑或将过剩的投资转移到物质资本相对匮乏的西部地区。

中部、西部地区需要加强物质资本与人力资本的投资，同时保证两种资本投资结构的合理性。尤其是西部地区，物质资本投资的需求十分迫切，物质资本是西部地区经济发展最强的动力因素。因此，对西部地区来讲，应优先加大西部地区物质资本积累，发挥物质资本对经济发展的促进作用；政府应该加大对西部地区的物质支持，给予政策优惠以吸引物质资本。

第5章　物质资本与知识资本对经济发展影响的协同度分析

第4章研究了物质资本、知识资本及其交互作用对经济发展的影响。从经济运行的实践来看，经济的发展不仅仅是现有的物质资本和知识资本等投入要素的简单积累与叠加，还取决于投入要素之间相互关联、相互作用的过程，以及经济发展与投入要素之间的相互反馈作用。本章以经济投入和经济发展系统为研究对象，结合新经济增长理论、发展经济学、人口资源环境经济学等相关理论，建立了物质资本—知识资本—经济发展的三系统耦合模型，对物质资本—知识资本—经济发展三系统的耦合度进行了测度，动态分析了物质资本—知识资本—经济发展三系统的协同关系。

5.1　经济系统的构成

一个复杂的系统需用多个变量来表示其状态，这些变量称为状态变量。在处理多个变量描述的经济系统时，可采用合理的方法消去一些变量、合并一些同类变量，仅讨论少数序参量的演化过程，就能完全确定系统的演化规律，这也意味着系统维数的降低。因此，本章首先确立经济系统的组成以及表征系统状态的状态变量；然后对其进行数学处理，以确定经济系统的序参量。

经济系统为一个开放的系统，其内部因素存在着各种外在和内在的关系，为研究这种关系，首先要划定研究边界，即确定研究对象，并对研究对象进行分析。

5.1.1　研究对象

从经济学的发展来看，生产要素涵盖了土地、劳动力、固定资产（包括机械、房屋、工具和其他能够用于生产的物品等）、自然资源、企业家精神（包括冒险精神、创新能力、组织能力等）五类资源。随着经济结构转变和科学技术的进步，在不同发展阶段，生产要素的作用不同。为此，基于中国经济发展的实际提出五个理论假设。

假设5-1：土地已经不是制约现阶段经济发展的关键因素。

假设5-2：固定资产是影响经济发展的传统关键因素，是驱动经济发展的核心物质资本。

假设5-3：知识资本是现代经济发展的重要因素，由人力资本、关系资本、结构资本三个要素构成。

假设5-4：物质资本子系统和知识资本子系统构成经济投入系统的两个子系统，两个子系统内的序参量控制、促进着经济投入系统“自组织”的形成与推进过程，保证经济协同发展目标的最终实现。

假设5-5：经济发展结构构成经济子系统，与物质资本子系统和知识资本子系统相互作用、持续发展，三者形成协同演化的大系统。

5.1.2　序参量的选取

1. 物质资本子系统的序参量

在古典主义经济学时代，李嘉图（Ricardo，1891）和马尔萨斯（Malthus，1872）认为土地是最重要的物质性资本。工业革命后，固定投资的作用迅猛上升，哈罗德（1939）和多马（1946）的经济增长模型的核心是固定资产的积累。与传统经济学定义一致，本章将物质资本定义为固定资产投入。周（Chow，1993）、周和李（Chow and Li，2002）估算了物质性生产要素积累和全要素生产率对经济增长的贡献，发现从1952年到20世纪90年代末，物质性要素积累对经济增长贡献占主导地位，尤其是固定资产积累在经济增长中起主要作用。林和杜（Lin and Du，2014）利用非参数方法将环境和外部性因素引入生产函数，研究发现，全要素生产率促进了中国1998～2012年的经济增长，而物质资本积累仍是最重要的驱动力。

因此，物质资本是能够满足再生产需要的有形资源，如机器设备、厂房建筑、交通运输设施等。物质资本作为经济增长和社会发展的物质基础和条件，具体体现在以下三个方面。

第一，其他资本的形成要借助于物质资本的积累来实现。无论是人力资本还是关系资本或结构资本，都要依靠一定量的物质资本的积累来形成，而后这些非物质资本的经济投入要素才能发挥相应的作用。

第二，其他资本虽然不是全部但相当大部分要以物质资本为附着物。其他资本形态在物质资本的累积过程中形成，并且依附于物质资本之中，有的以物质资本为媒介，有的则以物质资本为实践对象。

第三，其他资本必须与物质资本相配合才能发挥作用。

因此，无论是在早期的工业经济时代，还是在当前的知识经济时代，物质资本都是经济系统中重要的控制参量。根据假设 5 - 1 和假设 5 - 2，本书将固定资产投入作为物质资本子系统的序参量。

2. 知识资本子系统的序参量

自索洛（1956）和丹尼森（1962）以后，经济学领域开始关注隐含在物质资本中的非物质性因素。除了对人力资本的关注（Schultz，1961；Becker，1964）外，新增长经济学将技术变革视为一种内生过程，强调知识—教育（Romer，1987，1990）、研发投资（Lucas，1988）作为经济增长的主要驱动力的作用，并通过 R&D 溢出效应来提高规模收益。此后，组织和制度因素（Barro et al.，1998）、社会网络（Ishised and Sawada，2009；Fritsch，2002；Czarnitzki et al.，2008；Ang，2009）、国内和全球市场（Abramovitz，1994）、技术结构（Lall，1992）也被纳入生产函数。博伦斯泰因和奥斯特里（Borensztein and Ostry，1996）、胡和可汗（Hu and Khan，1997）、吴（Wu，2003）、李和洪（Lee and Hong，2012）的研究同样发现，中国 1978 年后的经济增长中全要素生产率的贡献度迅速提升。此外一系列研究文献试图从财政分权和公共支出（Zhang and Zou，1998）、教育和开放（Chen and Feng，2000）、外国直接投资（Chen and Fleisher，1996；Berthélemy and Demurger，2000；Buckley et al.，2002；Lee and Chang，2009）、结构性变化（Fan et al.，2003）、法律制度（Allen et al.，2005）、金融发展（Liang and Teng，2006；Guariglia and Poncet，2008）、知识溢出（Kuo and Yang，2008），制度发展（Hasan et al.，2009）等方面对经济增长进行解释，但缺乏一个完整的研究框架。

知识资本是一个区域创造财富和无形资产的能力（Cabrita et al.，2015；

Marcin，2013；Nitkiewicz et al.，2014），是创造就业机会和经济质量的关键因素（Užienė，2014），是国家或区域竞争力和生产力的重要来源（世界银行，2013；Užienė，2014）。众多研究显示，知识资本积累与区域增长（Lerro and Schiuma，2009；Užienė，2015）和国家发展（Lin and Edvinsson，2012；Ståhle，2015；Mihăilă，2015）的绩效显著相关。知识资本促进增长的内在机理主要体现在技术溢出理论。对外直接投资和国家贸易是技术溢出的重要渠道。研究表明，外国直接投资为东道国引入了新技术，通过技术转让可以获得新技术，国际贸易也通过进出口中间产品实现知识的外溢（Gylfason，1999；Dalgaard and Hansen，2001）。来自中国的实证研究也支持了上述观点（Harrold，1995，Liu et al.，2002）。受外部环境影响，隐性信息传递的边际成本随距离而递增，研发溢出效应可能受到空间限制，因而区域内部的知识溢出效应对经济增长也具有重要的作用（Artís，2004；Funke and Niebuhr，2005）。研究表明，技术溢出效应取决于该区域的知识吸收机制，包括人力资本的投资、积累和结构（borensztein et al.，1998）、本区域的研发投入和技术结构（Kinoshita，2000）、开放程度和内外联系（Lai et al.，2006），以及制度和文化结构等（Durham，2004）。

如前所述，区域知识资本是一个区域内的人员、企业、政府和其他社会组织蕴藏的资本价值，这些资本价值既体现在一些显而易见的资源上，也蕴藏在一些潜在的资源中。本章以知识资本的H-R-S结构为基础，将人力资本、关系资本、结构资本三个指标作为知识资本子系统的三个序参量。

3. 经济发展子系统的序参量

基于总需求理论的经济学说，强调需求是增长的直接驱动力，需求创造产出和收入，进而带来资本积累和技术创新，导致超额的生产效率，而这些最终需求体现在财政支付和私人消费能力上（Kalecki，1945；Robinson，1953；Kaldor，1955）。以哈罗德（1939）和多马（1946）为代表的古典经济增长模型将资本积累视为推动增长的引擎。以索罗（1956）为代表的新古典增长理论进一步认为，经济增长不仅源于资本积累，更是由技术进步决定的。索洛（1956）和斯旺（1955）将技术进步作为外生变量，认为人均资本存量（资本/劳动力）的增长可以有效提升人均产出（产出/劳动成本）。上述理论建立在要素规模收益不变或递减的基础之上，而新增长理论将技术进步作为内生变量，认为知识的溢出促进了要素规模收益递增。罗默（1986）和卢卡斯（1988）认为人力资本的积累是推动经济增长的主要动力。塞格斯特罗姆（1991）、格罗斯曼和赫尔普曼（1991）认为，国际贸易和知识的国际流动对经济增长存在着重要影响。以诺思（1981，1990）为代表的制度经济学进一步将制度变量内生化，利用制度变迁和技术进步解释经济的长期增长。

发展经济学增长理论将产业结构升级和城市化作为发展中国家经济增长的内核（Chenery et al.，1989）。产业结构升级的本质是技术创新推动主导产业从低级向高级依次更替（Rostow，1962），是生产要素向更高生产率的部门流动而带来的"结构红利"（Peneder，2002）。与此同时，社会投资结构调整和产业部门分化加剧（Kuznets，1955），导致收入差距扩大、消费结构改变和区域不均衡发展（Kuznets，1971），乃至对经济系统产生冲击，造成剧烈波动（Baumol，1967）。城市化水平与人均 GDP 水平高度相关（Chenery and Taylor，1968），经济增长促进非农业部门膨胀和城市人口的增长（Henderson，2003），形成集中的劳动力市场，产生复杂的社会网络，加剧知识溢出和创新，推动集聚效应和生产力增长（Romer，1986；Fujita and Thisse，2003；Martin and Ottaviano，2001；Rosenthal and Strange，2004）。诸多发展中国家的实践表明，产业结构升级和城市化过程与经济增长实现了良性互动（Pugh，1995；Hope，1998；Njoh，2003；Chang and Brada，2006；Friedmann，2006），但也带来了贫困和社会不平等（Castells et al.，2015；Oyvat，2016；Sekkat，2017）、资源过度消耗（Al-mulali et al.，2012；Martínez et al.，2011；Wang and Zhang，2012）和生态环境破坏（Makido et al.，2012，Mohajeri et al.，2015）等诸多挑战。

在过去的几十年里，经济增长对资源环境的破坏日益严峻，许多理论和实证研究都认为，经济增长与能源消耗强度、二氧化碳排放、废水排放、工业烟尘排放等各种非期望产出呈现倒"U"型联系（Soytas et al.，2006；Jalil and Mahmud，2009；Acaravci，2013；Nasir and Rehman，2011；Halkos and Tzeremes，2013；Apergis and Ozturk，2015），即存在环境库兹涅茨曲线（Halkos and Tzeremes，2013）。进一步的研究揭示，这个过程可能来自三种机制：规模效应——规模扩张导致的资源环境破坏（Bruyn，1997；Grossman and Krueger，1995）；组成效应——产业结构升级降低资源环境的消耗（Rezek and Rogers，2008）；以及技术或生产力效应——更多的节能降耗、治理污染投入（Komen，Gerking and Folmer，1997）。另外，大量文献显示，制度规制在此过程中发挥着重要的作用（Bhattarai and Hammig，2004；Eriksson and Persson，2003；Carlsson and Lundstrom，2003；Halkos and Tzeremes，2014；Abid，2016）。

经济学一般将经济增长视为数量的增加，而经济发展除了数量的增长，也包含质量的提高。经济发展一般从增长水平、增长结构和环境质量三个方面进行衡量。增长水平反映了总量方面的增长，体现了增长的效率；增长结构反映了内在结构方面的优化，体现了人与社会的关系的改善；环境质量则反映了人类活动对自然环境的影响，体现了人与自然的和谐关系。本章将增长水平、增长结构、环境质量三个指标作为经济发展子系统的三个序参量。

（1）增长水平。以索洛为代表的经济增长理论，将资本积累作为增长的引擎，认为经济增长可以带来人均收入增加，进而引致资本深化（资本/劳动力比率），并带来更高的劳动效率（产出/劳动成本比率）和更佳的投资效果（产值增加额/投资金额）。

（2）增长结构。发展经济学增长理论将产业结构升级和城市化作为发展中国家经济增长的内核。产业结构升级实质上是技术创新推动主导产业从低级向高级依次更替，生产要素从第一产业转移到第二三产业而带来的“结构红利”；而城市化则是经济增长促进非农业部门膨胀和农村人口流向城市。总需求理论强调需求是增长的直接驱动力，而这些最终需求体现为财政支付能力和私人消费能力。

（3）环境质量。在过去的几十年里，经济增长对资源环境的破坏日益严峻，能源与环境经济学的相关理论认为，经济增长与能源强度和二氧化碳（CO_2）、废水排放和工业烟尘排放等各种非期望产出之间呈现倒“U”型联系，即存在环境库兹涅茨曲线，因此，经济增长不能以牺牲环境为代价，应统筹经济效益与环境质量之间的关系。

5.1.3　序参量的测度

1. 指标选取

基于前文序参量选取，参考《OECD 绿色增长衡量框架》《UNEP 包容绿色经济衡量框架》《WB 绿色增长政策衡量框架》《GGGI 绿色增长计划评价指标体系》《国家统计局区域发展报告指标体系》《中科院可持续发展指数指标体系》《北师大中国绿色发展指数指标体系》，综合考虑指标的相关性、时间连贯性和数据可获取性，本研究从中选择了一些主要指标（见表 5 - 1）。

表5-1　物质资本、知识资本和经济发展子系统的序参量指标

子系统	二级	指标	单位	属性
物质资本（P）	固定资产（P1）	全社会固定资产投资总额（P11）	亿元	+
知识资本（I）	人力资本（I1）	人力资本投入（I11）	指数	+
		人力资本结构（I12）	指数	+
		人力资本积累（I13）	指数	+
	关系资本（I2）	外部关系资本（I21）	指数	+
		内部关系资本（I22）	指数	+
	结构资本（I3）	技术结构资本（I31）	指数	+
		制度文化结构资本（I32）	指数	+
经济发展（G）	增长水平（G1）	人均GDP=GDP总量/人口总量（G11）	亿/万人	+
		劳动生产率=GDP总量/就业人数（G12）	%	+
		投资效果系数=GDP增加额/上年固定资产投资总额（G13）	%	+
	增长结构（G2）	产业结构优化=(第三产业增加值+第二产业增加值)/第一产业增加值（G21）	%	+
		城镇化率=城镇人口/年末常住人口（G22）	%	+
		地方财政力量=财政收入/GDP总量（G23）	%	+
		最终消费率=最终消费/生产总值（G24）	%	+
	环境保护（G3）	单位产出能源消耗量（G31）	标煤吨/万元	-
		GDP污染治理投资占比（G32）	%	+
		单位产值废水排放量（G33）	吨/万元	-
		单位产值工业烟尘排放量（G34）	吨/万元	-
		单位产值温室气体排放量（G35）	吨/万元	-

资料来源：笔者自制。

2. 数据来源

研究时序为2004~2016年，涵盖了我国31个省份（不含香港、澳门和台湾地区）13年的面板数据。根据国家发改委划分标准，将研究对象划分为东部、中部和西部三个地区。数据主要源自历年《中国统计年鉴》《中国区域统计年鉴》《中国科技统计年鉴》《中国教育统计年鉴》《中国城市统计年鉴》

《中国工业统计年鉴》《中国人口统计年鉴》《中国能源统计年鉴》《中国环境统计年鉴》以及Wind数据库等。此外，本书采用线性拟合法对部分缺失数据进行处理。

3. 序参量的数值的计量方法

在三个子系统内部，同样先对原始数据进行无量纲化处理。由于大部分指标差距较小，我们采用了组间极值法进行无量纲化，得到各指标的序参量 $u_{i,j}$，计算方法见式（5-1），i表示区域，j表示指标代码，A_{ij}表示极大值，B_{ij}表示极小值。

$$u_{ij} = \begin{cases} (X_{ij} - B_{ij})/(A_{ij} - B_{ij}), & u_{ij}\text{具有正功效} \\ (A_{ij} - X_{ij})/(A_{ij} - B_{ij}), & u_{ij}\text{具有负功效} \end{cases} \tag{5-1}$$

之后利用熵权法计算各指标的权重 ω_{ij}，计算方法见式（5-2）。矩阵 Y_{ij} 是初始数据矩阵 X_{ij} 的标准化，i表示区域，j表示指标代码，m和n分别是区域和指标的总数。在信息论中，熵反映信息的无序程度，信息熵越大，意味着指数的变异程度和对系统的贡献越小，为决策者提供的信息越少。

$$\omega_{ij} = \frac{1 + (1/\ln m)\sum_{i=1}^{m}(Y_{ij}/\sum_{i=1}^{m}Y_{ij})\ln(Y_{ij}/\sum_{i=1}^{m}Y_{ij})}{\sum_{i=j}^{n}[1 + (1/\ln m)]\sum_{i=1}^{m}(Y_{ij}/\sum_{i=1}^{m}Y_{ij})\ln(Y_{ij}/\sum_{i=1}^{m}Y_{ij})} \tag{5-2}$$

5.2 物质资本与知识资本在经济发展中的协同效应

协同是系统内各个子系统或要素在发展、演化过程中彼此和谐一致的表现。在现实经济系统中，无论是知识资本的累积还是物质资本的累积都是经济系统运行的动力，也是经济系统运行的结果。知识资本与物质资本之间的协同作用主要通过两种途径实现：一是知识资本与物质资本作为经济发展的投入要素，在实现经济目标的过程中相互渗透、彼此影响；二是在经济目标调整过程中，经济系统对知识资本与物质资本进行自组织调整，使二者密切配合、目标一致。其中，前者属于协同实现目标，后者属于目标拉动协同。

5.2.1 不同资本投入在经济发展中的重要性的演变

在不同的时代，土地、物质资本、知识资本等经济投入要素在经济发展中的作用是不同的。基于阿罗（1962）提出的“干中学”思想和辩证法唯物主义的认识论，本书认为知识资本是在物质资本充裕到一定程度后，才从物质资本中分化出来的资本形态。土地作为资本只是完成资本主义早期资本原始积累的“历史使命”，随后在经济发展中更多地扮演着自然资源的角色，而不再是作为简单的投入要素，取而代之的是知识资本（见图5-1）。尽管各种投入要素在经济发展中的重要性有所不同，但是每一种投入要素都不能偏离“合理的区间”太远，否则该要素将成为该地区经济发展的稀缺资源，成为地区经济发展的关键制约因素。

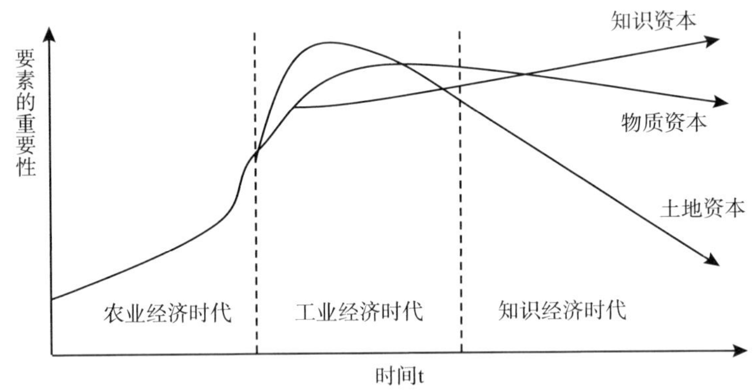

图5-1 不同种类资本的演变示意

资料来源：笔者自绘。

5.2.2 不同资本在经济发展中的协同效应

1. 协同实现目标

经济系统是由不同属性的子系统相互关联、相互作用、相互渗透而构成的，其最大的特点就是复合性，表现为子系统众多，且各具有不同属性，子系统之间关联关系复杂。一个子系统的发展滞后到一定程度，便会成为制约经济发展的关键因素；同样，某个子系统的有序发展也会促进其他子系统的有序发展。只有各个子系统发展水平协同一致，才能在有限的条件下，保证系统运行的效率，更好地实现经济系统的目标。物质资本、知识资本和经济发展三个子系统协同实现目标的路径表现如下：

（1）物质资本是知识资本累积和经济发展的前提；

（2）知识资本是提高物质资本利用效率，实现经济发展的关键；

（3）经济发展是物质资本和知识资本的目标和支撑；

（4）三者之间相互作用反馈，推动经济系统螺旋上升式发展。

以上四点表现为经济投入系统内的动态、有序整合，形成协同效应，这种协同效应便成为是否能实现整个经济系统目标的重要影响因素。

2. 目标拉动协同

投入要素系统与经济发展之间具有循环互动关系。经济越发达，物质资本存量一般越高，知识资本发展的速度越快、质量也越高，结构也不断优化；伴随物质资本存量的增加以及知识资本质量的提高，经济发展进一步提升，形成一条增强回路，可以称之为投入要素系统与经济发展的正反馈。其目标拉动协同的路径表现如下：

（1）经济发展促进了物质资本、知识资本的发展以及其协同发展的程度。

（2）经济发展的不同阶段对物质资本、知识资本需求结构有所不同。

（3）经济发展为物质资本、知识资本水平的提高提供物质基础。

5.3 物质资本、知识资本和经济发展的耦合模型

5.3.1 模型理论基础

1. 耦合

耦合（coupling）是指两个或两个以上的系统或运动方式之间通过各种相互作用而彼此影响以至联合起来的现象，是各子系统间相互依赖、相互协同、相互促进的动态关联关系。例如，两个单摆之间连一根弹簧，它们的震动就彼此起伏，相互影响，这种相互作用被称为单摆耦合。推而广之，在社会科学领域中，也可以把两种社会现象通过一定条件有机结合起来发挥作用称为耦合。

耦合度是组成系统的要素之间在发展过程中彼此和谐一致的程度。在经济发展中，要素投入量存在合理的区间，最理想的状态是投入要素的协同水平与经济要素的投入量均保持最优；而投入要素的协同水平高、经济要素的投入量不足或投入要素的协同水平低、经济要素的投入量过剩都是人们不能接受的。

同时，投入要素的协同水平低、经济要素的投入量不足也是不合理的。本研究认为，构建耦合度模型要满足以下两个原则。

（1）组成系统的投入要素水平要和谐一致。“此低彼高”和“此高彼低”都是不协调的表现，也就是说各要素投入水平相当、趋向一致才是系统协同的一个表现，即系统“耦合”。

（2）兼顾物质资本、知识资本和经济发展的综合水平。耦合在引入社会经济的评价模型后，必须考虑地区经济的实际发展状况才有实用价值。如果不兼顾三者的综合发展水平，那么，各种投入要素水平都为0.2的区域与各种投入要素水平都为0.8的区域计算得到相同的耦合度，显然不符合耦合度评价的目的。

从经济学角度来看，经济系统的发展的变化正是多种要素的不断变化引起的，这些驱动要素包括物质资本、知识资本和经济发展等子系统，只有它们之间相互协同才能产生“力向一处使”的最大“合力”，这个合力便是经济系统的驱动力。从协同学的角度看，耦合作用及其协同程度决定了系统在达到临界区域时走向何种有序与结构，即决定了系统由无序走向有序的趋势。系统由无序走向有序的关键在于系统内部序参量之间的协同作用，其左右着系统变化的特征与规律，耦合度正是对这种协同作用的度量。

2. 物质资本、知识资本和经济发展的耦合模型

本研究将经济系统分为物质资本、知识资本和经济发展三个子系统。某一子系统的发展会对其他子系统产生影响，从而促进经济系统的耦合协调；当某一子系统发育不良时，可能会产生相反的效果。因此，只有各子系统耦合协调，经济系统才能有效运行，才能更好地实现内生发展。三系统耦合表现为：（1）物质资本是知识资本积累和经济发展的基础；（2）知识资本是提高物质资本效率、促进经济发展的关键因素；（3）经济发展是物质资本投资和知识资本积累的目标和支撑；（4）子系统之间的相互作用和反馈促进了经济系统的螺旋发展。

物质资本、知识资本的协同效应对经济发展的影响可以由三者的耦合度来衡量。耦合度由两部分构成：一部分是三系统两两之间的耦合度，另一部分是三者之间的综合耦合度水平。物质资本子系统和知识资本子系统之间的耦合度越高，反映要素投入的协调效果越好；物质资本子系统与经济发展子系统之间的耦合度越高，反映物质资本对经济发展的推动效果及其反馈作用越好；知识资本子系统与经济发展子系统之间的耦合度越高，反映知识资本对经济发展的推动效果及其反馈作用越好；三者之间的耦合度越高，反映要素投入和经济发

展之间的相互关系越好，反之则越差（见图 5 - 2）。

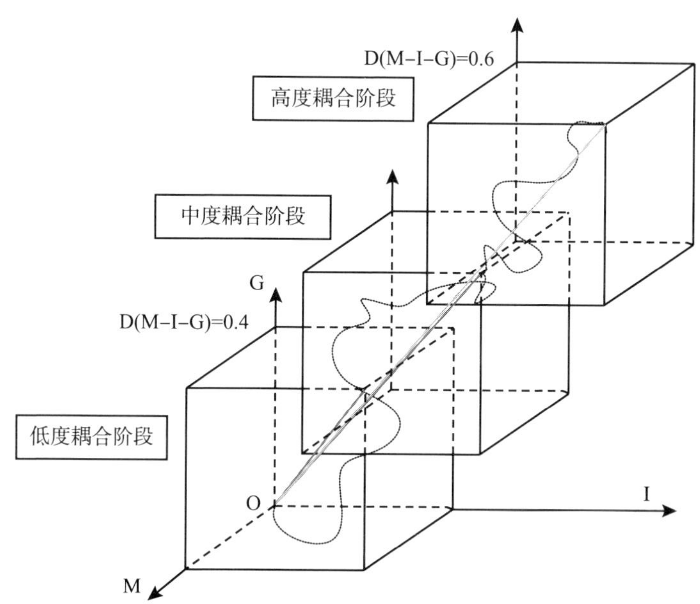

图 5 - 2　物质资本、知识资本和经济发展三子系统的耦合模型

资料来源：笔者自绘。

向量 OM、OI 和 OG 分别代表了物质资本、知识资本和经济发展三个子系统的贡献。MOG、IOG、MOI 三个平面分别代表了物质资本与经济发展、知识资本与经济发展、物质资本与知识资本子系统之间的耦合协调演化空间。显然，两个子系统之间的耦合协调共同决定了三个子系统之间的耦合协调，且越远离 O 点，经济系统的耦合协调越好。耦合协调度共分为三个阶段、九个层次（Yang，Zhang，Jia，Zhang and Wang，2019）（见附录 2 表 3 - 1）。

5.3.2　数学模型

1. 单系统内部耦合模型

我们首先计算各子系统内部耦合度 U，见式（5 - 3）。其中，i 表示区域；j 表示指标代码，反映了系统内部各要素的协同情况。

$$U_{Ij} = \sum_{i=1}^{n} \omega_j \cdot u_{ij}, \ \omega_j \geqslant 0 \text{ 且} \sum_{i=1}^{n} \omega_j = 1 \tag{5-3}$$

2. 两系统耦合模型

借鉴物理学中电容耦合效应和容量耦合系数的概念，建立两系统耦合模型，见式（5-4）。其中，C为两系统耦合度，介于0与1之间。C=1，表示子系统处于完全耦合状态；C=0，则表明子系统处于无关状态。

$$C = 2\sqrt{(U_1U_2)}/(U_1 + U_2) \tag{5-4}$$

由于各子系统在整体功能中的作用有差异，需要根据具体情况对耦合模型进行修正，见式（5-5）。其中，D为修正耦合度，T为子系统综合调和指数，a与b为待定系数。

$$\begin{cases} D = \sqrt{CT} \\ T = aU_1 + bU_2 \\ a + b = 1 \end{cases} \tag{5-5}$$

3. 三系统耦合模型

在两系统协同模型的基础上，构建三系统耦合模型。将三系统的离差系数设定为C_v，则：

$$\begin{cases} C_v = \sqrt{\dfrac{\frac{1}{2}\left[\left(U_1 - \frac{W}{3}\right)^2 + \left(U_2 - \frac{W}{3}\right)^2 + \left(U_3 - \frac{W}{3}\right)^2\right]}{\left(\frac{W}{3}\right)^2}} \\ W = U_1 + U_2 + U_3 \end{cases} \tag{5-6}$$

推导可得三系统耦合函数模型：

$$C = \frac{3(U_1U_2 + U_1U_3 + U_2U_3)}{(U_1 + U_2 + U_3)^2} \tag{5-7}$$

同样，由于各系统的作用差异，需要对耦合模型进行修正，此时将物质资本、知识资本和发展质量同时作为经济系统整体三种驱动因素，引入道格拉斯生产函数调整权重，得到修正后的耦合度D，见式（5-8）。

$$\begin{cases} D = \sqrt{CT} \\ T = U_1^{\alpha} \times U_2^{\beta} \times U_3^{\gamma} \\ \alpha + \beta + \gamma = 1 \end{cases} \tag{5-8}$$

5.3.3 子系统权重修正

在测算系统耦合度过程中，确定各子系统的权重是关键的环节。在经济整体系统里，物质资本、知识资本和经济发展在不同的区域和不同的阶段，明显扮演着不同的角色。从本质上讲，31个省级区域由于发展阶段不同，具体情况不同，应具有不同的权重指数，从国家层面去评价各地区经济的发展，需要谨慎地权衡三者之间的比重。从整体来看，首先，当前中国已处于工业化中后期，在新的技术革命下，知识资本已超越物质资本发挥更重要的作用；其次，经济发展的主要目标已经转向实现"人民对美好生活的向往"，应赋予高质量的经济发展更高的地位；最后，中国正在并仍将长期处于发展中阶段，经济发展的结构优化是一个长期过程，不能以发达国家标准来过高要求增长质量。在此基础上，我们分别用四种比例来评价各子系统权重，并得到相应的结果（见附录3表3-1）。同时，我们利用德尔法方法，邀请11名相关领域专家进行评价，评价结果与第4种方案接近，即三种比重为1：3：2，并计算出相应结果（见附录3表3-2）。

5.4　结果分析

对2004~2016年的31个省级区域物质资本、知识资本和增长质量三系统修正耦合度的计算结果进行分析，得到以下结论。

5.4.1　各省份三系统耦合度呈现纺锤形分布

2004~2016年各省修正后的耦合度平均值呈纺锤形分布，处于低度耦合阶段、中度耦合阶段、高度耦合阶段的省级区域占比平均比例分别为34.2%、50.9%、15.1%，整体上处于中度耦合阶段，局部出现两极分化（见图5-3）。

处于低度耦合阶段的省域呈增加趋势，从2004年初始的32.3%上升至2016年的41.9%的水平。从其内部结构来看，处于中度失调水平、严重失调水平和极度失调水平的省份较为稳定，而处于轻度失调水平的省份呈现扩大趋势，从2004年的19.3%提升至2016年的29%，主要是一些原来属于中度耦合阶段的区域分化所致。处于中度耦合阶段的省域呈现减少的趋势，从2004年的54.8%降至2016年的45%。从其内部结构来看，处于濒临失调阶段的区域比重呈下降趋势，转化为轻度失调，而处于初级协调阶段的区域变化不大。值得注意的是，2008年后处于中度和低度耦合阶段的省份，耦合度突然出现反弹式上升，并在2013年之间形成一个周期，这种现象或许是经济危机后投资刺激影响，而对于处于高度耦合阶段的省份变化不大。

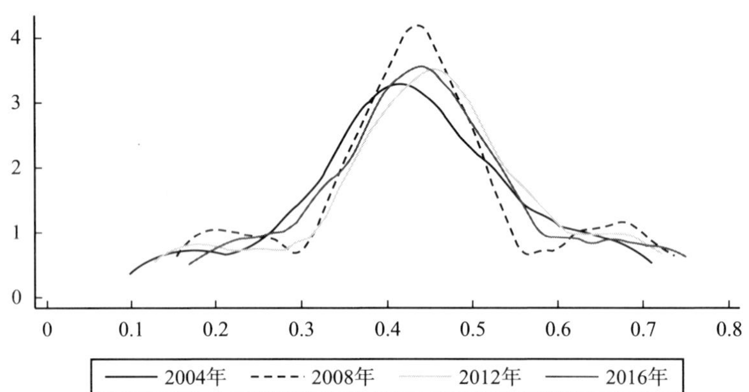

图5-3 物质资本、知识资本和经济发展的耦合度分布核密度曲线

资料来源：根据数据计算结果绘制。

5.4.2 各区域三系统整体耦合度呈阶梯形空间分布

从省级区域物质资本—知识资本—经济发展三个子系统整体耦合水平来看，与其经济社会发展水平对应，三个区域耦合度分别为0.56、0.46、0.35，平均为0.44，大致呈现自东向西递减的阶梯状分布（见图5-4）。

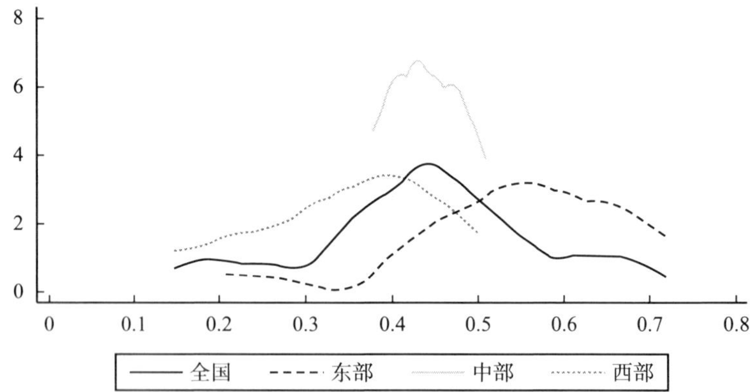

图5-4 东部、中部、西部三地区耦合度平均值分布核密度曲线

资料来源：根据数据计算结果绘制。

从各区域来看（见图 5-5），在西部区域经济板块中，四川、陕西、重庆、内蒙古、云南、新疆 6 个省份处于中度耦合阶段，其中四川处于初步协调水平，陕西、重庆耦合度稍高，其他省份都处于濒临失调阶段的边缘位置。另外，广西、甘肃、贵州、宁夏、青海、西藏 6 个省份都一直处于低度耦合阶段，其中青海、西藏等边远省份，由于自然条件恶劣和经济基础薄弱，一直处于严重失调和极度失调的水平。

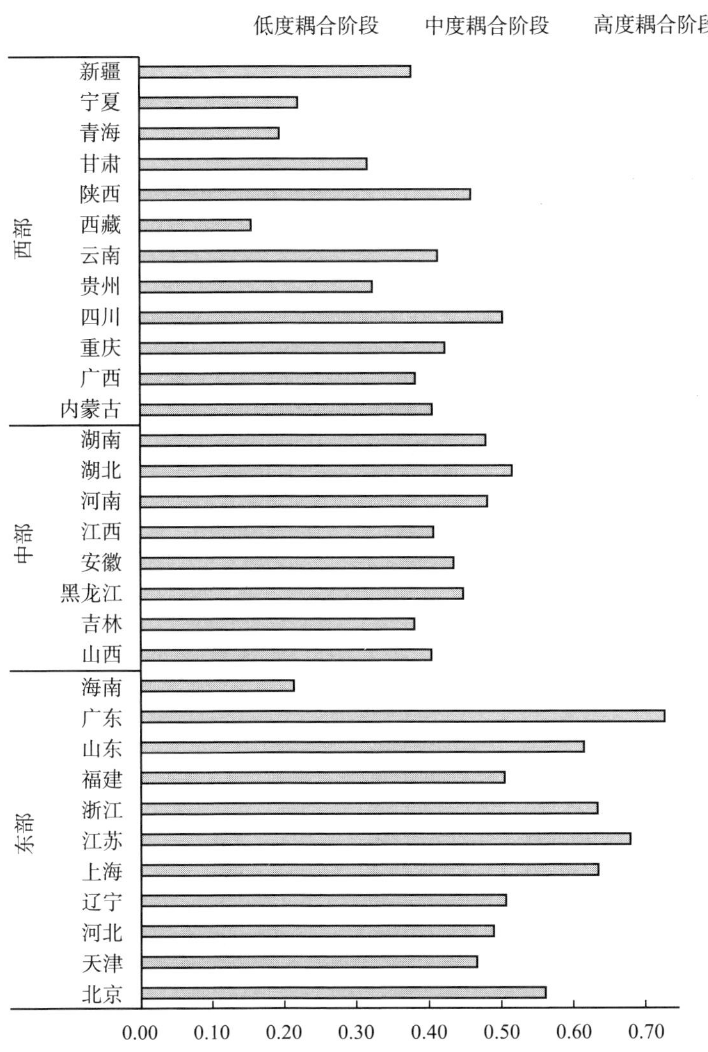

图 5-5　2004~2016 年东部、中部、西部各省份三系统耦合度平均值分布

资料来源：笔者根据数据计算结果绘制。

在东部区域经济板块中，一直处于高度耦合阶段的包括广东、江苏、山东、浙江四个省份，经常处于高度耦合阶段为上海，另外北京、辽宁、福建、河北、天津5个省份平均值都处于中度耦合阶段中等偏上的位置，而建省最晚、基础较弱、体量较小的海南省耦合度平均值只有0.26，处于严重失调水平的边缘。

在中部区域经济板块中，8个省份的耦合度的分布较为均匀且差距不大，都处于中度耦合阶段，其中湖北平均值处于初步协调水平，其他各省平均值均处于濒临失调水平。

5.4.3 东部、中部、西部系统耦合结构存在显著差异

从耦合效应结构来看，东部、中部、西部地区三个子系统内部耦合结构差异较大（见图5-6）。

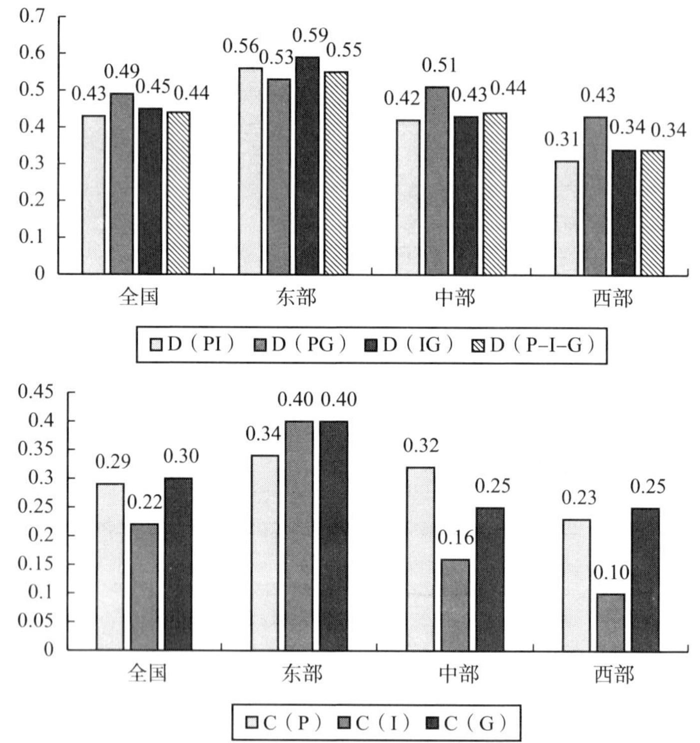

图5-6 三系统耦合度内部结构分析

资料来源：根据数据计算结果绘制。

中部地区三个子系统内部耦合度分别为0.33、0.16、0.25，这说明中部地区物质资本子系统内部各要素耦合水平已经接近东部地区，但仍存在结构性问题；知识资本子系统内部耦合度远低于物质资本，处于严重失调水平；经济发展子系统内部耦合度处于轻度失调水平，增长质量有待改进。物质资本子系统与知识资本子系统耦合度为0.43，知识资本子系统与经济发展子系统耦合度高达0.43，两者均处于中度协调阶段的较低水平，而物资资本子系统与经济发展子系统耦合度为0.52，达到中度协调阶段的较高水平，这说明中部地区正处于工业化中期的转型的关键阶段，经济发展驱动力仍然以物质资本为主，知识资本发挥的作用日益明显，但依然较弱。

西部地区三个子系统内部耦合度分别为0.24、0.1、0.25，这说明西部地区物质资本和经济发展子系统都处于中度失调水平，知识资本子系统处于极度失调水平的边缘。物质资本子系统与知识资本子系统耦合度为0.31，知识资本子系统与经济发展子系统耦合度0.35，两者均处于低度协调阶段的轻度失调的协调水平，耦合效应较差，而物质资本子系统与经济发展子系统耦合度为0.44，达到中度协调阶段的濒临失调的耦合水平，这说明西部地区仍然处于工业化的前期，物质资本积累不足，内部结构不合理，知识资本积累效果较差，经济发展尚处于较低水平。

5.4.4　少数发达省份稳定处于高度耦合阶段

少数发达省份的系统整体耦合度一直处于高度协调的耦合阶段，其中广东、江苏两省一直领先处于良好协调水平，浙江、山东紧跟其后一直处于中度耦合水平，上海绝大部年份处于高度协调耦合阶段，但整体呈持续下降趋势。这与2009~2016年《中国省域竞争力蓝皮书》中对各省份经济综合竞争力的测算结果比较接近，从侧面也体现了耦合度测度结果的可靠性。

相对于全国平均水平，这五个省份的共同特点是具有强大的知识资本，知识资本子系统内部具有较高的协调效应，物质资本子系统与知识资本子系统耦合效应显著，知识资本与经济发展子系统耦合效应显著。这说明知识资本在这些省份经济生态系统中发挥着重要的作用，与物质资本实现协同增长，并推动实现高质量的增长，实现了稳定可持续性发展。这五个省份各自又形成独具特色的发展模式。将各省份2016年的截面数据进行标准化处理后，可以得到五省份的物质资本结构、知识资本结构和经济发展三个维度的结构图（见图5-7）。山东和江苏固定资产投入驱动作用突出，反映了资本密集型的产业布局和重化工业发达的特征；而广东和浙江两省的固定资产投入相对均衡（见图5－7a），说明工业结构相对平衡。上海已摆脱对传统物质资本的依赖，反映上海已经完成了后工业社会的转型，这与其高端制造业和高新技术服务业的产业定位契合。

从知识资本内部结构来看（见图5－7b），广东省除了在人力资源结构和技术结构资本方面相对偏弱外，其他方面都处于绝对领先的水平，反映了其新经济起飞阶段的特点。江苏、浙江、山东三省内部关系资本和制度文化结构资本最强，反映其良好市场经济环境和经济发展活力，但江苏人力资本积累相对较慢，浙江人力资本投入和人力资本积累方面明显偏低，三省的外部关系资本都明显低于内部关系资本，说明对外开放仍有巨大潜力。上海的人力资本积累水平最高，显示其巨大的人才吸引力，强大的对外关系资本反映了其外向经济的特征。另外，五省份的人力资本结构和技术资本结构差异不大，只有山东的技术资本结构偏低。五省份的知识资本系统内部协同效应都远高于全国平均水平，其中广东高达0.81，实现了优质协调；而山东为0.45，尚有较大改善空间。

从经济发展来看，五省份的经济发展水平、经济发展结构和环境质量总体都处于较高水平。从经济发展水平来看（见图5－7c），广东的投资回报较高，但人均GDP和劳动生产率偏低，体现了劳动密集型主导产业升级的压力。江苏和浙江的人均GDP和劳动生产率较高，但投资回报偏低，说明传统资本密集产业主导的产业转型势在必行。从经济发展结构来看（见图5－7d），五省份产业结构和城市化指标都在分布在75分位以上，具有稳健的增长基础。地方财政收入比例方面，江苏和山东远低于全国平均水平，或将影响社会基础设施和公共服务的供给，影响经济长期增长。最终消费率方面，浙江和山东远低于全国平均水平，说明经济发展仍然依赖于贸易和投资等外因驱动，内生性增长动力不足。上海的经济发展水平和经济结构各项指标都遥遥领先，说明其已经实现产业结构的升级转型，经济发展达到相当高的水平。从环境质量来看（见图5－7e），五省份不同程度面临着较大的能源环境压力，形势不容乐观。五省份在工业烟尘排放和单位GDP碳排放的指标上位居前列，反映了近年来环境治理的成果。但在单位产出能耗上，全部低于全国平均水平。山东省除了工业污染投资，所有指标都只达到中位数，上海的单位产出能耗、污染治理投入占比和单位产值废水排放三项指标都垫底。

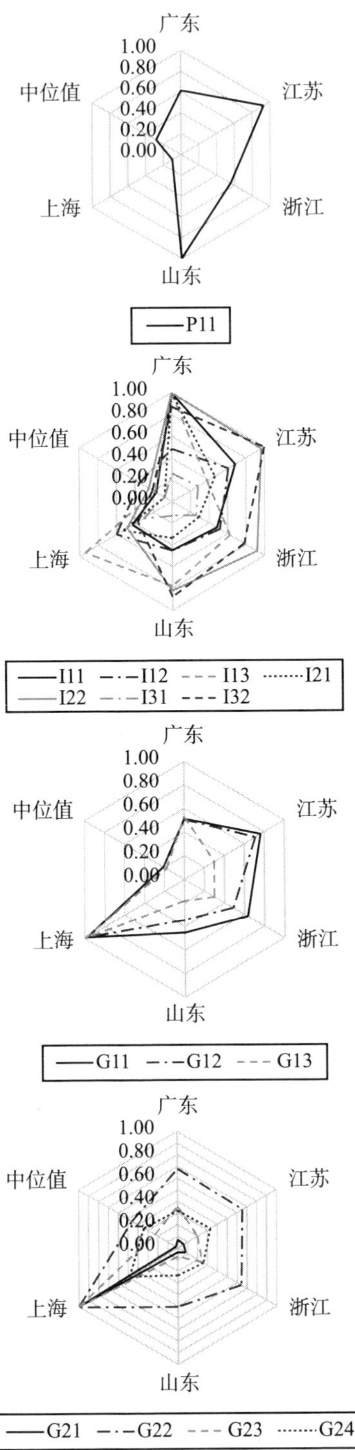
广东
江苏
浙江
山东
上海
中位值
1.00
0.80
0.60
0.40
0.20
0.00
P11
广东
江苏
浙江
山东
上海
中位值
I11
I12
I13
I21
I22
I31
I32
广东
江苏
浙江
山东
上海
中位值
G11
G12
G13
广东
江苏
浙江
山东
上海
中位值
G21
G22
G23
G24

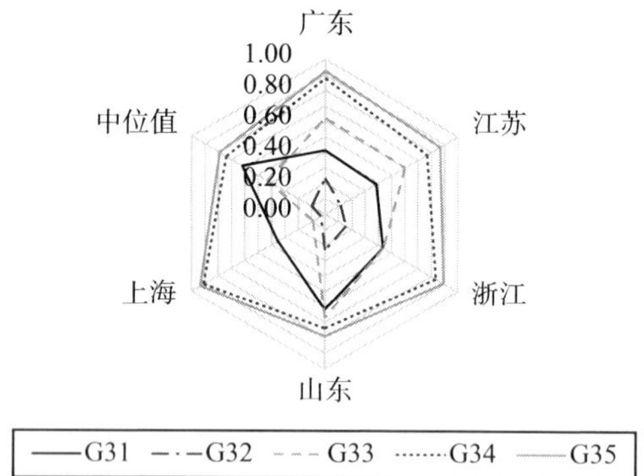

图 5－7　五省份的物质资本、知识资本和经济发展内在结构分析

资料来源：根据数据计算结果绘制。

5.5　本章小结

本章构建了物质资本—知识资本—经济发展的三个子系统协同的理论框架，采用主客观加权方法、综合评价方法和耦合模型相结合的方法，对 2004～2016 年中国 31 个省份耦合度进行了测算，并对其内部结构进行了分析，得出以下结论。

（1）各省份耦合度整体两极分化态势明显，少数发达省份处于高度协同状态，处于中下游省份的协同水平有弱化倾向。长此以往，将造成区域间严重不平衡，制约国家的均衡发展，应给予高度关注。造成这种现象的原因是多方面的，从研究的结果来看，知识资本积累数量的差异和结构的异质性是重要的因素。

（2）各省份系统整体耦合度自东向西呈递减的阶梯形空间分布，结构差异显著。因此在制定产业政策和区域发展规划时，应结合各地现状和历史发展阶段，对症下药。东部地区应重视盘活知识资本存量，推动技术创新，大力发展战略新兴产业，重点推进高质量增长；中部地区重在承接产业转移，优化内部结构，增强知识资本积累，有侧重地提升增长质量；西部地区基础薄弱，国家应加强支持力度，持续积累各类要素，补齐短板，培养内生性增长动力。

因此，为促进经济协同发展，需要思考四方面的问题。

（1）经济发展要重视知识资本的作用。知识资本在中国经济发展中的重要性正在增加，而物质资本的重要性正在减弱，但是仅仅是相对而言，无论是知识资本还是物质资本都是中国经济发展中不可或缺的重要投入要素。同时，各省份在进行物质资本和知识资本的投资时，应该既关注要素投入量的多少，又注重各种要素的投入比例，这样才能更好地发挥协同作用。具体来讲，当前中国各省份知识资本水平的差距越来越明显，在调整经济结构转型中，要重视这种变化趋势，防止投入要素差距过大导致资源配置效率降低。

（2）缩小东部、中部、西部差距。东部地区物质资本、知识资本、经济发展之间的协同效应较为明显。东部应该多向西部地区提供人力资本和物质资本的援助，改善关系资本和结构资本流动性较差的状况，增强人力资本和物质资本流动性。

中部地区投入要素的协同水平相对较好，亟须解决的是物质资本和知识资本投入量的不足。因此，中部地区应当注重保持当前的投入要素比例，加强物质资本和知识资本的投入。

西部地区投入要素的协同水平不高。由于人力资本相对于关系资本和结构资本具有强流动性，西部地区应当加强自身关系资本和结构资本的投资，加大人力资本的投入。

（3）对短期增长目标和长期发展使命之间关系进行反思。区域经济发展的短期目标是提升收入水平，最终使命是实现“美好生活的向往”，是实现人、社会和自然环境的和谐统一。发达国家的工业化历程为中国提供了范例，中国改革开放的40年也积累了丰富的经验。在第四次技术革命即将到来之际，知识资本无疑将扮演更加重要的角色，无论是发达的都市还是偏远的边疆，各区域都应重视知识资本的作用，重视积累知识要素，优化内在结构，使知识资本与物质资本更好地融合，更好地推动经济高质量增长。

（4）总结中国改革开放40年以来实践，探索资本协同与经济发展理论体系。自1956年索洛创立经济发展理论模型以来，经济学家们在数理经济学领域进行了广泛的探索，取得了丰硕的成果，但也遇到了难以逾越的瓶颈。索洛模型最大缺陷是忽视了不同资本的不可加性。曾经有学者指出，资本（物质资本）是不能进行简单加和的，不同的资本类型之间产出的效果不是通过简单加和实现的。而不同类型资本的加和是总量分析的基础，面对总量分析的缺陷，索洛也承认：如果有更好的模型，他愿意放弃索洛模型。在经济大系统中，物质资本、知识资本和经济发展内在结构错综复杂，各种要素之间联系多样，应发展地、全面地考察系统内部结构及其之间动态关系，把握发展的实质。本章在总结中国改革开放以来的实践基础上，将经济系统划分为物质资本、知识资本和经济发展三个子系统，考察了它们之间的协同作用，是对经济学分析方法的一次探索。

第6章　物质资本与知识资本的协同效应对经济发展影响的实证分析

第5章通过构建物质资本、知识资本与经济发展的三系统协同模型，测算了2004～2016年中国31个省份的三系统协同度，并分析了各省份协同度在时间和空间方面的动态特征。本章在第5章研究的基础上，进一步分析物质资本与知识资本的协同效应对经济发展的影响。主要内容包括：构建物质资本与知识资本协同效应对经济发展影响的计量模型；基于中国2004～2016年31个省份的面板数据，对物质资本和知识资本协同效应对经济发展的影响进行实证分析，验证本书提出的“物质资本与知识资本的协同效应对经济发展有显著影响”的基本观点。

6.1　理论简析

本章是在前面几章的研究基础上进一步开展起来的，所涉及的一些基本理论如知识资本、物质资本等相关理论在前几章已做了详细总结，在此不再赘述。本章仅对物质资本与知识资本协同对经济发展影响的相关概念进行介绍，为下文做一个简要的铺垫。

6.1.1　物质资本与知识资本协同

物质资本和知识资本的协同是指两种资本及各自的各个分项之间存在着相互依赖、相互促进的共生作用，同时也存在着相互制约和相互掣肘的动态关系。在存量方面，一种资本效能的发挥需要依赖一定数量的另一种资本，任何一种资本的不足或冗余都会降低总体效率，从而影响整体的发展速度和水平。在资本积累方面，一种资本存量在一定程度上的提升对另一种资本的积累具有明显的拉动作用。本章的主要目标是探讨物质资本和知识资本的协同效应对经济发展的影响。

对于协同度的度量，本书借鉴“耦合”的理念及方法。“耦合”是指两个或两个以上的系统或运动方式之间，通过各种相互作用而彼此影响以至于联合起来产生一定功能或者功用的现象，是在各个子系统之间的良性互动下相互依赖、相互协调、相互促进的动态关联关系。系统由无序走向有序的关键在于系统内部序参量之间的协同作用，它左右着系统相变的特征与规律，耦合度正是对这种协同作用的度量（吴玉鸣和张燕，2008）。当两系统之间或内部要素之间配合得当、互惠互利时，为良性耦合；反之相互摩擦、彼此掣肘时，为恶性耦合。因此，本章用耦合度来度量知识资本系统与物质资本系统间的协同度，以此来客观反映两者在经济运行中的整体匹配程度（“人力资本结构研究”课题组，2012）。

6.1.2　资本协同与经济发展

对经济发展的研究，传统的经济增长理论模型（如索洛和罗默经济增长模型）总是假设其他因素保持不变，不考虑各种因素之间的相互影响，只分析某种增长因素的变动对经济产出的影响。它有多种形式，如 $Y=F(K, L)$、$Y=F(K, AL)$、$Y=F(K, AH)$、$Y=F(K, HL)$、$Y=AF(K, L, H, N)$。其中，Y 表示经济产出，K 表示资本，L 表示劳动力，H 表示人力资本，N 表示自然资源，A 表示技术进步与社会基础设施。这些仅考虑某些增长因素的传统经济理论模型虽然可以说明经济发展的某种主导因素的作用，但不能使人们充分地理解实现经济快速和加速发展的全部“秘诀”。因此，需要对传统的经济增长因素分解模型进行扩展，将协同要素纳入经济增长分析模型，建立新的经济发展分析框架（丁言强，2017）。

对经济增长产生影响的要素从存在形态上可分为两类：一是有形的物质资本，包括土地、设备、资本等传统生产要素；二是除了有形的物质资本以外的无形资本（知识资本），如技术、知识、人力资本等无形资本。无论是物质资本还是知识资本，都是由不同类型、不同结构的资本分项组成。资本效率的有效发挥，不仅要求物质资本与知识资本在总量上相互匹配，同时要求在结构层次上相互协调。本章借鉴“耦合”理论与方法，构建协同度模型测算物质资本和知识资本的协同度；利用面板数据，计量分析物质资本与知识资本协同效应对经济发展的影响。

6.2 计量模型构建

根据前述相关理论，我们构建了物质资本与知识资本协同效应对经济发展影响的一般生产函数，见式（6-1）。

$$Y_{it}=F(MC_{it},\ IC_{it},\ D_{it}) \tag{6-1}$$

式中，Y_{it}为区域 i 第 t 年经济总产出，MC_{it}、IC_{it}和 D_{it}分别为物质资本、知识资本、物质资本与知识资本的协同度。

设 HC、RC、SC 分别为区域人力资本、区域关系资本和区域结构资本，将 HC、RC、SC 三个变量代入式（6-1）得：

$$Y_{it}=F(MC_{it},\ HC_{it},\ RC_{it},\ SC_{it},\ D_{it}) \tag{6-2}$$

根据式（6-2），可以构建物质资本与知识资本协同效应对经济发展影响的计量模型：

$$\ln Y_{it}=\alpha_0+\alpha_1\ln MC_{it}+\alpha_2\ln HC_{it}+\alpha_3\ln RC_{it}+\alpha_4\ln SC_{it}+\alpha_5\ln D_{it}+\varepsilon_{it} \tag{6-3}$$

式中，α_1、α_2、α_3、α_4 和 α_5 分别是经济总产出对物质资本、人力资本、关系资本、结构资本和协同度的弹性系数，可以解释为变量对经济发展的影响程度，系数越大，其对经济发展的影响也越大；α_0 和 ε_{it}分别为常数项和误差项。

考虑到面板数据在时间维度上的平稳性，对式（6-3）做差分处理，得到式（6-4）：

$$\ln\frac{Y_{it}}{Y_{i(t-1)}}=\alpha_0+\alpha_1\ln\frac{MC_{it}}{MC_{i(t-1)}}+\alpha_2\ln\frac{HC_{it}}{HC_{i(t-1)}}+\alpha_3\ln\frac{RC_{it}}{RC_{i(t-1)}}+\alpha_4\ln\frac{SC_{it}}{SC_{i(t-1)}}+\alpha_5\ln\frac{D_{it}}{D_{i(t-1)}}+(\varepsilon_{it}-\varepsilon_{i(t-1)}) \tag{6-4}$$

根据泰勒展开的一阶近似①，可将式（6-4）进一步简化为式（6-5）：

$$y_{it}=\alpha_0+\alpha_1 mc_{it}+\alpha_2 hc_{it}+\alpha_3 rc_{it}+\alpha_4 sc_{it}+\alpha_5 d_{it}+\xi_{it} \tag{6-5}$$

① 根据泰勒展开的一阶近似可知，当 x 数值较小时，有 $\ln(1+x)\approx x$，对于式（6-4）任意变量 X 有：$\ln\frac{X_{it}}{X_{i(t-1)}}=\ln\frac{X_{i(t-1)}+\Delta X_{it}}{X_{i(t-1)}}=\ln\left(1+\frac{\Delta X_{it}}{X_{i(t-1)}}\right)\approx\frac{\Delta X_{it}}{X_{i(t-1)}}$因此，对式（6-3）做差分变换后，$\ln\frac{X_{it}}{X_{i(t-1)}}$可视为变量 X 的增长率$\frac{\Delta X_{it}}{X_{i(t-1)}}$。

式（6－5）中，mc_{it}、hc_{it}、rc_{it}、sc_{it}和 d_{it}分别为差分处理后的物质资本、人力资本、关系资本、结构资本和协同度，ξ_{it}为误差项。

考虑到经济发展还可能受到其他一些不可观测的各区域的个体特征以及时间趋势的影响，在模型（6－5）的基础上引入个体效应变量 μ_i 和时间趋势项 η_j，最后得到物质资本与知识资本协同效应对经济发展影响的计量模型：

$$y_{it} = \alpha_0 + \alpha_1 mc_{it} + \alpha_2 hc_{it} + \alpha_3 rc_{it} + \alpha_4 sc_{it} + \alpha_5 d_{it} + \mu_i + \eta_j + \xi_{it} \quad (6-6)$$

在此，为了揭示物质资本与知识资本协同效应对经济发展的影响在不同地区的时间变化趋势，将样本从空间和时间两个维度进行拆分，分别进行回归分析，回归模型仍使用式（6－6）。

6.3　变量的计量

6.3.1　经济发展

区域经济发展 Y_{it}的度量采用区域 GDP 替代。原始数据来源于 2005～2017 年《中国统计年鉴》，以 2004 年不变价格平减处理。

6.3.2　物质资本

物质资本 MC_{it}，使用固定资产替代。关于资本存量的估算，目前广泛采用的方法是 Goldsmith（1951）提出的永续盘存法（PIM）。假设固定资产的相对效率呈几何下降，重置率为常数，折旧率和重置率相同。固定资产存量主要涉及四个变量：（1）基期资本存量 MC；（2）每年新增投资额 I；（3）投资品价格指数；（4）折旧率 δ。本章将采用“永续盘存法”估算各省份历年的实际物质资本存量，其计算公式为：

$$MC_{it} = I_{it} + (1 - \delta_i) \cdot MC_{i(t-1)}$$

借鉴单豪杰（2008）的方法，以 1979～1983 年五年的平均增长速度和名义资本存量反推 1978 年基年的资本存量，并结合张军等（2004）的研究，得到 2004 年各省份物质资本存量。根据单豪杰（2008）的研究，各省份的固定资产折旧率 δ_i 统一按照 10.96% 进行折算。各年各省份投资 I_{it}通过历年《国家统计年鉴》和《地方统计年鉴》披露的固定资产形成实际总额获取，并除去相应价格指数，得到实际经济价值。按照张军（2004）和单豪杰（2008）的处理方法，以2004年为基期计算固定资产存量至2016年，以2004年不变价格表示。历年各区域的固定资产存量原始数据，取自2005~2017年《中国统计年鉴》。

6.3.3 知识资本

基于第3章和第4章的研究结果，可得到本章所需要的区域人力资本变量HC_{it}、区域关系资本变量RC_{it}和区域结构资本变量SC_{it}的数据，以及区域知识资本变量IC_{it}的数据。

6.3.4 物质资本与知识资本协同度

1. 系统构建

本章的研究目的是考察物质资本和知识资本的协同对经济发展的影响，对于资本协同度变量D_{it}的计算依赖于物质资本MC_{it}和知识资本IC_{it}（见表6-1）。

表6-1　物质资本、知识资本系统测度

资本系统	测量维度	测度指标
知识资本IC_{it}	区域人力资本HC_{it}	区域人力资本投入
		区域人力资本结构
		区域人力资本积累
	区域关系资本RC_{it}	区域外部关系资本
		区域内部关系资本
	区域结构资本SC_{it}	区域技术结构资本
		区域制度文化结构资本
物质资本MC_{it}	区域物质资本MC_{it}	固定资产存量

资料来源：笔者自制。

2. 协同度计量

用知识资本和物质资本的耦合度来度量二者的协同程度，协同度模型为：

$$D = \sqrt[R]{\frac{E_1(IC) \cdot E_2(MC)}{\left(\frac{E_1(IC) + E_2(MC)}{2}\right)^2}}$$

这里，取 $R=2$，其中 $E_1(IC)$ 和 $E_2(MC)$ 分别为知识资本和物质资本的综合评价值。$E_1(IC) = \sum_{j=1}^{n} a_j IC'_{ij}$；$a_j = \frac{g_j}{\sum_{j=1}^{n} g_j}$ 为第 j 项指标的权重；$g_j = 1 - e_j$ 为差异系数；$e_j = -\frac{1}{\ln m} \cdot \sum_{i=1}^{m} u_{ij} \ln u_{ij}$ 为熵值，m 为样本数；$u_{ij} = \frac{IC'_{ij}}{\sum_{i=1}^{m} IC'_{ij}}$ 为同度量化后的指标值；当 IC_{ij} 为正向指标时，$IC'_{ij} = \frac{IC_{ij}}{IC^*_{maxj}}$；当 IC_{ij} 为负向指标时，$IC'_{ij} = \frac{IC_{ij}}{IC^*_{minj}}$。$E_2(MC)$ 是由单一正向指标计算得出，所以 $E_2(MC) = \frac{MC_i}{MC^*_{max}}$。

协同度 D 的取值在［0，1］区间内，通过比较协同度可以分析出区域物质资本与知识资本的关联、匹配程度。一般来讲，当 $D \in (0, 0.35]$ 时为低协同度，两系统之间相互作用弱，或不协调；当 $D \in (0.35, 0.65]$ 时协同度较弱，两系统之间协同作用一般；当 $D \in (0.65, 0.85]$ 时为高协同度，两系统之间协同作用较强；当 $D \in (0.85, 1]$ 时为极高协同度，两系统之间协同作用极强。

3. 协同度计量结果与分析

依据前述协同度计算方法，测算中国 31 个省份及各区域 2004～2016 年知识资本与物质资本协同度（见表6－2、表6－3）。从表6－3 资本协同度的描述性统计可以发现，我国知识资本和物质资本的协同度总体较高，平均值为 0.83，处于较高协同度水平。从地区分布来看，中部协同度最高，平均值为 0.94。地区内部省域间差异不大且相对平稳。其次是东部地区，平均协同度为 0.85，处于高度协同水平。相比而言，西部地区协同度最低，平均值为 0.74，地区内省域间差异较大。以 2009 年为例，部分省域如内蒙古、广西、重庆、四川、陕西等的协同度均在 0.9 以上，而青海、宁夏、西藏等省域低于 0.45。

表 6-2　　2004~2016 年中国 31 个省份物质资本与知识资本协同度

省份	2004	2005	2006	2007	2008	2009	2010	2011	2012	2013	2014	2015	2016
北京	0.82	0.76	0.75	0.77	0.67	0.67	0.66	0.62	0.60	0.59	0.54	0.52	0.51
天津	0.70	0.64	0.65	0.71	0.76	0.81	0.84	0.83	0.82	0.82	0.82	0.82	0.82
河北	0.99	0.98	1.00	1.00	1.00	1.00	1.00	1.00	1.00	1.00	0.99	1.00	1.00
山西	0.81	0.78	0.81	0.85	0.85	0.88	0.88	0.89	0.91	0.94	0.94	0.95	0.93
内蒙古	0.91	0.93	0.95	0.98	0.98	0.98	0.98	0.98	0.98	0.99	0.99	0.94	0.94
辽宁	0.97	0.98	0.99	1.00	1.00	1.00	1.00	1.00	1.00	0.99	1.00	0.96	0.61
吉林	0.77	0.79	0.87	0.93	0.96	0.95	0.96	0.91	0.94	0.92	0.93	0.92	0.92
黑龙江	0.80	0.76	0.80	0.84	0.86	0.87	0.91	0.90	0.94	0.95	0.88	0.85	0.84
上海	0.90	0.85	0.83	0.83	0.79	0.72	0.66	0.60	0.57	0.57	0.53	0.51	0.50
江苏	0.99	1.00	1.00	0.99	0.99	0.99	0.99	1.00	1.00	0.99	0.99	0.99	0.99
浙江	1.00	1.00	0.99	0.99	0.99	0.97	0.96	0.96	0.97	0.98	0.98	0.98	0.98
安徽	0.92	0.91	0.95	0.99	0.99	0.99	1.00	0.99	1.00	1.00	1.00	1.00	1.00
福建	0.85	0.82	0.86	0.93	0.93	0.92	0.93	0.94	0.96	0.97	0.98	0.98	0.98
江西	0.91	0.88	0.89	0.91	0.95	0.96	0.98	0.96	0.96	0.97	0.97	0.97	0.98
山东	0.96	0.97	0.97	0.97	0.97	0.98	0.98	0.98	0.98	0.97	0.98	0.98	0.97
河南	0.99	0.99	1.00	1.00	0.99	0.99	0.99	1.00	1.00	0.99	0.99	0.98	0.98
湖北	0.93	0.89	0.90	0.94	0.95	0.96	0.97	0.98	0.99	0.99	0.99	1.00	1.00
湖南	0.91	0.88	0.89	0.94	0.96	0.97	0.98	0.99	0.99	1.00	1.00	1.00	1.00
广东	1.00	0.99	0.99	0.99	0.98	0.98	0.97	0.96	0.95	0.96	0.96	0.96	0.96
广西	0.82	0.81	0.86	0.91	0.90	0.92	0.94	0.94	0.95	0.96	0.96	0.97	0.98
海南	0.36	0.30	0.28	0.33	0.35	0.37	0.40	0.42	0.46	0.50	0.51	0.51	0.51
重庆	0.86	0.83	0.85	0.90	0.90	0.90	0.91	0.90	0.89	0.91	0.91	0.92	0.92
四川	0.98	0.97	0.97	0.99	0.99	1.00	0.99	0.99	1.00	1.00	1.00	1.00	1.00
贵州	0.73	0.65	0.67	0.71	0.70	0.70	0.71	0.78	0.83	0.86	0.87	0.89	0.92
云南	0.81	0.82	0.84	0.88	0.88	0.88	0.87	0.87	0.89	0.92	0.92	0.94	0.96
西藏	0.22	0.17	0.16	0.19	0.17	0.16	0.16	0.16	0.18	0.21	0.22	0.23	0.26
陕西	0.81	0.78	0.82	0.90	0.92	0.93	0.93	0.94	0.96	0.97	0.97	0.97	0.97
甘肃	0.62	0.56	0.57	0.62	0.64	0.65	0.69	0.72	0.78	0.82	0.83	0.83	0.83
青海	0.32	0.28	0.31	0.33	0.31	0.32	0.33	0.39	0.43	0.47	0.49	0.48	0.48
宁夏	0.43	0.39	0.36	0.39	0.41	0.41	0.44	0.43	0.47	0.51	0.51	0.51	0.51
新疆	0.79	0.71	0.72	0.75	0.73	0.70	0.71	0.78	0.83	0.87	0.88	0.89	0.84

资料来源：根据数据计算结果整理。

表 6-3　　2004 ~ 2016 年中国各区域物质资本与知识资本协同度描述性统计

区域	变量	2004	2005	2006	2007	2008	2009	2010	2011	2012	2013	2014	2015	2016
东部	Mean	0.87	0.84	0.85	0.86	0.86	0.85	0.85	0.85	0.85	0.85	0.84	0.84	0.80
	Max	1.00	1.00	1.00	1.00	1.00	1.00	1.00	1.00	1.00	1.00	1.00	1.00	1.00
	Min	0.36	0.30	0.28	0.33	0.35	0.37	0.40	0.42	0.46	0.50	0.51	0.51	0.50
	SD	0.18	0.21	0.21	0.19	0.19	0.18	0.18	0.18	0.18	0.17	0.18	0.18	0.19
中部	Mean	0.88	0.88	0.91	0.94	0.95	0.96	0.97	0.96	0.97	0.98	0.97	0.96	0.96
	Max	0.99	0.99	1.00	1.00	0.99	0.99	1.00	1.00	1.00	1.00	1.00	1.00	1.00
	Min	0.77	0.76	0.80	0.84	0.86	0.87	0.91	0.90	0.94	0.92	0.88	0.85	0.84
	SD	0.07	0.07	0.06	0.05	0.04	0.04	0.02	0.03	0.02	0.03	0.04	0.05	0.05
西部	Mean	0.69	0.63	0.65	0.69	0.69	0.69	0.70	0.72	0.75	0.77	0.78	0.78	0.79
	Max	0.98	0.97	0.97	0.99	0.99	1.00	0.99	0.99	1.00	1.00	1.00	1.00	1.00
	Min	0.22	0.17	0.16	0.19	0.17	0.16	0.16	0.16	0.18	0.21	0.22	0.23	0.26
	SD	0.23	0.24	0.25	0.26	0.26	0.27	0.26	0.26	0.25	0.25	0.24	0.24	0.24
全国	Mean	0.80	0.78	0.79	0.82	0.83	0.83	0.84	0.84	0.85	0.87	0.87	0.86	0.85
	Max	1.00	1.00	1.00	1.00	1.00	1.00	1.00	1.00	1.00	1.00	1.00	1.00	1.00
	Min	0.22	0.17	0.16	0.19	0.17	0.16	0.16	0.16	0.18	0.21	0.22	0.23	0.26
	SD	0.21	0.23	0.23	0.22	0.23	0.23	0.22	0.22	0.21	0.20	0.20	0.20	0.20

资料来源：根据数据计算结果整理。

分别观察东部、中部、西部的协同度分布还可以看到，在资本存量相当的地区内（处于同一地区的省域），协同度较高的省域的经济发展速度也较高，如东部地区平均协同度较高的三个省域福建、山东和江苏 2004 ~ 2016 年的平均经济增长率也较高；平均协同度较低的北京、海南 2004 ~ 2016 年的平均经济增长率也较低。此外，资本匹配度较高的省域其经济发展水平不一定很高，如东部地区经济发展水平均远远领先于中部地区，但其资本协同度落后于中部地区。

以上研究表明，区域经济发展不仅取决于物质资本与知识资本的存量，还取决于二者的协同效应。物质资本与知识资本的协同效应，在过去的十余年间对经济发展的影响还未直接体现经济发展的水平上，而是反映在经济发展的速度上，即物质资本与知识资本的协同效应是推动经济加速度增长的重要因素。这也为下文建立更具有实际经济意义的计量模型提供了启示。

6.4 结果分析

6.4.1 基准结果

在全面考察物质资本与知识资本协同效应对经济发展的影响之前，我们率先观察当模型只包含物质资本与知识资本这两大因素时的估计结果。估计结果显示（见表6－4），在混合数据 OLS 估计中，物质资本以及除结构资本以外的其他知识资本对区域经济发展的影响都是显著的。考虑到该估计方法没有控制观测不到的各省份异质性问题，因此，估计结果可能有偏误。事实上估计结果还表明，即使在1%的显著性水平下，也拒绝了混合数据 OLS 估计与固定效应估计或随机效应估计无差异的假设，因此有必要采用面板数据模型的估计方法来进行更精确的估计。从固定效应［见表6－4 中的第（2）列］与随机效应的估计结果［见表6－4 中的第（3）列］可以看出，无论是固定效应估计还是随机效应估计，都表明区域人力资本和区域关系资本的增速对经济增速有显著的正向影响。变量系数在两种效应的估计中差别不大，人力资本分别为2.31%和2.47%，关系资本分别为1.29%和1.36%。物质资本变量系数估计值在两种估计中也较为接近，分别为8.15%和8.43%，均比知识资本的各要素变量系数估计值要大，且通过了1%的显著性水平检验。Hausman Test 表明固定效应与随机效应没有显著差异，从调整的可决系数值来看，随机效应估计要比固定效应估计更优一些。

表6－4　物质资本与知识资本对经济发展的影响

变量	混合 OLS 估计（1）	固定效应估计（2）	随机效应估计（3）
mc	9.17%*** （0.0078）	8.15%*** （0.0093）	8.43%*** （0.0086）
hc	2.94%* （0.0152）	2.31%* （0.0125）	2.47%* （0.0130）
rc	1.52%* （0.0085）	1.29%** （0.0060）	1.36%** （0.0064）

续表

变量	混合 OLS 估计（1）	固定效应估计（2）	随机效应估计（3）
sc	0.36% (0.0075)	-0.00% (0.0063)	0.01% (0.0065)
常数项	7.332*** (0.7950)	7.764*** (0.7661)	7.644*** (0.7670)
年度哑变量	是	是	是
Adj - R^2	0.593	0.591	0.592
rho	—	0.274***	0.214***
F Test	—	68.10***	—
Hausman Test	—	—	5.65（不显著）
Observation	372	372	372

注：F Test 和 rho 分别用于检验混合数据 OLS 估计与固定效应估计或随机效应估计是否有差异，即是否存在个体效应。Hausman Test 用于检验随机效应与固定效应估计是否无差异。括号中的数据为标准差，*、** 和 *** 分别表示在 10%、5% 和 1% 水平下显著（下同）。

资料来源：Stata 计算结果输出。

6.4.2　物质资本与知识资本协同效应对经济发展影响的空间分析

对加入协同度变量后的全国面板数据进行 OLS 估计［见表 6-5 第（1）列］，结果显示模型拟合度良好，R^2 为 0.627；除了关系资本增长率以外的其他所有变量均在 10% 的显著水平下显著，物质资本与知识资本协同度增长率系数为 13.64%，对经济发展速度的提升具有显著的积极促进作用，而且这种促进作用强于物质资本（系数为 4.02%）、人力资本（系数为 2.71%）以及结构资本（系数为 2.28%）。

表 6-5　物质资本与知识资本协同效应对经济发展的影响

变量	混合 OLS 估计（1）	固定效应估计（2）	随机效应估计（3）	东部随机效应估计（4）	中部随机效应估计（5）	西部随机效应估计（6）
d	13.64%*** (0.0283)	14.90%*** (0.0286)	14.78%*** (0.0282)	14.95%*** (0.0495)	18.87%*** (0.0224)	10.61%*** (0.0390)
mc	4.02%*** (0.0138)	2.92%* (0.0155)	3.19%** (0.0146)	2.95% (0.0239)	1.18% (0.0311)	5.95%** (0.0220)

续表

变量	混合 OLS 估计（1）	固定效应估计（2）	随机效应估计（3）	东部随机效应估计（4）	中部随机效应估计（5）	西部随机效应估计（6）
hc	2.71%* (0.0140)	2.26%* (0.0122)	2.41%* (0.0127)	2.52%** (0.0117)	2.68% (0.0487)	4.68%* (0.0243)
rc	0.98% (0.0091)	0.76% (0.0068)	0.84% (0.0073)	2.34%* (0.0133)	2.79% (0.0323)	-0.16% (0.0083)
sc	2.28%*** (0.0080)	2.18%*** (0.0067)	2.25%*** (0.0070)	2.15%*** (0.0080)	4.62%** (0.0183)	1.41% (0.0107)
常数项	8.861*** (0.8845)	9.274*** (0.8133)	9.160*** (0.8141)	10.147*** (0.8909)	8.657*** (2.2009)	7.464*** (1.417)
年度哑变量	是	是	是	是	是	是
F Test	93.73***	4.87***	—	—	—	—
Hausman Test	—	—	5.55 （不显著）	—	—	—
rho	—	0.292***	0.242	0.380	0	0.304
Adj - R^2	0.627	0.618	0.619	0.770	0.587	0.475
Observation	372	372	372	132	96	144

注：*、** 和 *** 分别表示在 10%、5% 和 1% 水平下显著。
资料来源：Stata 计算结果输出。

加入协同增长率变量后，分别使用面板数据的固定效应模型［见表 6 - 5 第（2）列］和随机效应模型进行估计［见表 6 - 5 第（3）列］，以剔除不可观测的区域性特征的影响。两种模型的 rho 系数值显著不为 0。进一步用 LSDV 法考察发现，多数省域虚拟变量在 5% 水平下显著，故可“拒绝所有个体虚拟变量系数都为 0”的假设，即认为存在个体效应，不应使用混合 OLS 回归模型。由于 Hausman Test 不显著，我们根据 Adj - R^2 值选择随机效应模型。

从表 6 - 5 第（3）列可以看出，在剔除省域个体差异之后，人力资本和结构资本系数显著为正，分别为 2.41% 和 2.25%，前者略大于后者；关系资本系数未通过显著性检验，但系数仍为正，说明关系资本对经济增长有正向作用。这表明知识资本的三要素对经济发展均具有正向的促进作用。物质资本系数为 3.19%，对区域经济发展有显著的正向影响。最重要的是，研究发现知识资本与物质资本的协同效应对经济发展有显著的正向作用，系数为 14.78%，大于知识资本和物质资本本身对经济发展的影响，说明经济发展不仅依赖于物质资本和知识资本，还应更加注重两者的匹配与协同效应。

从东部、中部、西部的随机效应的回归结果来看［见表6－5的第（4）、（5）、（6）列］，物质资本与知识资本的协同度对东部、中部、西部的经济发展的影响系数分别是14.95%、18.87%和10.61%，且均在1%显著性水平下显著，说明在不同的地区内、不同的资本结构下，物质资本与知识资本协同效应对经济发展均会产生显著的正向影响，而且从回归系数值来看，这种影响远比资本本身对经济发展速度的提升更为稳定和强烈。

由前文可知，中部地区物质资本与知识资本协同度最高、东部次之，西部最低，这正好与实证研究结果（见图6－1）——协同度对中部经济发展作用最强、东部次之、西部最弱——相一致，由此可得出一个结论：在东部、中部、西部的地区层面，协同度越高的地区，协同效应对经济发展的影响也越强烈。

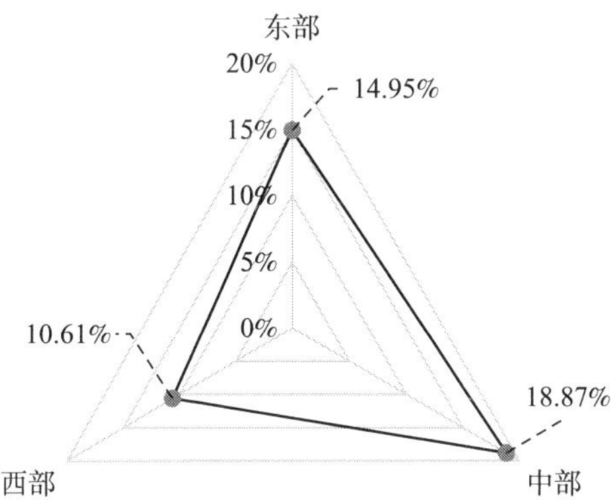

图6－1　东部、中部、西部物质资本与知识资本协同效应对经济发展的影响

资料来源：根据数据计算结果绘制。

此外，从物质资本对经济发展的影响来看，东部、中部的物质资本回归系数（分别为2.95%和1.18%）不显著且远小于西部（5.95%），表明西部地区经济发展在一定程度上对物质要素投入（驱动）的依赖性较东部、中部更强。从知识资本对经济发展的影响来看，东部地区知识资本的三个要素的变量系数均显著为正，表明知识资本三要素对经济发展均有显著影响；中部地区人力资本与关系资本系数不显著，表明中部地区知识资本对经济发展的影响主要以结构资本为主；西部地区关系资本和结构资本系数不显著，表明西部地区知识资本对经济发展的影响主要以人力资本为主。

总体来讲，无论是全国层面还是东部、中部、西部地区层面，物质资本与知识资本的协同效应对经济发展速度的提升都有显著的正向作用，而且远比资本本身对经济发展速度的提升作用更为稳定和强烈；知识资本的不同要素对不同地区经济发展速度的影响不尽相同，西部主要是依靠人力资本发挥作用，中部则是结构资本，而东部三种要素均发挥了显著的积极作用。从东部、中部和西部来看，资本协同度对经济发展的影响在中部最为强烈，其次是东部地区，最后是西部地区。

6.4.3 物质资本与知识资本协同效应对经济发展影响的时间动态分析

为了考察物质资本与知识资本协同效应对经济发展的影响随时间变化的情况，本节将样本分成3个时期分别进行回归分析，分别是2004～2008年、2009～2012年和2013～2016年三个时间段（见表6－6）。

表6－6　物质资本与知识资本协同效应对经济发展影响的时间变化

变量	2004～2008 （1）	2009～2012 （2）	2013～2016 （3）
d	9.49%** （0.0394）	22.60%*** （0.0009）	8.44%* （0.0492）
mc	1.85% （0.0509）	－8.00%*** （0.0207）	3.54% （0.0292）
hc	4.87%** （0.0216）	－0.58% （0.0145）	3.05%** （0.0128）
rc	1.4% （0.0137）	1.02% （0.0154）	－0.15% （0.0076）
sc	1.18% （0.0087）	－3.08% （0.0196）	0.93%*** （0.0033）
常数项	0.45 （3.5946）	14.72*** （1.8296）	9.78*** （1.4632）
年度哑变量	是	是	是
Adj－R^2	0.212	0.309	0.620
rho	0.55	0.605	0.756
F Test	4.71***	5.37***	10.24***
Observation	124	124	124

注：*、**和***分别表示在10%、5%和1%水平下显著。下同。
资料来源：Stata计算结果输出。

三个时期的资本协同度系数分别为9.49%、22.6%和8.44%，均在10%的显著性水平下显著，表明物质资本与知识资本协同效应对经济发展的影响呈先增长后下降的趋势，在2008~2012年存在极值点。为了进一步观察不同地区的资本协同度对经济发展影响的时间变化趋势，我们根据回归模型对样本数据分别从时间和空间两个方面进行划分，时间方面分为2004~2008年、2009~2012年和2013~2016年三个时间段，空间方面将样本分为总体、东部、中部和西部，见表6-7。图6-2更加直观地显示了物质资本与知识资本协同度对经济发展的影响在时间和空间上的变化特征。

表6-7　物质资本与知识资本协同效应对经济发展影响的时间和空间变化

区域	2004~2008年	2009~2012年	2013~2016年
总体	9.49%** (0.0394)	22.60%*** (0.0009)	8.44%* (0.0492)
东部	21.01%*** (0.0674)	15.61% (0.1734)	-2.25% (0.0318)
中部	4.13% (0.1086)	14.30% (0.3074)	22.45% (0.2478)
西部	4.69% (.0478)	14.63%* (0.0806)	10.49%** (0.0487)

注：*、**和***分别表示在10%、5%和1%水平下显著。

资料来源：根据表6-6和附录4整理。

需要特别说明的是，虽然部分回归系数未通过显著水平为10%的显著性检验，但在放宽要求的情况下是显著的，同时考虑到这些回归结果是用于协同对经济发展影响大小的定性比较分析，在一定程度下符合本书的分析需要，故未将其舍弃。

从全国总体水平上看，物质资本与知识资本协同效应对经济发展的影响呈现先增长后下降的趋势；从不同地区来看，这种变化趋势在三大地区间差别较大。东部地区，三个时期的协同度分别是21.01%、15.61%和-2.25%，呈现直线下降的趋势。在此我们假设，当物质资本和知识资本的协同度达到某一点时，其对经济发展的影响达到极大值①。达到该点之前，随着知识资本的增

① 数学概念，有别于最大值，这里极大值是指在短期内达到峰值。

长，协同度对经济发展的影响逐渐增强；在该点之后，随着知识资本的增长，知识资本利用不充分，协同度对经济发展的影响逐渐减弱。东部地区近年来在知识资本方面投入加大，知识资本较物质资本的增长速度更快，处于满意协同度之后，造成了一定的知识资本利用不充分的现象。中部地区由于一系列国家战略的实施，物质资本达到了相当的存量水平，且随着近年来经济发展和科技进步的推动，知识资本存量也不断增加，两者的协同度处于满意协同度之前，资本协同度对经济发展的影响会伴随知识资本的增长而增长。西部地区与全国总体变化趋势相似，先增长后降低。西部地区物质资本存量不足，随着知识资本的增长，二者的协同对经济发展的影响随着知识资本的增长而不断扩大，在 2009 ~ 2012 时期协同度达到极大值；之后，随着知识资本的再增加，二者的协同对经济发展的影响将逐渐降低。

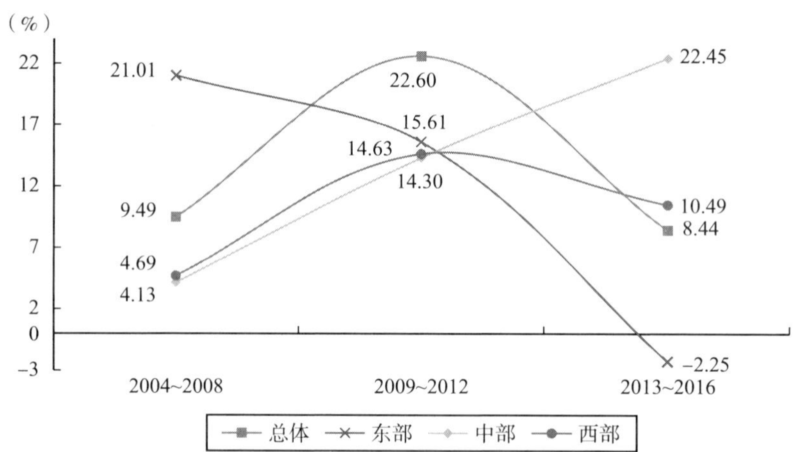

图 6 -2　知识资本与物质资本协同效应对经济发展影响的空间与时间变化

资料来源：根据数据计算结果绘制。

6.5　本章小结

本章构建了物质资本与知识资本协同效应对经济发展影响的计量模型，计算了 2004 ~ 2016 年我国 31 个省份的物质资本与知识资本的协同度，并用面板数据模型检验了物质资本与知识资本协同效应对经济发展的影响。

（1）中国知识资本和物质资本整体协同度较高，但不同区域存在差异。中部地区资本协同度较高，区域差异不大；西部地区协同度低于东部、中部地区，区域差异较大。

（2）物质资本和知识资本协同效应对经济发展的影响明显。无论是全国层面还是东部、中部、西部地区层面，物质资本和知识资本协同度对经济发展的促进作用都十分显著，其影响大于物质资本和知识资本本身对经济发展的影响。因此，在增加资本要素的投入数量时，更应注重优化区域物质资本和知识资本的投入比例，提高二者的协同程度。

（3）物质资本和知识资本协同度越高的地区，其对区域经济发展的促进作用也越大。由表 6 – 3 的物质资本和知识资本协同度描述性统计可知，中部地区协同最高，东部地区次之，西部地区最低，这正好与表 6 – 4 所显示的结果：协同度对中部地区经济发展的影响最强、东部地区次之、西部地区最弱相一致。这表明协同度越高，其对经济发展的作用也越强。此外，从实证结果可发现，经济发展水平高的地区协同度不一定高，经济发展水平高的地区协同对经济发展的促进作用不一定强。

（4）物质资本和知识资本协同度对经济发展的影响，总体看来呈现先增长后减弱的趋势，但不同区域表现出的变化趋势不尽相同。在提升知识资本对经济发展的积极影响方面，不仅要考虑资本存量的增加，还要分析不同发展阶段知识资本与物质资本的协同效应对经济发展的影响程度。在不同经济发展阶段，要素驱动力不同，应实施不同的区域发展战略。

第7章　物质资本与知识资本的动态变化对企业成长的影响

新经济增长理论认为，在宏观层面，知识资本是推动经济增长的重要生产要素；而在微观层面，拥有异质性资源并且成功利用这些资源的能力是组织不断发展的动力源泉。知识资本作为一种稀缺的、有价值的、难以替代和难以模仿的资源，已经成为推动企业成长与发展的关键要素。各类企业知识资本之间具有显著的异质性，其相互协同对企业绩效的影响至关重要。因此，为了保持企业的核心竞争力，实现持续成长，企业知识资本的积累与协同是目前企业发展过程中面对的一个核心问题。本章基于知识资本理论及组织成长的过程，构建了企业发展的“目标（goal）、过程（process）和结果（result）”（简称G-P-R）三要素模型，分析了知识资本三个部分（人力资本、结构资本、关系资本）的相互作用与知识资本的累积效应。在此基础之上，进一步引入物质资本，探讨物质资本与知识资本两者对企业成长的影响。并以创业板上市公司为研究对象，以企业成长能力为因变量，从知识资本各要素和物质资本为自变量，建立回归模型，运用因子分析和多元线性回归方法探讨物质资本与知识资本对企业成长的影响。

7.1　相关概念

7.1.1　企业知识资本

从本书文献综述中可以知道，企业知识资本的价值体现在人力资本（human capital）、结构资本（structure capital）和关系资本（customer capital）三者之中（Stewart，1997）。

7.1.2 企业成长

企业的成长是一个复杂的动态过程，在不同的成长期，企业的产出水平以及市场竞争力均存有差异，所以要求选取的指标要有一定的动态性，不仅要能反映企业当前的成长能力还要能反映企业的成长潜力。鉴于此，本书选取的衡量指标兼顾了企业的成长竞争力以及成长潜力。成长竞争力指的是某一时期企业的综合经营业绩情况，主要反映企业当前的成长能力；成长潜力则可以预示企业在未来一定时期内的发展状况，从这两个方面可以综合有效地反映出企业过去和未来的发展状况。

7.1.3 企业知识资本对企业成长的作用

邦蒂斯（1998）运用实证分析方法检验了知识资本对企业绩效的影响，研究结果表明，两者之间有显著的正相关关系，其中结构资本和关系资本对企业绩效具有直接的正向影响，而人力资本却对企业绩效具有间接的影响。佩纳（Pena，2002）以创新企业为研究对象来验证知识资本对创新企业生存和成长的影响，结果表明人力资本、结构资本和关系资本对企业的投资效益均有正向的影响。里亚希（Riahi，2003）选取《财富》杂志评选出的美国 81 家最大跨国公司为研究对象来验证知识资本与企业绩效之间的关系，结果表明两者之间有显著的正相关关系。恩斯特伦和韦斯特内斯（Engstromand and Westnes，2003）以酒店行业为研究对象，去探究知识资本对企业绩效的影响，结果发现，两者之间存在正相关关系。菲勒（Firer，2003）以芬兰 72 家生物科技企业为研究对象，发现知识资本会影响企业的销售额，并进一步证明了知识资本对企业经营绩效的提高具有明显的促进作用。埃德文森（2004）从组织创新的角度出发，来验证知识资本对企业绩效的影响，研究结果表明，组织创新通过影响知识资本（影响作用显著）进而影响企业的绩效。马弗里迪斯（Mavridis，2004，2005）分别以日本银行和希腊银行为研究对象，研究发现，知识资本与物质资本均对银行绩效有显著的促进作用。卡维达和西瓦库马尔（Kavida and Sivakoumar，2010）以印度 IT 行业为样本，研究知识资本对企业绩效的影响，结果表明，知识资本对企业绩效产生持续性的正向作用。

中国在 20 世纪 90 年代引入“知识资本”这一概念以后，国内学者就展开了知识资本的相关研究。朱朝晖、陈劲等（2004）分别检验了结构资本、人力资本、客户资本和创新资本对企业绩效的影响，发现知识资本的这四个维度均对企业绩效有显著的正向效应。芮明杰（2008）指出，企业保持核心竞争力和培育预见未来发展的能力均要以知识资本为基础。李随成等（2007）利用多元回归分析方法探讨了中国中小企业的知识资本对其发展成长产生的影响。研究结果表明，知识资本对企业的发展成长有着显著的正向影响；而且企业知识资本的三要素（结构、人力和客户资本）对企业的成长均有着比较显著的正向作用，其中客户资本对企业成长的作用最明显。刘超和马慧琪等（2008）指出，知识资本是企业发展的驱动力，并从理论上探讨分析了软件企业知识资本对其自身成长的影响机理。张林和于富生（2008），以92家知识型上市公司为研究对象，探究知识资本对企业的可持续成长能力的影响。研究结果表明，结构资本、人力资本和物质资本对企业的可持续成长能力均有显著的正向作用。王志宁和吴应宇等（2008）利用中国信息技术行业2002～2006年五年间上市公司的数据，去探索知识资本对企业成长的影响作用。结果表明，人力资本和物质资本对企业的可持续成长有显著的正向影响，而结构资本的作用不显著。邹艳和张雪花（2009）认为，知识资本各个要素的相互作用对企业的成长有着促进作用。陈逢文和张宗益（2010）的研究结果表明，人力资本与创新资本对公司创业有显著的正向作用，但对创业经营成长绩效没有显著作用。结构资本与客户资本对公司创业效益有显著的正向作用，但对创业创新效益没有显著作用。于洪菲（2013）利用中国高科技上市公司2002～2011年的数据进行实证分析，结果发现知识资本对中国高科技上市公司的成长有正向的影响。汪建和周勤（2014）的研究结果表明，企业的研发投入只有与知识资本存量相匹配时，才能有效提升研发绩效，快速驱动企业成长。张军和许庆瑞（2014）的研究表明，企业的知识资本间接地对企业成长产生影响，需要借助创新能力的这个中介来发挥作用。王智宁、王念新和吴金南（2014）以江苏的800家高新技术企业为样本，运用结构方程模型检验知识资本对企业运营和财务绩效的影响，结果表明知识资本对两者有显著正向作用。

综上所述，国内外学者已经开始重视知识资本对企业成长贡献度的差异，并从不同的角度去探索企业知识资本对企业成长的作用。但由于学者文化背景和研究目的不同，加之研究层次涉及个体、组织内部及企业等多个不同层面，特别是选取的知识资本和企业成长的度量指标不同以及不同行业的知识资本对企业成长的影响程度也存在差异，致使现有研究结论不尽相同，知识资本与企业成长之间的关系一直存有争议。因此，有必要深入地探索知识资本对企业成长的影响。

7.2　G-P-R 三要素模型的构建及知识资本累积效应分析

7.2.1　G-P-R 三要素模型

当组织制定了一个新的发展目标时，组织的当前状态与新目标之间的差距就形成了一个不平衡的体系，伴随组织知识学习、知识资本的积累及创新能力的提升，不平衡被不断地、持续地消除。当组织实现了这一目标时，不平衡就完全被消除。为了实现组织的持续发展，组织就必须在原有目标实现后，再及时制定新的目标，构造新的不平衡体系，开始新的平衡过程（周勃，2004）。因此，组织的成长可以看作是一个动态的组织学习过程，是组织持续不断地获取、累积、传递和创造知识资本，同时不断改进自身行为去适应新环境的过程（陈国权，2009）这种不断反省、回忆和纠错的组织成长过程呈现出一种螺旋式上升的特征（王斌和刘文娟，2009），而且这个过程不是瞬间的行为，它包含一系列的行为和决策（吴慈生和赵曙明，2005）。其中，组织成长不同阶段的目标（goal）、组织学习过程中个体和组织行为及决策的过程（process）和组织目标达成的结果（result）成为组织成长的相互联系、相互作用的三个决定要素。

定义 1：设组织成长不同阶段的目标、组织学习过程中个体与组织行为及决策的过程和组织目标达成的结果为 G-P-R 三要素模型的三个运动主体。其中，G 表示的是组织成长各阶段的目标，P 表示的是组织成长各阶段的行为与决策过程，R 表示的是组织成长各阶段达成的结果。

定义 2：设 G、P、R 分别为组织成长过程中的目标集、过程集与结果集，可以表示为式（7-1）。

$$
\begin{aligned}
G &= \{g1,\ g2,\ g3,\ \cdots\} \\
P &= \{p1,\ p2,\ p3,\ \cdots\} \\
R &= \{r1,\ r2,\ r3,\ \cdots\}
\end{aligned}
\tag{7-1}
$$

式（7-1）中，g1，g2，g3，…，p1，p2，p3，…，r1，r2，r3，…分别表示组织不同成长阶段目标集、过程集与结果集中的元素。目标体现了组织的共同愿景和战略定位，在整个投入—产出过程中起着引导作用，是组织资源投入量的依据；过程体现为组织的一系列经营与管理活动，是为了实现组织目标的各种生产要素投入过程，同时也是各种生产要素相互作用的过程，这里的生产要素主要指物质资本和知识资本。结果即组织的最终产出，具体包含了很多指标，如主营业务收入增长率、客户数量增长率和利润总额增长率等，通过对比本阶段产出与原定目标的差距，评价目标的完成程度并对本次循环做出反馈。

根据新经济增长理论，假设在一定的组织成长（投入）周期内，组织的物质资本（硬件能力）是不变的，那么组织成长的主要动力就取决于组织知识资本的累积程度。基于组织成长的三要素模型可以表示为在目标约束条件下，组织各种要素投入与产出的动态关系，其函数表达式为（7－2）。

$$R = P(MC,\ IC) \tag{7-2}$$

式中，R 表示组织成长各阶段达成的结果，P 表示组织成长过程中各种生产要素相互作用的过程，MC 为一定时期的物质资本，IC 为知识资本，且 $IC = \{HC,\ SC,\ RC\}$。HC，SC，RC 分别表示组织知识资本中的人力资本、结构资本和关系资本。企业通过组织学习，不断吸纳、创造、运用知识，促进组织知识资本的增量持续增加，而这些增量知识反过来又促进了组织边际收益的递增。

7.2.2 G-P-R 三要素模型的动态特征与价值

G-P-R 三要素模型的三个主体为组织成长的三要素——目标、过程和结果，三者协同互动，为组织的持续创新创造动力。G-P-R 三要素模型的动态特征也表现为横向循环和纵向进化，但与三要素模型不同的是，在 G-P-R 三要素模型中，三要素之间只存在宏观层面的横向循环，而纵向进化过程是三螺旋齐头并进共同推动其所在组织的进化。G-P-R 三要素模型中的横向循环过程见图 7－1。

目标（G）：在组织成长的过程中，组织成员会根据组织自身的运作情况及外界环境的变化来不断调整组织的目标，明确的目标不仅可以为组织的活动提供动力支持，而且可以更好地引导组织自身的发展，还能很好地反映外界的需要。从而使组织可以更好地保持自身的竞争优势，获得长期生存与发展。目标的制定取决于外界环境因素、组织本身以及组织成员，因此，其完成情况反映着三方的需求得到满足的程度。

过程（P）：在组织目标的指引下，组织成员在工作生活中会觉察到组织内部潜在的问题或发现外界环境中的机遇，此时，他们会结合以往的经验或想法并借助组织内的资源，将一些抽象的东西概念化，着手寻找解决问题的方法。然后，通过组织成员间的沟通交流或集体思考产生改善的或新的操作程序、管理方法等，并在组织各部门中执行推广开来，从而完成新知识在组织内的扩散。

假设 a(t) 和 b(t) 分别为组织中的高知识水平和一般知识水平成员在 t 时的知识水平，c = a(t) - b(t)，表示知识差距。借鉴（Veblen，1912）和（Gerschenkron，1962）关于技术扩散中技术差距是技术进步的增函数的观点，笔者认为，在组织知识扩散的过程中，知识差距是组织的成长的增函数 db(t)/dt = F[a(t) - b(t)] = F(c)。高知识水平的组织成员把自身所独有的知识与其他成员进行共享，一般组织成员通过消化、吸收这些新知识，增加了自身可以使用的知识数量，同时通过对知识的创新，可以大大增加自身为组织所创造的价值。在组织把这些知识资本化后，组织可以投入的知识资本的量增加了，产出水平也随着提高。而且 c 越大，通过知识共享带来的组织知识资本的增量越大，组织的产出水平提高得也越多。

结果（R）：在新知识推广的基础上，通过总结组织中个人及团队的学习成果，并将其提升到组织层面，纳入组织的共享知识库，内化成组织的专有知识。不仅组织成员丰富了自身的知识，能以更好的方式进行内部和外部活动，而且组织的结构、制度规则、操作流程及程序等都得到改善。接着还要把本循环阶段的优秀和不足之处反馈到下一轮的循环中，辅助下阶段的决策判断和学习。这样就完成了 G-P-R 三要素模型的一个横向循环。

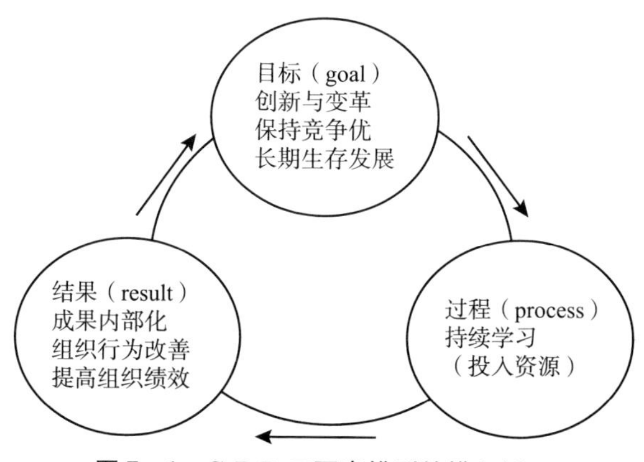

图 7-1 G-P-R 三要素模型的横向循环

资料来源：笔者自绘。

G-P-R 三要素模型的横向循环是一个周而复始的过程，每进行一个循环，组织成员都可以掌握一些新知识，解决组织内的一部分问题，但可能还有问题没有解决，或者又发现了新问题，这就需要制定新的学习目标，展开新一轮的学习。在这样不断的循环中，组织的知识资本不断累积，组织的行为模式越来越完善，组织绩效也随之逐步提高。

G-P-R 三要素模型的纵向螺旋上升过程（见图 7－2）反映了在 G-P-R 三要素的推进下，组织知识资本的累积过程和组织进化过程。组织不断累积知识的过程也即组织逐步完善和成长的过程。每螺旋上升一个程度，整个系统就会提高一步，组织的知识资本存量会增加，组织的管理水平也提高了一步，组织就可以从一个更高的起点开始下一轮循环。双箭头表示目标—过程—结果的循环，不仅可以创造新知识，还可以利用组织现有的知识来协助该阶段的决策判断与学习，这是一种双向互动过程。基于组织成长的 G-P-R 三要素模型，通过目标—过程—结果三者的协同作用，推动组织不断累积知识资本，完善运作模式，提高绩效水平。

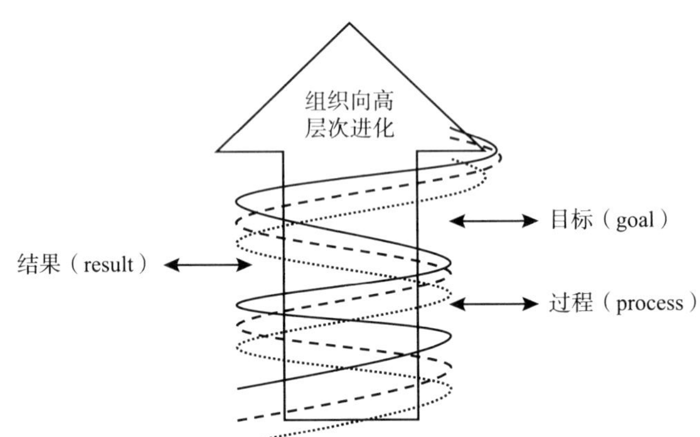

图 7－2 G-P-R 三要素模型的纵向螺旋上升过程

资料来源：笔者自绘。

在目标—过程—结果的相互作用中，目标起到引领作用，过程保证了资源投入和一系列行为的实施，通过结果则可以审视整个作用过程的成效与不足，及时掌握最新成果和修正不当做法。G-P-R 三要素模型中三要素的相互作用，产生了组织持续创新动力，使组织不断累积知识资本，推动组织不断发展。

7.2.3　G-P-R 三要素模型的知识资本累积效应

当组织刚进化到一个新阶段，组织成员需要一段时间来适应新环境，此时知识资本的累积速度变得很慢。而组织的目标一旦确立，组织成员就可以在其指导下自我控制、自我引导，顺利地开始新的学习过程。在学习过程中，组织通过建立多层学习（个体学习创新机制、团队学习创新机制、组织学习等）和多元回馈系统，通过制度化的沟通体系，全方位、动态、持续地进行知识沟通，对发现知识、识别知识、累积知识的过程进行控制。在此过程之中，组织成员之间沟通交流的机会大大增加了，团队合作的意识也增强了。在此基础上，组织成员形成了全新的、前瞻而开阔的思维模式，使组织的人力资本得以积累和提升。随着组织学习的进行，组织成员不断克服学习的阻碍因素，不断提高自身解决问题的能力，进而加快组织知识资本的累积速度，为组织的再一次成长做准备。可以让组织成员实现自我超越，改变心智模式，修正前期的不当行为，最终通过组织成员的行为改变来推动组织行为的转变，使组织向高层次进化，使组织的结构资本得以优化。在这期间，组织成员之间及组织与外部之间形成并积累了广泛的知识交换渠道，形成错综复杂的关系网络，使企业的关系资本不断得到维持和强化。

通过人力资本、结构资本和关系资本的不断增加，组织的知识资本存量达到了下一阶段的量值要求，组织学习的速度慢下来，并最终趋于稳定，这时组织成员将认真总结前期的学习成果，并将其内化为组织的专有知识，存入组织的知识库中，到了由量变到质变的程度，组织就会进化到更高的阶段。

组织成长的 G-P-R 三要素模型是一个不间断的自我更新循环。随着知识资本的创新与累积，每进行一个循环，组织知识资本的质与量都会得到提升，每完成一个循环，组织的知识资本也就完成了一次升级。在组织知识资本累积与创新的动态循环中，不仅有新知识的产生，新知识还会扩散到组织的不同部门，被转化升级为可以为组织创造价值的资本。而且，组织发展的阶段越高，其知识资本的累积效率也越高，这又可以更好地推动组织的发展。通过这种良性互动，组织不断实现创新与变革，从而可以在激烈的市场竞争中长期生存下去。

简言之，G-P-R 三要素模型的知识资本累积效应就是通过目标—过程—结果的相互作用不断推进组织学习及组织资源的投入，在这样相互作用的动态过程中，组织的知识资本水平不断累积提高，进而推动组织不断成长。

7.3 研究设计

7.3.1 G-P-R 三要素模型推动知识资本累积的实现路径

随着知识在经济活动中作用越来越重要，企业竞争力的提高也越来越离不开其所拥有的知识特别是专有知识。知识资本这种稀缺的、难以模仿和复制的异质性资源在很大程度上决定着企业的核心竞争力。因此，加强知识资本的积累、创新和管理，促进企业知识资本的增值，已然成为当今企业可持续发展的重中之重。

实现知识资本的增值与回报，还需要借助企业的创新能力，因此，在企业知识资本累积更新并对企业成长产生作用的过程中，必须伴随企业创新能力的提高。三要素模型作为创新理论的最新范式，可以为企业的创新成长提供动力支持。

G-P-R 三要素模型推动知识资本累积过程参见图 7－3。在外界环境的约束和外部发展机遇的双重作用下，企业制定合理的创新与变革的目标，为了实现这个目标，企业需要收集企业当前与目标之间的差距信息，收集完成后，需要

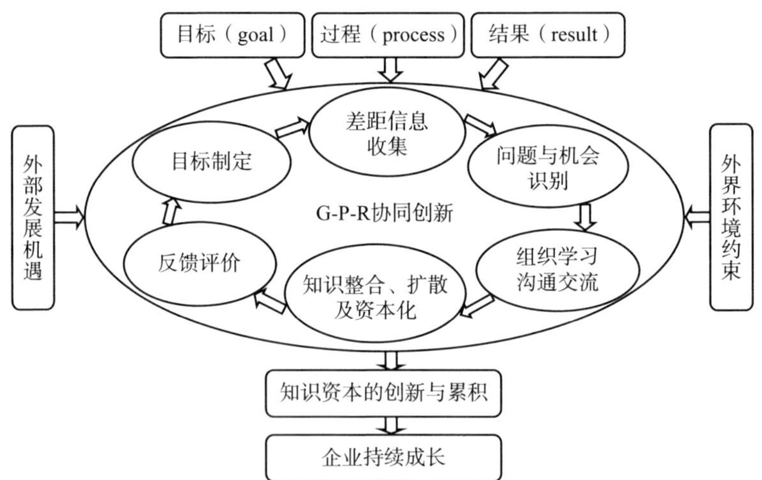

图 7－3　G-P-R 三要素模型推动知识资本累积实现路径

资料来源：笔者自绘。

对这些信息进行整理分析，识别企业当前存在的问题与面临的机遇。然后针对具体的问题及机遇，通过组织企业员工学习、沟通交流，不断克服学习的阻碍因素，解决企业现存问题，把握企业新的发展机遇，并把这个过程中的学习所得进行系统归类整理，内化为企业的专有知识，在企业各部门间分享扩散，最终实现知识的资本化；为了更好地把该循环进行下去，需要对每一轮的循环进行反馈评价，对不当之处进行改进，将可取之处在下一次循环中继续保持。通过 G-P-R 三要素的协同创新，企业可以很好地识别创新机会，把握创新机遇，不断实现对知识资本以及创新能力的积累和提升，最终提升自身的核心竞争力，保证企业的长期生存和持续成长。

7.3.2　理论模型

从上文可以看到，在 G-P-R 三要素模型的作用下，知识资本的累积是通过结构资本、人力资本和关系资本三部分的累积来实现的，因此，探究知识资本对企业成长的影响，就要分别研究结构资本、人力资本和关系资本三者对企业成长的影响。根据对 G-P-R 三要素模型的知识资本累积效应的分析，可以得出企业知识资本累积的三要素动力系统（见图7－4），G-P-R 三要素模型的三个

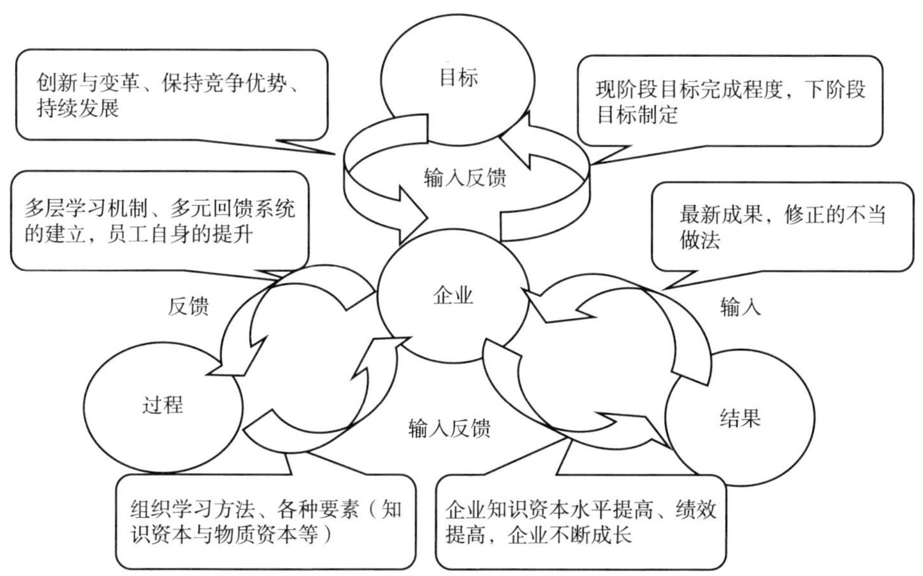

图7－4　企业知识资本累积的三要素动力系统

资料来源：笔者自绘。

主体——目标、过程和结果通过与企业不断地进行输入和反馈循环来促进企业知识资本的创新与累积，进而不断推动企业的成长。根据研究需要，融合上述过程机理研究，可以得到物质资本和知识资本的累积推动企业成长的理论模型（见图7－5）。该模型可以解释G-P-R三要素模型的知识资本累积效应以及知识资本与企业成长之间的关系，检验知识资本对企业的影响程度。

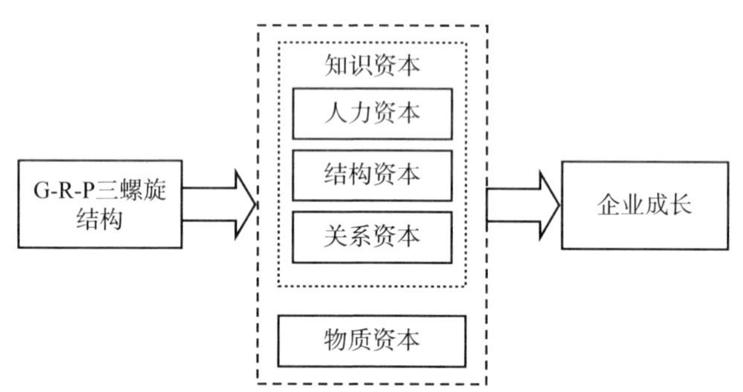

图7－5　G-P-R三要素模型促进企业成长的概念模型

资料来源：笔者自绘。

7.3.3　研究假设

1. 结构资本对企业成长的影响

先进的制度文化、合理的组织结构、完全的信息共享机制以及合理的业务流程可以有效帮助企业避免一些没有必要的人力、物力及财力的浪费，从而降低生产成本。组织的其他要素在结构资本的带动下可以更好地发挥自身的效能，进而促进企业核心竞争力的形成，全面提升企业的效益。巴尼（Barney，1991）的研究发现，如果不对企业的人员进行有效的管理和培训，也不优化生产流程等，那么企业人员的生产活动只会对企业成长能力的提升起到微乎其微的作用。员工技能的发展以及知识的传递与共享都需要企业提供一定的支撑，比如良好的企业文化就是为员工积极贡献自己的力量提供的一个有效平台。已有研究表明，企业结构资本的比例越高，它所具有的生产能力就越强，成长能力也就越强。由此可以判定结构资本较高的企业可以表现出较强的成长能力。基于上述分析，本书提出研究假设7－1。

假设7－1：结构资本对企业成长有正向的作用。

2. 人力资本对企业发展的影响

人力资本作为知识资本的重要组成部分之一，其关键因素是员工，也就是说人口资本是为企业创造价值的关键要素，是企业获得持续竞争能力的主要源泉。已有的研究结论表明，企业的人力资本，例如员工的受教育程度、技能以及经验，会明显地影响到企业的成长能力。价值链的提出者波特指出，企业投入技术、资本以及其他生产要素，必须依靠员工进行生产，才能创造出满足市场需要的最终产品。此外，企业的关系资本也要依靠人力资本来建立，企业员工的工作状态以及精神面貌都会对企业的发展产生一定程度的影响。基于上述分析，提出研究假设7-2。

假设7-2：人力资本对企业成长有正向的作用。

3. 关系资本对企业成长的影响

企业作为产业链上面的一个环节，要想持续存在和长久发展，必然要与上下游各环节建立起良好的关系网。企业可以从这个关系网中开发新的客户、维系老客户以及获取企业生产所需的资源，同时还可能发现新的商机。企业拓展一个新顾客所付出的成本是维系一个老顾客的5倍之多，而且新顾客在前期还未必能为企业带来利润。美国学者雷切尔和萨瑟（Reicheld and Sasser，1990）对顾客忠诚度与企业利润之间的关系进行了相关研究，结果发现顾客忠诚度提高5%，行业的平均利润率会提高25%～85%。根据二八法则，一个企业80%的盈利来自它前20%的客户。所以，要想降低企业的销售成本及交易费用，企业就要致力于提高顾客满意度，增进企业和顾客之间的相互关系，最终提高顾客的忠诚度。

此外，企业与利益相关者（员工、客户、供应商以及其他关系等）之间的良好关系还可以让企业以非常优惠的价格获得其进行生产运营活动所需要的各种资源，从而可以更好地吸引消费者，在市场上占据优势地位。企业之间的相互学习促进了知识的交流分享，这又有助于企业自身知识的累积和更新，进而提高企业的竞争力。以上都足以说明，良好的关系资本，可以为企业创造非常多的发展机会。基于上述分析，提出研究假设7-3。

假设7-3：关系资本对企业成长有正向的作用。

鉴于知识资本的三要素均对企业成长有正向推动作用，提出假设7-4。

假设7-4：知识资本整体也对企业成长有正向的作用。

7.3.4 变量选取与定义

为了验证以上研究假设，首先需要确定知识资本的衡量指标，并分别计算出知识资本及其三要素的数值；其次需要选取企业成长能力的测度指标，并计算出其数值。在综合考虑知识资本的度量方法和企业成长能力评价指标的合理性与可行性的基础上，本书主要借鉴企业知识资本的计算方法；对于企业成长能力指标的选择，本书摒弃了传统采用单一的财务指标来表示企业成长能力的做法，而是采用了多个能反映企业成长能力的指标进行综合度量，这样可以更加准确、全面地反映企业的成长能力。

1. 自变量

自变量为物质资本、知识资本及其三要素（结构资本、人力资本和关系资本）。通过选取相应的指标来描述知识资本的三个要素，并通过因子分析计算出知识资本三个要素的得分，进而可以算出知识资本的总得分，详见本书附录6。

（1）结构资本。结构资本是固化在企业中的一部分资本，由企业员工共同享有和使用，并且可以转化为企业的内部知识性资源，是知识资本中企业最不可能丢失的。它必须依附于整个企业，不能独立存在，在一定程度上具有组织的特征。埃德文森（1997）认为结构资本指的是企业的各种软硬件，如组织架构、数据库、专利和商标等，还包括其他一切支持企业生产运作的组织化能力。斯图尔特（1997）指出结构资本的测量需要包括企业的组织架构、战略、制度文化、运作流程及组织规则等方面的内容。本书认为，企业结构资本的测度还需要考虑到组织的运作效率这一内容。根据以上分析并参照已有的研究成果，选取结构资本的衡量指标见表7－1。

表7－1　结构资本的度量指标及定义

知识资本维度	指标名称	指标表达式
结构资本	人均管理费用	管理费用/员工总数
	管理费用率	管理费用/主营业务收入
	每人配备额	固定资产/员工总数
	研发投入强度	研发投入/主营业务收入

资料来源：根据相关文献整理。

（2）人力资本。人力资本，包括员工自身的知识、经验、受教育程度以及其他技能。哈德森（Hudson，1997）指出应从受教育程度、经验、遗传特征及生活与工作的态度四个层面来度量人力资本。埃德文森（1997）指出人力资本的度量需要涵盖公司所有员工（包括管理者）的知识、经验、思想、价值观以及能力等。津科夫斯基（Dzinkowski，2000）指出应从企业所有员工的专业知识、做事诀窍以及其他能力等方面来度量人力资本。综上所述并参照相关研究成果，选择的人力资本的度量指标见表 7－2。

表 7－2　人力资本的度量指标及表达式

知识资本维度	指标名称	指标表达式
结构资本	人均管理费用	管理费用/员工总数
	管理费用率	管理费用/主营业务收入
	每人配备额	固定资产/员工总数
	研发投入强度	研发投入/主营业务收入

资料来源：根据相关文献整理。

上述知识资本三个要素的度量指标的选取主要是参照斯图尔特（1997）的知识资本评估模型，李冬琴（2004）、李冬伟（2012）和刘玉平（2013）等对知识资本测度指标的设计，并结合研究的可行性及数据的可得性整理出来的。

（3）关系资本。因为企业的关系资本多是外部的，所以相较于知识资本的其他要素，企业更难掌控。企业关系资本的高低主要取决于企业对其与利益相关者之间关系的维护程度，如果企业和供应商、顾客以及合作伙伴之间的关系融洽，企业的外部关系网就比较稳定，关系资本相应也就较高，那么企业在激烈的市场竞争中就可以占据有利的地位。约翰逊（Johnson，1999）认为关系资本的测度应该涵盖企业的客户关系、供应商关系及其他社会利害关系等方面的内容；邦蒂斯（1998）指出关系资本的度量指标的选取需要考虑企业的顾客、供货商、合作伙伴及政府等外部关系。参照相关研究成果，并结合研究的需要，选择关系资本的度量指标见表 7－3。

（4）物质资本。孙立新、于桂兰等（2015）和杨蔓利（2013）认为，推动企业发展的不仅仅是知识资本，在传统的产业经济中，物质资本曾占据主导地位，为了更好地体现知识资本与企业成长能力之间的关系，引入物质资本这一变量。物质资本采用企业的净资产来衡量，净资产是企业资产负债表中的期末资产总额减去负债。

表 7-3 关系资本的度量指标及表达式

知识资本维度	指标名称	指标表达式
关系资本	客户集中度	前五名客户销售额合计/销售总额
	供应商集中度	前五名供应商供货额合计/采购总额
	销售费用率	销售费用/主营业务收入
	应收账款周转率	主营业务收入/平均应收账款
	应付账款周转率	主营业务成本/平均应付账款

资料来源：根据相关文献整理。

2. 因变量

因变量是企业的成长能力（DC），选取评价企业成长能力的指标是一项比较复杂的工作，因为企业的成长是一个复杂的动态过程，在不同的成长期，企业的产出水平以及市场竞争力均存有差异，所以选取的指标要有一定的动态性，不仅要能反映企业当前的成长能力还要能反映企业的成长潜力。鉴于此，本书选取的衡量指标兼顾了企业的成长竞争力以及成长潜力。成长竞争力指的是某一时期内企业的综合经营业绩情况，主要反映企业当前的成长能力；成长潜力则可以预示企业在未来一定时期内的发展状况，从这两个方面可以综合有效地反映出企业过去和未来的发展状况。本书选取的度量指标，主要用来衡量企业的经营效益、获利能力和未来的发展潜力，具体指标及定义见表 7-4。上述指标主要是根据综合反映企业成长能力的选取原则，并参照王东清、阎娜（2015）的研究整理出来的。

表 7-4 企业成长的度量指标及表达式

指标名称	指标表达式
所有者权益增长率	本年股东权益增长额/年初股东权益额
净利润增长率	本年净利润增长额/上年净利润
主营业务增长率	本期主营业务收入增长额/上期主营业务收入
总资产收益率	净利润/平均资产总额
每股收益	归属于普通股股东当期净利润/当期发行在外普通股的加权平均数

资料来源：根据相关文献整理。

7.3.5　模型构建

根据前面的研究假设及变量的定义与选取，构建模型（7－3）和模型（7－4）来探索知识资本及其三要素与企业成长之间的关系。

以知识资本各要素为自变量的回归模型如式（7－3）所示。

$$DC = \alpha_0 + \alpha_1 SC + \alpha_2 HC + \alpha_3 RC + \alpha_4 MC + \varepsilon \tag{7-3}$$

以知识资本总得分为自变量的回归模型如式（7－4）所示。

$$DC = \beta_0 + \beta_1 IC + \beta_2 MC + \xi \tag{7-4}$$

式中，DC 表示企业的成长能力，SC 表示企业的结构资本，HC 表示企业的人力资本，RC 表示企业的关系资本，MC 表示企业的物质资本，IC 表示企业的知识资本总量，α，β 为待估参数，ε，ξ 为残差项。

7.4　实证分析

7.4.1　样本选取与数据来源

选取的研究对象是深圳证券交易所创业板中的中国信息技术行业和制造业上市公司，其中从制造业中选取的均是国家级高新技术企业，因为信息技术行业以及高新技术企业都是知识密集型的企业，研究这些企业的知识资本会更有现实意义。此外，为了更好地体现知识资本对企业成长能力的影响，又特别选取了创业板上市公司，因为创业板上市公司大多是拥有比较大的发展潜能的企业，其最重要的特征就是具有较高的成长性，据此筛选出 94 家上市公司，以 2012 年、2013 年和 2014 年三年的相关数据，共 282 个数据样本进行实证分析，研究的相关数据均来自巨潮资讯网公开发布的上市公司年报。

为了确保研究结果的准确性，在进行因子分析之前，由于知识资本各要素及企业成长能力评价指标的量纲不同，需要采取一定的方法对原始数据进行无量纲处理，以减少指标的不同计量单位对分析结果的影响。采取 Z-score 方法对数据进行标准化处理，设 A_i 为知识资本各要素评价指标的原始数据，B_i 为知识资本各要素评价指标的标准差，Ci 为经标准化处理后的各个指标原始数据值，则有：

$$C_i = \frac{A_i - \overline{A}}{B_i} \tag{7-5}$$

7.4.2 知识资本和企业成长能力的探索性因子分析

运用SPSS 20.0 统计软件对数据进行因子分析，首先以 Bartlett 球形检验和 KMO 值为判断标准，检验数据是否适合做因子分析。然后对知识资本三维度的各要素提取主成分因子，进行旋转成分矩阵分析和变量总方差解释。根据因子分析的结果，可以计算出各主成分因子的数值。探索性因子分析过程详见本书附录5。

1. 结构资本的探索性因子分析

经 KMO 和 Bartlett 检验可发现，样本公司三年数据的 KMO 值均大于 0.5，说明研究数据可以进行因子分析。Bartlett 球体检验的显著性水平均为 0.000，小于 0.05，这说明数据之间存在相关性，适合做因子分析。通过旋转成分矩阵提取出两个公因子，三年的累积方差贡献率都在 70% 以上，说明提取的因子是有效的。通过对比各指标的荷载分布，将管理费用率和研发投入强度归为企业的运营效率；将每人配备额和人均管理费用归结为企业的软硬件发展能力。同时，可得到主成分因子得分系数矩阵和表达式。

2. 人力资本的探索性因子分析

经 KMO 和 Bartlett 检验可发现，样本公司 2012 年和 2013 年的 KMO 值均大于0.5，2014 年的 KMO 值为0.493，说明研究数据可以进行因子分析。Bartlett 球体检验的显著性水平均为 0.000，小于 0.05，这说明数据之间存在相关性，适合做因子分析。通过旋转成分矩阵提取出两个公因子，三年的累积方差贡献率都在 70% 以上，说明提取的因子是有效的。通过对比各指标的荷载分布，将员工人均创收额、员工人力资本维持率和员工人均净利润三个指标归为员工的工作能力；将员工受教育程度解释为员工的教育素养。同时，可得到主成分因子得分系数矩阵和表达式。

3. 关系资本的探索性因子分析

经KMO和Bartlett检验可发现，样本公司三年数据的KMO值均大于0.5，说明研究数据可以进行因子分析。Bartlett球体检验的显著性水平均为0.000，小于0.05，这说明数据之间存在相关性，适合做因子分析。通过旋转成分矩阵提取出两个公因子，三年的累积方差贡献率都在70%以上，说明提取的因子是有效的。通过对比各指标的荷载分布，将客户集中度和销售费用率归为企业的客户关系，将供应商集中度和应付账款周转率归为企业的供应商关系，将应收账款周转率解释为企业的资金使用效率。同时，可得到主成分因子得分系数矩阵和表达式。

4. 企业成长能力的探索性因子分析

经KMO和Bartlett检验可发现，样本公司三年数据的KMO值均大于0.5，而且2012年的KMO值达到0.7以上，说明数据适合进行因子分析，而且Bartlett球体检验的显著性水平均为0.000，小于0.05，这说明数据之间存在相关性，适合进行因子分析。

7.5　检验结果与分析

7.5.1　描述性统计分析

对数据进行描述性统计分析可以看出样本数据的各种特征，如集中趋势和离散程度等，本书以中位数表示数据中间位置（因为本书采取Z-score标准化方法对数据进行了无量纲处理，致使所有数据的均值都为零，所以本书用中位数来表示数据的集中趋势），用标准差表示离散程度（见表7-4、表7-5）。

由于前期原始数据采用Z-score标准化方法进行无量纲处理，因此本书计算出的知识资本及其三要素的得分除了本身所代表的总量概念外，还表示一种相对概念，即得分的正负是相对于行业平均水平而言的，得分为负值的公司表示其知识资本水平低于行业平均水平，这些公司需加强自身知识资本的累积与提升，得分为正值的公司表示其知识资本水平高于行业平均水平，说明这些公司的知识资本水平较高。

横向比较来看（见表7-5），知识资本的三个要素中，结构资本的中位数最大，说明样本企业的结构资本发展水平较高，而人力资本的中位数最小，说明企业亟须加大相关投入来提高自身的人力资本水平。同时可以看到结构资本、人力资本、关系资本和企业成长能力的标准差都大于0.5，知识资本的标准差达到1.1以上，说明样本企业的知识资本水平以及成长能力悬殊，分布不均匀。

表7-5　样本数据描述统计量（中位数和标准差）

变量	中位数			标准差		
	2012年	2013年	2014年	2012年	2013年	2014年
结构资本	0.11	0.21	0.15	0.72	0.71	0.72
人力资本	-0.16	-0.14	-0.20	0.72	0.73	0.73
关系资本	-0.02	-0.06	-0.07	0.60	0.59	0.59
知识资本	0.09	0.15	0.15	1.34	1.17	1.24
企业发展能力	0.10	0.02	-0.02	0.77	0.75	0.72

资料来源：根据数据计算结果整理。

纵向比较来看（见表7-6），结构资本三年的中位数都为正，而且2013年较2012年有所提升，而人力资本三年的中位数均为负值，这说明样本企业知识资本的三要素发展不平衡。但知识资本的中位数不仅三年均为正值，而且还在逐年提高，这说明样本企业的整体知识资本水平还是在逐年提高的。表7-6中人力资本的极小值每年均有提升，说明有些刚起步的企业正在不断地

表7-6　样本数据描述统计量（极大值和极小值）

变量	极小值			极大值		
	2012年	2013年	2014年	2012年	2013年	2014年
结构资本	-4.51	-2.50	-2.65	0.88	1.21	1.10
人力资本	-2.77	-1.72	-1.29	2.91	2.60	2.33
关系资本	-1.14	-1.18	-1.30	1.84	2.05	1.99
知识资本	-7.08	-3.72	-3.92	3.23	2.33	2.37
企业发展能力	-3.99	-2.64	-2.31	2.70	1.89	2.59

资料来源：根据数据计算结果整理。

发展，极大值却逐年下降，这说明那些发展相对较成熟的企业的发展可能达到了瓶颈期。这同时也说明，处在不同发展阶段的企业，其知识资本的累积效率也存有差异。

7.5.2　知识资本及其三要素的累积情况分析

通过绘制94家样本公司知识资本及其三要素三年数值的折线图，可以大致分析各公司知识资本累积情况。

整体来看（见图7-6），样本公司知识资本的数值大部分分布在-2~2这个区间中，除去个别公司，各上市公司的知识资本水平在三年中均是稳中有升的，说明在G-P-R三要素模型的推动下，大部分公司都通过投入—产出过程，完成企业的创新目标，实现知识资本的累积与创新。

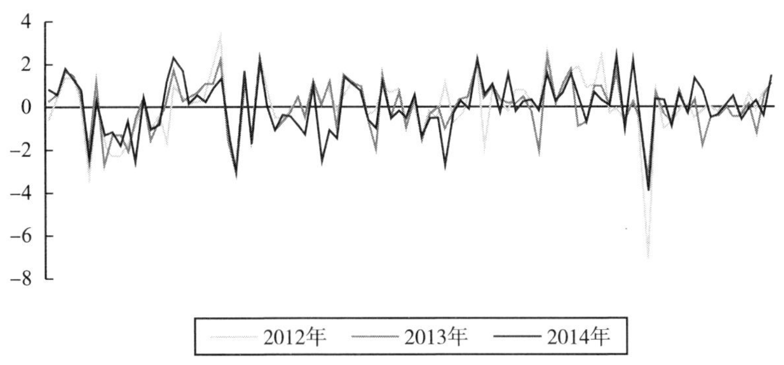

图7-6　样本公司三年的知识资本走向

资料来源：根据数据计算结果绘制。

从结构资本来看（见图7-7），高于行业平均水平的各公司之间结构资本波动幅度小于低于行业平均水平的各公司之间结构资本波动幅度。这说明结构资本较低的公司可能正处在高速成长阶段，由于组织制度、结构、流程及信息系统的不断完善，其结构资本的累积与创新速度会比处在稳定期的公司要快。

从人力资本来看（见图7-8），高于行业平均水平的各公司之间人力资本波动幅度大于低于行业平均水平的各公司之间人力资本波动幅度，这很好地解释了G-P-R三要素模型的过程（Process）中所体现的“知识差距是组织的成长的增函数”。即高知识水平的企业成员把自身所独有的知识与其他成员进行

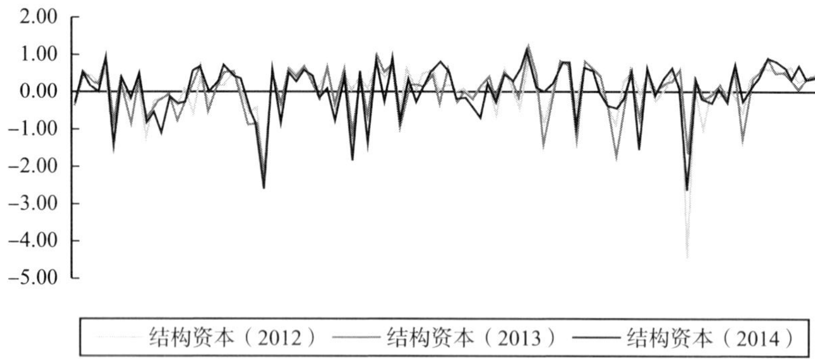

图7-7 样本公司三年的结构资本走向

资料来源：根据数据计算结果绘制。

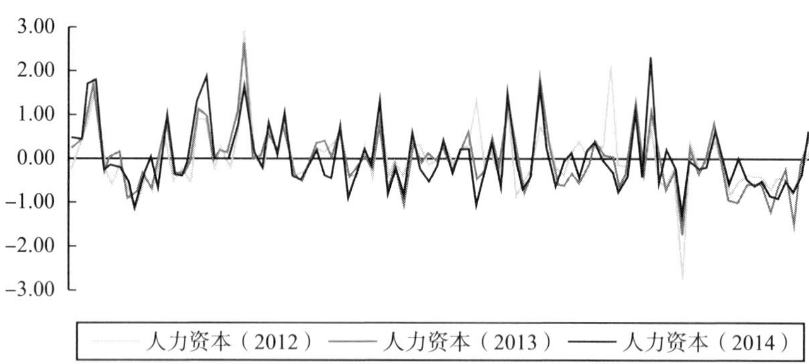

图7-8 样本公司三年的人力资本走向

资料来源：根据数据计算结果绘制。

共享，一般企业成员通过消化、吸收这些新知识后，增加了自身可以使用的知识数量，同时通过对知识的创新可以大大增加自身为企业所创造的价值，这也就提高了企业的人力资本水平，进而可以提高企业的产出水平，改善企业绩效。人力资本水平较高的企业员工所具备的知识水平通常要比人力资本水平较低的企业员工高，当然，不论是进行组织学习的效率还是创新的速度，人力资本水平较高的企业都会优于水平较低的。

从关系资本来看（见图7-9），样本公司关系资本的数值主要集中在区间（-1，1）中，对比结构资本与人力资本的分布区间可知，各公司之间关系资本的波动幅度是最小的，前面描述性统计中关系资本的标准差也是最小的。这说明样本公司关系资本的发展速度明显偏低，中国创业板上市公司需加强与外部关系的联系，充分发挥出关系资本在企业成长中的作用。

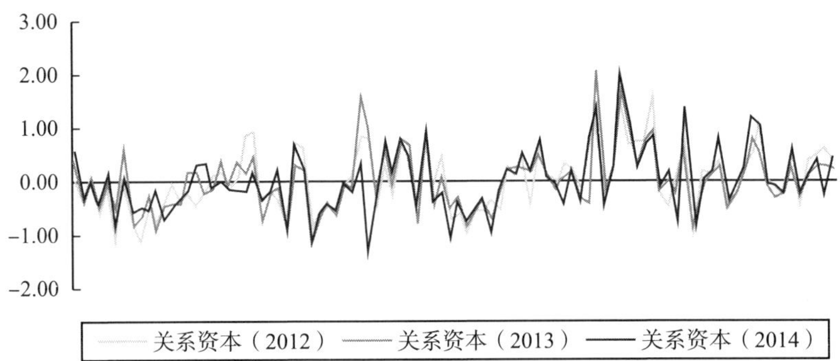

图7－9 样本公司三年的关系资本走向

资料来源：根据数据计算结果绘制。

综上所述，样本公司的知识资本累积情况基本符合本章G-P-R三要素模型中所描述的情况。

7.5.3 知识资本与企业成长能力的散点图

进行回归分析之前，首先绘制知识资本与企业成长能力三年的散点图，可以大致看出两者的关系趋势（见图7－10、图7－11和图7－12）

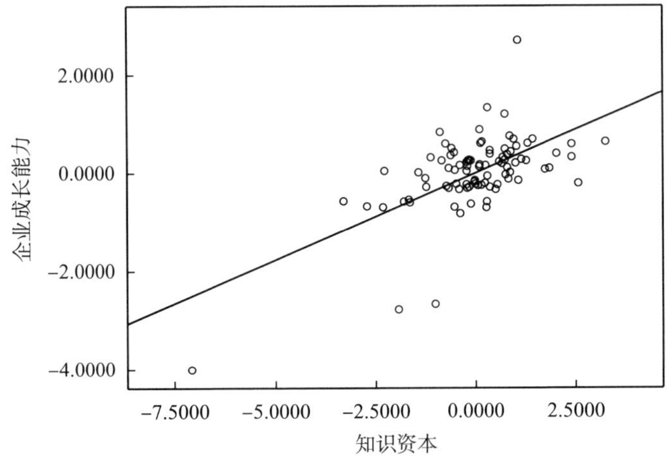

图7－10 2012年知识资本与企业成长能力的散点图

资料来源：SPSS输出计算结果。

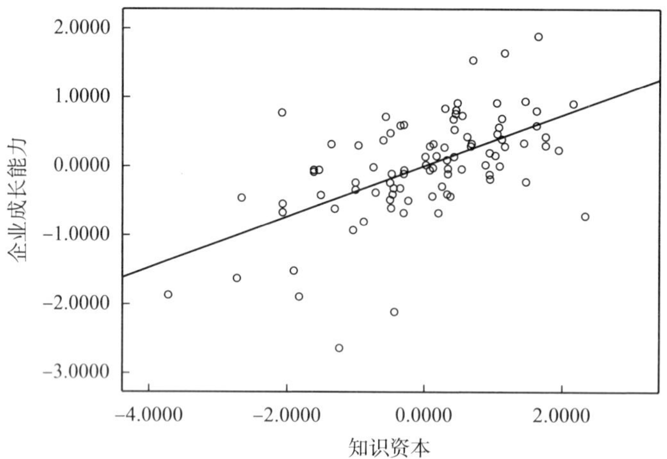

图7-11 2013年知识资本与企业成长能力的散点图

资料来源：SPSS输出计算结果。

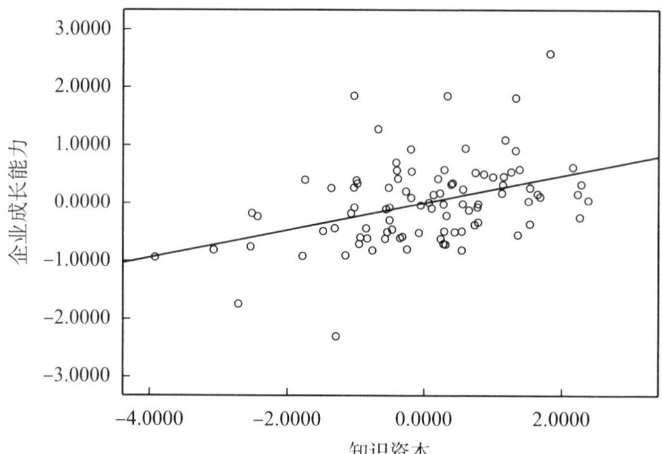

图7-12 2014年知识资本与企业成长能力的散点图

资料来源：SPSS输出计算结果。

从以上三图中可以看出，企业成长能力与知识资本之间基本呈线性关系，其中2012年两者的线性关系更为明显。验证了构建的回归模型的合理性。

7.5.4 变量之间的相关性分析

为了保证多元线性回归分析结果的准确性，需要检验自变量间的相关性，确保它们之间不存在多重共线性。采用Pearson相关系数来检测各变量之间的相关程度。相关系数的取值范围在 -1 到 1 之间，符号表示相关方向，绝对值越接近 1，表明变量间的相关性越强，绝对值越接近 0 则表明变量间相关性越弱。绝对值在 0.8 以上表示变量间相关性极强，0.6 ~ 0.8 之间表示强相关，0.4 ~ 0.6 范围内表示中度相关，0.4 以下表示相关性很微弱。通常情况下，相关系数的绝对值较高时，说明变量间可能存在共线情况，应当删除这些变量。本书检验了物质资本、知识资本的三要素与企业成长能力 5 个变量之间相关性（见表 7 -7、表 7 -8 和表 7 -9）。

表 7 -7　　2012 年变量相关性

变量	结构资本	人力资本	关系资本	物质资本	企业成长能力
结构资本	1	—	—	—	—
人力资本	0.196	1	—	—	—
关系资本	0.075	0.157	1	—	—
物质资本	-0.183	0.194	-0.047	1	—
企业成长能力	0.549**	0.522**	0.081	-0.053	1

注：* 表示在 0.05 水平（双侧）上显著相关，** 表示在 0.01 水平（双侧）上显著相关。
资料来源：SPSS 输出计算结果。

表 7 -8　　2013 年变量相关性

变量	结构资本	人力资本	关系资本	物质资本	企业成长能力
结构资本	1	—	—	—	—
人力资本	-0.075	1	—	—	—
关系资本	0.059	0.009	1	—	—
物质资本	-0.042	0.324**	0.054	1	—
企业成长能力	0.274**	0.613**	0.056	0.243*	1

注：* 表示在 0.05 水平（双侧）上显著相关，** 表示在 0.01 水平（双侧）上显著相关。
资料来源：SPSS 输出计算结果。

表 7 -9　　2014 年变量相关性

变量	结构资本	人力资本	关系资本	物质资本	企业成长能力
结构资本	1	—	—	—	—
人力资本	-0.012	1	—	—	—
关系资本	0.069	0.101	1	—	—
物质资本	0.061	0.384**	0.135	1	—
企业成长能力	0.263*	0.422**	0.014	0.400**	1

注：* 表示在 0.05 水平（双侧）上显著相关，** 表示在 0.01 水平（双侧）上显著相关。
资料来源：SPSS 输出计算结果。

从各变量之间的相关性分析结果可以看到，知识资本（结构资本、人力资本和关系资本三个维度）和物质资本均与企业成长正相关，这也初步验证了假设1、假设2和假设3。此外还可以看出，结构资本、人力资本、关系资本和物质资本四个自变量之间的相关系数很小，除了2013年、2014年人力资本和物质资本的相关系数达到0.3以外，其他相关系数的绝对值均小于0.2，这说明自变量间的相关性很微小，由此可以推断自变量间不存在共线性或各变量的多重共线性较弱，不会影响回归分析的结果，无须剔除变量。

7.5.5 多元回归分析

根据前面相关分析的结果可以看出知识资本的三要素与企业成长能力之间存在着相关关系，为了进一步探究各变量间的关系，分别用SPSS 20.0和EViews 6.0进行回归分析。利用SPSS软件对样本企业单年的数据进行回归分析，使用EViews软件对样本企业三年的数据进行回归分析。

1. 模型（7－3）的SPSS回归分析结果

对模型（7－3）进行实证检验结果（见表7－10）显示，模型均在0.01的显著性水平下通过了F检验，这表明自变量和因变量之间具有很强的线性关系，回归方程的拟合度是可以接受的。D－W的值均在2附近，说明残差之间相互独立，不存在自相关现象。三年的R^2分别为0.480、0.479和0.307，还是可以接受的。VIF的值均小于2，表明自变量的方差膨胀因子均在可接受范围内，也即自变量间不存在多重共线性（见附表5－39）。自变量三年的回归系数均在0.01的显著性水平之下通过了t检验，说明自变量与因变量之间的线性关系显著。

表7－10　　模型（7－3）汇总

年份	R	R^2	调整 R^2	更改统计量			Durbin－Watson
				R^2 更改	F 更改	Sig. F 更改	
2012	0.693	0.480	0.469	0.178	31.238	0.000	1.902
2013	0.692	0.479	0.467	0.103	18.029	0.000	2.271
2014	0.554	0.307	0.284	0.057	7.466	0.008	1.768

资料来源：SPSS输出计算结果。

对模型（7－3）的回归系数进行实证检验（见表 7－11），结构资本与人力资本的回归系数均为正值，说明结构资本、人力资本与企业成长存在正相关关系。验证了假设 7－1 和假设 7－2。关系资本并未被引入回归方程，说明关系资本对企业的成长作用不显著。其次，结构资本的回归系数是逐年下降的，这说明在企业发展的前期，结构资本的贡献较大，随着企业的组织架构以及相关制度的不断完善，结构资本在推动企业成长中发挥的作用逐渐减弱。人力资本的回归系数在 2012～2013 年是上升的，说明人力资本在企业成长中的作用越来越重要，但 2014 年又有所下降。2014 年的回归方程引入了物质资本这一变量，说明物质资本和知识资本共同促进了企业成长，人力资本的作用较物质资本更为显著，结构资本发挥的作用与物质资本相近。

表 7－11　　模型（7－3）回归系数

年份	变量	非标准化系数		标准系数	t	Sig.	共线性统计量	
		B	标准误差	系数			容差	VIF
2012	（常量）	—	0.058	—	0.000	1.000	—	—
	SC	0.500	0.083	0.465	6.028	0.000	0.961	1.040
	HC	0.465	0.083	0.431	5.589	0.000	0.961	1.040
2013	（常量）	—	0.056	—	0.000	1.000	—	—
	HC	0.655	0.078	0.637	8.391	0.000	0.994	1.006
	SC	0.338	0.079	0.322	4.246	0.000	0.994	1.006
2014	（常量）	—	0.063	—	0.000	1.000	—	—
	HC	0.323	0.095	0.325	3.414	0.001	0.851	1.175
	SC	0.251	0.088	0.251	2.849	0.005	0.995	1.005
	MC	0.188	0.069	0.260	2.732	0.008	0.848	1.179

资料来源：SPSS 输出计算结果。

2. 模型（7－4）的 SPSS 回归分析结果

对模型（7－4）进行的实证检验结果（见表 7－12）显示，模型 7－4 也均在 0.01 的显著性水平下通过了 F 检验，这表明自变量和因变量之间具有很强的线性关系，回归方程的拟合度是可以接受的。D－W 的值均在 2 附近，说明残差之间独立，不存在自相关现象。VIF 的值小于 2，说明变量的方差膨胀因子均在可接受范围内，即自变量间不存在多重共线性（见附表 5－40）。自变量三年的回归系数均在 0.01 的显著性水平之下通过了 t 检验，说明自变量与因变量之间线性关系显著。

表 7－12 模型（7－4）汇总

年份	R	R^2	调整 R^2	更改统计量			Durbin－Watson
				R^2 更改	F 更改	Sig. F 更改	
2012	0.611	0.374	0.367	0.374	54.865	0.000	1.833
2013	0.577	0.333	0.326	0.333	45.959	0.000	2.000
2014	0.496	0.246	0.229	0.080	9.679	0.002	1.795

资料来源：SPSS 输出计算结果。

对模型（7－4）的回归系数进行实证检验（见表 7－13），知识资本的系数均为正值，说明在企业成长的过程中，知识资本发挥了显著的正向促进作用，这也验证了假设 7－4。而且，2013 年知识资本的回归系数较 2012 年知识资本的回归系数有所增大，这说明知识资本在推动企业成长中的作用越来越重要。

表 7－13 模型（7－4）的回归系数

年份	变量	非标准化系数		标准系数	t	Sig.	共线性统计量	
		B	标准误差	系数			容差	VIF
2012	（常量）	—	0.064	—	0.000	1.000	—	—
	IC	0.353	0.048	0.611	7.407	0.000	1.000	1.000
2013	（常量）	—	0.063	—	0.000	1.000	—	—
	IC	0.369	0.054	0.577	6.779	0.000	1.000	1.000
2014	（常量）	—	0.065	—	0.000	1.000	—	—
	IC	0.181	0.056	0.310	3.217	0.002	0.894	1.119
	MC	0.216	0.070	0.300	3.111	0.002	0.894	1.119

资料来源：SPSS 输出计算结果。

尽管 2014 年的回归方程因引入了物质资本，导致知识资本的系数较前两年有所下降。但结果表明物质资本和知识资本共同促进了企业成长，知识资本发挥的作用与物质资本相近。

3. 模型（7－3）的 EViews 回归分析结果

从模型（7－3）的 EViews 回归结果来看（见表 7－14），模型（7－3）的

R^2 为0.953，说明模型可以解释因变量95%以上的信息，明显比模型（7-1）由SPSS逐年回归的拟合效果好很多，回归模型也通过了F检验。还可以看到，结构资本、人力资本、关系资本和物质资本的回归系数均为正值，验证了假设7-1、假设7-2和假设7-3，而且结构资本、人力资本、关系资本和物质资本的回归系数均在0.05的显著性水平下通过了t检验，说明三者对企业的成长能力有显著的正向促进作用，与SPSS分析结果相比有所改进，这也说明扩充研究样本的时间长度可以使研究结果更可靠。时间序列分析结果表明，物质资本和知识资本（结构资本、人力资本、关系资本）共同促进了企业成长，且人力资本和结构资本的作用显著强于物质资本，关系资本的作用偏弱。

表7-14 模型（7-3）的EViews回归结果

变量	系数	显著性
常量	-0.011	0.043
SC	0.488	0.000
HC	0.941	0.000
RC	0.115	0.007
MC	0.159	0.000
Adjusted R-squared	0.927	
S. E. of regression	0.399	
F-statistic	37.844	
Prob（F-statistic）	0.000	
Sum squared resid	29.340	
Durbin-Watson stat	2.666	

资料来源：EViews输出计算结果。

4. 模型（7-4）的EViews回归分析

从模型（7-4）的EViews回归结果（见表7-15）来看，R^2 为0.949，说明该模型可以解释因变量94%以上的信息，回归模型也通过了F检验。知识资本的回归系数为正值，并在0.01的显著性水平下通过了t检验，验证了本书的研究假设7-4。时间序列分析表明，物质资本和知识资本共同促进了企业成长，且知识资本的作用显著强于物质资本，说明了知识资本在企业成长中发挥着不可替代的作用。

表 7-15 模型（7-4）的 EViews 回归结果

变量	系数	显著性
常量	-0.0125	0.076
IC	0.586	0.000
MC	0.276	0.000
R-squared	0.949	
Adjusted R-squared	0.923	
S. E. of regression	0.424	
F-statistic	36.582	
Prob（F-statistic）	0.000	
Sum squared resid	33.436	
Durbin-Watson stat	2.696	

资料来源：EViews 输出计算结果。

7.5.6 研究结果分析

从模型（7-3）的 EViews 回归结果来看（见表 7-14），回归系数中最大的是人力资本，说明人力资本对企业成长的贡献度最大。但从前面的描述性统计分析中，可以看到人力资本的平均水平是低于行业平均水平的，所以，上市公司如果能够提高自身的人力资本水平，其成长速度将会得到提升；关系资本的回归系数不仅是知识资本三要素中最小的，而且远小于其他两者的回归系数，这说明中国创业板上市公司尚未能充分利用好企业的外部资源。知识资本三要素的回归系数均为正值，这说明企业的成长能力会随着企业知识资本的累积而提高。

从模型（7-4）的 EViews 回归结果（见表 7-15）来看，知识资本的回归系数为 0.585782，远大于物质资本回归系数 0.275937，这再次说明了知识资本在创新性企业成长中具有不可替代的作用。知识资本的回归系数为正值，说明随着企业知识资本的累积，企业的成长能力会不断得到提升。

7.6 本章小结

结合截面和时间序列的分析结果，我们可以发现，物质资本和知识资本共同推动了企业成长，其中知识资本发挥的作用显著强于物质资本。此外，对比截面和时间序列的回归结果，可以看出，三年数据整体的回归结果，无论是各方面的拟合度还是与现实的符合度均优于逐年回归的结果，这说明物质资本和知识资本的作用发挥需要一个持续积累的过程。本章的研究从一定程度上验证了物质资本与知识资本的动态变化对企业成长的影响，主要结论如下。

（1）中国创业板上市公司超过半数企业的知识资本都高于行业平均水平，说明中国创业板上市公司整体的知识资本存量水平较高，但各个企业之间的知识资本水平相差悬殊，如果知识资本水平相对较低的企业能重视知识资本的累积与管理，中国创业板上市公司整体的知识资本水平应会得到大幅度提升。

（2）根据系列模型（7-3）及回归分析可以得知，企业成长能力与结构资本、人力资本均在0.01的显著性水平下正相关。说明结构资本和人力资本在企业的发展过程中都发挥了比较显著的正向作用，而且人力资本的作用有逐年上升的趋势，这与目前企业经济的发展实际相符。根据模型（7-4）的回归分析可以得知，企业成长能力与知识资本均在0.01的显著性水平下正相关，这说明中国创业板上市的知识资本在推动企业成长方面发挥了积极的作用，综上所述，SPSS的分析结果验证了假设7-1、假设7-2和假设7-4，假设7-3尚未得到验证。

（3）从EViews的分析结果来看，所有的研究假设均得到验证。根据模型（7-3）的回归结果，可以得知结构资本、人力资本和关系资本均对企业的成长能力有显著的正效应，即验证了假设7-1、假设7-2和假设7-3。根据模型（7-4）的回归结果可以得知，知识资本对企业的成长能力有显著的正效应，即验证了研究假设7-4，知识资本对企业成长的推动作用明显大于物质资本。

此外需要说明的是，本章仅对94家创业板上市公司知识资本的累积效应进行了验证，未对具体企业知识资本的累积过程进行详细描述，也没有利用实际数据充分展现G-P-R三要素对知识资本累积的驱动作用。在未来的研究中可以增加样本量（横向和纵向的）对知识资本的累积效应进一步进行验证，提高研究的可信度，而且可以对比不同行业之间知识资本的效应，为不同类型企业知识资本的累积与管理提供现实依据。另外，时间跨度上的动态性也需要加强。

第 8 章　团队成员知识互补性对创新绩效的影响分析

本书第 7 章基于知识资本理论及组织成长的过程，构建了企业发展的“目标、过程和结果”（G-P-R）三要素模型，分析了知识资本三个主体的相互作用与知识资本的累积效应。并在此基础上探讨物质资本与知识资本动态变化对企业成长的影响。为继续探讨微观层面的资本协同问题，本章基于知识互补性原理，构建了团队成员知识互补性对团队创新绩效影响的理论模型。通过对 25 个团队的问卷调查，采用因子分析和线性回归分析等研究方法，实证检验了包容型领导风格的调节作用和团队冲突的中介作用，解释了团队知识互补性对团队创新绩效的影响。本章在一定程度上验证了企业知识资本内部协同对企业成长的影响。

8.1　相关概念

8.1.1　知识互补性

自从杰文斯（Jevons，1987）的著作《政治经济学理论》1871 年问世以来，关于消费品以及消费品之间的需求和价格理论之间的替代与互补问题，始终成为经济学家在研究经济学时不可回避的重要研究对象。奥斯皮兹和列本（Auspitz and Lieben，1889）首次提出互补的定义，并逐渐被其他学者所接受。事实上，这个定义最初是在讨论快乐函数（pleasure function）时引用的。奥斯皮兹和列本（1889）在研究这个函数时，需要处理这个函数的符号问题，即 $\varphi(x_1, x_2(x_1), \cdots, x_n(x_1))$ 的交叉二阶导数之和，为了解决这个问题，他们综合别人的研究，创新性地引入一个判断准则，即互补性，这种判断准则认为，如果两阶导数的符号为正的话，那么研究的对象就是一种互补关系。由他们两位建立的这种判断准则，后来被许多著名学者进一步推广，并且随着研究的深入，这种关系受到越来越高的重视，对消费理论的发展和完善起到了重要的作用。

但由于这种互补性局限于消费理论中，萨缪尔森（Samuelson，1947）在其著作中一开始就批判性地指出，经济学家对于互补性的关注程度远超过它应受到的关注程度。随着博弈论的发展，他在 1974 年又指出，对于互补性应该随着时间的推移赋予全新的审视。受这种思想的影响，维维斯（Vives，1985，1990）、米尔格罗姆和罗伯茨（Milgrom and Roberts，1990）做了更深入的拓展。格罗姆和罗伯茨（1990）首次将互补性应用于分析现代制造业。20 世纪早期，美国的福特汽车公司采用了流水线技术，通过专业化、大批量和标准化的生产方式，形成了巨大的成本优势，影响了几代制造业。20 世纪中后期，日本的丰田首次放弃这种用于大批量生产并且用途单一的设备，选用了比较先进的机械工具，这种柔性的工具配合多任务可编程的设备，极大地提高了丰田生产能力以及竞争力。丰田汽车生产方式突出特点是，对员工在设计、组织、生产、营销等方面的知识互补性进行了静态分析，并贯穿企业整个生产过程。

中国学者汪丁丁（1997，2000，2001）在多年研究的基础上，对知识理论进行了系统性的阐述，创新性地提出了“知识互补性”这一概念，分析了知识互补性对收益递增的影响。

国外学者阿尔奇安（2003）通过研究指出，团队之所以优于个人，是因为通过团队投入的各个生产力联合产生相应的效果，这种效果可能会削弱，也可能会增强，但是在合理利用后，必然会大于各个生产力分开投入产生的效益。后来大量研究认为，如果两种知识主体之间存在着互补性，那么这种互补性程度越高，二者共同创造的价值将会大于各个独立个体的价值总和。于桂兰、王弘钰（2008）在研究工人的知识技能互补性时，从时间角度和互补性类型分别进行了测算。互补性类型主要有 5 个方面：（1）劳动者知识、技能和他们所从事的设备之间互补性；（2）劳动者的知识和图纸以及软件等载体之间的互补性；（3）劳动者个体与所在团队、所在组织之间的互补性；（4）员工与管理者、工人与技术人员之间的技术互补性；（5）工人的技术知识与职工管理制度的互补性。时间角度主要表现在工人以前掌握的经验，现在从事岗位的技术知识，以及将来会从事的技术知识之间的互补性。

根据上述文献，本书将团队成员知识互补性界定为团队成员之间的知识异质性与知识共享两个方面。

8.1.2 团队冲突

对于团队冲突的定义，基于不同视角会有着不同的定义。伯恩斯（Burns，1961）提出冲突是企业中的一种常态，会经常出现在组织中，对于新的企业和团队，这种冲突更容易产生。福莱特（Follet，1995）指出，组织中由于任务或谈判等产生的冲突是一种很自然的分歧，并指出，应该要学会管理这些冲突，尽可能地让这些冲突起作用，对于管理者而言，应尽可能地利用这种冲突促进企业更好发展。有研究者指出，对于冲突，可以将其考虑为普通活动，而从研究的角度来讲，应该集中于研究冲突的类型以及彼此在组织过程中的相互作用（Kolb and Putnam，1992）。

包尔丁（K Boulding，1963）则提出不同的意见，他认为冲突是由彼此间利益、观念、决策等方面的差异引起的。他认为，是否属于冲突应该从三个方面来看。首先，只要有一方认为这是个冲突，那么冲突就存在；其次，发生冲突的当事人，彼此之间存在某种关系，这种关系可能会影响到彼此；最后，只要发生冲突，那么在此过程中，任何稀缺资源的变动都会引起彼此的紧张感。基于此理论，杜宇（2006）指出，冲突实际是成员之间因为某种原因不相容而存在的一种人际关系。

8.1.3 团队冲突的维度和测量

冲突是日常生活中最普遍的一种社会现象。冲突存在于一些老牌企业，也同样存在新创企业；存在于大型企业，也同样存在于小型企业。对团队冲突维度有着不同的划分。

杜奇（Deutsch，1990）根据目标定位的不同，将冲突划分为 3 种类型：合作、竞争、让步的冲突。他在研究过程中发现，团队成员处于合作式冲突氛围中，团队成员首先考虑的目标不是个人而是团队的总目标和团队目标导向。在这种冲突中，团队整体利益高于一切，为了实现这一目标，团队成员是紧密联系和合作的，也会针对某些问题提出不同的观点和意见并进行讨论；在竞争式冲突中，与合作式冲突相反，团队成员更多的是考虑个人目标，将个人目标视为前进的方向，在讨论过程中，更多的是考虑自己的观点是否被采用，而不是被团队目标所左右，同时，团队成员在相处过程中认为这种冲突的结果不是你赢了就是我赢了；在让步式冲突氛围中，团队成员的最终目标是维持团队关系的稳定。他认为，团队最重要的部分是对不同观点和观点的凝聚和抑制，基于此，成员们很少提出自己的真实观点，在团队研讨过程中总是跟随者团队的主流观点，很难产生新的思想和创意，所以很难进行创造性思维。

德鲁克曼（Druckman，1993）根据冲突的来源，将团队冲突分为 3 种：第一种是由于团队成员对于自身在团队中利益受到损害而引发的冲突，被称为利益冲突；第二种是团队成员由于彼此的价值观以及其他观念不一样而导致的冲突，被称为价值冲突；第三种是团队成员为实现某一目标的方式和思想理念差异所引发的冲突，被称为意见冲突。

约翰逊（John，1994）将团队成员在日常工作遇到的冲突分为两个方面，即任务冲突和关系冲突。任务冲突是由于团队成员在执行任务时，其自身对于任务的理解与团队的目标、决策过程等方面的差异导致的。后者则侧重于团队成员之间的人际关系维护，但是在团队中，团队成员之间彼此有着差异性，这种差异性会导致关系冲突的产生，这是不可避免的。二者相比较而言，任务冲突更加有益于企业的发展以及创新。中国学者张玉利等通过研究认为，团队冲突只涉及任务冲突，不应该包含关系冲突，正因为关系冲突对企业存在很大的危害，所以会立即清理掉这个危害，通常企业采用的方法是更改团队成员的选择。

通过以上综述，本研究根据目标定位划分的三种冲突类型，即：合作型冲突、竞争型冲突、让步型冲突，在参考杰斯沃德（Tjosvold，2004）研究成果的基础上，确定团队冲突的测量维度。

8.1.4　包容型领导

维泰罗和米塔格（Vitello and Mithaug，1998）在教育领域对包容型领导风格进行研究，提出在教育中，老师要适应不同学生的多样性，同时要包容这种差异性。雷纳（Rayner，2009）指出，这种包容型领导管理模式实质上是一种很特殊的“学习型领导”，正因为这种包容型领导风格，它可以让每位学生很快融入班级集体生活，同时学习相关技能，这种包容型领导风格之所以能贯穿整个过程，是因为需要对学生的差异性和多样性进行交互管理。包容型领导管理模式是一种特殊的“学习型领导”，能使每个学生融入集体生活，学习相关技能。学生的差异性和多样性贯穿互动管理的全过程。

随着研究的深入，包容型领导风格越来越受到组织或企业管理者的关注。内姆哈德和恩德蒙多森（Nembhard and Ndmondosn，2006）通过研究指出，包容型领导关心员工，乐意听取员工的意见，承认员工在企业中的劳动成果。卡梅利等（Carmeli et al.，2010）研究包容型领导风格时，主要探讨了包容型领导的管理风格和组织成员与领导人的相互作用两个过程之间的关系，以及团队成员之间的相互作用机理。结果表明，包容型领导风格善于关注组织成员的需要和倾听成员的声音。

中国学者高虹（2010）指出，包容型领导风格是一个动态的、和谐的领导关系系统，也是一种动态和谐的体制，这种包容型领导需要团队成员全部参与。包容型领导的管理方式强调管理时要以员工为核心，强调与员工互动要保持公平与公正。

8.1.5 包容型领导的维度和测量

关于包容型领导风格测量维度，内姆哈德和恩德蒙多森（2006）首次提出包容型领导管理主要通过两个维度，即“邀请”言行和“赞赏”言行，同时，其通过对医院主管进行调研，总结出了一份由下属评价上司的三题项量表，这份量表虽然能一定程度上解释包容型领导，但是存在一定的局限性。

卡梅利等（2010）在前人的研究基础上，认为包容型领导管理风格应该从三个维度来测量，并开发了一个测量工具，包括领导的管理风格，即“开放性”“有效性”“无障碍”，共九项目。朱其训（2011）指出包容型领导管理是一种动态的过程，方阳春（2014）通过问卷调查及访谈调查浙江省一些高校研究团队的负责人和团队成员，结合实证分析，从三个维度来测量包容型领导风格。

8.1.6 团队创新绩效

各种创新活动可以产生创新绩效，不同的学者对创新绩效的理解略有不同，针对团队创新绩效的含义，本章进行了文献梳理（见表 8－1）。詹森（2004）根据单个成员行为绩效研究模型，详细提出了创新绩效这一概念。他和国内部分学者的定义有相似之处，即都认为创新绩效是单个成员对组织创造出的重大价值。韩英华（2008）在研究创新绩效的过程中，不仅注重新产品的创新，而且提出了知识的创新也是重要一环，在创新的过程中，知识资本的吸收和积累有至关重要的作用。

表 8－1　团队创新绩效的定义

作者（年代）	定义
詹森（2004）	在工作过程中、团队或组织中内部人进行自发的创造行为，对新的想法和行动的实践起到推动作用，对组织成员个人和组织整体都有益
韩翼（2007）	组织个别成员对团队有关键意义和重大价值的想法、方式等
韩英华（2008）	专指知识财富的创造和累加，主要展现在新产品或知识的创新方面

资料来源：根据相关资料整理。

8.1.7　团队创新绩效的维度和测量

从不同的角度，可以将创新分成不同的类型。从对象和影响方面来分，创新主要有管理创新和技术创新。管理创新是指在达到团队或个人的目的时产生的创新行为与活动；技术创新指与组织直接工作相联系的创新活动与行为。技术创新主要包括过程创新和产品创新两部分，管理创新主要包括组织变革、制度和规则方面的创新等。组织总是看重研发产品的更新换代速度、新的产品数目、开发新产品过程中产生的成本、产品的创新水平等指标，并以这些指标为参考，衡量组织创新绩效。

从创新的结果来看，主要侧重于效率和效果两个方面。霍格尔和杰门登（Hoegl and Gemuenden，2001）在研究这个问题时，提出创新的效率是控制成本与时间，对比实际产出和计划产出间的差距。创新是否高效指的是成果与预想结果的契合程度，反映了实际结果与理想结果之间的比较。组织成员在为组织目标努力的过程中投入的时间、努力和成本是否达到目标，可以用来对团队创新绩效进行评判，其中对于创新有效性的测定有四个问题、团队创新效率的测定有 5 个相关问题。

在衡量创新绩效时，詹森（2004）建议将整个创新过程纳入其中，强调整体创新的连续性。刘惠琴和张德（2007）用创新行为和能力测定创新绩效水平，其问卷中涉及的题目很大一部分来源于企业访谈统计记录，问卷中的开放性问题来源于詹森的相关研究。赵景慧（2011）在研究两性差别和团队创新绩效关系的时候也借鉴使用这种测定方法中关于创新能力和创新行为的维度和相关题目。韦林卡特等（Lovelace et al.，2001）对过去创新绩效的相关问卷进行了整合，认为团队创新绩效的中心是创新成果。创新成果主要由产品的创新程度、产品创意的多少等四个部分构成，这个量表被众多学者引用。

本章参考相关文献，从创新能力和创新成果 2 个维度对创新绩效进行测量，“创新成果”参考了袁国方的调查量表，“创新能力”参考了刘惠琴和张德（2007）的调查量表。

8.2 知识互补性与创新绩效

8.2.1 团队知识互补性

大部分学者对于互补性的研究最早主要体现在消费理论中，后来米尔格罗姆和罗伯茨（1990）发表了《现代制造业的经济学：技术、战略、组织》，这篇文章的问世意味着互补性研究的进一步发展。随后，弗洛里安（Florian，2004）在研究合作伙伴的知识属性和研发创新项目对外部联盟伙伴知识资源的影响时发现，如果通过整合团队成员的知识进行互补，更加容易创造出符合用户要求的产品，表明如果一个组织成员之间的知识互补性越高，那么团队的创新能力、研发能力越高。后来的研究也证明，如果企业充分发挥协作团队知识资源的互补优势，就可以实现创新，进一步创造出更高价值。

布鲁瑟斯（Brouthers，1997）通过整理和筛选了关于战略联盟的研究，进一步发现研究者们对于这种联盟的表述为：（1）战略联盟之间互补技能；（2）文化之间的合作互补；（3）共同奋斗的目标之间互补；（4）在承担风险上是一样的。由此可以看出，技术联盟在选择合作伙伴时，不再单纯考虑制式之间的互补性。

亚萨尔（Yasar，2008）在研究土耳其的制造企业时意外发现，考察的企业中，技术人员与自己所需要采用的设备以及电脑之间都存在一种互补性，而企业中的非技术人员仅仅与资本存在着某种关联。证明了资本与技术之间的互补性其本质是一种知识的互补，这种互补性可以极大地提升制造业的生产力。随后诺瓦克（Novak，2009）通过研究纵向一体化决策，认为这种互补应当在各方协商好的基础上，才可以使用这种详细的互补性数据。此外，卡西曼（Cassiman，2006）通过研究创新战略的互补性原理，揭示了通过内外部相互获取互补性知识是一种创新活动，这种创新可以提升企业的生产力，黑尔珀（Helper，2007）进一步研究了汽车产业成本下降与知识互补性的关系。

中国学者徐晓三和赵本（2010）通过分析不同领域中关于知识基础互补

性的定义，在此基础上，将这种互补性分为相关性和差异性。同时基于此讨论了技术联盟形成的原因以及如何选择符合联盟的伙伴，并提出了相应的推理。贾宪洲和孙戈兵（2010）首次在研究经济体的劳动专业化和协同成本经济时加入了知识互补性，在研究过程中运用了超边际分析方法，并得出三大命题。（1）若企业内部各个岗位之间知识互补程度十分高，那么利用这种互补性，企业创收的利益高于未利用的。（2）经济体中雇员率明显受互补性经济的影响。（3）当企业的互补性经济很明显时，如果企业充分利用这种互补性，则会比未利用的企业在工资、产品性价比等方面高出很多。同时，研究发现，锥形组织形态的企业比扁平组织形态的企业更容易发挥这种互补性。

刘洋（2014）通过研究创意产业，进一步发现知识互补性提高创意产业的创新能力和竞争力的重要途径。这种互补性主要体现在团队这种组织内的单元格形式之间的互补性，同时，在特征分析的基础上，其采用超循环理论对创意企业内团队的合作能力进行评价，分析创意产业集群衍生机制的形成和确立。

温平川（2015）从知识互补的角度建立了生产协同创新模型，基于此模型，探讨了知识转化的互补性合作创新条件。同时，通过理论与数值模拟验证了优化劳动力资源配置和专业化经济的正向关系。研究表明，在产学研过程中，无论是组织的互补性知识的积累（从时间角度），还是互补性经济的效率以及程度，对推动中国产学研都有着重要的影响。

8.2.2　团队冲突

德鲁（Dreu，1999）通过研究表明冲突对于团队成员在工作上有着正面或负面的影响。例如，团队成员在讨论过程中产生冲突，这种冲突会导致新的产品产生，提高团队的竞争力，同时这种冲突也有着很大的负面影响；又如，团队中成员由于背景不同，存在着很大的差异性，这会导致在日常工作中很容易产生关系冲突，这种冲突会很大程度上降低团队的效率，同时也会导致员工的幸福感不够而离职，或者管理者被迫辞退或更换人员，极大程度影响了团队的效率。

在参考大量文献后，结合学者们对于团队冲突的认知，本书认为团队冲突对于企业有负向影响，具体如下。

首先，团队冲突极大阻碍了团队成员之间的交流。冲突会导致团队中人际关系紧张，从而使团队成员相互猜疑、互不信任，导致成员沟通意愿下降，最终导致团队成员之间的沟通不良。其次，它会导致团队成员工作效率下降。长期处在激烈的冲突环境下，员工的工作热情会逐渐下降，员工的抱怨和不良情绪也会增加，最终的结果就会导致团队成员的工作效率不高。最后，这种冲突会导致团队成员对企业文化产生误解，降低成员的归属感和忠诚度，对于团队成员来讲，长期的团队冲突会让团队成员逐渐丧失对团队的信任与归属感，这样的员工，一有机会就会跳槽。

当然，也有其他学者从不同角度验证了团队冲突对于团队仍然有着正向的影响。如杰斯沃德（2004）指出，一定程度的冲突能够增强团队成员的沟通，从而产生思想上的碰撞，促进团队的创造力。中国学者卢俊毅（2009）指出，如果管理者对团队成员之间的冲突进行管理和合理利用，可以促进团队成员的创造性思维碰撞和加深团队成员的合作意愿。

8.2.3 包容型领导的调节作用

最早关注并研究包容型领导风格的是国外学者，如内姆哈德和恩德蒙多森（2006）首次证明了包容型领导能够有效提升组织内员工的绩效，员工的心理安全感在这过程中有着重要的中介作用。研究还发现，包容型领导作为一种管理方式，可以调节职业地位与员工心理安全感之间的心理距离。卡梅利等（2010）对团队成员进行跟踪调查，选择两个不同时间点开始数据收集，然后利用SEM对包容型领导风格和团队成员创新能力的关系展开研究，其结果显示，包容型领导大大提升了团队成员的创新能力。同时，也验证了员工心理安全感是一个显著的中介变量。尹（Yin，2013）通过走访和问卷调查中国香港地区部分企业，研究结果表明，包容型领导促进了企业成员的建言行为，能极大地提高员工的创新能力。

中国学者方阳春（2014）通过实证研究，重新定义了包容型领导风格的含义及其维度，验证了包容型领导管理对企业内的创新绩效有着显著影响。马跃如在2014年通过研究包容型领导与企业员工离职倾向之间的关系，结合对企业进行实地调研，指出包容型领导能够大大降低企业员工的离职倾向。总体上看，现有关于包容型领导风格研究仍然处于早期阶段。

8.2.4 团队创新绩效

过去很多关于团队的创新绩效前因变量的研究来源于古佐和沈（Guzzo

and Shen，1992）关于输入—过程—输出（IPO）模型，从这个模型入手，梳理相关文献如下：

1. 输入因素

在输入—过程—输出模型中，输入指的是在达到创新绩效的过程中，各种团体和个人在资源等各方面投入，输入的主要内容有团队的创新氛围、组织成员的差异性、管理者的领导风格、任务特点等。

韦斯特和赫斯特（2004）等学者在研究创新过程中提出多样的知识类型和成员技能是创新的重要条件，所以团队差异化和多样性对组织创新绩效有重要影响。研究表明，团队差异性和多样化对团队的沟通效率有积极影响（Caldwell and Ancona，1992），可以得到更多信息资源，利于团队成员的思考（Somech，2006），缩短新的产品的创造周期，降低研发成本（Avella and Valle，2003）。库拉尔（Cural，2001）在研究创新过程时，提出了组织个体数量影响创新的进程，过量的组织成员反而对创新过程有着消极影响，会阻碍创新效率的提升。薛继东和李海（2009）通过实证研究对创新绩效的调节变量进行了解释，提出特定文化传统和组织氛围在团队人员数量和团队创新绩效二者间起调节作用，该研究表明，整个团队合作倾向较高时，组织成员的数量和团队创新绩效呈正相关关系，团队合作倾向较低时，组织成员的数量和团队创新绩效呈负相关关系。凯勒（Keller，1992）在研究管理者的领导风格与组织创新绩效的关系时，通过实证研究得出变革型领导风格对组织创新绩效有着显著的积极作用。艾森贝斯等（Eisenbeiss，2008）对变革型领导的领导风格和组织创新绩效的研究发现，组织的创新气氛在二者间起着中介作用。另外，还有部分学者的研究表明薪酬体系对组织创新绩效有着积极的作用，戈麦斯 - 梅佳（Gomez - Mejia，1989）等学者通过实证研究得出，如果以成员个人能力作为判断标准所得出的薪酬体系和以整体绩效作为判断标准得出的薪酬制度存在明显的差异，以团队作为判断标准的薪酬体系相对来说更利于团队绩效的提升。

2. 团队过程因素模型

输入—过程—输出模型认为，团队注重过程，强调设定创新目标，投入组织创新资源并将这些资源转为创新输出。从团队感知来看，众多学者从团队的交互记忆和创新气氛两个角度进行研究，认知主要由改变团队创新的原因、组织成员之间的沟通交流和团队所处的环境这几个方面构成。一些学者在韦斯特

(1990) 提出创新四要素后，研究得出团队创新气氛对于整体创新绩效有着较强的正向影响。从另一个角度来看，交互记忆构建的体系是组织人员的整体感知体系，它是团队成员创新过程中关于信息、知识等资源交流分享的机制。交互记忆体系对于系统中的成员知识构成等方面进行了解构和整合，使得团队成员在获取知识的成本降低；也利于团队人员吸收知识和信息，让团队成员能够更好地获得自己需要的信息，能够更好地满足个人和团队需求，从而对个人和团队创新都有一定的促进作用。乔治（George，1996）在研究团队情感机制和组织创新绩效关系后，发现假如多数组织内部人员有积极向上的工作情绪，那么组织成员认知会更灵活，积极的工作情绪也利于团队成员更高效地建立共享的心理模式，促进团队成员之间的交流，最终对于团队创新绩效的提升有一定的推动作用。还有一些学者探究了团队行为机制对团队创新绩效之间的关系。豪瑟和格里芬（Hauser and Griffin，1993）的相关研究表明，如果团队的研发人员跨越职责范围，技术研发人员更多更有效地和市场部的成员进行合作，则团队研发技术人员的产品开发能够更好地与市场相结合，符合市场需要的新产品也更容易被开发出来。还有一些学者通过实证研究得出组织内部的有效交流对于团队创新绩效有着正向的促进作用。一方面，组织内部成员之间的沟通交流能够促进组织人员更高效地得到并整合各种知识和资源（Arnett and Badrinarayanan，2008）、能够更好地促进团队内部的学习（Caeldries and Moenaert，1996），因此会进一步促进创新观点和想法。此外，团队成员的反馈能够使得团队成员更好地调整和改正缺点，使得方案更加完善，利于创新想法的转化。另一方面，团队中产生的冲突性和组织人员的反思与创新绩效之间存在显著的相关性。研究显示，团队人员如果通过相互合作达到共赢的处理方式化解内部矛盾和冲突，则对创新绩效有较大的促进作用（Tjosvold et al.，2003）；反之，如果组织人员对于团队矛盾和冲突采取恶性竞争或躲避的方法进行处理的话则会对创新绩效有负面作用（Barker et al.，1988）。组织人员的时常反思利于成员对创新过程中的困难、项目过程等更加了解，因此有效反思利于组织人员间的内部合作与团结，对创新过程起到正向的推动作用（West et al.，2004）。

综上所述，相关研究大多从团队冲突、包容型领导视角探讨二者如何影响团队创新绩效，对团队冲突、知识互补、包容型领导对团队创新绩效影响的研究较少。事实上，对于一个团队来说，团队成员知识互补有利于团队的创新绩效。由于团队成员之间的异质性，这种异质性会产生团队冲突，进而影响团队的创新绩效。而领导的不同风格也会影响团队成员之间的知识互补性，进而影响团队的创新绩效。本书将以团队成员知识互补性为切入点，探索团队冲突、包容型领导与团队创新绩效之间的关系，互补性如何作用于团队，其如何影响创新绩效，同时引入团队冲突、包容型领导风格等变量，丰富团队成员知识互补性的理论研究。

8.3　研究假设与概念模型

8.3.1　团队成员知识互补性与团队创新绩效

在本章前面部分已经将团队成员知识互补性分为两个维度，即团队成员异质性与团队成员知识共享。

1. 团队成员异质性

对于团队成员异质性与团队创新绩效之间的关系，国外学者普遍认为二者之间显著相关。班特尔和杰克逊（Bantel and Jackson，1989）通过研究银行高管异质性与管理创新能力之间的关系，分别证明了以下几个观点：（1）银行高管的职业经验异质性对银行管理创新起正向作用；（2）银行高管专业背景的差异性对银行战略发展有着重要作用；（3）教育背景与功能背景异质性有助于提高组织创新绩效。在此基础上，维斯马和班特尔（Wiersema and Bantel，1992）指出团队内部成员的专业异质性对团队制定战略有着显著正向影响，这种对团队战略的影响事实上也可以理解为对组织绩效的影响。国外学者罗丹和加卢尼克（Rodan，Galunic，2004）研究发现团队成员知识异质性对其所在组织的绩效有着显著影响。同年，邦肯（Bouncken）指出，如果团队想要源源不断地提高创新绩效，则必须不断累积这种知识的异质性。

与国外学者相比，中国学者探究异质性与创新绩效二者之间的关系起步比较晚，但是大部分研究也得出同样的结论。如胡蓓和谢峰华（2008）分别指出成员的异质性对绩效以及创新过程都有着非常显著影响，张钢等（2010）通过对团队成员知识多样性和异质性研究，得出在知识获取、应用和创新的一系列过程中，成员间知识的差异必然导致行为上的差异，这是创造和创新的必要条件。磨玉峰（2011）通过研究组织内成员教育的异质性和专业经验异质性对组织的影响，初始认为专业经验异质性会有助于提升组织决策质量和提高组织绩效，而在分析教育异质性时，则存在一种矛盾的说法，即随着团队成员的教育异质性越高，面临解决问题层次也会越高，反而导致团队绩效降低。

事实上，国内外对于团队异质性与创新绩效的研究有很多，通过梳理文献，会发现尽管研究者从不同的角度来测量团队异质性，但是这种异质性都对团队创新绩效产生显著影响。结合本研究对团队成员异质性的测量维度，分析如下。在没有任何冲突的团队，团队成员的知识背景、专业背景、职业背景差异越大，那么整个团队看待问题的广度和深度就会越大，这种异质性会对团队的创新绩效产生正向作用。同时，由于这种异质性的存在，团队解决问题的能力越强，一旦团队遇到什么危机，能够有效规避，有助于提升团队的存活率以及自身在同行业的竞争力。

但是，关于团队知识异质性对创新绩效的影响还没有形成统一的认识，大部分学者认为团队异质性与团队创新绩效正相关，也有部分学者认为团队异质性对团队创新绩效负相关，他们认为由于这种异质性的存在会导致团队成员在沟通上存在着差异，导致团队冲突的产生，从而降低团队的凝聚力，最后导致团队的创新绩效降低。

本书认为团队成员知识异质性与团队创新绩效之间存在正相关关系。创新产生的一个重要因素是因为团队成员在解决问题时观点不同，团队成员知识异质性越高，他们在解决问题时可能会发生思想的碰撞和交流，创造出更高的绩效。

基于上述内容，提出以下假设。

假设 8 - 1：团队知识异质性和团队创新绩效存在着显著的相关作用。

假设 8 - 1a：成员教育背景异质性和创新绩效负相关。

假设 8 - 1b：成员知识技能异质性和创新绩效正相关。

假设 8 - 1c：成员职业经验异质性和创新绩效正相关。

2. 知识共享

知识共享是一个系统性的分享过程，通过这种分享，使得团队这个系统的整体能力得到显著提升。

布蒂（Bouty，2000）提出，组织内员工进行知识共享，不仅可以加强员工自身的知识累积，还能丰富其他员工的知识，获得灵感，迸发出火花，从而创造出新的产品，提升组织的创新能力。此后，学者格雷尔（Grayr，2001）年通过管理实践指出，目前很多团队明明有着大量的人才，但是仍然缺乏创新，他在调查过程中发现，这种组织中团队成员很多属于闭门造车，不愿意分享自己的经验、技术等，一部分是由于缺乏一种有效的知识共享机制。

国内学者徐静（2004）通过整理前人的研究文献，指出团队的创新必然是以知识为基础的，而创新的核心则是团队成员在日常工作中进行知识共享，她认为只有将知识共享与实践应用相结合才可以促进创新。王龙伟（2006）通过实验研究，发现企业内部员工越是频繁的进行知识交流，企业员工的综合能力越高，同时企业的创新能力远远高于那些知识交流少的企业。曹雁和吴英策（2010）通过对知识转换的研究发现，企业内部如果开展知识共享行为，那么该企业会创造出更多的新知识。

事实上，知识共享行为可以存在于企业、组织、团队的各个层面，大量研究表明，在组织活动中，员工与员工之间乐意分享自己的知识、经验等，那么这种分享后的知识将会得到很大提升，可以理解为从个人层面到组织层面，企业的知识存量会迅速增加，为企业创新提供了无限的可能性。通过分享团队成员知识，提高团队的创新能力，非常有益于企业的发展。

综上所述，提出以下假设。

假设 8 -2：知识共享与员工创新绩效呈正相关关系。

基于假设 8 -1 与假设 8 -2 的基础上，提出假设 8 -3。

假设 8 -3：团队成员知识互补性与创新绩效呈正相关关系。

8.3.2　团队冲突的中介作用

1. 团队异质性与团队冲突

由于团队成员存在着异质性，无论是职业背景还是性格等，这些异质性会在日常工作中得到展示，员工之间会产生冲突。如果团队中这种异质性大，那么团队冲突则更加常见。

对于团队异质性与团队冲突的研究，卡姆和努里克（Kamm and Nurick，1993）指出，如果团队中的成员有差异比较大的职能背景，则很容易导致内部冲突，最终导致决策缓慢。同时，研究发现，这种团队往往由于内部观点的多样性最终导致团队创新绩效低下。

此外，哈里森（Harrison，1993）通过研究指出，部分团队没有形成凝聚力，除了自身的原因以外，更多的是由于内部的异质性导致团队成员之间产生情感冲突，这种情感冲突如果没有及时解决，则会大大降低团队的凝聚力。

汉布里克（Hambrick，1996）综合前人的研究，于1996年提出一种被广大学者认可的观点，他指出，一个团队中，异质性是必然存在的，如何合理利用这种异质性，如何降低由于团队异质性带来的团队冲突，从而减少管理团队成本，是管理者主要思考的问题。

本章侧重于研究不同的团队异质性与团队冲突的关系，提出以下假设。

假设8－4：团队成员异质性与团队冲突有着显著影响。

假设8－4a：教育背景异质性对团队冲突有显著正向影响。

假设8－4b：知识技能异质性对团队冲突有着显著负向影响。

假设8－4c：职业经验异质性对团队冲突有着显著正向影响。

2. 团队冲突与创新绩效

在合作冲突的氛围中，团队成员可以公开、理性地表达自己的意见，分析其他成员的不同意见。各位成员认为，冲突是正常的，没有个人偏见，冲突的出现就是要解决问题，达成共识，增强成员之间的认同感。因此，合作冲突可以促进成员之间的专业知识、功能体验等方面的整合，加强成员之间的沟通，提高团队的素质和判断能力，促进创业绩效的提高。基于此，合作冲突可以提高老年成员之间的沟通频率和沟通质量，促进老年成员之间的开放沟通，减少年龄异质性对创业绩效的负面影响。以同样的方式，合作冲突让任期差异大的成员之间的沟通更加愉悦，在不同的发展阶段，将彼此的理解和规划讲出来，加深彼此的了解，从而减少任期异质性对创业绩效的负面影响。另外，合作式冲突可以整合和共享各团队成员的专业知识，促进成员彼此的共同学习进步，从而促进教育背景异质性正向影响创业绩效。最后，合作冲突还可以促进团队成员之间的共享，使团队产生更多的创新思维和创意，产出相对于竞争对手成本更低或更具创新性的产品。

基于上述内容，提出以下假设。

假设8－5a：合作式冲突对团队创新绩效有着显著正向影响。

在竞争式冲突氛围中，团队成员倾向于坚持自己的观点，拒绝别人的观点，同时还会强迫其他成员接受他们的观点。因为在他们的思想里，冲突的出现是为了最终的结果——赢，而不是去解决问题。竞争性冲突会让团队成员看到自己的优势，不整合团队的整体智力，降低团队成员的沟通质量，阻碍团队成员知识和经验的共享。可以看出，竞争性冲突会降低团队决策的效率。

假设8－5b：竞争式冲突对创新绩效有着显著负向影响。

在让步冲突的氛围中，团队成员的目标是维持团队关系的稳定。在他们看来，凝聚力是团队中最重要的部分，所以团队成员尽量避免不同的观点，减少彼此的争论，最后的结果是抑制团队成员之间的交流、知识的共享，更阻碍思维的创新。

大量研究表明，在短期内，这种让步式冲突对创业绩效的影响并不明显，但是长期的话，会对创新绩效产生不良影响。

假设8-5c：让步式冲突对团队创新绩效有着显著负向影响。

假设8-5：团队冲突对创新绩效存在显著影响。

结合假设8-1与假设8-4、假设8-5，推理出以下假设。

假设8-6：团队冲突在团队异质性与创新绩效中有中介作用。

假设8-6a：合作式冲突对成员异质性与创新绩效的关系有负向中介作用。

假设8-6b：竞争式冲突对成员异质性与创新绩效的关系有正向中介作用。

假设8-6c：让步式冲突对成员异质性与创新绩效的关系有负向中介作用。

8.3.3 包容型领导的调节作用

在团队中，价值观等方面的差异会导致团队内不同类型群体的产生，团队成员由于自尊心的驱动会对其他群体产生排斥，进而影响人际关系，增加团队冲突的可能性，这种冲突如果没有采取恰当的冲突管理方式，小冲突得不到很好的解决，就会进一步演变成大冲突。研究表明，当团队中领导—成员交换水平较高时，会形成以领导为核心的大群体，员工小群体的作用会减弱，冲突所带来的消极影响会降低，但是如果团队中领导—员工交换关系的差异越大，越容易引发员工的比较行为，造成心理上更多的不平衡而加剧冲突。领导作为组织中的管理人员，他的价值体系和行为方式可以被设置为一种标准，一旦被员工认可则很可能会成为整体团队或组织的价值参考，进而影响员工的行为。埃森贝泽（Eisenbeiss）在2008年指出领导风格是影响团队创新绩效的重要因素之一。

包容型领导是近年来学者和企业管理者所关注的一种新的领导方式，它强调在组织和管理过程中，要善于管理领导与员工之间的关系，要注意员工的特殊需要，包括员工的个性、不同意员工的意见，更要善于倾听，必须承认员工的贡献。卡梅利等（2010）指出，包容型领导强调每个成员在管理过程中都有平等的发展机会，每个成员都有权公平参与组织治理，并能合理分享成果，在领导过程中表现出开放、有效和可接近的特点。在这种领导风格下，领导者可以接受和欣赏团队成员，接受团队成员的意见和贡献，鼓励和欣赏团队成员，这种领导风格可以增强研发团队成员的激情和潜能，最有可能释放团队成员的创造力。

坎内尔（Cannel，2010）指出，包容型领导与员工参与呈正相关。此外，包容型领导一方面具有变革型领导的特征，另一方面又具有交易型领导的特征。杨凯等学者指出，无论是变革型领导还是交易型领导都能有效促进团队绩效的提高。

因此，本书提出如下假设。

假设8－7：包容型领导在团队冲突与创新绩效关系中起着显著调节作用。

假设8－7a：包容型领导在合作式冲突与创新绩效关系中起正向调节作用。

假设8－7b：包容型领导在竞争式冲突与创新绩效关系中起正向调节作用。

假设8－7c：包容型领导在让步式冲突与创新绩效关系中起负向调节作用。

通过以上分析，可以得出概念模型，如图8－1所示。

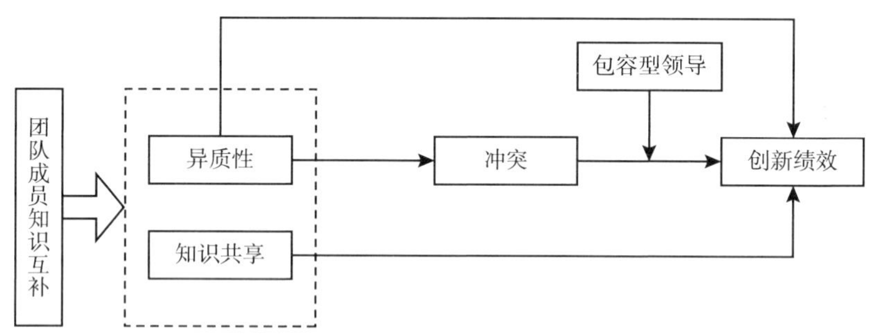

图8－1 研究概念模型

资料来源：根据研究假设整理绘制。

8.4 问卷设计与变量选择

8.4.1 问卷设计

问卷调查方法可帮助研究者通过收集被调查对象对所设计问题的具体看法，对所收集的信息进行分析和总结以及获取研究所需数据。问卷调查的作用发挥取决于问卷设计的合理性，只有合理严谨的问卷才能准确获取被调查对象关于研究课题的反应。本书的问卷设计过程分为3个阶段，在每个阶段均结合本书研究内容，保证问卷的科学合理与严谨性。

第一阶段为根据研究主题确定问卷的调查内容。本书的问卷分为主体部分与背景调查部分。问卷主体部分的问题主要用于调查研究中所需的具体变量信息，旨在研究团队的知识互补性对团队创新绩效的作用，因此需要收集关于团队成员知识互补性与创新绩效的信息。同时，研究还考虑了团队冲突与包容型领导在团队中的作用，因此问卷同样包括这两个部分信息的采集相关问题。背景调查部分则是为了掌握被调查对象的基本情况，例如企业的背景、填表人的基本信息与团队的规模等。

第二阶段在于开发、修改研究量表内容。研究使用的四个重要变量在国内外均已有较为成熟的量表，因此直接参考其进行问卷设计。为保证被调查对象对量表问题的准确理解，研究使用双向翻译法问卷。为完善问卷内容，检验问卷的信度和效度，在正式进行问卷发放前，选取了部分企业进行预调研，根据预调研的信息反馈，进一步完善表达不清晰的题项，问卷通过了信度与效度检验后，形成最终的调查问卷。

第三阶段为问卷形式的设定。依据社会科学调查问卷通用做法，对于问卷主体部分的题项，采用 Likert 量表进行信息收集；基本信息部分因团队与个人的差异而难以统一，因此由填表人根据实际情况进行类别选项选择或内容填写。

8.4.2　变量选择

为充分研究团队成员的知识互补性对团队创新绩效的影响并分析其影响机理，本书的变量设计主要包括三类变量，分别为自变量、因变量和中介变量。

本书的自变量为团队成员的知识互补性，分为团队成员异质性与知识共享程度两个维度。对于团队异质性方面，参照耶恩等（Jehn et al.，1999）和熊立等（2008）构建的衡量方法和量表设计，从教育背景差异、知识技能差异与职业经验差异等三个维度进行测度。对于团队成员的知识共享程度，则采用了汪丁丁（2001）提出的关于知识在时间与空间上的互补，并参考孔昕源（2009）、借鉴林（Lin，2010）和黄（Huang，2012）研究，从五个方面描述项目团队知识互补性。该量表设计为 Likert 五级量表，数字越大代表赞同程度越高，具体见本书附录 7 调查问卷第三部分。

本研究的因变量为团队创新绩效，指团队或个体开发或生产出对企业或团队具有明显积极影响的创新性成果，通常表现为产品、服务和方法等多样化的形式。为衡量创新绩效，在洛克和塔珀（Loch and Tapper，2002）对创新绩效进行界定的基础上，参照欧德汉姆和卡明斯（Oldham and Cummings，1996）

及陈公海等学者所设计的量表题项，选择了5个题项测量被调查对象的团队创新绩效。具体见本书附录7调查问卷第六部分。

中介变量——团队冲突。在参考其他文献的基础上将团队冲突分为合作式、竞争式和让步式三种类型。团队冲突的类型参考了杰斯沃德（2004）设计的量表，其中，前4题测量的是合作式冲突，第5~8题测量的是竞争式冲突，最后4题测量的是让步式冲突。结合实际情况，本书将该量表设计为Likert五级量表，即最终选项包含5个等级，数字越大代表赞同程度越高，具体见本书附录7调查问卷第四部分。

调节变量——包容型领导。采用卡梅利等（2010）开发的量表，该量表已被很多学者引用，有较高的信度和效度，很多中国学者也使用该量表对中国文化背景下的包容型领导进行了研究，证明其具有较好的适用性。该量表包括“上司愿意听取我提出的新方案”等9个题项，详见本书附录7调查问卷第五部分。

8.4.3 调查问卷

调查问卷主要分为八个部分。第一部分是问卷填写的指导语和感谢语；第二部分是填写问卷的个人基本情况，如人口变量、加入团队时间；第三部分是填写团队基本信息，如团队规模、成立年限等；第四部分是团队成员互补性量表，主要包括教育背景异质性、知识技能异质性、职业经验异质性、知识共享维度；第五部分为团队冲突，包括合作式冲突、竞争式冲突、让步式冲突；第六部分为包容型领导；第七部分为团队创新绩效；第八部分为结束语。详见本书附录7。

8.4.4 调查过程

调查以团队为单位，问卷分别由被调查团队的负责人和团队成员共同填写。其中，第二部分是公司的基本情况，包括企业规模、团队规模、团队组建时间、团队类型等6个方面，由团队领导填写（详见本书附录7调查问卷第二部分）；其他五个部分由个人基本情况、团队成员知识互补性、团队冲突、包容型领导、团队绩效构成，由团队成员与团队领导共同完成，考虑到团队规模的影响因素，要求每个调研团队至少有半数人填写问卷，且不少于2份。

问卷调查采取实地发放收回和电子邮件发送收回两种方式，发放时间为2018年2月15日~2018年2月20日，共计5天。其中一部分通过发放给MBA

班级中具有团队工作背景的学员，一部分到企业相关团队发放问卷填写并收回，剩下的采用发送电子邮件的方式将问卷发给拟调查企业研发项目团队的成员，并按规定时间回收。在发放过程中，向调查者详细讲解此次调查目的以及保密性问题。

最终共计发放给 28 个团队，其中有效团队共计 25 家，成套回收有效问卷共计 134 份（见表 8－2）。

表 8－2　有效问卷基本情况

名称	类别	频数	百分比	名称	类别	频数	百分比
企业的规模	50 人以下	3	13.2	您所在企业的性质	国有企业	16	64.7
	51～200 人	4	17.6		民营企业	3	13.2
	201～500 人	6	22.1		外资企业	1	4.4
	501～1000 人	2	38.2		合资企业	1	4.4
	1000 人以上	10	8.8		其他	3	13.2
	合计	25	100.0		合计	25	100.0
团队组建时间	半年～1 年	3	13.2	企业所属的行业	科研院所	4	17.6
	1～3 年	12	47.1		IT 业	2	8.8
	5～8 年	3	13.2		通信业	2	8.8
	8 年以上	7	26.5		制造业	4	17.6
	合计	25	100.0		建筑、房地产	1	4.4
	—	—	—		经济金融	6	22.1
	—	—	—		专业咨询	2	8.8
	—	—	—		其他	3	11.8
	—	—	—		合计	25	100.0
您加入团队的年限	半年及以下	24	17.9	最高学历	大专	5	3.7
	半年～1 年	15	11.2		本科	56	41.8
	1～3 年	60	44.8		硕士研究生及以上	73	54.5
	3～5 年	15	11.2		合计	134	100.0
	5～8 年	15	11.2		—	—	—
	8 年以上	5	3.7		—	—	—
	合计	134	100.0		—	—	—

资料来源：SPSS 计算结果输出。

8.5 描述性统计与相关分析

8.5.1 描述性统计分析

1. 样本企业描述性统计

从表8-2中可以看出，从企业规模看，样本企业分布较为平均，其中人数为501~1000人的企业数目最多，占总数的38.2%，其次是员工数目为200~500人和51~200人的，分别占总数的22.1%和17.6%，接着是员工数目为50人以下的公司，占总数的13.2%，大规模企业样本数量最少，约占总数的8.8%。从企业的性质来看，国有企业、民营企业、外资企业、合资企业和其他类型的占比分别为64.7%、13.2%、4.4%和13.2%；从所调查样本团队的成立时间来看，13.2%的样本团队成立为0.5~1年，47.1%的样本团队成立时间为1~3年，13.2%的样本团队成立时间为5~8年，26.5%的样本团队成立时间超过8年；从调查企业的行业来看，其中约17.6%的样本来自科研院所，8.8%的样本来自IT行业，8.8%的样本来自通信行业，17.6%的企业来自制造业，4.4%的企业来自建筑、房地产行业，22.1%的样本来自金融行业，8.8%样本来自专业咨询业，11.8%的样本来自其他行业。

2. 团队成员的描述性统计

从表8-2问卷结果的描述性统计中可以看出，17.9%的样本成员加入团队时间在半年及半年以下，11.2%的样本成员加入团队时间在半年至1年，44.8%的样本成员加入团队时间在1~3年，11.2%的样本成员加入团队时间在3~5年，11.2%的样本团队成员加入团队时间在4~7年，3.7%的样本成员加入团队时间在8年以上；从调查的团队成员最高学历来看，3.7%的样本团队成员学历为大专，41.8%的样本团队成员学历为本科，54.5%的样本成员学历为硕士及以上。

8.5.2 量表信度与效度分析

在进行实证分析之前，为确保量表能够有效地测量变量以及样本数据的可靠性，在数据收集工作完成后，首先通过样本数据对量表进行检验。

1. 量表的效度分析

采取验证性因子分析量表的效度。

（1）团队成员知识互补性量表的因子分析。在对团队成员知识互补性量表进行探索性因子分析之前，首先对该量表进行 KMO 测度与 Bartlett 球形检验，KMO 值 =0.774 >0.7，sig =0.00 <0.05，说明该因子具有较强偏向关性，可以进行因子分析。详见本书附录 8 中附表 8 –1。

采用 SPSS 软件，对样本数据中团队成员知识互补性对应的 15 个题项的数据进行了因子分析，分析结果特征值大于 1 的共有 4 项，包含了 4 个主要成分，4 项累计解释量为 72.812%，大于 70%。详见本书附录 8 中附表 8 –2。

对数据进行最大方差旋转，得到旋转后的成分矩阵，量表中的题项聚集到 4 个因子之下，且 4 个因子的载荷水平都在 0.8 左右，因此，团队成员知识互补性量表具有较高的有效性。详见本书附录 8 中附表 8 –3。

由上述检验结果可知，团队成员知识互补性这一变量分为 4 个维度，分别是职业经验异质性、知识技能异质性、教育背景异质性、团队成员知识共享，总计 4 个因子。

（2）团队冲突量表的因子分析。经检验，团队冲突量表的 KMO =0.732 >0.7，sig =0，因此，团队冲突量表可以进行因子分析。详见本书附录 8 中附表 8 –4。

采用 SPSS 软件，对样本数据中团队冲突对应的 12 个题项的数据进行因子分析，特征值大于 1 的共有 3 项，因此这一变量包含了 3 个主要成分，这 4 项累计解释量百分比为 725.659%，大于 70%。详见本书附录 8 中附表 8 –5。

对数据进行最大方差旋转，得到旋转后的成分矩阵，结果显示每个维度下相应的 4 个题项均能聚到该维度下，且每个因子的载荷水平较高，一般都在 0.8 左右。因此，团队冲突量表的结构有效性较高。详见本书附录 8 中附表 8 –6。

总结上述的检验结果，团队冲突可以提取 3 个维度，即合作式冲突、竞争式冲突和让步式冲突。

（3）包容型领导量表因子分析。经检验，包容型领导量表的 KMO =0.826 >0.7，且 sig 值达到显著性水平，因此，包容型领导量表可以进行因子分析。利用 SPSS 进行分析时，只提出一个因子，故无法进一步进行因子分析。详见本书附录 8 中附表 8 –7。

（4）团队创新绩效量表因子分析。经检验，团队创新绩效量表的 KMO =0.747 >0.7，且 sig 值达到显著性水平，因此，团队创新绩效量表可以进行因子分析。利用SPSS进行分析时，只提出一个因子，故无法进一步进行因子分析。详见本书附录8中附表8-8。

2. 量表的信度分析

由于本书采取的是Likert量表的多元计分法，需采用Cronbach的α系数来检验量表的信度。量表整体与各变量的Cronbach's α为0.82，结果显示各变量都通过了可靠性检验。详见本书附录8中的附表8-9、附表8-10。

3. 变量相关分析

采用Pearson分析法检验本研究中的变量之间的相关关系（见表8-3），从结果可以看出，研究变量之间存在着一定的相关性，可以做进一步分析。

表8-3　各变量之间的Pearson相关性表

变量	1	2	3	4	5	6	7	8	9
1 教育背景	1	—	—	—	—	—	—	—	—
2 知识技能	0.473**	1	—	—	—	—	—	—	—
3 职业经验	0.163**	0.473**	1	—	—	—	—	—	—
4 知识共享	-0.112	0.005	-0.112	1	—	—	—	—	—
5 合作式冲突	-0.634**	0.136	0.734*	0.331**	1	—	—	—	—
6 竞争式冲突	0.508*	0.517**	0.308**	-0.182*	-0.144**	1	—	—	—
7 让步式冲突	0.411**	0.354**	0.111**	0.477*	0.165**	0.116	1	—	—
8 包容型领导	-0.281**	-0.119	-0.281**	0.155*	0.355**	-0.225**	-0.024**	1	—
9 创新绩效	-0.503*	0.412*	-0.603**	0.850**	0.627**	-0.512**	-0.765**	0.360*	1

注：*指在0.05水平上显著相关，**指在0.01水平上显著相关。
资料来源：SPSS计算结果输出。

8.6 回归分析

8.6.1 团队成员知识互补性和创新绩效回归分析

在研究团队知识互补性与团队绩效关系时，将团队知识互补性分为两个维度，分别是团队成员异质性和知识共享。

1. 团队异质性和创新绩效回归分析

在研究团队异质性和团队绩效关系时，进一步将团队异质性分为三个维度，分别是成员教育背景异质性、知识技能异质性、职业经验异质性。

首先，以团队成员教育背景异质性为自变量，用 X_1 表示，以团队创新绩效为因变量，用 Y 来表示，构建回归方程：$Y = \beta X_1 + b$，使用 SPSS 软件分析样本数据对其进行拟合，获得回归分析结果（见表 8－4）。

表 8－4　团队异质性与团队创新绩效的回归分析结果

模型		非标准化系数		标准系数	t	Sig.	调整后 R^2	F
		B	标准误					
1	教育背景异质性	－0.039	0.033	－0.403	－1.19	0.131	0.134	14.416
2	知识技能异质性	0.981	0.053	0.427	18.509	0.000	0.108	25.579
3	职业经验异质性	0.982	0.033	0.403	29.758	0.000	0.766	18.416

资料来源：SPSS 计算结果输出。

从回归结果可以看出，各模型拟合效果较好，说明模型具有较高的解释意义。在三个维度中，团队成员教育背景异质性 $\beta = -0.403$，说明其对团队创新绩效存在负向影响作用，但未通过 10% 的显著性检验，说明这种负向影响不够显著，不能验证假设 8－1a。

团队成员知识技能异质性 $\beta = 0.427$，在 1% 的水平上显著，说明其对团队创新绩效存在着正向显著影响，假设 8－1b 成立。

职业经验异质性 $\beta = 0.403$，在 1% 的水平上显著，说明其对团队创新绩效存在正向显著影响，假设 8－1c 成立。

综上所述，线性回归结果验证了假设 8－1b 和假设 8－1c，未能验证假设 8－1a。

2. 团队成员知识共享与团队创新绩效的回归分析

以团队创新绩效为因变量，用 Y 来表示，以团队成员知识共享为自变量，用 X_4 来表示，构建回归方程 $Y = \beta X_4 + b$，使用 SPSS 软件分析样本数据对其进行拟合，获得回归分析结果（见表 8－5）。

从回归结果可以看出，回归方程的调整后的 R^2 值为 0.15，拟合度较好，自变量系数在1%的水平上显著为正，表明团队成员知识共享会对创新绩效整体起到正向显著影响，因此，假设8－2成立。

表8－5 知识共享与团队创新绩效的回归分析结果

模型	非标准化系数		标准系数	t	Sig.	调整后 R^2	F
	B	标准误					
知识共享	0.163	0.094	0.150	1.739	0.004	0.15	13.023

资料来源：SPSS计算结果输出。

8.6.2 团队冲突与创新绩效线性回归分析

有前面主因子分析和最初关于团队冲突的定义，本研究将团队冲突分成合作式冲突、竞争式冲突、让步式冲突三种类型，本部分将按照这三种类型依次与创新绩效进行线性回归。

以团队创新绩效为因变量，用Y来表示，合作式冲突、竞争式冲突、让步式冲突依次作为自变量，用K1、K2、K3来表示，建回归方程 $Y=\beta K_n+b$，其中 $n=1, 2, 3$. 使用SPSS软件分析样本数据进行拟合（见表8－6）。

表8－6 团队冲突与团队创新绩效的回归分析结果

模型	变量	非标准化系数		标准系数	t	Sig.	调整后 R^2	F
		B	标准误差					
1	合作式冲突	0.21	0.079	0.527	2.672	0.000	0.044	17.14
2	竞争式冲突	-0.008	0.063	-0.012	-0.127	0.602	0.007	10.018
3	让步式冲突	-0.132	0.069	-0.465	-1.919	0.02	0.02	13.682

资料来源：SPSS计算结果输出。

可以看出，合作式冲突 $\beta=0.527$，在1%的水平上显著，说明其对团队绩效有着显著的正向影响，假设8－5a成立。

竞争式冲突 $\beta=-0.012$，说明其对团队绩效存在负向影响，但未通过10%的显著性检验，说明这种负向影响作用不够显著，不能验证假设8－5b。

让步式冲突 $\beta=-0.465$，在5%的水平上显著，说明其对团队绩效存在显著的负向影响，假设8－5c成立。

综合假设 8 -5a、假设 8 -5b、假设 8 -5c 的线性回归结果，验证了假设 8 -5a、假设 8 -5c，但不能验证假设 8 -5b。

8.6.3　团队成员异质性与团队冲突线性回归分析

本研究中团队成员异质性分为三个维度，团队冲突也分为三个维度，对团队成员异质性与团队冲突之间的关系分别进行回归分析（见表 8 -7）。可以看出，团队异质性与团队冲突存在着相关性，模型 1 中，教育背景异质性 β = 0.111，Sig < 0.1，说明教育背景异质性越大，越能导致团队冲突，假设 8 -4a 成立；模型 2 中知识技能异质性 β = 0.282，P < 0.01，说明团队中知识技能差异增大也会导致团队冲突增大，假设 8 -4b 不成立；模型 3 中，职业经验异质性 β = 0.112，P < 0.1，说明团队中职业经验差异增大也会导致团队冲突增大，假设 8 -4c 成立。综合假设 8 -4a、假设 8 -4b、假设 8 -4c 的检验结果，假设 8 -4 成立，即团队异质性对团队冲突有着显著影响。

表 8 -7　　团队异质性各维度与团队冲突的回归分析结果

模型	变量（常量）	非标准化系数		标准系数	t	Sig.	调整后 R^2	F
		B	标准误差					
1	（常量）	2.812	0.259	—	10.85	0.000	0.005	1.673
	教育背景异质性	0.052	0.041	0.111	1.282	0.098		
2	（常量）	2.063	0.109	—	18.931	0.000	0.073	11.421
	知识技能异质性	0.096	0.029	0.282	3.379	0.008		
3	（常量）	2.268	0.117	—	19.462	0.000	0.005	1.673
	职业经验异质性	0.024	0.018	0.112	1.293	0.085		

资料来源：SPSS 计算结果输出。

8.6.4　团队冲突中介作用分析

若变量 X 通过 Z 作用到 Y，则称 Z 为中介变量，是解释变量对被解释变量产生作用的途径。（Baron and Kenny，1986）认为若要证明变量中介效应的存在，前提是自变量与中介变量、中介变量与因变量之间、自变量与因变量之间均要有显著的相关关系。如果满足以上条件，则需先建立自变量与因变量的回归方程，比较该方程与加入中介变量后的方程，若自变量系数在加入中介变量后降低，则说明存在一定的中介效应，若系数下降为零，则是完全中介。

在前文中，对团队异质性与创新绩效、团队冲突与创新绩效、团队异质性与团队冲突的关系进行了验证，团队异质性与团队冲突、团队异质性与创新绩效间、团队冲突与创新绩效间均显著相关，满足中介作用分析的前提条件，下文对团队冲突的中介作用进行验证。

首先，将团队成员知识异质性（X）与团队冲突（K）共同作为自变量，团队创新绩效（Y）作为因变量进行多元回归分析，并将三者的回归分析结果进行汇总（见表8-8）。

表8-8 团队异质性、合作式冲突与团队创新绩效的回归结果比较

模型	自变量	因变量	标准化系数 β	Sig.
1	异质性	合作式团队冲突	0.319	0.000
2	合作式冲突	团队创新绩效	0.355	0.006
3	异质性	团队创新绩效	0.542	0.003
4	异质性	团队创新绩效	0.243	0.004
	合作式冲突		0.273	0.001

资料来源：SPSS计算结果输出。

可以看出，将合作式冲突作为中介变量，加入团队异质性与创新绩效的回归方程中，合作式冲突与团队创新绩效之间的回归系数由0.355变成了0.273，关系仍然显著，而团队异质性与团队创新绩效由0.319降为0.243，关系显著性降低，这表明团队异质性是通过合作式冲突对团队创新绩效产生作用的，合作式冲突是团队异质性与创新绩效的中介变量，假设8-6a成立。

通过表8-9可以看出，将竞争式冲突作为中介变量，加入团队异质性与

表8-9 团队异质性、竞争式冲突与团队创新绩效的回归结果比较

模型	自变量	因变量	标准化系数 β	Sig.
1	异质性	竞争式团队冲突	0.416	0.000
2	竞争式冲突	团队创新绩效	-0.225	0.001
3	异质性	团队创新绩效	0.542	0.006
4	异质性	团队创新绩效	0.347	0.000
	竞争式冲突		-0.513	0.001

资料来源：SPSS计算结果输出。

创新绩效的回归方程以后，竞争式冲突与团队创新绩效之间的回归系数由 -0.225 变成了 -0.513，关系更加显著，而团队异质性与团队创新绩效由 0.319 变为 0.347，关系显著性上升，这表明团队异质性是通过竞争式冲突对团队创新绩效产生作用的，竞争式冲突是团队异质性与创新绩效的中介变量，假设 8-6b 成立。

从表 8-10 中可以看出，将让步式冲突放入团队知识异质性与创新绩效的回归方程中以后，让步式冲突与团队创新绩效之间的回归系数由 -0.240 变成了 -0.319，关系更加显著，而团队知识异质性与团队创新绩效的回归结果由 0.542 变为 0.553，关系显著性上升，这表明团队知识异质性是通过让步式冲突对团队创新绩效产生作用的，让步式冲突是团队知识异质性与创新绩效的中介变量，假设 8-6c 成立。

表 8-10　团队异质性、让步式冲突与团队创新绩效的回归结果比较

<table>
<tr><th>模型</th><th>自变量</th><th>因变量</th><th>标准化系数 β</th><th>Sig.</th></tr>
<tr><td>1</td><td>异质性</td><td>让步式团队冲突</td><td>0.428</td><td>0.000</td></tr>
<tr><td>2</td><td>让步式冲突</td><td>团队创新绩效</td><td>-0.240</td><td>0.001</td></tr>
<tr><td>3</td><td>异质性</td><td>团队创新绩效</td><td>0.542</td><td>0.006</td></tr>
<tr><td rowspan="2">4</td><td>异质性</td><td rowspan="2">团队创新绩效</td><td>0.553</td><td>0.000</td></tr>
<tr><td>让步式冲突</td><td>-0.319</td><td>0.001</td></tr>
</table>

资料来源：SPSS 计算结果输出。

8.6.5　包容型领导的调节作用分析

在进行调节作用分析之前，为了避免数据出现多重共线性，对各变量进行中心化处理，建立团队冲突与创新绩效的回归模型，在此基础上加入包容型领导变量以及团队冲突与包容型领导的交互项，若加入交互项后拟合优度明显上升，且交互项系数显著，则说明调节作用存在。

本章中团队冲突由合作式冲突、竞争式冲突、让步式冲突三个维度构成，对合作式冲突、包容型领导、团队创新绩效进行回归分析，结果见表 8-11。

以合作式冲突为自变量，创新绩效为因变量，包容型领导作为调节变量进行分析，结果见表 8-12。

表 8-11 合作式冲突、包容型领导与创新绩效回归分析结果

模型		非标准化系数		标准系数	t	Sig.	调整后 R^2	F
		B	标准误差					
1	（常量）	1.857	0.381	—	4.870	0.000	-0.006	0.23
	合作式冲突	0.105	0.080	0.113	1.305	0.194		
	包容型领导	0.322	0.087	0.319	3.686	0.000		

资料来源：SPSS 计算结果输出。

表 8-12 包容型领导与合作式冲突交互结果分析

模型		非标准化系数		标准系数	t	Sig.	调整后 R^2	F
		B	标准误差					
2	（常量）	6.423	1.199	—	5.356	0.000	0.217	13.265
	合作式冲突	-1.085	0.308	-1.169	-3.528	0.001		
	包容型领导	-0.925	0.323	-0.916	-2.862	0.005		
	合作式冲突×包容型领导	0.320	0.080	2.096	3.993	0.000		

资料来源：SPSS 计算结果输出。

将表 8-11 和表 8-12 进行汇总比较，得出包容型领导调节合作式冲突与团队创新绩效关系的分析结果（见表 8-13）。

表 8-13 包容型领导在合作式冲突与创新绩效调节分析结果

变量	模型 1		模型 2	
	β	t	β	t
合作式冲突	0.113	1.305	-1.169	-3.528
包容型领导	0.319	3.686	-0.916	-2.862
合作式冲突×包容型领导	—	—	2.096	3.993
调整 R^2	-0.006		0.217	
F	0.23		13.265	

资料来源：SPSS 计算结果输出。

从模型 1 和模型 2 的两次回归分析中可以看出，模型 2 调整后的 R^2 的值

为0.217，F值为13.265，ΔF=13.035（P<0.01），同时，在模型2中，调节交互项（合作式冲突×包容型领导）的t值为3.993（P<0.01），这表明包容型领导在合作式冲突与团队创新绩效之间起到了显著的调节作用，又因为模型2中的回归系数小于模型1中的值，因此，包容型领导的调节作用是负向的。故假设8-6a成立。将竞争式冲突、包容型领导、团队创新绩效进行线性回归，结果见表8-14、表8-15。

表8-14　　竞争式冲突、包容型领导与创新绩效回归分析结果

模型		非标准化系数		标准系数	t	Sig.	调整后 R^2	F
		B	标准误差					
3	（常量）	1.919	0.397	—	4.829	0.000	0.121	10.167
	包容型领导	0.379	0.084	0.376	4.507	0.000		
	竞争式冲突	0.053	0.061	0.073	0.875	0.383		

资料来源：SPSS计算结果输出。

表8-15　　包容型领导与竞争式冲突交互结果分析

模型		非标准化系数		标准系数	t	Sig.	调整后 R^2	F
		B	标准误差					
4	（常量）	-0.532	0.909	—	-0.586	0.009	0.171	10.14
	包容型领导	0.989	0.220	0.980	4.486	0.000		
	竞争式冲突	1.014	0.328	1.395	3.091	0.002		
	竞争式冲突×包容型领导	-0.243	0.082	-1.344	-2.978	0.003		

资料来源：SPSS计算结果输出。

从模型3和模型4的两次回归分析结果（见表8-16）可以看出，模型4调整后的R^2值为0.171，F值为10.14，ΔF=-0.23。同时在模型4中，调节交互性（竞争式冲突×包容型领导）的t值为-1.344，这表明包容型领导在竞争冲突与团队创新绩效的关系之间起到了显著的调节作用。又因为模型4中的回归系数大于模型1中的值，因此，包容型领导的调节作用是正向的，故假设8-6b成立。

表 8-16　　包容型领导在竞争式冲突与创新绩效调节分析结果

变量	模型 3		模型 4	
	β	t	β	t
包容型领导	0.376	4.507	0.220	0.980
竞争式冲突	0.073	0.875	0.328	1.395
竞争式冲突×包容型领导	—	—	0.082	-1.344
调整 R^2	0.121		0.171	
F	10.167		10.14	

资料来源：SPSS 计算结果输出。

最后，将让步式冲突、包容型领导、团队创新绩效进行线性回归（见表 8-17、表 8-18）。

表 8-17　　让步式冲突、包容型领导与创新绩效回归分析结果

模型		非标准化系数		标准系数	t	Sig.	调整后 R^2	F
		B	标准误差					
1	（常量）	2.524	0.384	—	6.566	0.000	0.141	11.892
	包容型领导	0.359	0.081	0.356	4.425	0.000		
	让步式冲突	-0.125	0.065	-0.156	-1.942	0.054		

资料来源：SPSS 计算结果输出。

表 8-18　　包容型领导与让步式冲突交互结果分析

模型		非标准化系数		标准系数	t	Sig.	调整后 R^2	F
		B	标准误差	试用版				
1	（常量）	2.454	1.060	—	2.315	0.022	0.134	7.87
	包容型领导	0.376	0.251	0.373	1.496	0.137		
	让步式冲突	-0.101	0.347	-0.126	-0.291	0.772		
	让步式冲突×包容型领导	-0.006	0.083	-0.035	-0.071	0.943		

资料来源：SPSS 计算结果输出。

从模型 5、模型 6 的两次回归分析（见表 8-19）可以看出，模型 6 调整

的 R^2 值为 0.134，F 值为 7.87，ΔF = −4.022，同时在模型 6 中，调节交互项（让步式冲突 × 包容型领导）的 t 值为 −0.071，这表明包容型领导在让步式冲突与团队创新绩效的关系之间调节作用不显著，故假设 8 −6c 不成立。

表 8 −19　　包容型领导在让步式冲突与创新绩效调节分析结果

变量	模型 5		模型 6	
	β	t	β	t
包容型领导	0.356	4.425	0.373	1.496
让步式冲突	−0.156	−1.942	−0.126	−0.291
让步式冲突 × 包容型领导	—	—	−0.035	−0.071
调整 R^2	0.141		0.134	
F	11.892		7.87	

资料来源：SPSS 计算结果输出。

8.6.6　实证分析结果

至此，本章通过提出相关假设，构建了理论概念模型，并对收集的样本数据进行描述性统计、信度效度分析、相关及回归分析，对研究假设进行了验证。对假设验证的结果汇总如表 8 −20 所示。

表 8 −20　　研究假设实证分析结果汇总

假设	方向	结论
假设 8 −1：团队知识异质性和团队创新绩效存在着显著的相关作用		支持
假设 8 −1a：成员教育背景异质性和创新绩效负相关	−	未支持
假设 8 −1b：成员知识技能异质性和创新绩效正相关	+	支持
假设 8 −1c：成员职业经验异质性和创新绩效正相关	+	支持
假设 8 −2：知识共享与员工创新绩效呈正相关关系	+	支持
假设 8 −3：团队成员知识互补性与创新绩效呈正相关关系	+	支持
假设 8 −4：团队成员异质性对团队冲突有显著影响		支持
假设 8 −4a：教育背景异质性对团队冲突有正向显著影响	+	支持
假设 8 −4b：知识技能异质性对团队冲突有着负向显著影响	−	支持
假设 8 −4c：职业经验异质性对团队冲突有着正向显著影响	−	未支持

续表

假设	方向	结论
假设8－5：团队冲突对创新绩效存在显著影响		支持
假设8－5a：合作式冲突对团队创新绩效有着显著正向影响	+	支持
假设8－5b：竞争式冲突对创新绩效有着显著负向影响	－	未支持
假设8－5c：让步式冲突对团队创新绩效有着显著负向影响	+	支持
假设8－6：团队冲突在团队异质性与创新绩效中有中介作用		支持
假设8－6a：合作式冲突对成员异质性与创新绩效的关系有负向中介作用	－	支持
假设8－6b：竞争式冲突对成员异质性与创新绩效的关系有正向中介作用	－	未支持
假设8－6c：让步式冲突对成员异质性与创新绩效的关系有负向中介作用	－	支持
假设8－7：包容型领导在团队冲突与创新绩效关系中有着显著调节作用		支持
假设8－7a：包容型领导在合作式冲突与创新绩效关系中有正向调节作用	+	支持
假设8－7b：包容型领导在竞争式冲突与创新绩效关系中有正向调节作用	+	支持
假设8－7c：包容型领导在让步式冲突与创新绩效关系中有正向调节作用	－	未支持

资料来源：根据检验结果汇总。

8.7 本章小结

本章在团队组织层面探讨了团队成员知识互补性对创新绩效的影响。具体而言，通过团队成员知识互补性、包容型领导、团队冲突、团队创新绩效等变量的内涵和维度界定，提出研究假设，构建理论模型；并通过实证研究，验证了团队成员知识异质性对创新绩效的影响。在此研究中，知识互补性各变量涉及知识资本的各维度。不同企业人力资本的异质性表现为团队成员教育背景、职能背景、知识技能背景等方面的差异；企业关系资本的异质性，则表现为团队成员对知识、能力、工作经验等的分享；而企业结构资本则具体表现为领导风格。因而，本研究可从一个侧面反映，只有企业知识资本的内部关系协调一致，才能够形成协同作用，推动企业成长发展。

（1）团队成员知识互补性与团队创新绩相关性。其中团队知识异质性对团队创新绩效有显著的影响。从团队异质性的教育背景、知识技能、职业经验三个维度看，教育背景异质性对创新绩效存在负向影响，但未通过显著性检验。但从理论和实践的角度可知，教育背景的不同会使得团队成员在行为习惯等方面存在不同，产生分歧，从而对团队创新绩效产生负向影响；知识技能异质性对创新绩效有着正向的影响，即知识技能异质性越大，团队在对待新的事物或者面临新的挑战时，总会有人利用自己的专业知识解决问题，从而提高团队的创新绩效；职业经验异质性也对创新绩效产生正向的显著影响。团队成员之间的知识共享对团队绩效产生正向影响。团队成员通过知识、能力、工作经验方面的分享，有助于促进团队成员之间的沟通，从而提高团队的创新绩效。

（2）团队异质性对团队冲突的影响。团队冲突分为合作式冲突、竞争式冲突、让步式冲突三个维度。研究证明，团队成员由于教育背景、职能背景、知识技能背景等方面的差异，在工作中容易发生冲突。其中，合作式冲突对团队创新绩效起着正向显著影响，当团队成员面对合作式冲突，他们会认为所完成的任务结果与彼此相互之间的利益有着密切的联系，团队的成员为了追求共同的目标，他们会自觉加强团队的信任感。竞争式冲突对团队创新绩效产生负向影响，但未通过显著性检验。实际上，在竞争式冲突中，团队成员以追求个人目标和自我利益的最大化为目标，一般会出现固执己见的现象，负面情绪直接会降低团队绩效；让步式冲突对团队的创新绩效造成消极的效果，如果在团队中为了减少冲突的局面，成员大部分选择让步来缓和团队气氛，但是会造成团队的整体绩效维持在较低的水平，不利于团队的长期发展。

（3）包容型领导能够有效调节团队冲突与创新绩效的关系。研究证明，对于不同的团队冲突，包容型领导有着不同的调节作用，在合作式冲突与创新绩效中，包容型领导有着负向作用。这是由于包容型领导注重以人为本，领导更加欣赏员工的建言行为，从而减少了团队中小团体的产生，提升了团队的合作性；在竞争式冲突与创新绩效中，包容型领导有着正向的调节作用。包容型领导在竞争式冲突中，能有效降低企业员工内部不和谐性竞争，因此能够对竞争式冲突有着正向的调节作用。在让步式冲突与创新绩效中，包容型领导的调节作用不明显。

第9章　企业多元化战略与组织结构协同效应分析

不同的企业采取何种战略大多基于其知识资本不同的价值组合。多元化战略与组织结构的协同程度往往决定企业知识资本内部协同对企业成长的作用。因此，本章基于知识资本理论，从多元化战略与组织结构协同视角，探讨企业多元化战略选择与组织结构的匹配及其对企业绩效的影响。以中国上市企业为研究对象，将企业组织结构分为三种类型，并采用熵指数来衡量企业的多元化程度。此外，对组织结构类型进行分类，验证组织结构对多元化程度与企业绩效关系的调节作用；采用层次回归方法，验证企业多元化战略与组织结构的协同对绩效的影响。

9.1　相关概念

9.1.1　多元化战略

首先定义多元化战略的是安索夫（Ansoff，1965），他认为随着公司发展到了一定阶段，将会采取一种扩张行为来谋求长远的发展。如果企业目标仅依靠发展现有的产品，并不能实现，抑或是某种其他产品具有高额的利润，企业将会进入新的产品领域。根据以上定义，多元化战略仅指企业生产新产品，并在新市场进行销售，该定义关注企业产品的数量，并用产品种类的多少作为区分企业多元化经营的标准。彭罗斯（Penrose，1996）在《企业成长理论》中对安索夫的定义进行了完善，他认为多元化应该分为三种模式，第一种模式是企业最终产品的增加；第二种模式是企业向供应链上下游拓宽；第三种模式是指整个企业经营领域的扩大，使得定义更加接近多元化经营的本质特征。戈特

(Gort, 1962) 对多元化的定义是异质性的增加。他还提出了一种企业多元化程度衡量方法,《美国标准行业分类和代码》(SIC) 对行业进行了分类,他以SIC四位数为依据,认为企业经营范围涉及的行业个数越多,则企业多元化程度越高,从而较为准确地衡量企业的多元化程度。但是戈特 (1962) 对多元化的定义没有将多元化的资源配置效应和协同效应考虑在内。鲁梅尔特 (Rumelt, 1974) 认为多元化战略是企业在一定的发展阶段中,考虑到企业实力、企业技能、企业发展目标,并将这些特质与新的业务活动相结合,从而开展多元化经营的一种战略。因此,可将企业多元化战略定义为:企业在其发展过程中,基于物质资本与知识资本的累积,为充分利用现阶段资源、调动企业经济活力、实现企业的长足发展,而采取的开发新产品、经营新业务以及扩展其涉及领域等战略措施。

9.1.2　多元化分类

(1) 安索夫 (1957) 将多元化战略的类型分成了四类 (见表9-1)。

表9-1　Ansoff的多元化类型划分

类型	定义	特点
水平多元化	在原有的经营领域中拓展产品种类,进入与原经营行业相近的行业	新产品与原有产品在销售上有较为密切的相关性
垂直多元化	拓展原有的经营领域,进入原经营行业的上下游行业	新产品与原有产品在加工顺序上有前后顺序性,或者在生产销售上有密切的关联性
同心多元化	拓展原有的经营领域,进入与现有产品技术或者市场相关的行业	新产品与原有产品在技术上有较为密切的相关性
混合多元化	拓展原有的经营领域,进入与现有产品、技术或者市场无关的行业	业务跨度较大,新产品与原有产品不具备一定的相关性

资料来源:Ansoff H I. Strategies for diversification [J]. Harvard business review, 1957, 35 (5): 113-24.

(2) 瑞格理 (Wrigley, 1970) 提出专业化率 (specialization ratio, SR),并将其作为量化多元化的标准,专业化率是主营产品销售收入占总销售收入的比值。将企业的多元化按层次分为四类 (见表9-2)。专业化程度越低的企业多元化程度越高,其中主导型、关联性、非关联性都属于多元化经营。在专业化比率的基础上,学者们还提出了关联比率 (related ratio, RR) 和垂直一体化比率（vertical ratio，VR）作为多元化分类的依据。其中关联比率是指公司内最大相关业务群的年销售收入占总销售收入的比重，一体化比率是指公司制造一体化过程中所产生的副产品、中间产品和产成品的年销售收入之和占总销售收入的比例（见表9－3）。

表9－2 考虑SR的多元化企业划分标准

企业类型	专业化比率（SR）
单一型企业	SR≥95%
主导型企业	70%≤SR<95%
关联性企业	SR<70%，产品相关
非关联性企业	SR<70%，产品不相关

资料来源：Wrigley. Divisional autonomy and diversification［D］. Harvard Business School，1970.

表9－3 考虑SR、RR和VR的多元化企业划分标准

企业类型		分类标准
单一业务型		SR≥95%
主导业务型	主导集约型	70%≤SR<95%，VR<70%，各项目都是关联的
	主导扩散型	70%≤SR<95%，VR<70%，各项目仅与个别项目相关
	主导无关型	70%≤SR<95%，VR<70%，项目互不关联
	垂直一体型	70%≤SR<95%，VR≥70%，项目互不关联
相关业务型	相关集约型	SR<70%，RR≥70%，各项目都是关联的
	相关扩散型	SR<70%，RR≥70%，各项目仅与个别项目相关
非相关型		SR<70%，RR<70%

资料来源：Wrigley. Divisional autonomy and diversification［D］. Harvard Business School，1970.

（3）卡彭（Capon，1988）以专业化比率（SR）、市场化比率（CR）和产品比率（PR）三项指标作为多元化分类的依据。其中，CR是企业最大市场类销售收入占总销售收入的比例，PR指企业最大产品组的销售收入占总销售收入的比例（见表9－4）。

表 9-4 考虑 SR、CR 和 PR 的多元化企业划分标准

企业类型		分类标准
单一业务型		SR≥95%
主导业务型	单类市场型	70%≤SR<95%，CR≥80%
	双类市场型	70%≤SR<95%，CR<80%
多元化型	单类市场型	SR<70%，CR≥80%
	双类市场型	SR<70%，CR<80%
	单一产品型	SR<70%，PR≥80%
	多个产品型	SR<70%，PR<80%

资料来源：Capon N，Hulbert J M，Farley J U，Martin L E. Corporate diversity and economic performance：The impact of market specialization [J]. Strategic Management Journal，1988，9 (1)：61-74.

9.1.3 组织结构

1. 组织结构定义

组织结构的主要内容包括成员为组织的战略目标的达成而进行的分工，以及在实践中跨越分工的各工种间的合作。具体来说，在实际工作中，这样的分工体系包括三方面的要素，即：各个岗位的职责内容、工作目标达成过程中所具备的权力以及与之相匹配的责任。除此之外，组织结构的三个基本要素是职位、所属部门和工作过程。其中，职位是按工作性质分工的；部门是管理人员和业务人员的集合，具有不同的层次；工作过程是一系列紧密联系的业务活动。

2. 组织结构分类

现代企业的组织结构可大致划分为三种类型，分别是 U 型、H 型和 M 型组织结构。

(1) 企业组织的 U 型结构是最基本的现代企业组织模式，产生时间较早。U 型组织结构强调管理层级的集中控制，在公司下设立直线部门和职能部门，据职能部门和直线部门及其权力的不同，可将 U 型模式分为直线制、职能制、直线参谋制、直线职能制。

在直线制中，权力直线式向下级委任，员工只听从一个上级指挥并对上级负责，责任和权利的划分非常清楚，但是这一模式要求管理者掌握经营管理各

方面的知识，增大其工作负担，使得管理没有精力思考重大问题。

职能制在直线制的基础上按专业分工设立职能部门，以减轻直线主管人员的负担，各职能部门可以在其自身专业范围之内向下级发布命令，下级部门要服从主管人员和上级职能部门两方面的指挥。职能部门的专业工作可以在一定程度上分担直线主管人员的工作，减轻其工作负担，并发挥职能部门的专业优势，但是多头领导容易造成管理上的混乱。

为了解决这一问题，在直线参谋制中，职能部门只有提供建议和业务指导的权力，而没有发布命令的权力。但是，这样容易造成职能部门积极性不高，而且，各个职能部门仅负责专业范围内的活动，容易造成部门之间缺乏横向联系。

直线职能制对职能部门与直线部门的权力进行了有效整合，在保证直线统一指挥的前提下，直线管理人员授予各相应职能部门一定的权限，如决策权、控制权、协同权等。

（2）企业组织的 H 型结构即控股公司模式。母公司下设立若干子公司，持有子公司部门或者全部的股份。子公司是独立法人，在经营上有一定的自主性，且同属一母公司的子公司之间经营上的关联性不大。可以看出，H 型组织机构是一种分权的管理形式。这种形式可以激发子公司的经营积极性，也能有效规避、分散公司经营风险，但是也会带来增加管控难度、增加管理成本、子公司之间形成利益冲等问题。

（3）企业组织的 M 型模式又称为事业部制。在事业部制中，公司总部下设各个事业部，事业部往往按照品类、区域或品牌的不同来划分，各个事业部是半自主的利润中心，事业部下设职能部门来负责协同自身的经营活动。总部负责对事业部的经营活动进行监督，对事业部的业绩进行评价，并且对各个事业部之间的经营活动进行协同。这样，总部的职能是战略决策，日常运营决策的权利则授权给各个事业部。各个事业部虽然是独立核算的，但是与子公司不同之处在于，事业部的利润计算并非完全取决于市场，还取决于总部的决策。

3. 多元化战略与组织结构匹配

钱德勒（1962）分析了美国大型企业的成长历程，发现随着逐步由单一业务过渡到多元化经营，企业的组织结构也会发生相应的变化：当企业仅在一个行业内经营时，企业规模较小，企业的资源较少，且集中于单一或者关联度高的生产，管理活动不复杂，较多采用集权的职能制；当企业开始相关多元化经营，开始利用自身的资源优势扩大经营范围时，该类企业往往采用事业部制，但该种组织结构分权并不彻底，公司高层对事业部保持控制，研发、营销等工作仍然由总部职能部门负责；当企业采用非相关多元化时，企业同时进入相关性低甚至无相关性的行业，旨在分散风险、充分利用企业资源，非相关多元化经营具有较高的复杂性，在组织结构上实行较为彻底的分权制，设立子公司作为独立的法人，而总公司对子公司的管理主要体现在人事任免和整体发展战略的安排上。

霍斯金森（Hoskisson，1988）等人认为，在相关多元化经营的企业，企业的集权程度与企业绩效呈正相关，该类企业的激励机制，一般以企业整体利益为导向。若一个企业采用了事业部制，当它在进行相关多元化经营时，必须能够促进各个分部之间的协作，若是开展非相关多元化经营，则要强调各个部门之间的竞争。

9.2　企业多元化战略与组织协同

从“战略—结构—绩效”研究范式出发，多元化战略与企业绩效的关系以及多元化战略与组织结构的关系主要体现在以下几个方面。

9.2.1　多元化战略与企业绩效关系

多元化战略在企业经营中的普遍性逐渐提高，其对企业绩效表现的作用也引起了广泛的关注，众多学者对此做了大量的研究，但分析的角度和结果有所差异，部分文献认为多元化战略会促进企业的绩效表现，而部分文献则研究发现多元化战略在一定程度上会阻碍企业的发展。

1. 多元化战略正向影响企业绩效

公司采取多元化战略时，其内部资源相互协同，相当于一个大型的内部资本市场，与外部资本市场相比，内部资本市场可以解决信息不对称等问题。多元化的公司可以利用内部资本市场有利的投资机会，从而有效提高公司的价值（Stulz，1990）。当多元化企业需要募集资金时，该“内部市场”可以进行资金的灵活调度，减少外部投资者的信息不对称引起的资金筹措困难（Myers and Majluf，2001）。多元化经营的企业通常具有较高的负债比，从而使得企业的现金流更稳定，且债务利息的税前抵扣可降低企业的经营成本，实现更高的企业绩效（Lewellen，1971）。内部市场相对于外部资本市场来说，信息更为准确可靠，并且更容易被管理者搜集，可以有效地提高交易效率、降低交易成本。众多文献利用实证研究检验了多元化经营对企业的影响，一方面可以通过比较是否采用多元化战略的企业绩效和价值进行分析。维拉隆加（Villalonga，2004）通过比较多元化企业和专业化企业的倾向得分，发现多元化企业不存在企业价值折价现象；其后续研究发现多元化战略对于公司价值有着显著的溢价，通过对比并购前后的企业绩效，发现并购完成后，企业全要素生产率显著提高。多元化购并的超额收益为正，说明多元化的经营的企业比专业型的企业更有优势。

另一方面，学者们将企业多元化战略进行量化，以研究其对企业绩效的影响。学者们对于多元化程度的衡量指标主要有赫芬达尔指数、产品数、经营业务数、涉及行业数、经营单元数和多元化熵指数，企业绩效和价值的具体衡量变量主要为净资产报酬率、总资产报酬率、超额收益、每股收益增长率、销售增长率和托宾 Q 值。瓦拉达拉金（Varadarajan，1986）以美国 24 大产业前 10 名的企业作为样本，哈德洛克（Hadlocketal，2001）和张冀（2005）分别选取了 640 家国外上市公司和 1032 家中国上市公司作为研究对象，均得出采取多元化战略会促进企业绩效的结论。苏冬蔚（2005）选取了沪深 948 家上市公司作为研究对象，对其 2000～2002 年数据进行了分析，发现多元化程度与绩效呈正相关关系，且绩效表现越好的企业，进行多元化经营的倾向越强。张兰（2013）则是以中国 280 家创业板企业为样本，通过数据分析，得出创业板公司的多元化战略具有溢价效应的结论。除对企业绩效的直接影响之外，有研究表明，多元化战略还可有效降低企业绩效水平的波动，使企业经营风险能够显著降低，企业的财务杠杆水平也能有效提高，从而降低成本（朱江，1999）。

2. 多元化战略负向影响企业绩效

也有大量文献的研究结果表明，多元化战略可能会阻碍企业的绩效和价值增长。波特（Porter，1987）通过分析 1950～1986 年多元化公司的兼并和收购行为发现，约有一半的跨领域收购最后被剥离，说明多元化的合并策略并不总是成功的。朗和史图斯（Lang and Stulz，1994）采用“专营店法”，发现多元化程度越高，企业绩效越差，企业绩效越差，采用多元化战略的倾向越高。科门特和贾雷尔（Comment and Jarrell，1995）以公司涉及的行业的数量和赫芬达指数衡量多元化程度，研究结果表明多元化程度低的企业的股票报酬率相对较高。

贝格尔和奥菲克（Berger and Ofek，1995）选了 3689 家美国企业为样本，这些企业都具有一定的规模，在 1986～1991 年营业收入均高于 2000 万美元，将这些公司的多元化进行分类分为相关和非相关两类，研究发现企业多元化程度与公司价值呈反比。

关于以中国上市公司为样本的研究分别使用业务单元数（周晓艳和王凌云，2003）、赫芬达尔指数（姚舒坤，2013）和熵指数（姚俊等，2004）等变量衡量企业多元化程度，多元化程度与企业托宾 Q 值（陈信元和黄俊，2007）、总资产报酬率（姚俊等，2004）、和净资产收益率（陈信元和黄俊，2007）表现出负相关。陈信元和黄俊（2004）以 5 个行业为界限，将企业分为经营范围超过和不足 5 个行业两组，研究发现，经营 5 个以上行业的公司多元化程度与公司绩效负相关。

在探究多元化折价现象产生的原因方面，多元化的企业具有严重的代理冲突，从而影响力企业的绩效（林晓辉，2008）。丹尼斯等（Denis et al. ，1997）发现实施多元化战略带来的收益低于公司承担的成本。韩忠雪等（2007）则将多元化折价的原因归结于控股股东对公司利益的侵占行为。邓洪林在对中国制造业上市公司的研究中发现，公司规模在多元化经营对财务绩效的负向作用中具有部分中介作用（邓洪林，2012）。

3. 多元化战略对企业绩效影响不确定

部分文献研究表明多元化战略对企业绩效的影响并非十分明显。

戈特（1962）选取 122 家美国大型企业 1947～1957 年的数据进行分析，以经营单元数目和主营业务收入占总收入的比值两个指标作为衡量多元化的方法，发现企业多元化经营对企业绩效的影响并不显著。阿穆德（Amould，1969）在戈特（1962）研究的基础上加入了两个指标来衡量多元化，分别是公司每个行业经营单元数乘以该行业排名前三的多元化程度、公司经营的每个行业收入乘以该行业总收入，来衡量企业多元化程度，结果同样支持戈特（1962）的结论。卡鲁尔和哈拉拉（Kahloul and Hallara，2010）选取了法国公司为研究样本，也得到类似结论。区分不同类型的多元化发现，地区多元化可以提升企业绩效，而产品多元化则与绩效无显著相关关系（Davis and Thomas，1993）。

部分文献表明多元化战略对企业绩效的影响是非线性的。帕利希等（Palich，2000）、张平（2011）、贾恰蒂（Giachetti，2012）的研究表明，企业多元化程度与绩效呈现倒 U 型关系：达到峰值前，其与企业绩效正相关，而达到峰值之后，则对企业绩效具有阻碍作用。雷良海（2003）选取制造业上市公司1998～2000年的数据作为研究样本，发现适当的多元化可以提升企业绩效，但是当多元化增强到一定程度，企业绩效反而呈下降趋势。马其茨和威廉姆森（1996）以美国250家大型企业为样本，发现多元化经营存在一个最优程度，未达到或超过这个度都将导致企业绩效降低，只有当刚好达到这个度时，企业多元化程度与绩效才会显著地正向相关。同样地，在阿莱松和埃斯库耶（Alesón and Escuer，2002）研究中，将西班牙大型非金融类公司的样本分为低度多元化、中度多元化和高度多元化三种类型，研究结果表明，多元化水平处于中等程度时公司的托宾Q值最好，多元化程度较高或较低时其托宾Q值都较差。

多元化与绩效之间的关系也会受到其他因素的影响，如市场等。艾健明和柯大钢（2005）认为多元化经营对绩效的影响本身是中性的，企业特征将会决定多元化会对企业价值产生溢价或者折价。萨普塔希（Saptarshi，2012）认为多元化企业的主营业务行业的种类也影响着多元化战略和企业绩效的关系。有研究者选取在伊斯坦布尔上市的公司为研究对象，研究结果发现，在欠发达国家，多元化正向影响企业绩效，而在较发达国家，多元化负向影响企业绩效（Irahim Anil，Ihsan Yigi and Cem Canel，2013）。余鹏翼等（2005）发现多元化战略对企业的长期绩效和短期绩效影响是不同的，采取多元化战略可以在短期内正向影响企业绩效，但是对于长期绩效没有显著的作用。有研究者把企业多元化分为基于市场的多元化和基于技术的多元化，结果表明，专业化公司绩效优于多元化公司，多元化公司中，基于市场的多元化公司绩效最好（Hopkins，2015）。

9.2.2 多元化战略与组织结构关系

1. 企业战略决定组织结构

关于企业战略与组织结构的匹配问题，钱德勒（1962）首先进行了研究，他研究了美国的大型企业不断调整组织结构以适应自身战略发展的过程，发现公司的战略率先改变，随后才是组织结构变化，并且企业战略的改变引起了组织结构的变革。也就是说，企业战略能够对组织结构起决定作用，组织结构跟随战略的变化而变化，才能使企业获得更好的绩效。

这一理论得到了广大学者的认可，福瑞克和斯托普福德（Fouraker and

Stopford，1968）、惠廷顿和迈耶（Whittington and Mayer，2000）分别对欧洲和美国开展了国际多元化战略的公司进行战略与结构变化研究，实验结果也印证了钱德勒（1962）的理论，不仅如此，惠廷顿和迈耶（2000）从投资回报率出发，更是印证了战略多元化以及组织结构多分部的公司的绩效会更高。布鲁斯·斯科特（Bruce Scott）通过对20世纪70年代各国的大型企业进行研究，发现各国大型企业的发展历程都与钱德勒（1962）的理论相符，在战略方面趋于多元化，在组织结构方面趋于分部化。

中国学者的研究主要集中在战略对组织结构的影响原因上，任浩（2005）和阿依古丽·阿布都热西提（2010）对战略影响组织结构原因进行了分析，得出了相似的结论，主要在两个方面：第一，战略的不同导致业务活动也会有所差异，这也导致了其部门和职务设立方面的差异。第二，组织工作的重点随着战略中心而改变，这就使得各个部门以及职务在组织中的定位也发生相应的改变，从而需要对各个部门与职务进行符合其定位的调整。孙睦优（2005）指出组织结构应当服从企业战略，认为对企业外部变化首先做出反应的是企业战略，企业战略具有前导性，组织结构在企业战略的作用下随后发生变化，组织结构具有滞后性。

2. 组织结构决定企业战略

也有学者提出，组织结构可以反作用于企业战略，因为组织结构一旦形成，就会对战略的产生和实施的过程产生影响。

首先，组织结构会影响企业的战略决策，企业战略的制定很大程度上与个人观念以及组织需求有关，当进行组织战略决策的时候，管理者个人的期望和动机、组织结构等都会对决策结果产生影响（Cyert and March，1963）。玛奇和西蒙（March and Simon，1958）、蔡尔德（Child，1972）均认为，组织集权会对企业的决策过程和战略选择进行限制。海宁斯和格林伍德（Hinings and Greenwood，1980）、艾森哈特和布尔乔亚（Eisenhardt and Bourgeois，1988）的研究则认为，内部政治对决策起了至关重要的作用，在企业面临战略选择时，往往是组织的领导者进行决定，结果往往取决于权力的安排。帕玛拉特和贝提斯（Prahalad and Bettis，1986）认为结构与战略之间的关系与企业家认知和管理技能密不可分，当企业组织结构发生改变时，企业家的认知及其管理技能也会发生相应的改变，对组织结构中的权力进行分散时，企业家的认知和管理技能所受到的制约也相应减少，这对于战略的成功制定和执行来说是一种保障。弗雷德里克森（Fredrickson，1986）的经验研究证明了上述观点，并得出结论：高层管理者在分权结构中采取多元化的可能性更大。

其次，组织结构会影响企业战略实施的过程。鲍尔（Bower，1970）认为当某种组织结构被管理层选择后，不仅相当于对企业组织的运行框架进行了确定，也相当于对企业发展战略信息流通的渠道进行了确立，这样就使得特定的战略优于其他战略，更加与现存的组织匹配。霍尔和萨亚斯（Hall and Saias，1980）认为信息会被现存的组织结构所过滤，当信息向上传递时，可能会受到各种因素的影响造成延误，导致了组织认知产生延迟，然而思维的惯性会使组织认知停留在以前，组织结构不仅可以在理性状态下影响战略的拟定，而且可以在非理性状态下影响组织文化的特点，从而影响战略的制定。

阿格涅斯卡（Agnieszka，2016）认为企业发展阶段的不同会影响到企业战略与组织结构的关系，他们对总部设在波兰的高科技公司发展和开发阶段的组织结构与战略进行研究，研究的成果表明，组织结构在发展阶段对企业战略的影响较大，而在开发阶段则相反。

3. 企业战略与组织结构相互影响

也有一些学者认为，企业的战略和组织结构是相互作用的，企业战略与组织结构不能分开来进行研究。

学者从战略与组织机构动态变化过程研究了这一问题，在企业长期的经营中，战略与组织结构处于一个变化的过程。战略和组织结构只要有一个发生了变化，那么另一个也必然会随之发生相应的变化，依次循环（Mintzberg，1990）。组织结构与企业战略本身，都是在对外部环境不断做出反应的过程中逐步演化而来的（Besanko et al.，1996）。哈里斯（Harris，2000）通过对 259 家企业的 36 年管理变化进行研究，研究结果表明，组织结构和企业战略在企业发展的过程中相继发生变化，或者只是发展战略发生变化时，企业的绩效并没有较为明显的增长或下降，然而当只是单纯的组织结构发生变化时，企业业绩有显著的上升。

一些学者虽然承认组织结构是由战略所决定的，但是组织结构也可能反过来对发展战略的形成产生影响（王凤彬，2003）。

安索夫（1965）在钱德勒（1962）的理论基础之上作出研究，认为随着企业战略的改变，会对企业的组织结构提出转变的要求，以适应现有的战略，这导致了组织结构的轮廓初步形成，组织结构塑造的氛围是战略得以产生的土壤。安博吉和帕万（Amburgey and Pavan）认为，一方面，多元化战略使分权化组织结构出现的可能性大大提升；另一方面，新的组织结构的引入是多元化战略的有力保障，为多元化战略的实施创造了有利条件。程宝栋和宋维明（2003）认为当企业的发展战略改变时，组织结构也需随之改变，但是这种改变需要在其承受范围之内，所以为了保证企业的发展策略能够成功有效地实现，就必须让企业的发展策略和其组织结构能够有机结合。赵丽芹和郇金宝（2008）研究了戴尔（Dell）公司的企业战略与组织结构的发展关系，发现企业战略的变化对组织结构的改变起到决定性的作用，组织结构对于战略的实施起到辅助作用，为了实现企业利益最大化，对组织结构的弹性提出了要求。郑惠莉和李希（2014）对德国、法国、西班牙三国电信运营商进行研究，得出了战略决定结构，结构对战略起反作用的结论。

4. 企业战略与组织结构匹配研究

学者们基于理论分析，指出了实施某种类型战略的企业与其所匹配的组织机构。钱德勒（1962）把企业的发展阶段分为4个阶段，分别为数量扩大、地域扩散、纵向一体化和多种经营阶段，认为企业在经历不同发展阶段时，组织结构也随之改变。在企业建立之初，业务较为简单且单一，发展主要在于数量上的增长，简单的直线型的组织结构更加适合于这一阶段，然而，当业务数量不断上升、业务范围不断拓展后，管理者的来自业务的压力也越来越大，为了缓解负担，企业将会设立职能部门，随着企业的规模越来越大，企业开始对产品上下游的资源进行整合以减少交易成本并分散风险，这时，企业为了加强管理的集权化，将会选择一位管理人员协助高层管理人员。当企业发展到了第四阶段，企业开始多元化经营，这时，企业的组织结构会采用事业部制来进行分权管理。汤普森（Thompson，1967）把企业各部门之间的相互联系分为：随机任务依赖、顺序任务依赖、相互任务依赖，分别对应非相关多元化、主导产品型、相关多元化的战略。同样地，牟洁（2001）认为采取相关多元化的公司旨在实现范围经济，在组织结构设计上需要注重企业内部各个业务单元之间的协作；采取非相关多元化的公司则需要采用有效的内部管理来实现控制经济，在组织结构设计时应着重考虑各业务单元间的竞争。张波（2008）对国有大型煤炭企业的企业战略革新时期的组织结构选择及设计进行研究，认为在多元战略企业中，集权式的企业组织结构处于不利地位，分权式组织结构则更加匹配。加雷思和查尔斯（Gareth and Chaeles，1988）认为不同战略需要不同的组织机构与之匹配的原因是，根据战略的不同，所需要的信息处理的方式也会有所差异，当企业的组织结构中的信息处理方式能够达到战略要求的需求标准时，战略与结构之间就达到了匹配。在实证研究方面，哈比布和维克托（Habib and Victor，1991）以144家企业作为研究对象，建立了战略—结构匹配模型，计算了战略与结构的匹配度，并检验了匹配度与企业绩效的关系，发现两者显著相关。

姚兵（2006）研究了企业外部环境、多元化战略和组织机构之间的关系，将三者分类后对上市公司数据进行了分析，研究结果表明，专业化战略和低度多元化战略适合U型结构，高度多元化则适合M型结构。张虹（2012）对企业多元化、组织机构与企业绩效之间的关系进行研究，发现M型结构最适合多元化企业，企业多元化程度越高，采用M型组织结构的几率越大，采取M型组织结构的多元化企业绩效更好。王洪洲（2012）构建了母公司与子公司之间的协同度模型，通过对沪深188家上市公司的研究发现，母子公司之间的协同度在多元化程度与企业绩效之间具有中介效应。徐宏奇（2013）将企业战略与组织结构分类为探索型战略、防御型战略、分析型战略和反应状组织、比萨饼式组织、圆屋顶形组织。以组织结构为中介变量，研究企业战略与组织创新方式之间的关系。冯米（2014）对中国台湾地区企业集团的面板数据进行分析，采用熵公式来测量企业多元化程度，采用赫芬达尔指数来表示企业集团管理集权程度，测算了多元化—控制匹配指标来衡量两者之间匹配程度，并运用层次回归法检验了市场集中度对匹配度的调节效应，当市场化程度较高时，战略与结构匹配度对企业绩效有显著的正向影响。张雅琪（2015）以中国上市制造企业作为研究对象，其研究结果表明，服务导向的组织结构可以显著地调节服务化与企业绩效的关系。

现有研究中较多的还有关于大型企业案例研究，彭静静、梅业琴（2013）分析了苹果公司成功的原因，并指出企业战略与组织结构的有效匹配是苹果公司能够从激烈的角逐之中脱颖而出的重要原因。李朋波和梁晗（2017）研究了阿里巴巴集团战略与组织结构发展的关系，发现阿里巴巴的组织结构发生了5次变化，发展战略则进行了4次调整，组织结构与发展战略之间的相互作用使得公司价值得到了提升。

综上，众多研究已经证明企业在经营过程中的多元化发展程度与其内部组织结构并非相互独立，而是相互作用、紧密相关的，企业在采取不同战略的同时应当采用与之相匹配的组织结构以促进战略目标的达成。但目前多数研究聚焦于探索企业多元化与经营绩效两者之间的关系，对多元化企业的组织结构和战略之间的关系研究较少。从理论方面来看，战略决定组织结构，组织结构跟随战略，组织结构根据企业战略进行调整，才能使企业获得更好的绩效。这一观点得到了许多学者的赞同，但也有学者提出，组织结构也可以反作用于企业战略，在企业战略从制定到实施的过程中，组织结构的特点对企业战略的制定、选择均会产生影响。有学者认为企业战略与组织结构是相互影响，变化不分先后的。虽然关于战略与组织结构的关系没有得到一个明确的答案，但是学者们的研究均认为企业战略与组织结构之间应相互协同。从实践来看，虽然我国企业早已开启了多元化发展的进程，但是失败的案例比较多。其中一个原因就是组织结构与多元化战略的协同问题。因此，研究企业多元化战略和组织结构之间的协同关系以及协同效应对企业绩效的影响，是知识资本管理中的重要问题。

9.3　研究假设与模型构建

9.3.1　研究假设

1. 相关和非相关多元化对企业绩效的作用

企业相关多元化的相关性往往体现在生产资源、技术资源、营销资源、管理资源上，这种相关性使得企业更有利于开展多元化经营。而实施非相关多元化战略的企业，目标是拓展新的市场，开展和现有业务完全无关的多元化新业务。由于企业在与原关键资源无关的范围内经营，将无法发挥相关优势，并且会带来资源分散、行业壁垒、管理复杂等问题。

（1）在生产资源方面。相关多元化企业的生产资源具有高度的相关性。首先，同业务单元可以共享生产资料以节约成本，联合采购原材料可以增加企业讨价还价的余地。其次，多元化企业开展新业务所需的战略资产可以通过现有的生产能力，更迅速或以更低的成本去得到，在生产成本降低的同时也可能获得产品的独特性（Alesón and Escuer，2002）。若企业多元化生产单元间存在相互关联，其可通过对各业务单元进行协同和资源调配互补，从而创造较高的企业效益（John and Harrison，1999）。企业进行多元化经营的初衷是充分开发企业内部可能的资源，防止资源的冗余和浪费。然而，若进行多元化生产和经营的企业其各业务单元间并无联系，则会造成企业资源分散，不但达不到多元化经营的最初目标，反而会弱化企业本身的核心竞争力。因为若企业跨多个行业进行生产和经营，需要大量的资源支持，例如人力、货币资金、固定生产设备甚至是需要社会资本，企业原有的富余资源可能难以支撑，为了能在新的行业顺利发展，可能会动用企业原有主营业务的支撑资本，从而削弱原有主营业务的生产和经营力度，在市场竞争中难以保持优势地位和原有的市场份额。同时，这种资源配置方式难以形成规模经济优势。

（2）在技术资源方面。相关多元化企业的技术资源具有高度相关性，重复使用已有技术会降低技术开发成本，使企业迅速把握新的市场机遇（Nobeoka，1997）。技术资产协同促进了企业的发展，例如，流程技术和多元化业务共享产品技术，能大幅提高企业的绩效。有研究者发现多元化企业产品设计技术相关性对企业的财务业绩和市场业绩起到了积极的影响（Tanriverdi and Venkatraman，2005）。研究者通过对瑞典实施多元化制造的企业的实证研究发现，技术相关性可以显著提高企业的财务业绩（Pehrsson，2006）。对于实施非相关多元化的企业，跨行业的多元化经营的企业进入自身不熟悉行业，已有技术不能发挥原本的作用，所以开发新技术在研发需要大量的投入（Nobeoka，1997）。

（3）在营销资源方面。相关多元化企业营销资源具有高度的相关性。经过长期对市场的学习和研究才能对营销资源有更好的开发，因此它的模仿成本很高（Woodruff，1997），但是共享营销资源的相关多元化企业可大大节约成本。具体表现在将顾客的需求信息在不同的业务方面进行共享，可以交叉销售业务产品或者开发新的产品和服务（Capron and Laurence，1999）。学者研究了分享市场或技术的相关多元化和非相关多元化后发现，在多元化类型中，通过共享市场来实现多元化能够得到更好业绩（Hopkins，1987）。汪涛（2005）认为，为了提高企业绩效，企业多元化应以顾客资产为核心，开展相关性较高的多元化业务。有研究发现，顾客知识资源（顾客需求、偏好和购买行为）的相关性对企业的市场价值和财务业绩有正向影响（Tanriverdi and Venkatraman，2005）。研究表明，多元化企业战略性营销资产的相关性明显提高了企业绩效（Markides and Wiiliamson，1996）。研究发现，多元化业务进行顾客和营销渠道的共享可以显著影响销售增长率（Davis et al.，1992）。

（4）在管理资源方面，相关多元化企业管理资源具有高度的相关性。管理能力价值高、稀缺性强、资源的难以模仿和替代，都是企业在竞争时的优势。管理学的基本原理在其他不同的情形也同样适用。如果多元化企业的部分业务形成了如何处理某些管理问题的方法体系，那么这个体系同样适用于其他业务的问题处理（黄玉杰等，2005）。与单业务企业相比，多元化企业需要更多地学习在开发和利用管理资源的过程中开展不同业务应该如何各自应对，管理资源是多元化企业协同优势的来源的一部分（Prahalad and Bettis，1986）。在多元化业务单元中共享管理能力、战略管理系统和资源配置流程是最重要的价值创造（Grant，1998）。坦里弗迪和文卡特拉曼（Tanriverdi and Venkatraman，2005）对美国企业的研究表明，管理能力的相关性能对多元化企业的财务业绩和市场价值有积极的影响。

鲁梅尔特（1974）通过将企业分为9种多元化类型，以246家多元化企业为样本，最终表明，将经营业务范围控制在企业核心能力范围内的多元化企业绩效高于其他企业。米歇尔和谢克德（Michel and Shaked，1986）根据专业比率对多元化企业进行分类，公司被分为多元化公司和专业化公司，根据相关比率和垂直比率，多元化公司又被进一步分为相关多元化公司和非相关多元化公司。研究结果表明，公司多元化的程度与绩效正向相关。而且，采用非相关多元化的公司相对于相关多元化的公司绩效较高。查特吉和沃纳菲尔特（Chatterjee and Wernerfelt，1991）通过对多元化公司股价的研究，发现拥有较多专业化资源的企业所经营的多元化业务相关性也较高，且绩效高于拥有非专业化资源的公司。尹义省（1998）对中国的大型企业进行了研究，发现实施相关多元化的企业与实施非相关多元化的企业相比，企业效益显著增高。

基于以上分析，提出以下假设。

假设9-1：在其他条件不变的情况下，非相关多元化经营程度与企业绩效存在负相关关系。

假设9-2：在其他条件不变的情况下，相关多元化经营程度与企业绩效存在正相关关系。

2. 组织结构与多元化战略的协同效应

对于实行非相关多元化的企业，同时进入相关性低甚至无相关性的行业，可以分散风险和保持投资收益率的均衡，充分利用资金品牌等相关资源。但是由于非相关多元化经营带来管理复杂的问题，为了缓解高层管理人员的负担从而采用多部门结构能够更有效地协同生产以及分配，这也更加能够适应日渐复杂的企业活动。因此，采用非相关多元化战略的企业应该在组织结构设计上采取较多的分权，总公司作为控股公司，成立子公司作为独立的法人，总公司对于子公司的控制主要在于人事任免和战略层面，这样可以使得高层管理人员从琐碎的管理中解放，在宏观上把握集团公司发展方向。根据以上分析，提出以下假设。

假设9-3：采取H型结构的企业，非相关多元化程度与其企业绩效呈正比。

假设9-4：企业采用H型结构时，非相关多元化对企业绩效的正向影响较其他结构强。

对于实行相关多元化的企业，企业充分发挥自身已有的技术、渠道等资源优势，以扩大生产经营的范围。要实现生产、技术、营销、管理等资源的共享，就要求各个部门之间协同作用，要求组织结构设计能够促进各个部门之间的协作，因此可以采取相对于H型组织结构更集权、整合的组织结构，但是又要保持一定的分权程度。该类企业采取时事业部制较为合适，因为事业部制的分权并不彻底，公司高级管理层仍然可以通过管理队伍保持对各事业部的控制，公司一级的职能部门对市场、研发、营销等工作仍起主导作用。根据以上分析提出以下假设。

假设9-5：采取M型结构的企业，相关多元化程度与其企业绩效呈正比。

假设9-6：企业采用M型结构时，相关多元化对企业绩效的正向影响较其他结构强。

然而，企业的战略和组织结构是以相互作用双向影响的方式而存在的，组织结构分权化程度也影响着多元化战略选择。弗雷德里克森（1986）的经验研究证明了上述观点，并得出结论，高层管理者在分权结构中采取多元化的可能性更大。

在H型组织结构中，整个公司集团通过资产纽带来运作，这样一来，母公司往往难以对子公司进行有效的控制，因为各个子公司独立性和自由度较大，因此子公司在战略选择时，倾向于选择有利于自身发展的战略，由于H型企业各个子公司经营关联性本来就不高，所以各个子公司的战略选择在公司整体层面上则表现为非相关多元化战略。其次，母公司设立独立性和自由性较大的子公司，是出于规避、分散公司经营风险的目的，而企业选择跨行业经营的目的之一也是分散风险。所以，H型组织机构的公司更可能选择非相关多元化战略。弗雷德里克森（1986）的经验研究证明了上述观点，并得出结论，高层管理者在分权结构中采取多元化的可能性更大。根据以上分析，提出以下假设。

假设9-7：采用H型组织结构的企业，采用非相关多元化战略可以提高企业绩效。

M型组织机构是分权和集权的结合，在该类组织结构的企业中，高级管理层对各个事业部的活动进行监督、协同、资源分配等。总部制定企业长期发展战略，而事业部则是在总部设计的战略框架里发展，虽然事业部是独立核算的利润中心，但是其利润核算并不完全取决于市场，还取决于公司总部的决策。这样一来，总部站在全局的角度上能够很好地进行资源的调度，发挥各个事业部之间的协同作用，因此管理层在进行战略决策时，能够从整个企业的角度出发，制定一个整体经营战略并对事业部进行战略协同，此时，管理层更可能选择能够有效发挥资源相关性优点的相关多元化战略。根据以上分析，提出以下假设。

假设9－8：采用M型组织结构的企业，采用相关多元化战略可以提高企业绩效。

当假设9－4和假设9－7同时成立时，我们则认为H型组织机构而非其他类型组织结构，与非相关多元化战略产生了协同效应。当假设9－5和假设9－8同时成立时，我们则认为M型组织机构而非其他类型组织结构，与相关多元化战略产生了协同效应。因此，提出以下假设。

假设9－9：实行非相关多元化经营的企业与H型组织结构具有协同效应。

假设9－10：实行相关多元化经营的企业与M型组织结构具有协同效应。

9.3.2　变量定义与选取

1. 多元化程度的度量方法

从现有的研究来看，对多元化程度的度量方法主要包括四种。

（1）产品数量法。用企业经营产品的数目来衡量多元化程度，企业经营产品数量越多，多元化程度越高。这种衡量方法多用于早期对多元化程度的研究，但是这种方法无法区分产品种类的差异，以这种方法衡量多元化程度可能会具有一定的误导性。

（2）业务数量法。用企业经营涉及的行业数目来衡量多元化程度，行业的数目以SIC编码为基础来确定，企业经营所涉及的行业越多，多元化程度也就越高。虽然该方法较产品数量法科学，但仍无法反映出企业涉及各个行业的权重。

（3）赫芬达尔指数。赫芬达尔指数是将企业每项业务收入与企业总收入的比值进行加总得到的指数，指数大小与多元化程度成反比，当赫芬达尔指数为1时，说明企业是专业化经营。赫芬达尔指数可以很好地反映行业集中度和单一SIC分类层面上的不同业务单位的相对重要性，但是其精确程度对产品分类详细程度有较大的依赖，若采用分类时不同位数的SIC编码进行研究，其结果有很大差距。

（4）熵指数。雅克曼和贝里（Jacquemin and Berry，1979）开创性地将熵（Entropy）理论运用到衡量企业多元化程度上，该指标的计算方法如下。

$$E = -\sum_{i=1}^{n} p_i \ln p_i, \quad \sum p_i = 1, \ i = 1, 2, \cdots, n \qquad (9-1)$$

式（9-1）中E表示多元化程度，n表示所经营的产业数，p_i表示第i项业务收入/企业总收入，当其他条件不变时，企业经营涉及的行业数目越多，熵指数越高，当企业仅进入一个行业时，则E取最小值0；在经营行业不变的情况下，企业在各行业的销售额越趋于平均，熵指数就越高，当销售额在各行业等额分布，即$p_i = 1/n$时，E值最大。可见熵值在衡量企业多元化程度上更为全面精确，避免了产品分类详细程度对赫芬达尔指数的影响。

熵指数也可以很好地度量出不同类别多元化的程度。以SIC四位数编码为基础，当某个业务收入占比按照标准行业分类代码的4位数代码划分时，计算结果为总体多元化指数，当业务部门依据标准行业分类代码的2位数代码划分时，计算结果行业多元化指数。产品多元化可被视为总体多元化程度，行业多元化可被视为非相关多元化程度，二者相减即得到了相关多元化程度。即：

$$DT = DR + DU = \sum_{i=1}^{n} p_i \cdot Ln(1/p_i) \qquad (9-2)$$

式（9-2）中，DT为总体多元化水平，DR为相关多元化水平，DU为不相关多元化水平。

根据以上分析，熵指数不仅能够很好地反映企业多元化程度，并且能够分别计算出相关多元化和非相关多元化指数，因此本书选择熵指数方法来衡量企业多元化程度。

采用熵指数方法对企业多元化战略进行衡量，需要根据规范的行业划分标准对企业经营所涉及的行业进行分类。在西方国家已有的研究中，对行业分类的依据大多采用标准行业分类代码简称代码。中国证监会也颁布了《上市公司行业分类指引》（以下简称《指引》）作为产业分类的标准，但是《指引》并未被中国上市公司正式使用，上市公司在年报中，往往只披露主营业务的行业归属，不会详细地披露业务所归属的行业，即未按照《指引》所划分的行业披露分行业营业收入。因此，对于该类数据需要进行手工处理，主要是判断年报中公布营业收入的产品所属行业，并将样本公司经营涉及的行业进行归类，从而计算非相关多元化和相关多元化指数。而一些财务报表中没有进行业务收入分类，或者收入分类无法按照行业进行编码的公司，需要删除该类样本，该项筛选需要人工判断，因此采用手工处理。

2. 组织结构

如前所述，将企业组织结构划分为 U 型、H 型、M 型三种类型，由于组织结构类型不是财务指标，并不能从 WIND 数据库中直接获取，所以采用手工收集的方法，按照上文中的分类，将企业组织结构分为 U 型、H 型和 M 型，笔者在收集数据过程中，发现相当一部分企业采用 H 型和 M 型混合型结构，对于该类企业，若母公司对于子公司的控股比例高于 50%，且子公司的经营决策很大程度上受到母公司影响，就界定为 M 型企业，否则界定为 H 型企业。

3. 企业绩效的计量

企业绩效可分为两类，一类表现在财务指标上，如 ROA、ROE、ROS 等，还有一类并不体现在财务指标上，但是对企业经营来说十分重要，如市场份额、新产品开发、顾客满意度等。在实证研究中，受到关注的主要是 ROA、ROE、ROS 等财务指标表示的绩效，该类指标数据易得，且受行业等因素影响较小，不同企业之间容易比较且客观。

朗和史图斯（1994）和瑟韦斯（Servaes，1996）在研究多元化与企业绩效关系时选择托宾 Q（Tobin's Q）值来衡量企业价值，托宾 Q（Tobin's Q）值是反映的是市场价值与重置成本估计的比值，可以反映出公司价值和增长前景，它将企业的财务绩效和市场绩效结合起来考虑。但是，如果采用托宾 Q 值来衡量企业绩效，则需要市场具有很好的有效性，而在目前，中国的制度和经济环境下的市场并不符合这一要求，用托宾 Q 值来衡量企业绩效并不适合本书，因此，本书采用财务指标来衡量企业绩效指标。其中 ROA 综合性较强，可以体现出企业的资本结构、经营成果和运营效率，并且具有较强的通用性，不受行业局限。因此，综合考虑，本章采用 ROA 作为企业绩效的衡量指标。

4. 控制变量

许多实证研究表明，企业规模、年龄和资产负债率对企业绩效存在着较为显著的影响，为了减少这些重要变量对自变量的影响，本章选取企业规模、年龄和资产负债率作为控制变量。

表 9-5 变量定义表

变量种类	变量名称	变量符号	定义及描述
因变量	总资产收益率	ROA	总资产报酬率
自变量	U 型结构	OU	若为 U 型结构，取 1，否则取 0
	H 型结构	OH	若为 H 型结构，取 1，否则取 0
	M 型结构	OM	若为 M 型结构，取 1，否则取 0
	非相关多元化指数	DU	熵指数法计算
	相关多元化指数	DR	熵指数法计算
控制变量	企业年龄	AGE	2017 - 公司成立的年份
	企业规模	SIZE	资产总额的自然对数
	负债程度	DA	负债总额/资产总额

资料来源：SPSS 计算结果输出。

（1）企业规模。企业规模对企业绩效的影响较为显著，企业的规模大小不同，则在财务资源、市场规模等方面都有着较大的差别。企业人数、资产规模、收入均可作为衡量企业规模的指标。本章采用资产总额来衡量企业规模，为了避免数据过大的影响，选取样本企业观察期资产总额的自然对数来表示该项指标。

（2）企业年龄。不同年龄的企业处于不同的发展阶段，企业的战略变量的选择和组织机构的设计也不同。因此研究战略与组织结构以及企业绩效的关系，企业年龄这个因素不可忽视，本章以样本企业观察期距离其成立日期的年数来表示该变量。

（3）资产负债率。企业的资本结构影响企业的资本运转，进而会影响企业绩效，因此，本章将企业资产负债率作为控制变量，以控制资本结构对企业绩效的影响，以样本企业观察期年报中所披露的资产负债率来表示该变量。

9.3.3 模型构建

为了验证假设 9-1 和假设 9-2，即相关多元化和非相关多元化与绩效的关系，建立模型（9-3）。

$$P = \alpha + \beta_1 D + \beta_2 Ln(SIZE) + \beta_2 AGE + \beta_3 DA + \mu \quad (9-3)$$

在式（9-3）中，α 表示常数项，μ 表示随机扰动项，D 表示企业多元化程度，DT、DU、DR 三个变量分别为企业总体多元化程度、非相关多元化程度、相关多元化程度。SIZE 为企业规模，用企业当年总资产的自然对数表示；

AGE 为企业成立时间，用企业成立时间距样本观察期的自然对数表示；DA 为资产负债率。

第二组检验，协同作用是指两者之间能够相互促进，共同提高企业价值，并最终实现“1 +1 >2”的协同效应（马宁和孟卫东，2017）。要验证多元化战略与组织结构之间的协同效应，根据钱德勒（1962）和鲁梅尔特（1974）的观点，要从多元化战略和组织结构对目标企业绩效产生的最终影响进行判断，从二者是否实现了相互促进、从而对企业绩效产生积极影响来判断其是否存在协同效应。根据相关计量理论，当自变量（X）对因变量（Y）的关系受到第三个变量（M）的影响时，设定组织结构为调节变量。调节变量可以是定性的，也可以是定量的，它影响因变量和自变量之间关系的方向和强弱。当调节变量是定性或定量时，调节效应的检验是不一样的。

当组织结构是调节变量时，此时组织结构变量是定性的，而多元化熵指数是连续变量，将样本数据按照组织结构的类型进行分组，建立回归模型，如果三组样本的回归结果存在显著差异，那么则说明调节效应成立，调节作用或正或负（温忠麟等，2005）。

当多元化是调节变量，此时自变量是定性的，调节变量是连续的，我们将自变量和调节变量中心化，然后进行层次回归分析，建立以下模型。

$$P = \alpha + \beta_1 O + \beta_1 Ln(SIZE) + \beta_2 AGE + \beta_3 DA + \mu \qquad (9-4)$$

$$P = \alpha + \beta_1 O + \beta_1 Ln(SIZE) + \beta_2 AGE + \beta_3 DA + \beta_4 O + \mu \qquad (9-5)$$

$$P = \alpha + \beta_1 O + \beta_1 Ln(SIZE) + \beta_2 AGE + \beta_3 DA + \beta_4 O + \beta_5 O \times D + \mu \qquad (9-6)$$

在式（9 -4）、式（9 -5）、式（9 -6）中，α 表示常数项，μ 表示随机扰动项，DT、DU、DR 分别为企业总体多元化程度、非相关多元化程度、相关多元化程度，OU、OH、OM 分别表示 U 型组织结构、H 型组织结构、M 型组织结构所对应的虚拟变量。SIZE 为企业规模，用企业 2012 ~2016 年各年总资产的自然对数表示；AGE 为企业成立时间，用企业成立时间距样本观察期的自然对数表示；DA 为资产负债率。

9.4 实证分析

9.4.1 样本选择与数据来源

上市公司多为各行业的龙头企业，具有显著的典型性和代表性，本书选取

2012~2016年沪深市全部A股上市公司作为研究样本。为了确保研究数据的有效性，按以下步骤对样本进行了筛选：（1）为了避免异常数据对分析的影响，剔除了全部ST公司样本；（2）金融业和房地产业公司业务和组织机构较为单一，为了使研究不受其影响，在数据收集时未将其考虑在内。（3）有一些公司未在其官方网址和企业年报里公布组织结构等数据，导致该项数据无法获取，有的企业年报中各业务的收入没有分类或者分类无法按照四位行业编码进行归总。为了研究的完整性，将出现以上情况的公司样本剔除。经以上步骤对样本进行筛选后，符合以上条件的公司共有614家，其中采用U型结构的公司58家，采用H型组织结构公司357家，采用M型组织结构的公司199家。可见中国上市公司大部分采用了H型组织结构，而U型组织结构较少。由于各个组织结构类型公司数量不同，为了减少对回归结果的影响，因此当涉及总体情况回归分析时，三种组织结构类型的公司分别选取58家，共174家企业进行观测。

研究所使用的数据主要来自Wind数据库，组织结构的相关数据为手工收集整理得到，主要信息来源于上市公司企业网站的组织结构介绍、企业章程文件、企业年报等资料。数据处理主要使用EViews和SPSS软件完成。

9.4.2 描述性统计分析

对各变量进行描述性统计分析（见表9-6），各项多元化指标极小值均为0，

表9-6 描述性统计

指标	样本个数	极小值	极大值	均值	标准差
DU	870	0	1.78	0.3308	0.4213
DT	870	0	2.56	0.9599	0.5437
DR	870	0	2.33	0.6291	0.5671
DA	870	1.53	91.17	56.8050	20.2971
SIZE	870	9.17	17.94	13.3889	1.5475
AGE	870	2	32	16.7414	5.1966
ROA	870	-17.1	24.94	3.5493	4.6518
OU	870	0	1	0.3333	0.4717
OH	870	0	1	0.3333	0.4717
OM	870	0	1	0.3333	0.4717

资料来源：SPSS计算结果输出。

即存在公司没有选择多元化战略，而 DU 均值为 0.3308、DR 均值为 0.6291，DR 均值远大于 DU 均值，说明企业多数是围绕其主营业务开展相关多元化战略。各项多元化指标标准差均较小，说明各个企业在多元化程度和战略选择上相差不大。DA 极小值为 1.53，极大值则达到了 91.17，且标准差较大，说明各个企业之间负债率差距较大。SIZE 均值达到了 13.3889，说明样本企业的资本规模较大。AGE 均值为 16，说明样本企业成立时间较久，样本多为较为稳定的持续经营的企业。ROA 极小值为 17.1 而极大值为 24.94，差距较大，且标准差为 4.65，说明各个企业经营状况存在着较大的差距。

9.4.3　相关性分析

运用 SPSS 17.0 软件检验了变量之间的相关性（见表 9-7），DU 与其他各个变量的相关系数都在 0.01 的水平上显著，其中 DU 和 DT、DA、SIZE、AGE、OU 相关系数为正，与 DR、ROA、OU 关系为负，除 DU 与 DT、DR 相关系数以外，其余相关系数均较小，由于 DU = DT + DR，且三者不会出现在同一回归方程内，因此可以进行将 DU 纳入模型之内。同理，DT 除与 DR 的相关系数，其与其他各个变量相关系数均较小，因此 DT 也可纳入模型，DR 与各个变量相关系数均较小，因此可纳入模型。OU、OH、OM 三个变量为虚拟变量，其两两之间相关系数为 0.5，由于三者不会同时纳入一个模型中，所以可以将其纳入模型。

表 9-7　变量相关性系数

指标	DU	DT	DR	DA	SIZE	AGE	ROA	OU	OH	OM
DU	1	—	—	—	—	—	—	—	—	—
DT	0.331 **	1	—	—	—	—	—	—	—	—
DR	-0.426 **	0.713 **	1	—	—	—	—	—	—	—
DA	0.203 **	-0.003	-0.154 **	1	—	—	—	—	—	—
SIZE	0.149 **	0.046	-0.066	0.501 **	1	—	—	—	—	—
AGE	0.095 **	-0.192 **	-0.255 **	0.06	0.096 **	1	—	—	—	—
ROA	-0.115 **	-0.086 *	0.003	-0.452 **	-0.216 **	-0.124 **	1	—	—	—
OU	-0.251 **	-0.001	0.185 **	-0.598 **	-0.463 **	-0.021	0.282 **	1	—	—
OH	0.134 **	-0.145 **	-0.238 **	0.476 **	0.272 **	0.052	-0.223 **	-0.500 **	1	—
OM	0.117 **	0.146 **	0.053	0.122 **	0.191 **	-0.031	-0.059	-0.500 **	-0.500 **	1

注：其中 ** 和 * 分别表示在 0.05 和 0.1 的水平下（双侧）显著相关。
资料来源：SPSS 计算结果输出。

在进行回归之前，为了检测变量之间是否存在多重共线性，对回归方程进行了多重共线性检验（见表9-8），可以看出各变量膨胀因子（VIF）均远远低于临界值10，不存在多重共线性的情况。

表9-8 共线性检验结果

常量	DU	DT	DA	DR	SIZE	AGE	OU	OH	OM
容差	0.797	0.802	0.539	0	0.698	0.923	0.422	0.422	0.536
VIF	1.254	1.246	1.854	0	1.432	1.083	2.368	2.368	1.867

资料来源：SPSS计算结果输出。

9.4.4 实证结果分析

1. 多元化对企业绩效影响实证结果

利用EViews软件对174家上市公司5年的数据采用面板数据进行回归，先对面板数据回归做豪斯曼检验（见表9-9）。豪斯曼检验结果显示研究应建立个体固定效应模型。采用个体固定效应模型对174家上市公司5年的观测值，一共870组数据进行了回归分析，获得了绩效指标和多元化程度的模型回归结果（见表9-10）。各回归模型F值均在0.01水平下显著，且R^2均达到了65%以上，说明以上各个回归模型均具有显著的统计学意义。

表9-9 豪斯曼检验结果

Test Summary	Chi-Sq. Statistic	Chi-Sq. d. f.	P值
Cross-sectionrandom	26.194	3	0.000

资料来源：SPSS计算结果输出。

模型1以ROA为因变量，DT为自变量进行回归（见表9-10），检验的是总体多元化与企业绩效之间的回归关系，回归方程R^2为0.656，总体多元化系数为0.712，且在10%水平下显著，对于企业绩效具有显著的正向影响，说明总体多元化程度越高的企业，企业绩效越高。

模型2是以ROA为因变量，DU为自变量进行回归，检验的是非相关多元化与企业绩效之间的回归关系，回归方程的R^2为0.700，非相关多元化指数系数为-0.006728，但是与企业绩效之间的关系并不显著，因此非相关多元化战略的选择与企业绩效并没有显著的关系，因此拒绝假设 9 - 1：实施非相关多元化战略并非一定对企业绩效产生负向影响。

表 9 - 10　　个体固定效应模型回归结果

解释变量	模型 1	模型 2	模型 3
	ROA	ROA	ROA
AGE	-0.540***	-0.551***	-0.539***
	-5.905	-6.024	-5.901
SIZE	0.441	0.539	0.446
	1.140	1.405	1.156
DA	-0.105***	-0.105***	-0.102***
	-7.391	-7.368	-7.172
DT	0.712*	—	—
	0.090		
DU	—	-0.003	—
		-0.006	
DR	—	—	0.791*
			0.073
R^2	0.656	0.700	0.701
F	7.471	9.141	9.201

注：* 表示在 0.1 的水平下相关，*** 表示在 0.01 的水平下相关。
资料来源：SPSS 计算结果输出。

模型 3 是以 ROA 为因变量，DR 为自变量进行回归，检验的是相关多元化与企业绩效之间的回归关系，回归方程的 R^2 为 0.701，相关多元化指数系数为 0.79183，且在 10% 水平下显著，对于企业绩效具有显著的正向影响，说明相关多元化指数越高的企业，企业绩效将会越高，因此验证了假设 9 - 2：在其他条件不变的情况下，相关多元化经营程度与企业绩效存在正相关关系。

通过对以上模型回归结果的对比，可以得出以下结论。

（1）总体多元化指标和相关多元化指标均对企业绩效有着显著的正向影响，而非相关多元化与企业绩效之间的关系并不明显，需要根据具体情况进行深入分析。

（2）通过模型 3 与模型 1 的对比发现，相关多元化指标的系数大于总体多元化指标系数，说明相较于总体多元化系数，相关多元化对企业绩效产生的正向影响更大。

因此，相关多元化指标较高的企业绩效相对较高，而非相关多元化指标与企业绩效之间并无特定的关系，并不是企业采取了非相关多元化战略后对企业绩效一定会产生负向的影响，这需要纳入企业组织结构指标进行具体分析。

2. 组织结构对多元化与企业绩效关系影响

为验证不同组织结构的多元化企业的绩效是否有所不同，采用分组回归的方式，将不同组织结构的企业分组回归。首先对组织结构为U型的企业进行回归分析（见表9-11），结果显示，各回归模型F值均在0.01水平下显著，且R^2均达到了60%以上，说明以上各个回归模型均具有显著的统计学意义。

表9-11　U型结构企业的多元化战略对企业绩效的影响实证结果

解释变量	模型1	模型2	模型3
	ROA	ROA	ROA
AGE	-0.894***	-0.562***	-0.555***
	-4.491	-5.454	-5.387
SIZE	0.448	0.585	0.453
	0.499	1.270	0.974
DA	0.001	-0.062***	-0.060***
	0.036	-4.326	-4.162
DT	-2.005**	—	—
	-2.119		
DU	—	-1.038**	—
		-2.106	
DR	—	—	1.007
			1.395
R^2	0.636	0.701	0.700
F	6.852	9.232	9.191

注：**表示在0.05的水平下相关，***表示在0.01的水平下相关。
资料来源：SPSS计算结果输出。

模型1以ROA为因变量，DT为自变量进行回归，检验的是总体多元化与企业绩效之间的回归关系，回归方程的 R^2 为0.663，总体多元化指数系数为－2.005，且在5%水平下显著，对于企业绩效具有显著的负向影响，说明当企业的组织结构类型为U型时，企业总体多元化指数与企业绩效之间的关系显著为负。

模型2以ROA为因变量、DU为自变量进行回归，检验的是非相关多元化与企业绩效之间的回归关系，回归方程的 R^2 为0.701，非相关多元化指数系数为－1.038，且在5%的水平下显著，说明当企业的组织结构类型为U型时，企业非相关多元化指数与企业绩效之间的关系显著为负。

模型3以ROA为因变量、DR为自变量进行回归，检验的是相关多元化与企业绩效之间的回归关系，回归方程的 R^2 为0.700，相关多元化指数系数为1.007，但是与企业绩效之间的关系不显著，说明当企业的组织结构类型为U型时，企业相关多元化指数与企业绩效之间关系并不显著。

通过对以上模型回归结果的对比，可以得出以下结论。

（1）U型组织机构不利于非相关多元化战略的实施。当企业组织类型为U型时，总体多元化指标与非相关多元化指标与企业绩效指标关系为负，说明企业总体多元化程度和非相关多元化程度越高，企业绩效越低。因此U型组织机构不利于非相关多元化战略的实施。

（2）U型组织机构与相关多元化战略并没有形成协同作用。当企业组织类型为U型时，非相关多元化指标与企业绩效关系不明显，对企业绩效没有显著的正向促进作用，所以U型组织机构与相关多元化战略协同作用不明显。

（3）通过模型1与模型2的对比发现，非相关多元化指标的系数小于总体多元化指标系数，说明U型组织结构更不利于非相关多元化战略的实施。

通过以上分析，可以得出结论，U型组织结构与非相关多元化战略是不匹配的，甚至该种结构对于非相关多元化战略的实施具有阻碍作用，对于相关多元化并无明显的促进作用。

对组织结构为H型的企业进行回归分析（见表9－12），结果显示各回归模型F值均在0.01水平下显著，且 R^2 均达到了70%以上，说明以上各个回归模型均具有显著的统计学意义。

模型1是以ROA为因变量，DT为自变量进行回归，检验的是总体多元化与企业绩效之间的回归关系，回归方程的 R^2 为0.712，总体多元化指数系数为－0.179，但是系数并不显著，说明当企业的组织结构类型为H型时，企业总体多元化指数与企业绩效之间关系不显著。

表 9-12 H 型结构企业的多元化战略对企业绩效的影响实证结果

解释变量	模型 1	模型 2	模型 3
	ROA	ROA	ROA
AGE	-0.536***	-0.535***	-0.534***
	-7.443	-7.495	-7.469
SIZE	1.252***	0.992***	1.195***
	4.055	3.212	3.928
DA	-0.073***	-0.080***	-0.075***
	-6.652	-7.296	-6.939
DT	-0.179	—	—
	-0.404		
DU	—	2.203***	—
		4.488	
DR	—	—	-1.874***
			-4.342
R	0.712	0.716	0.716
F	9.800	9.994	9.982

注：*** 表示在 0.01 的水平下相关。
资料来源：SPSS 计算结果输出。

模型 2 是以 ROA 为因变量，DU 为自变量进行回归，检验的是非相关多元化与企业绩效之间的回归关系，回归方程的 R^2 为 0.716，非相关多元化指数系数为 2.203，且在 1% 的水平下显著，说明当企业的组织结构类型为 H 型时，企业非相关多元化指数与企业绩效之间关系显著为正，因此，验证了假设 9-3：采取 H 型结构的企业，非相关多元化程度与其企业绩效呈正比。

模型 3 以 ROA 为因变量，DR 为自变量进行回归，检验的是相关多元化与企业绩效之间的回归关系，回归方程的 R^2 为 0.716，相关多元化指数系数为 -1.874，且在 1% 的水平下显著，说明当企业的组织结构类型为 H 型时，企业相关多元化指数与企业绩效之间关系显著为负。

通过对以上模型回归结果的对比，可以得出以下结论。

（1）H 型组织机构不利于相关多元化战略的实施。当企业组织类型为 H 型时，非相关多元化指标与企业绩效指标关系为负，说明相关多元化程度越高，企业绩效越低。因此 H 型组织机构不利于相关多元化战略的实施。

（2）H型组织机构有利于非相关多元化战略的实施，当企业组织类型为H型组织时，非相关多元化指标与企业绩效关系显著为正，说明H型组织结构的企业在实施非相关多元化战略是能够显著地提升企业绩效。

（3）通过模型1与模型2的对比发现，企业采用H型组织结构是把双刃剑，该种组织结构利于实行非相关多元化战略，而对各业务部门协作要求较高的相关多元化战略具有负向的影响。

通过以上分析，可以得出结论，当企业组织结构为H型时，适合采取非相关多元化战略，如果采取相关多元化战略，应当注意各个子公司之间相互协同。

对组织结构为M型的企业进行回归分析（见表9-13），各回归模型F值均在0.01水平下显著，且R^2均达到了70%以上，说明以上各个回归模型均具有显著的统计学意义。

表9-13　　M型结构企业的多元化程度对企业绩效的影响实证结果

解释变量	模型1	模型2	模型3
	ROA	ROA	ROA
AGE	-0.734***	-0.750***	-0.712***
	-3.910	-3.946	-3.834
SIZE	-0.242	-0.075	-0.273***
	-0.328	-0.100	-0.374
DA	-0.080***	-0.068***	-0.072***
	-3.366	-2.802	-3.104
DT	1.836***	—	—
	2.719		
DU	—	-1.205	—
		-1.152	
DR	—	—	2.490***
			3.628
R	0.734	0.727	0.741
F	10.362	9.998	10.707

注：***表示在0.01的水平下相关。
资料来源：SPSS计算结果输出。

模型1以ROA为因变量，DT为自变量进行回归，检验的是总体多元化与企业绩效之间的回归关系，回归方程的R^2为0.734，总体多元化指数系数为1.836，并且在1%的水平下显著，说明当企业的组织结构类型为M型时，企业总体多元化指数与企业绩效之间关系显著为正。

模型2是以ROA为因变量，DU为自变量进行回归，检验的是非相关多元化与企业绩效之间的回归关系，回归方程的R^2为0.727，非相关多元化指数系数为-1.205，但并不显著，说明当企业的组织结构类型为M型时，企业非相关多元化指数与企业绩效之间关系不显著。

模型3是以ROA为因变量，DR为自变量进行回归，检验的是相关多元化与企业绩效之间的回归关系，回归方程R^2为0.741，相关多元化指数系数为2.490，且在1%的水平下显著，验证了假设9-5：采取M型结构的企业，相关多元化程度与其企业绩效呈正比。

通过对以上模型回归结果的对比，可以得出以下结论。

（1）实施相关多元化战略的企业适合采用M型组织结构，当企业组织类型为M型时，总体多元化和相关多元化指标与企业绩效关系为证，M型组织结构可以正向促进相关多元化与企业绩效关系。

（2）M型组织机构与非相关多元化战略并没有形成协同作用。当企业组织类型为M型组织时，非相关多元化指标与企业绩效关系不明显，对企业绩效没有显著的正向促进作用，所以M型组织机构与非相关多元化战略并没有形成协同作用。

（3）通过模型1与模型2的对比发现，相关多元化指标的系数大于总体多元化指标系数，说明M型组织结构更利于相关多元化战略的实施。

通过以上分析，可以得出结论，M型组织结构与多元化战略是较为匹配的，该种结构对于相关多元化有着较强的促进作用，而对非相关多元化战略的实施无明显的促进作用。

为了对比三种组织结构类型的企业多元化程度与企业绩效之间的关系，对组织结构分组回归结果进行汇总（见表9-14），通过对比可以看出：总体多元化程度越高，采用M型组织结构的企业绩效越好，采用U型组织结构的企业绩效越差，H型组织结构的企业则无明显影响，说明当企业总体多元化程度高时，应当选择M型组织结构，避免选择U型组织结构。

非相关多元化程度越高，采用H型组织结构的企业绩效越好，采用U型组织结构的企业绩效越差，U型组织结构的企业则无明显影响，验证了假设9-4：企业采用H型结构时，非相关多元化对企业绩效的正向影响较其他结构大。说明当企业采取相关多元化战略时，应当选择H型组织结构，避免选择U型组织结构。

表9-14 不同组织结构类型企业的多元化程度对企业绩效的影响汇总

解释变量	U型组织	H型组织	M型组织
DT	-2.005**	-0.179	1.836***
DR	1.007	-1.874***	2.490***√
DU	-1.038**	2.203***√	-1.205

注：√表示调节效应显著。** 表示在0.05的水平下相关，*** 表示在0.01的水平下相关。
资料来源：根据SPSS计算结果整理。

相关多元化程度越高，采用M型组织结构的企业绩效越好，采用H型组织结构的企业绩效越差，U型组织结构的企业则无明显影响。验证了假设9-6：企业采用M型结构时，相关多元化对企业绩效的正向影响较其他结构大。说明当企业采取相关多元化战略时，应当选择M型组织结构，避免选择H型组织结构。

综合来看，当企业选择多元化战略时，M型组织结构更能提高企业的绩效。

3. 多元化程度影响企业组织结构的实证分析

采用层次回归分析法验证企业在特定组织结构类型下，多元化指标对组织结构与企业绩效之间关系的调节作用。表9-15显示了层次回归的结果，模型1是以ROA为因变量，以各个控制变量以及虚拟变量OU、OH、OM为自变量，模型2则在模型1的基础上加入了DR自变量，模型3在模型2的基础上加入了DR与各个虚拟变量交互项，模型4则在模型1的基础上加入了DT变量，模型5在模型4的基础上加入了DT与各个虚拟变量的交互项。若加入交互项之后，拟合优度增高，且交互项的系数显著为正，则说明企业多元化程度对组织结构与企业绩效之间关系的调节效应显著。

检验多元化程度对U型结构影响企业绩效的调节作用（见表9-15），各回归模型F值均在0.01水平下显著，由于回归中加入了OU、OH、OM等虚拟变量，因此不能采用面板数据回归，R^2 有所降低。但是 R^2 仍在0.15以上，说明以上各个回归模型均具有显著的统计学意义。

表 9-15 多元化程度对 U 型结构影响企业绩效的调节作用检验

解释变量	模型 1	模型 2	模型 3	模型 4	模型 5
AGE	-0.036	-0.051*	-0.050*	-0.034	-0.034
	-1.341	-1.826	-1.802	-1.261	-1.266
SIZE	0.795***	0.824***	0.819***	0.785***	0.788***
	15.845	15.955	15.804	15.487	15.202
DA	-0.116***	-0.119***	-0.118***	-0.114***	-0.115***
	-14.350	-14.558	-14.294	-13.918	-13.550
OU	-0.477	-0.445	-0.467	-0.430	-0.422
	-1.541	-1.441	-1.507	-1.382	-1.348
DR	—	-0.598**	-0.548**	—	—
		-2.253	-2.030		
OU·DR	—	—	-0.517	—	—
			-0.985		
DU	—	—	—	-0.474	-0.451
				-1.349	-1.243
OU·DU	—	—	—	—	-0.186
					-0.258
R	0.161	0.166	0.167	0.163	0.163
DW	0.644	0.650	0.648	0.645	0.158

注：* 表示在 0.1 的水平下相关，** 表示在 0.05 的水平下相关，*** 表示在 0.01 的水平下相关。
资料来源：根据 SPSS 计算结果整理。

模型 1 以 ROA 为因变量，以控制变量和 OU 作为自变量进行回归分析，回归方程的 R^2 是 0.161109，OU 的系数为 -0.476545，但是系数不显著，可以看出 U 型组织结构与企业绩效之间关系不显著。

模型 2 在模型 1 的基础上加入调节变量 DR，回归方程的 R^2 是 0.160，OU 的系数为 -0.444，但是不显著，DR 的系数为 -0.597，且在 5% 的水平下显著，说明 DR 与企业绩效关系显著为负。

模型 3 在模型 1 的基础上加入 DR 与 OU 的交互项，R^2 略有上升，但是交互项系数不明显，说明 DR 并未对 OU 与企业绩效的关系产生调节作用。

模型 4 在模型 1 的基础上加入调节变量 DU，回归方程的 R^2 是 0.162，OU 的系数为 -1.382，DU 的系数为 -0.474，均不显著。

模型5在模型4的基础上加入DR与OU的交互项，R^2略有上升，但是交互项系数不明显，说明DU并未对OU与企业绩效的关系产生调节作用。

实证结果表明：企业是否采用U型组织结构并不会影响企业绩效，多元化指标对U型组织结构与企业绩效之间的关系调节作用不明显，不能判断采用U型组织结构的企业选择相关多元化和非相关多元化战略的倾向。

检验多元化程度对U型结构影响企业绩效的调节作用（见表9－16），模型1以ROA为因变量，以控制变量和OH作为自变量进行回归分析，回归方程的R^2是0.163562，OH的系数为－0.7465，且在5%的水平上显著，可以看出H型组织结构与企业绩效之间关系显著为负。

表9－16　　多元化程度对H型结构影响企业绩效的调节作用检验

解释变量	模型1	模型2	模型3	模型4	模型5
AGE	－0.035	－0.055**	－0.061**	－0.033	－0.039
	－1.310	－1.984	－2.193	－1.239	－1.429
SIZE	0.746***	0.770***	0.768***	0.739***	0.737***
	13.730	14.060	14.058	13.521	13.511
DA	－0.108***	－0.110***	－0.111***	－0.107***	－0.106***
	－12.024	－12.213	－12.299	－11.757	－11.657
OH	－0.747**	－0.950***	－1.184***	－0.714**	－0.802**
	－2.218	－2.773	－3.338	－2.116	－2.360
DR	—	－0.771***	－1.252***	—	—
		－2.855	－3.757		
OH·DR	—	—	－1.459**	—	—
			－2.451		
DU	—	—	—	－0.475	－0.156
				－1.358	－0.404
OH·DU	—	—	—	—	1.414**
					1.947*
R	0.164	0.171	0.177	0.165	0.169
DW	0.646	0.656	0.658	0.647	0.648

注：*表示在0.1的水平下相关，**表示在0.05的水平下相关，***表示在0.01的水平下相关。
资料来源：根据SPSS计算结果整理。

模型2在模型1的基础上加入调节变量DR，回归方程的R^2是0.171369，OH的系数为-0.950，DR的系数为-0.771，均且在1%的水平下显著，说明DR与企业绩效关系显著为负。

模型3在模型1的基础上加入DR与OH的交互项，R^2有所上升，交互项系数为-1.459，且在5%的水平上显著，说明DR对OM与企业绩效的关系产生负向的调节作用。

模型4在模型1的基础上加入调节变量DU，回归方程的R^2是0.165，OH的系数为-0.713，在5%的水平上显著，DU的系数为-0.474，不显著。

模型5在模型4的基础上加入DR与OH的交互项，R^2有所上升，是交互项系数1.413，在5%水平上显著，说明DU对OM与企业绩效的关系产生正向的调节作用。因此，验证了假设9-7：对于采用H型组织结构的企业，采用非相关多元化战略可以提高企业绩效。

实证结果表明：相关多元化指标对H型组织结构与企业绩效之间的关系调节作用为负，因此采用H型组织结构的企业采取相关多元化战略倾向较低；非相关多元化指标对H型组织结构与企业绩效之间的关系调节作用为正，因此采用H型组织结构的企业采取相关多元化战略的倾向较大。

检验多元化程度对M型结构影响企业绩效的调节作用（见表9-17），模型1以ROA为因变量，以控制变量和OM作为自变量进行回归分析，回归方程的R^2是0.174，OM的系数为1.422，且在1%的水平上显著，可以看出M型组织结构与企业绩效之间关系显著为正。

表9-17　　多元化程度对M型结构影响企业绩效的调节作用检验

解释变量	模型1	模型2	模型3	模型4	模型5
AGE	-0.050**	-0.072***	-0.073***	-0.048**	-0.050**
	-1.840	-2.580	-2.604	-1.776	-1.824
SIZE	0.710***	0.739***	0.740***	0.708***	0.699***
	13.224	13.616	13.666	13.156	12.819
DA	-0.098***	-0.099	-0.100***	-0.097***	-0.095***
	-10.530	-10.741	-10.848	-10.474	-10.049
OM	1.423***	1.600***	1.541***	1.372***	1.315***
	4.090	4.560	4.387	3.861	3.662
DR	—	-0.816***	-1.068***	—	—
		-3.067	-3.696		

续表

解释变量	模型 1	模型 2	模型 3	模型 4	模型 5
OM · DR	—	—	1.233 **	—	—
			2.205		
DU	—	—	—	-0.253	-0.173
				-0.716	-0.477
OM · DU	—	—	—	—	-0.981
					-1.049
R	0.175	0.184	0.188	0.175	0.176
DW	0.654	0.666	0.660	0.654	0.654

注：** 表示在 0.05 的水平下相关，*** 表示在 0.01 的水平下相关。
资料来源：根据 SPSS 计算结果整理。

模型 2 在模型 1 的基础上加入调节变量 DR，回归方程的 R^2 是 0.183，OM 的系数为 1.600，DR 的系数为 0.815，均在 1% 的水平下显著，说明 DR 与企业绩效关系显著为负。

模型 3 在模型 1 的基础上加入 DR 与 OM 的交互项，R^2 有所上升，交互项系数为 1.232，且在 5% 的水平上显著，说明 DR 对 OM 与企业绩效的关系产生正向的调节作用，验证了假设 9 -8：对于采用 M 型组织结构的企业，采用相关多元化战略可以提高企业绩效。

模型 4 在模型 1 的基础上加入调节变量 DU，回归方程的 R^2 是 0.175，OM 的系数为 1.371，在 1% 的水平上显著，DU 的系数为 -0.253，不显著。

模型 5 在模型 4 的基础上加入 DR 与 OM 的交互项，R^2 略有上升，交互项系数 -0.981，不显著，说明 DU 对 OM 与企业绩效的关系产生正向的调节作用不明显。

实证结果表明：相关多元化对 M 型组织结构与企业绩效之间的关系调节作用为正，因此采用 M 型组织结构的企业采取相关多元化战略倾向较大；非相关多元化指标对 H 型组织结构与企业绩效之间的关系调节作用不明显。综合以上研究结果，对多元化战略与组织结构协同效应进行汇总（见表 9 -18）。企业采用 H 型结构时，非相关多元化对企业绩效的正向影响较其他结构强，对于采用 H 型组织结构的企业，采用非相关多元化战略可以提高企业绩效。说明实行非相关多元化经营的企业与 H 型组织结构具有协同效应。因此验证了假设 9 -9：实行非相关多元化经营的企业与 H 型组织结构具有协同效应。

企业采用 M 型结构时，相关多元化对企业绩效的正向影响较其他结构强，对于采用 M 型组织结构的企业，采用相关多元化战略可以提高企业绩效。因此，验证了假设 9－10：实行相关多元化经营的企业与 M 型组织结构具有协同效应。

表 9－18　　多元化战略与组织结构协同效应汇总

调节变量	OU	OH	OM	调节变量	DT	DR	DU	协同效应	DT	DR	DU
DT				OU				OU			
DR			√	OH			√	OH			√
DU		√		OM		√		OM		√	

注：其中√表示调节效应，或者协同效应存在。
资料来源：根据 SPSS 计算结果整理。

9.5 本章小结

本章从多元化战略与组织结构协同视角，探讨了企业多元化战略选择与组织结构的匹配及其对企业绩效的影响。在此研究中，多元化战略涉及物质资本和知识资本各类要素和资源的配置，组织结构的差异则反映了企业人力资本、结构资本和关系资本的结构性差异，从微观层面上论证了物质资本和知识资本协同对企业成长的影响。主要内容如下。

（1）将企业多元化战略分为两类，分别是相关多元化和非相关多元化，将企业组织结构分为 U 型、H 型、M 型三种类型，采用熵指数来衡量企业的相关多元化程度和非相关多元化程度，以企业财务指标 ROA 来衡量企业绩效，以企业规模、企业年龄和负债率为控制变量。首先，利用样本数据对中国上市企业两种多元化程度和企业绩效的关系做了检验；其次，将样本数据按照组织结构的不同分组进行回归，通过比较分组回归的结果，验证组织结构对两种多元化程度与企业绩效关系的调节作用；最后，采用层次回归的方法，以企业组织结构为自变量，两种多元化程度作为调节变量，检验了特定类型的组织结构是否对实施多元化战略产生影响。

（2）根据对中国上市公司样本数据分析，企业总体多元化指标和相关多元化指标均对企业绩效有着显著的正向影响，相较于总体多元化系数，相关多元化对企业绩效产生正向影响更大，非相关多元化与企业绩效之间的关系并不明显。说明在中国目前的市场条件下，企业采取多元化战略尤其是相关多元化战略是有利于提高企业绩效的。

（3）总体多元化程度越高时，应当选择M型组织结构，避免选择U型组织结构。相关多元化程度越高，应当选择M型组织结构，避免选择H型组织结构。非相关多元化程度越高，应当选择H型组织结构，避免选择U型组织结构。综合来看，当企业选择多元化战略时，采用M型组织结构更能提高企业绩效。

（4）企业组织结构的不同也会影响企业多元化战略的实施，采用M型组织结构的企业倾向于采用相关多元化战略，而采用H型组织机构的企业倾向于采用非相关多元化战略。

（5）相关多元化战略与M型组织结构之间存在协同效应，而非相关多元化战略与H型组织结构之间存在协同效应。

根据以上研究，可以得到以下管理启示。

（1）根据对样本数据的研究分析发现，目前的中国市场条件为企业开展多元化经营提供了较好的支撑，适当地开展多元化经营可以促进企业通过规模经济、范围经济和提高市场影响力，分散经营风险，实现资源利用程度最大化等途径来增强企业的竞争力。企业应当更加清晰、理性、客观地认识多元化战略，避免对多元化认识的误区和排斥的倾向。

（2）选择合适的多元化类型。根据本章以及一系列前人研究的结论，相对于相关多元化经营的企业，非相关多元化经营的企业绩效表现较差，建议企业开展相关多元化，更好地发挥协同效应。但是，这并不意味着采取非相关多元化战略一定会降低企业绩效，如果采取先进的管理手段，提高效率，也可能对绩效带来积极的影响。

（3）采取相关多元化经营的企业，应尽量建立M型组织结构，这时，相关多元化程度越高，对企业绩效的正向影响相较于其他组织结构最大，因为相关多元化企业是用自身的知识资本如技术、渠道等优势。此时，组织机构需要分权与协同。此时采用M型组织结构，总部一方面负责监督、协同各事业部的活动并评价它们的绩效，另一方面负责整个公司的资源分配，设计企业长期发展战略，使公司的战略决策和日常运营决策两项职能分离，分别由总部和利润中心事业部承担，完善决策活动的分工形式。

（4）采取非相关多元化经营的企业，应尽量建立H型组织结构。这时非相关多元化程度越高，对企业绩效的正向影响相较于其他组织结构越大，因为非相关多元化企业同时进入相关性低甚至无相关性的行业，在经营上有着一定的复杂性，而公司管理层应对这些复杂性管理效率低下。

虽然本章得出了一定的结论，但研究中仍然存在一些不足。

（1）由企业多元化分类可以看出，多元化战略可以分为非相关多元化和相关多元化，但是由于方法有限，无法科学地区分和衡量各种类别的多元化。而且，在搜集企业组织机构数据时，中国上市公司企业尤其是大型企业的组织结构十分复杂，很难将他们具体分类，只有将这部分样本舍弃，因此对各种类型多元化战略与组织机构匹配的研究还不够全面。

（2）在对企业多元化程度的衡量方面，虽然采用了较为科学的熵指数方法，但是由于数据获取方式的局限性以及中国上市公司披露数据未正式使用中国证监会颁布的《上市公司行业分类指引》作为产业分类标准，所以各大数据披露网站均不能获得企业按照行业分类标准公布的收入数据，因此只能采用人工判断的方法对不符合要求的数据进行筛选，虽然花费了大量的时间和精力，不可能对各个企业的情况都十分了解，所以对无法获得组织机构的样本都进行了删除，造成样本数量减少。

（3）缺乏动态分析。多元化战略的实施与组织机构的变革是一个动态的过程，多元化战略与组织结构都会随着时间而改变，没有研究战略变化和组织结构变化而对他们之间关系产生的影响。

第10章 研究结论与展望

本书通过对物质资本与知识资本的内涵、特征与计量方法，物质资本与知识资本的协同效应模型，物质资本与知识资本的协同效应对经济发展的影响，物质资本、知识资本的协同效应与经济发展的关系，团队成员知识异质性对团队创新绩效的影响，物质资本与知识资本的动态变化对企业成长的影响，企业多元化战略与组织结构的协同效应对创新绩效的影响等研究，探讨物质资本动态变化与知识资本动态变化之间的协同关系对经济发展的影响，初步构建了“资本协同与经济发展”理论与方法体系。本章将对有关研究进行总结，并对研究过程中存在的不足进行思考，对未来的研究进行展望。

10.1 研究结论

1. 构建了具有系统性和可操作性的知识资本指数指标体系

究竟如何计量物质资本、知识资本存量，验证物质资本、知识资本的协同效应对经济发展的影响，现实中一直缺乏科学、有效、实用的工具。本章通过系统分析知识、知识资本的内涵和外延，探讨知识资本结构、内部协同关系，知识资本与物质资本的协同关系以及二者与经济发展的关系；通过知识资本、人力资本折旧等相关指标计量研究，构建了知识资本测度指标体系，为课题研究提供了理论依据与方法支撑。本研究提出的知识资本测度指标体系具有以下两个特点。

（1）指标选取更科学和便于操作。在理论上，三级指标能够更好地诠释二级指标的含义，并通过了信度和效度检验；在实践上，对不易获取数据的指标进行了替代，为区域知识资本测度提供了方法基础。

（2）强化了区域结构资本指标，完善了技术结构资本和制度文化结构资本的内容，为解释和测度制度变迁过程对经济发展的作用提供了支持。

2. 揭示了中国知识资本在不同区域的空间分布特征

中国知识资本在不同区域的空间分布中表现出较大的动态性和异质性特征。

（1）整体上，中国区域知识资本持续升高，但增速有所放缓；知识资本变化与中国总体经济发展具有一定的同步性，近几年均呈现减速增长的趋势。

（2）我国东部、中部、西部地区的知识资本明显呈现出东高西低的态势，东西差距巨大，而且随着时间的推移，这种差距越来越大。

（3）从各区域自身的人力资本、关系资本与结构资本相对比较来看（自我比较），异质性与动态性较为明显。东部地区关系资本一直比较高，人力资本走低而结构资本走高；中部最初人力资本、关系资本与结构资本较为均衡，但随时间的推移，人力资本逐渐降低，结构资本和关系资本则同步升高；西部的结构资本一直较高，人力资本由初期的较高逐渐走低，而关系资本则从初期的较低逐渐走高。

3. 揭示了我国区域知识资本结构的动态变化趋势

我国区域知识资本结构的动态变化趋势明显，与中国经济发展的驱动力关系密切。

（1）2004～2016 年，超过半数的省份知识资本结构呈现同步变化趋势，在经济发达地区更加明显。如广东和上海，2004 年两地区的知识资本结构相同，到 2016 年两者的知识资本结构仍然相同。类似的还有浙江和山东、湖南和安徽、河北和河南等 15 个地区。

（2）2004～2016 年，我国中、西部、东部地区均存在人力资本结构不合理的情况。

（3）东部地区如广东、上海、北京、江苏、天津、浙江、山东等 7 省份 2004～2016 年一直保持强外部关系资本结构。

（4）中部地区 2004 年并未出现弱人力资本投入和弱人力资本结构的情况，但到了 2016 年，人力资本投入不足和人力资本结构不协同日益突现。

（5）2004 年，西部多数地区存在弱外部关系资本，但到 2016 年这种情况得到一定的改善。2004～2016 年，西部地区一直呈现弱人力资本状态。

4. 知识资本与物质资本的协同效应

知识资本与物质资本的协同效应对经济发展的影响巨大，区域知识资本的异质性与区域经济发展战略选择的一致性值得关注。

（1）采用层次回归方法对全国范围内以及东、中、西部地区的知识资本与物质资本的协同效应进行了检验。结果表明，中国知识资本总体上与物质资本存在着明显的协同效应。在各个维度中，人力资本与物质资本的协同效应显著，关系资本、结构资本与物质资本协同效应不显著。东、中、西部地区的知识资本总体上与物质资本的协同效应是显著的，但各个维度与物质资本的协同效应有所差别。

（2）从全国范围内来看，知识资本与物质资本形成了协同作用，但是在知识资本的三个维度中，人力资本与物质资本和关系资本的协同作用最为明显，结构资本的作用不明显，难以与物质资本形成良好的协同作用，成为制约经济发展的短板。因此，应当重点加大结构资本的投资，加强制度创新，发挥两者的协同作用。特别是东部地区需要及时调整投资结构，将投资的重心转移到结构资本上来，使之与物质资本的发展水平相匹配，从而发挥两者之间的协同效应。注重知识资本内部结构优化，提升知识资本与物质资本的协同作用，以创新引领发展。

5. 物质资本与知识资本数量积累和内部结构有待优化

通过构建物质资本—知识资本—经济发展的三个子系统耦合的理论框架，采用主客观加权方法，综合评价方法和耦合协同模型相结合的方法，对 2004 ~ 2016 年中国 31 个省份的耦合协同度进行了测算，并对其内部结构进行了分析，得出了一系列创新性结论。

（1）各省份耦合度整体两极分化态势明显，少数发达省份长期处于高度耦合阶段，落后省份的协同水平有恶化倾向。造成这种现象的原因是多方面的，从研究的结果来看，知识资本积累的差异和结构的异质性是重要的因素。

（2）各省份系统整体耦合度自东向西呈递减的阶梯形空间分布，结构差异显著。因此在制定产业政策和区域发展规划时，应结合各地现状和历史发展阶段，对症下药。东部地区应重视盘活知识资本存量，推动技术创新，大力发展战略新兴产业，重点推进高质量发展；中部地区重在产业转型，优化内部结构，增强知识资本积累，有选择地提升增长质量；西部地区基础薄弱，国家应加强支持力度，持续积累各类要素，补齐短板，培养内生性经济增长动力。

6. 物质资本与知识资本之间的协同效应对经济发展有显著影响

（1）中国知识资本和物质资本整体协同度较高，但不同地区间有所差距。

中部地区资本协同度最高且地区内差异不大；西部地区协同度均低于东、中部地区，区域内部省域间差异较大。

（2）物质资本和知识资本协同效应是经济发展的重要影响因素。无论是全国层面还是东、中、西部的地区层面，物质资本和知识资本协同对经济发展的促进作用都十分显著，其影响大于物质资本和知识资本本身对经济发展的影响。因此，在增加资本要素的投入数量时，更应注重优化区域物质资本和知识资本的匹配程度。

（3）物质资本和知识资本协同度越高的地区，其对区域经济发展的促进作用也越大。由表6-3的物质资本和知识资本协同度描述性统计可知，中部协同最高，东部次之，西部最低，这正好与表6-4所显示的结果——协同度对中部经济发展的影响最强、东部次之、西部最弱——相一致，表明协同度越高，其对经济发展的作用也越强。此外，从实证结果可发现，经济发展水平高的地区协同度不一定高，经济发展水平高的地区协同效应对经济发展速度的促进作用不一定强。

（4）物质资本和知识资本协同对经济发展的影响，总体看来，呈现先增大后减弱的趋势，但不同区域表现出的变化趋势也不尽相同。所以，提升知识资本对经济发展的积极影响，不仅要考虑资本存量的增加，还要分析不同阶段知识资本与物质资本的协同效应对经济发展的影响处于何种阶段，不同阶段实施不同的应对策略。

7. 物质资本与知识资本的动态变化对企业成长有明显的驱动作用

（1）中国创业板上市公司超过半数企业的知识资本都高于行业平均水平，说明中国创业板上市公司整体的知识资本发展水平较高，但各个企业之间的知识资本水平相差悬殊。

（2）企业成长能力与结构资本、人力资本显著正相关，而且人力资本的作用有逐年上升的趋势。总体上企业成长能力与知识资本显著正相关，反映了中国创业板上市公司的知识资本在推动企业成长中驱动作用明显。

（3）从EViews的分析结果看，结构资本、人力资本和关系资本均对企业的成长能力有显著的正效应，但知识资本对企业成长的驱动作用明显大于物质资本的驱动作用。

8. 团队成员知识互补性对团队创新绩效有显著影响

（1）团队成员知识互补性与团队创新绩效显著相关，其中教育背景、知识技能、职业经验三个维度对创新绩效的作用不同。教育背景异质性对创新绩效有负向影响。由于教育背景的不同会使得团队成员行为习惯等方面存在不同，可能产生分歧，从而对团队创新绩效产生负向影响；知识技能异质性对创新绩效有着正向影响，即知识技能异质性越大，团队在对于新的事物或者面临新的挑战时，总会有人利用自己的专业知识解决问题，从而提高团队的创新绩效；职业经验异质性也对创新绩效产生正向影响，职业经验主要建立在团队成员完成任务的基础上，其价值观会随着成员工作经验积累而趋于一致。

（2）团队知识异质性对团队冲突产生显著影响。其中合作式冲突、竞争式冲突、让步式冲突三个维度的影响不同。合作式冲突对团队创新绩效起正向显著影响。当团队成员面对合作式冲突，他们会认为所完成的任务结果与彼此相互之间的利益有着密切的联系，团队成员为了追求共同的目标，会不自觉加强团队的信任感，通过交流化解冲突，从而提高其团队的创新绩效。竞争式冲突对团队创新绩效产生显著负向影响。在竞争式冲突中，团队成员以追求个人目标和自我利益的最大化为目标，一般会出现固执己见的现象和负面情绪，直接降低团队绩效。让步式冲突对团队的创新绩效造成负向影响，如果在团队中为了减少冲突，成员大部分选择让步来缓和团队气氛，会造成团队的整体绩效维持在较低的水平，不利于团队的长期发展。

（3）团队冲突在团队知识异质性与其创新绩效之间起中介作用。团队冲突的产生很大程度上是由团队成员知识异质性造成的，而不同类型的冲突所带来的结果也不尽相同。

（4）包容型领导能够有效调节团队冲突与创新绩效的关系。研究证明，对于不同的团队冲突，包容型领导有着不同的调节作用，在合作式冲突与创新绩效中，包容型领导起负向作用。这是由于包容型领导注重以人为本，领导更加欣赏员工的建言行为，从而降低了团队中小团体产生的可能性，提升了团队的合作性；在竞争式冲突与创新绩效中，包容型领导有着正向的调节作用。包容型领导在竞争式冲突中，能有效降低企业员工内部不和谐性竞争，对竞争式冲突有着正向的调节作用。在让步式冲突与创新绩效中，包容型领导调节作用不显著。

9. 组织结构与多元化战略协同对企业发展具有相互作用

（1）根据对中国上市公司样本数据分析，企业总体多元化和相关多元化均对企业绩效有着显著的正向影响；相较于总体多元化，相关多元化对企业绩效产生正向影响更大；非相关多元化与企业绩效之间的关系并不明显。说明在目前的中国市场条件下，企业采取多元化战略尤其是相关多元化战略有利于提高企业绩效。

（2）总体多元化程度越高时，应当选择 M 型组织结构，避免选择 U 型组织结构。相关多元化程度越高，应当选择 M 型组织结构，避免选择 H 型组织结构。非相关多元化程度越高，应当选择 H 型组织结构，避免选择 U 型组织结构。综合来看，当企业选择多元化战略时，采用 M 型组织结构更能提高企业绩效。

（3）企业组织结构的不同也会影响企业多元化战略的实施，采用 M 型组织结构的企业倾向于采用相关多元化战略，而采用 H 型组织机构的企业倾向于采用非相关多元化战略。

（4）相关多元化战略与 M 型组织结构之间存在协同效应，而非相关多元化战略与 H 型组织结构之间存在协同效应。

10.2 政策建议

（1）中国区域经济发展既要重视知识资本的作用，更要注重物质资本与知识资本的协同效应。知识资本、物质资本都是中国经济发展中不可或缺的重要投入要素，但知识资本在中国经济发展中的重要性正在增加，物质资本的重要性正在减弱。因此，进行物质资本和知识资本的投资时，既要注要素投入量的多少，又要重各种要素的投入比例，这样才能产生“1 +1 >2”的协同作用。具体来讲，当前中国各省知识资本存量的差距越来越明显，这种差距无论是绝对水平，还是知识资本结构，变化趋势都十分明显。因此，一方面要防止在不发达地区投入物质资本与知识资本的差距过大导致资源配置效率低；另一方面也要防止发达地区物质资本与知识资本投资比例失调可能产生的泡沫化。

（2）关注物质资本与知识资本对经济发展的协同效应是缩小东中西部差距，实现可持续发展的有效路径。中国东部无论是物质资本和知识资本的协同水平，还是与经济发展之间的协同性都比较好。中国应积极构建东部人力资本和物质资本向西部流动的动力机制。中部地区亟须解决的是物质资本和知识资本投入量的不足，保持适当的投入要素比例。西部地区投入要素的协同度和投入要素的水平都不高，在现阶段要基于自身的资本优势，选择与东部和中部地区不同的发展路径。

（3）物质资本和知识资本的协同水平对不同经济发展阶段的作用是不同

的，因此需要对中国经济发展的短期目标和长期发展使命进行反思。区域经济发展的短期目标是提升国民收入水平，长期发展使命是实现“美好生活的向往”，实现人、社会和自然环境的和谐统一。发达国家的工业化历程为中国提供了范例，中国改革开放 40 余年也积累了丰富的经验。在第四次技术革命到来之际，知识资本无疑将扮演更加重要的角色。无论是发达的都市还是偏远的边疆，各区域都应重视知识资本的作用，重视积累知识资本，优化知识资本结构，使知识资本与物质资本更好地协同，推动经济高质量发展。

进一步重视人力资本的战略投资。改革开放 40 多年，一方面中国经济成就巨大；另一方面，中国一大批接受过良好教育的劳动者已成长起来，将成为中国经济发展的生力军。中国人力资本的累积效应必将成为未来中国发展新的人口红利。因此，政府应进一步重视人力资本的战略投资，大力支持创新，将“大众创业、万众创新”落到实处，加快中国制造由中低端不断向中高端攀升，发挥人力资本的累积效应，朝着知识性经济体和创新社会的方向转型，在世界高端制造中占据重要位置，成为制造强国。

加强生产要素的协同性创新。劳动力、物质资本、知识资本等是经济发展的重要动力，但各经济要素间的替代关系、分配比例和协同效果等对经济的影响不同。中国 GDP 不断增长，但制度创新滞后，结构资本存量不足。因此应发挥劳动力、物质资本、知识资本等要素的协同性对经济发展的作用，深化管理制度改革与创新，补齐结构资本与关系资本的短板。

更加重视生态资本和结构资本投资。“绿水青山就是金山银山”，中国不仅要高度重视生态发展理念，建设资源节约型和环境友好型社会，还要培养公民新的消费理念和消费行为。在结构资本、关系资本投资方面，一方面需增强人们的安全感与社会的和谐度；另一方面逐步解决贫困人口问题、收入差距扩大的问题，加强国家对收入分配的宏观调控，真正建立起促进社会收入分配公平的机制。

（4）对中国改革开放 40 年的实践进行总结和理论创新。自 1956 年经济学家索洛创立了古典经济增长的理论以来，经济学家们在经济增长领域进行了广泛的探索，虽取得了丰硕的成果，但也遇到了难以逾越的瓶颈。索洛模型最大缺陷是忽视了不同资本的不可加性。曾经有学者指出，资本（物质资本），是不能进行简单相加的，不同的资本类型之间产出的效果不是通过简单相加实现的。而不同类型的资本的和是总量分析的基础，面对总量分析的缺陷，索洛也承认，如果有更好的模型，他愿意放弃索洛模型。在经济大系统中，物质资本、知识资本和经济发展的内在结构复杂，各种要素之间联系多样，应全面考察系统内部结构及各结构之间的动态关系，把握发展的实质。改革开放以来，制度创新是中国经济社会发展的最重要因素。本书在国内学者研究的基础上，从不同角度阐述了结构资本（制度）对经济发展的作用，对结构资本的内涵和外延以及计量进行了探讨，在一定程度上解释了物质资本与知识资本的协同效应对经济发展的影响，但仍需要在理论与研究方法上进行创新，提高研究的现实针对性和政策建议的有效性。

10.3 研究不足与展望

本研究从区域、企业和团队三个层面，提出了一个物质资本与知识资本的协同效应对经济发展影响的理论研究框架，并通过系统分析、计量研究和实证研究，探索物质资本与知识资本的协同效应对经济发展的影响，得出了一些有价值的研究结论。但也存在一些不足及需要进一步研究的内容。

（1）资本协同效应与经济发展的关系是否可以建立一个系统的经济理论体系值得思考。本研究从区域、企业和团队三个层面分别构建了物质资本与知识资本的协同效应对经济发展的影响模型，并验证了研究假设。然而，是否存在一个理论模型可以同时用来解释区域、企业和团队三个层面的作用，或者是否可以通过跨层次统计分析揭示区域、企业和团队三个层面上物质资本与知识资本的协调效应对经济发展的影响，在理论上是一个有待突破的课题。

（2）随着国内外经济的发展，构建区域知识资本指标体系还有待优化；本书在知识资本测度过程中，指标的权重采用平均法、简单的算术平均法也有改进的空间。区域知识资本的异质性和一些规律性的特征还需要进一步总结。在对区域知识资本结构进行动态分析时，采用了截面聚类分析的方法，虽然能够反映知识资本结构的演化，但也出现前后标准差异的问题，应探索更严谨的研究方法。

（3）本书在计算子系统序参量的有序程度的“总贡献”时，采用的是功效函数的处理方法，该方法正向指标按照最大的省份的贡献为 1 的标准，负向指标按照最小省份贡献为 1 的标准，实际上在各发展阶段指标的最佳分布应该在一定区间内，过高或过低都不合理，因而此设定存在一定的测量误差。此外，本书在一定程度上对区域物质资本、知识资本和经济发展三个子系统的协同耦合进行了创新性的研究，数据主要是宏观层面的，下一步可以将该模型应用于企业或团队层面，探讨物质资本、知识资本和组织发展三个子系统的微观耦合作用。

（4）在团队知识异质性与创新绩效的研究中，本书采用了问卷调查的实证研究方法。研究调查了 58 家高新技术样本企业，受样本选择范围所限，可能会形成一定的偏差。另外在研究设计方面，还需要进一步完善提高。

（5）本书提出的 G-P-R 三要素模型在一定程度上揭示了物质资本与知识资本的动态变化对企业成长的影响。有关这方面的研究还有大量工作可以继续深入。如企业知识资本的累积过程，定量分析 G-P-R 三要素对知识资本累积的促进作用及企业案例研究等。

（6）对企业多元化程度的衡量方面，本书虽然采用了较为科学的熵指数方法，但是中国上市公司披露的数据未正式使用中国证监会颁布的《上市公司行业分类指引》作为产业分类标准，所以各大数据披露网站均不能获得企业按照行业分类标准公布的收入数据，因此只能采用人工判断的方法对不符合要求的数据进行排除，虽然花费了大量的时间和精力，但是不可能获得各个企业的情况，所以对无法获得组织机构的样本，都进行了删除，样本数量有所减少。未来研究可以将多元化战略和组织机构进行更具体的分类，对样本企业进行分行业或者分企业性质的分析。对于难以获取的组织结构等数据可以考虑采用问卷调查和访谈的方式进行研究。

附录1　区域知识资本部分指数体系的构建

一、区域知识资本指标的选取

1. 区域人力资本的指标选择

区域人力资本的指标主要包括三大维度：区域人力资本投入、区域人力资本结构、区域人力资本的积累能力。

区域人力资本投入主要是指区域中学校、社会团体及企业的办学或培训投入、财政的教育投资和公民个人的教育投入。分解为三级指标见附表1-1。

附表1-1　　区域人力资本投入的三级指标

HCa1	社会捐赠教育经费（万元）
HCa2	民办学校办学经费（万元）
HCa3	企业职工培训经费（亿元）
HCa4	科教文卫事业经费占财政支出比重（%）

区域人力资本结构可以从学历结构、职称结构以及职业类型进行评价。分解为三级指标见附表1-2。

附表1-2　　区域人力资本结构的三级指标

HCb1	高中毕业生占区域总人口比例（%）
HCb2	大学毕业生占区域总人口比例（%）
HCb3	万人R&D科学家和工程师数（人）
HCb4	企业R&D科学家和工程师占全社会R&D科学家和工程师比重（%）

区域人力资本的积累能力，即反映一个地区吸引与留住人力资源的能力，

往往与区域的地理位置、经济状况、福利、软硬件状况密切相关。分解为三级指标见附表1－3。

附表1－3　　区域人力资本积累能力的三级指标

HCc1	城镇居民人均可支配收入（元）
HCc2	农村居民人均可支配收入（元）
HCc3	每万人拥有的病床数（张）
HCc4	交通事故发生数（起）
HCc5	火灾发生数（起）
HCc6	人均医疗卫生财政支出（元/人）
HCc7	社会保障和就业财政支出占各地区财政支出总额比例（%）
HCc8	公共图书馆藏书人均拥有量（册/人）
HCc9	参加城镇基本医疗保险人数（万人）
HCc10	生态环境水平（%）

2. 区域关系资本的指标选择

区域关系资本指的是一个区域为实现其价值目标而与其他区域、城市或组织等区域外相关利益体所建立的各种联系，区域之间建立长期、稳定的关系，目的是通过这种联系使得双方能够达到共赢，给联系的双方带来最大化的利益。区域关系资本包括外部关系资本和内部关系资本。外部关系资本指区域外相关利益体的影响，内部关系资本是指区域内相关利益体对区域的影响。它们的三级指标分别见附表1－4和附表1－5。

附表1－4　　区域外部关系资本的三级指标

RCa1	对外贸易额（万美元）
RCa2	入境旅游人数（万人次）
RCa3	FDI（外商投资企业总额）（亿美元）
RCa4	对外承包工程、劳务合作合同额（万美元）
RCa5	万人国际互联网上网人数（人）

附表 1－5　　区域内部关系资本的三级指标

RCb1	货运量（万吨）
RCb2	邮电业务量（亿元）
RCb3	亿元以上商品市场成交金额（万元）
RCb4	社会消费品零售总额（亿元）
RCb5	每万人拥有公交车辆（标台）
RCb6	铁路、航空运输业就业人员数（人）

3. 区域结构资本的指标选择

区域结构资本是一个区域内的所有个体和组织所获得的格式化、显形化和系统化的知识。一个稳定的结构性资本使得知识流（knowledge flow）十分便利，也有利于改善个体和组织的功效。所有的外部功效结构性的知识包括：信息和传播交流系统、实用技术、劳动工序、专利、管理系统等。

区域结构资本分为区域技术结构资本、区域制度文化结构资本两类。其三级指标分别见附表 1－6、附表 1－7。

附表 1－6　　区域技术结构资本的三级指标

SCa1	万名 R&D 活动人员科技论文数（篇）
SCa2	获国家级科技成果奖系数（分）
SCa3	高技术产业增加值占工业增加值比重（%）
SCa4	高科技产业就业人员劳动生产率（万元/人）
SCa5	技术市场成交金额（万元）
SCa6	科技研究经费支出占大中型企业所占比例（%）
SCa7	每万人拥有的专利授权数（件）

附表 1－7　　区域制度文化结构资本的三级指标

SCb1	城镇每百户拥有家用汽车（辆）
SCb2	城镇每百户拥有电脑数量（台）
SCb3	艺术表演场馆（个）
SCb4	公共图书馆（个）
SCb5	博物馆（个）

续表

SCb6	城镇社区服务设施数（个）
SCb7	人均城市道路面积（平方米）
SCb8	区域内规模以上工业企业利润总额（亿元）
SCb9	上市公司数量（家）

二、指标的信度分析

1. 区域人力资本的信度分析

对数据标准化处理后信度分析结果如附表1－8和附表1－9所示。

附表1－8　　案例处理汇总

项目		N	%
案例	有效	31	100.0
	已排除[a]	0	0
	总计	31	100.0

注：a. 在此程序中基于所有变量的列表方式删除。

附表1－9　　可靠性统计量

Cronbach's α	项数
0.810	18

如附表1－9所示，最后得出区域人力资本标准化后的内在一致性系数为0.810，大于0.800，因此从总体上该评价指标的内在信度是比较理想的，即所选取的18个指标的内在一致性比较理想。

2. 区域关系资本的信度分析

对数据标准化处理后信度分析结果如附表1－10、附表1－11所示。

如附表1－11所示，最后得出区域关系资本标准化后的内在一致性系数为0.899，大于0.800，因此从总体上该评价指标编制的内在信度是比较理想的，即所选取的11个指标的内在一致性比较理想。

附表 1-10 案例处理汇总

项目		N	%
案例	有效	31	100.0
	已排除[a]	0	0
	总计	31	100.0

注：a. 在此程序中基于所有变量的列表方式删除。

附表 1-11 可靠性统计量

Cronbach's α	项数
0.899	11

3. 区域结构资本的信度分析

对数据标准化处理后信度分析结果如附表 1-12 和附表 1-13 所示。

附表 1-12 案例处理汇总

项目		N	%
案例	有效	31	100.0
	已排除[a]	0	0
	总计	31	100.0

注：a. 在此程序中基于所有变量的列表方式删除。

附表 1-13 可靠性统计量

Cronbach's α	项数
0.886	16

如附表 1-13 所示，最后得出区域结构资本标准化后的内在一致性系数为 0.886，大于 0.800，因此从总体上该评价指标编制的内在信度是比较理想的，即所选取的 16 个指标的内在一致性比较理想。

三、指标的效度分析

所谓区域知识资本的效度是指区域知识资本指标区分所测度对象的特征差

别的能力。在实际应用中，人们通常用变异系数来描述区域知识资本指标的效度，表达式如下。

$$V = \frac{S}{\overline{X}}\left(\text{其中，}\overline{X} = \frac{1}{n}\sum_{i=1}^{n} X_i, S = \sqrt{\frac{1}{n-1}\sum (X_i - \overline{X})^2}\right)$$

变异系数越大，该指标的鉴别能力越强；反之，鉴别能力则越差。因此可以删除变异系数相对较小的区域知识资本指标。

1. 区域人力资本的效度分析（见附表1-14）

取临界值为0.25，根据结果删除效度值小于0.25的指标。根据附表1-14，区域人力资本所有指标效度值均大于0.25，都予以保留。

附表1-14　　区域人力资本效度分析结果

指标		效度值
HCa1	社会捐赠教育经费（万元）	1.47
HCa2	民办学校办学经费（万元）	1.06
HCa3	企业职工培训投入经费（亿元）	0.80
HCa4	科教文卫事业经费占财政支出比重（%）	0.61
HCb1	高中毕业生占区域总人口比例（%）	0.44
HCb2	大学毕业生占区域总人口比例（%）	0.85
HCb3	万人R&D科学家和工程师数（人）	1.58
HCb4	企业R&D科学家和工程师占全社会R&D科学家和工程师比重（%）	0.41
HCc1	城镇居民人均可支配收入（元）	1.15
HCc2	农村居民人均可支配收入（元）	0.93
HCc3	每万人拥有的病床数（张）	0.87
HCc4	交通事故发生数（起）负向指标	1.00
HCc5	火灾发生数（起）负向指标	0.60
HCc6	医疗卫生财政支出/区域总人口（元/人）	1.40
HCc7	社会保障和就业财政支出占各地区财政支出总额比例（%）	0.51
HCc8	公共图书馆藏书人均拥有量（册/人）	1.61
HCc9	参加城镇基本医疗保险人数（万人）	0.77
HCc10	生态环境水平（%）	1.00

2. 区域关系资本的效度分析

根据附表1－15，区域关系资本所有指标效度值均大于0.25，都予以保留。

附表1－15 区域关系资本效度分析结果

指标		效度值
RCa1	对外贸易额（万美元）	1.95
RCa2	入境旅游人数（万人次）	1.87
RCa3	FDI（外商投资企业总额）（亿美元）	1.47
RCa4	对外承包工程、劳务合作合同额（万美元）	1.31
RCa5	万人国际互联网上网人数（人）	0.93
RCb1	货运量（万吨）	0.70
RCb2	邮电业务量（亿元）	0.96
RCb3	亿元以上商品市场成交金额（万元）	1.42
RCb4	社会消费品零售总额（亿元）	0.88
RCb5	每万人拥有公交车辆（标台）	0.88
RCb6	铁路、航空运输业就业人员数（人）	0.63

3. 区域结构资本的效度分析

根据附表1－16，区域结构资本所有指标效度值均大于0.25，都予以保留。经过信度、效度，本章建立了3个一级指标、7个二级指标、45个三级指标的区域知识资本指数测度指标体系。

附表1－16 区域结构资本效度分析结果

指标		效度值
SCa1	万名R&D活动人员科技论文数（篇）	0.73
SCa2	获国家级科技成果奖系数（项当量/万人）	0.78
SCa3	高技术产业增加值占工业增加值比重（%）	0.89
SCa4	高科技产业就业人员劳动生产率（万元/人）	0.72
SCa5	技术市场成交金额（万元）	2.43
SCa6	大中型工业企业试验发展支出占R&D经费内部支出比例（%）	0.54

续表

指标		效度值
SCa7	每万人拥有的专利授权数（件）	1.56
SCb1	城镇每百户拥有家用汽车（辆）	1.06
SCb2	城镇每百户拥有电脑数量（台）	0.61
SCb3	艺术表演场馆（个）	0.84
SCb4	公共图书馆（个）	0.51
SCb5	博物馆（个）	0.68
SCb6	城镇社区服务设施数（个）	1.32
SCb7	人均城市道路面积（平方米）	0.64
SCb8	区域内规模以上工业企业利润总额（亿元）	1.01
SCb9	上市公司数量	1.05

四、区域知识资本部分指数指标解释

1. 区域人力资本投入2项指标

（1）企业职工培训经费（亿元）=职工工资总额×1.5%

（2）科教文卫事业经费占财政支出比重（%）=（科+教+文+卫）财政支出/财政支出合计

2. 区域人力资本结构4项指标

（1）高中毕业生占区域总人口比例（%）=区域高总毕业生人数/区域总人口

（2）大学毕业生占区域总人口比例（%）=区域大学毕业生人数/区域总人数

（3）万人R&D科学家和工程师数（人）=R&D人员中科学家与工程师全时当量［R&D人员中研究人员全时当量（人）/年底总人口（万人）］

（4）企业R&D科学家和工程师占全社会R&D科学家和工程师比重（%）=大中型工业企业R&D人员中科学家与工程师全时当量（大中型工业企业R&D人员中研究人员全时当量）/R&D人员中科学家与工程师全时当量（R&D人员中研究人员全时当量）

3. 区域人力资本积累能力5项指标

（1）每万人拥有的病床数（张）= 医疗机构床位数/年底总人口

（2）人均医疗卫生财政支出（元/人）= 医疗卫生财政支出/区域总人口

（3）社会保障和就业财政支出占各地区财政支出总额比例（%）= 社会保障和就业财政支出/区域财政支出总额

（4）公共图书馆藏书人均拥有量（册/人）= 公共图书馆藏书总量/年底总人口

（5）生态环境水平（%）= 自然保护区占辖区面积比重（%）

4. 区域关系资本4项指标

（1）对外贸易额（万美元）= 货物进出口总额（万美元）

（2）入境旅游人数（万人次）= 各地区接待入境旅游人数（万人次）

（3）万人国际互联网上网人数（人）= 互联网上网人数/年底总人口

（4）铁路、航空运输业就业人员数（人）= 铁路运输业就业人员数（人）+ 航空运输业就业人员数（人）

5. 区域结构资本6项指标

区域技术结构资本有六项子指标未能直接获取数据，其中获国家级科技成果奖系数（分）指标的计算方法采用中国科学技术发展战略研究院编著的《中国区域技术创新评价报告2016～2017》中的测算方法。指标具体测算公式如下。

（1）高技术产业增加值占工业增加值比重（%）= 高技术产业增加值/工业增加值

（2）高科技产业就业人员劳动生产率（万元/人）= 高技术增加值/高技术产业就业人员

（3）万名R&D活动人员科技论文数（篇）（科技论文篇数×10000/R&D人员全时当量）

（4）大中型工业企业试验发展支出占R&D经费内部支出比例（%）= 实验发展经费支出/R&D经费内部支出

（5）每万人拥有的专利授权数（件）= 授权数合计/年底总人口

（6）获国家级科技成果奖系数（项当量/万人）包括国家发明奖和国家科技进步奖。在计算系数时进行了以下技术处理。

首先，确定各获奖地区在所获奖项中相对的重要性。

其次，利用层次分析法计算各获奖地区在所获奖项中的参与系数，如某项奖的参与地区只有一个，则该地区的参与系数为 1，某项奖的参与地区有两个，则它们的参与系数分别为 0. 6667 和 0. 3333，依此类推。

再次，参考各等级奖项所颁发的奖金金额（按 2000 年价计算）确定等级权重。再将参系数与等级权重相乘，得到该单地区某项奖的当量。

最后，将该单位地区获得的各项奖的当量相加再除以该地区 R&D 活动人员数，即得到地区获国家级科技成果奖系数。

附录2　区域知识资本指数的测度与分析过程

附表2－1　　　2004～2016年31个省区域知识资本指数

区域	2004年	2005年	2006年	2007年	2008年	2009年	2010年	2011年	2012年	2013年	2014年	2015年	2016年
北京	22.17	23.92	28.21	32.98	37.44	38.63	43.36	48.11	55.19	60.55	64.20	71.15	76.80
天津	10.63	12.64	14.45	15.93	17.94	19.20	21.14	23.08	25.99	28.72	30.82	33.77	35.31
河北	9.28	10.73	11.83	13.57	16.16	16.93	19.32	21.25	23.29	26.41	25.38	27.53	30.99
山西	7.66	8.89	9.30	10.55	11.55	12.43	13.73	15.35	16.91	17.36	17.88	18.31	19.15
内蒙古	6.62	7.36	7.75	9.25	10.24	11.84	13.22	15.06	17.51	17.23	18.22	18.95	20.35
辽宁	10.59	12.17	13.35	15.61	18.03	20.87	22.69	24.44	27.17	29.07	27.07	29.22	29.97
吉林	6.47	7.85	8.87	10.11	10.32	11.99	12.99	13.94	15.33	16.66	16.62	18.98	20.48
黑龙江	8.07	9.33	10.01	11.40	12.13	13.61	14.10	15.61	16.98	17.92	18.49	20.29	22.00
上海	21.34	24.34	28.19	34.16	37.79	40.37	42.39	45.71	47.68	49.18	52.73	56.00	59.92
江苏	20.19	23.35	27.78	32.14	34.93	38.31	46.81	53.27	59.87	63.81	66.44	68.38	71.34
浙江	17.99	21.55	24.31	28.07	30.15	33.51	38.47	41.98	47.53	49.94	48.05	57.23	59.48
安徽	6.76	7.75	8.93	10.34	11.75	13.81	15.84	18.48	21.29	23.21	23.68	26.61	27.71
福建	10.78	11.90	12.95	15.07	15.88	17.21	19.62	22.59	24.68	26.28	27.84	29.59	32.11
江西	5.88	6.94	8.10	9.56	10.37	11.94	13.25	14.94	16.74	19.10	20.53	22.50	24.25
山东	13.70	16.82	19.90	23.78	27.26	31.39	36.78	39.26	42.79	45.75	49.85	53.25	56.71
河南	8.06	9.58	10.70	13.11	14.43	16.77	19.36	22.04	24.37	26.15	28.62	29.81	31.61
湖北	8.74	10.03	11.66	13.75	15.92	18.97	22.15	22.84	25.90	31.78	34.44	36.78	40.15
湖南	8.91	10.24	11.89	13.13	14.10	15.13	17.20	18.27	21.13	23.87	24.22	24.65	26.28
广东	26.28	31.18	36.79	44.64	48.03	50.49	59.09	64.16	72.85	82.50	76.83	88.79	94.00
广西	5.37	6.47	7.05	8.05	9.83	11.15	12.95	14.12	15.70	17.36	18.69	19.64	21.30
海南	4.43	5.89	7.42	6.87	8.09	8.97	9.38	10.72	11.60	12.44	12.50	13.38	14.91
重庆	6.42	7.46	8.24	9.18	10.90	12.55	14.51	16.51	18.89	20.96	23.30	24.47	27.33
四川	8.45	9.38	11.06	14.81	15.60	18.15	23.49	24.16	24.06	26.73	29.15	32.77	36.60
贵州	4.13	5.04	5.21	6.16	6.88	8.08	9.19	10.12	11.70	13.22	15.60	16.28	17.65

续表

区域	2004年	2005年	2006年	2007年	2008年	2009年	2010年	2011年	2012年	2013年	2014年	2015年	2016年
云南	6.43	7.20	7.99	8.84	9.60	11.61	13.18	14.28	16.44	17.90	19.61	19.83	20.18
西藏	3.96	4.66	8.05	5.95	6.80	7.73	8.72	9.50	10.57	10.67	12.07	12.15	12.74
陕西	8.18	9.83	11.00	11.12	12.68	14.04	16.68	18.55	21.24	24.28	25.83	28.66	31.79
甘肃	5.19	6.26	6.48	7.20	7.89	9.68	10.55	11.49	12.19	13.45	14.44	15.94	17.47
青海	4.75	5.30	5.10	5.65	6.70	7.84	8.24	9.33	10.09	10.82	12.09	13.38	14.95
宁夏	3.73	4.23	5.04	5.38	6.31	7.56	7.94	9.19	10.40	11.21	13.29	13.15	14.51
新疆	5.32	6.76	7.18	7.86	9.40	10.76	11.83	12.57	14.54	15.24	17.33	16.72	19.76

附表 2-2　31 个省 2004～2016 年区域知识资本指数排名变化

区域	2004年	2005年	2006年	2007年	2008年	2009年	2010年	2011年	2012年	2013年	2014年	2015年	2016年
北京	2	3	2	3	3	3	3	3	3	3	3	2	2
天津	8	7	7	7	8	8	10	9	8	9	8	8	9
河北	10	10	11	12	9	12	13	13	13	11	14	14	13
山西	17	17	17	17	18	19	19	19	20	22	23	24	25
内蒙古	19	21	24	21	22	22	21	20	18	23	22	23	22
辽宁	9	8	8	8	7	7	8	7	7	8	12	12	14
吉林	20	18	19	19	21	20	23	24	24	24	25	22	21
黑龙江	15	16	16	15	16	17	18	18	19	19	21	19	19
上海	3	2	3	2	2	2	4	4	4	5	4	5	4
江苏	4	4	4	4	4	4	2	2	2	2	2	3	3
浙江	5	5	5	5	5	5	5	5	5	4	6	4	5
安徽	18	19	18	18	17	16	16	15	14	16	16	15	15
福建	7	9	9	9	11	11	11	11	10	12	11	11	10
江西	23	23	21	20	20	21	20	21	21	18	18	18	18
山东	6	6	6	6	6	6	6	6	6	6	5	6	6
河南	16	14	15	14	13	13	12	12	11	13	10	10	12
湖北	12	12	12	11	10	9	9	10	9	7	7	7	7
湖南	11	11	10	13	14	14	14	16	16	15	15	16	17

续表

区域	2004年	2005年	2006年	2007年	2008年	2009年	2010年	2011年	2012年	2013年	2014年	2015年	2016年
广东	1	1	1	1	1	1	1	1	1	1	1	1	1
广西	24	25	27	24	23	24	24	23	23	21	20	21	20
海南	28	27	25	27	26	27	27	27	28	28	29	28	29
重庆	22	20	20	22	19	18	17	17	17	17	17	17	16
四川	13	15	13	10	12	10	7	8	12	10	9	9	8
贵州	29	29	29	28	28	28	28	28	27	27	26	26	26
云南	21	22	23	23	24	23	22	22	22	20	19	20	23
西藏	30	30	22	29	29	30	29	29	29	31	31	31	31
陕西	14	13	14	16	15	15	15	14	15	14	13	13	11
甘肃	26	26	28	26	27	26	26	26	26	26	27	27	27
青海	27	28	30	30	30	29	30	30	31	30	30	29	28
宁夏	31	31	31	31	31	31	31	31	30	29	28	30	30
新疆	25	24	26	25	25	25	25	25	25	25	24	25	24

附表 2－3　　2004～2016 年中国知识资本指数差异性情况

年份	最大值	最小值	中间值	平均值	极差	标准差	变异系数	偏度	峰度
2004	26.28（广东）	3.73（宁夏）	8.06（河南）	9.56	22.55	5.92	0.62	1.46	4.10
2005	31.18（广东）	4.23（宁夏）	9.33（黑龙江）	11.13	26.95	6.80	0.61	1.49	4.25
2006	36.79（广东）	5.04（宁夏）	10.01（黑龙江）	12.74	31.75	8.06	0.63	1.54	4.40
2007	44.64（广东）	5.38（宁夏）	11.12（陕西）	14.65	39.26	9.85	0.67	1.55	4.53
2008	48.03（广东）	6.31（宁夏）	12.13（黑龙江）	16.29	41.72	10.71	0.66	1.52	4.33
2009	50.49（广东）	7.56（宁夏）	13.81（安徽）	18.11	42.93	11.21	0.62	1.44	4.04
2010	59.09（广东）	7.94（宁夏）	15.84（安徽）	20.59	51.15	13.05	0.63	1.43	4.13
2011	64.16（广东）	9.19（宁夏）	18.27（湖南）	22.61	54.97	14.24	0.63	1.46	4.17
2012	72.85（广东）	10.09（青海）	21.13（湖南）	25.18	62.76	15.94	0.63	1.52	4.44
2013	82.50（广东）	10.67（西藏）	23.21（安徽）	27.41	71.83	17.46	0.64	1.58	4.90
2014	76.83（广东）	12.07（西藏）	23.68（安徽）	28.57	64.76	17.14	0.60	1.43	4.07
2015	88.79（广东）	12.15（西藏）	24.65（湖南）	30.91	76.64	19.29	0.62	1.48	4.38
2016	94.00（广东）	12.74（西藏）	27.33（重庆）	33.15	81.26	20.29	0.61	1.48	4.39

附表 2 – 4　　2004 ~ 2016 年东部地区知识资本情况

年份	最大值	最小值	中间值	平均值	极差	标准差	变异系数	偏度	峰度
2004	26.28（广东）	4.43（海南）	13.70（山东）	15.22	21.85	6.76	0.44	0.11	1.87
2005	31.18（广东）	5.89（海南）	16.82（山东）	17.68	25.29	7.68	0.43	0.18	1.97
2006	36.79（广东）	7.42（海南）	19.90（山东）	20.47	29.37	9.18	0.45	0.25	1.90
2007	44.64（广东）	6.87（海南）	23.78（山东）	23.89	37.77	11.45	0.48	0.25	2.04
2008	48.03（广东）	8.09（海南）	27.26（山东）	26.52	39.94	12.24	0.46	0.20	1.96
2009	50.49（广东）	8.97（海南）	31.39（山东）	28.72	41.52	12.82	0.45	0.08	1.88
2010	59.09（广东）	9.38（海南）	36.78（山东）	32.64	49.71	15.10	0.46	0.13	1.97
2011	64.16（广东）	10.72（海南）	39.26（山东）	35.87	53.44	16.48	0.46	0.14	1.92
2012	72.85（广东）	11.60（海南）	42.79（山东）	39.88	61.25	18.73	0.47	0.21	2.00
2013	82.50（广东）	12.44（海南）	45.75（山东）	43.15	70.06	20.69	0.48	0.37	2.28
2014	76.83（广东）	12.50（海南）	48.05（浙江）	43.79	64.33	20.44	0.47	0.12	1.82
2015	88.79（广东）	13.38（海南）	53.25（山东）	48.03	75.41	23.03	0.48	0.21	2.01
2016	94.00（广东）	14.91（海南）	56.71（山东）	51.05	79.09	24.21	0.47	0.23	2.01

附表 2 – 5　　2004 ~ 2016 年中部地区知识资本情况

年份	最大值	最小值	中间值	平均值	极差	标准差	变异系数	偏度	峰度
2004	8.91（湖南）	5.88（江西）	7.86（山西）	7.57	3.03	1.09	0.14	−0.28	1.74
2005	10.24（湖南）	6.94（江西）	9.11（山西）	8.83	3.30	1.19	0.14	−0.34	1.73
2006	11.89（湖南）	8.10（江西）	9.66（山西）	9.93	3.79	1.38	0.14	0.26	1.70
2007	13.75（湖北）	9.56（江西）	10.98（山西）	11.49	4.19	1.62	0.14	0.28	1.44
2008	15.92（湖北）	10.32（吉林）	11.94（山西）	12.57	5.60	2.03	0.16	0.43	1.87
2009	18.97（湖北）	11.94（江西）	13.71（山西）	14.33	7.03	2.50	0.17	0.79	2.41
2010	22.15（湖北）	12.99（吉林）	14.97（黑龙江）	16.08	9.16	3.29	0.20	0.80	2.33
2011	22.84（湖北）	13.94（吉林）	16.94（黑龙江）	17.68	8.90	3.33	0.19	0.52	1.81
2012	25.90（湖北）	15.33（吉林）	19.06（黑龙江）	19.83	10.57	3.92	0.20	0.39	1.67
2013	31.78（湖北）	16.66（吉林）	21.16（安徽）	22.01	15.12	5.25	0.24	0.70	2.38
2014	34.44（湖北）	16.62（吉林）	22.11（安徽）	23.06	17.82	6.07	0.26	0.77	2.49
2015	36.78（湖北）	18.31（山西）	23.58（江西）	24.74	18.47	6.25	0.25	0.83	2.66
2016	40.15（湖北）	19.15（山西）	25.27（江西）	26.45	21.00	6.86	0.26	0.95	2.98

附表 2-6 2004~2016 年西部地区知识资本情况

年份	最大值	最小值	中间值	平均值	极差	标准差	变异系数	偏度	峰度
2004	8.45（四川）	3.73（宁夏）	5.35（广西）	5.71	4.72	1.55	0.27	0.48	2.18
2005	9.83（陕西）	4.23（宁夏）	6.62（广西）	6.66	5.60	1.74	0.26	0.42	2.33
2006	11.06（四川）	5.04（宁夏）	7.47（内蒙古）	7.51	6.02	2.01	0.27	0.53	2.47
2007	14.81（四川）	5.38（宁夏）	7.96（广西）	8.29	9.43	2.69	0.32	1.15	3.90
2008	15.60（四川）	6.31（宁夏）	9.50（新疆）	9.40	9.29	2.77	0.29	0.85	3.07
2009	18.15（四川）	7.56（宁夏）	10.96（新疆）	10.92	10.59	3.11	0.29	0.91	3.41
2010	23.49（四川）	7.94（宁夏）	12.39（广西）	12.54	15.55	4.39	0.35	1.25	4.23
2011	24.16（四川）	9.19（宁夏）	13.35（广西）	13.74	14.97	4.46	0.32	1.01	3.42
2012	24.06（四川）	10.09（青海）	15.12（广西）	15.28	13.97	4.55	0.30	0.52	2.18
2013	26.73（四川）	10.67（西藏）	16.24（新疆）	16.59	16.06	5.26	0.32	0.63	2.32
2014	29.15（四川）	12.07（西藏）	17.78（新疆）	18.30	17.08	5.45	0.30	0.67	2.42
2015	32.77（四川）	12.15（西藏）	17.84（新疆）	19.33	20.62	6.38	0.33	0.91	2.79
2016	36.60（四川）	12.74（西藏）	19.97（新疆）	21.22	23.86	7.22	0.34	0.96	2.89

附表 2-7 2004 年聚类分析样本

区域	X_1	X_2	X_3	X_4	X_5	X_6	X_7
广东	3.34	1.12	0.32	10.74	4.28	2.68	3.80
北京	1.60	3.96	1.57	3.63	2.10	6.62	2.68
上海	1.47	2.10	1.69	5.98	2.49	4.46	3.16
江苏	3.46	1.36	0.55	5.81	3.57	2.29	3.14
浙江	3.16	1.21	0.42	3.55	4.03	2.32	3.30
山东	1.89	1.16	0.31	2.63	3.08	1.75	2.87
福建	1.54	1.01	0.99	2.12	1.56	1.77	1.80
天津	0.65	1.91	1.06	2.02	1.13	2.64	1.22
辽宁	0.83	1.32	0.60	1.78	2.43	1.91	1.71
河北	1.11	1.11	0.46	0.97	2.50	1.06	2.08
湖南	1.15	0.91	0.52	0.83	1.79	1.92	1.80
湖北	0.97	1.12	0.53	0.87	1.70	1.75	1.80
四川	1.16	0.76	0.51	1.30	1.56	1.31	1.85

续表

区域	X_1	X_2	X_3	X_4	X_5	X_6	X_7
陕西	1.24	1.33	0.46	0.82	1.27	1.41	1.64
黑龙江	0.87	1.22	0.61	0.85	1.64	1.34	1.55
河南	1.13	0.99	0.34	0.71	2.10	0.93	1.86
山西	0.91	1.02	0.91	0.53	1.65	1.23	1.42
安徽	0.87	0.77	0.57	0.58	1.30	1.19	1.48
内蒙古	0.42	0.99	0.66	0.80	1.21	1.17	1.38
吉林	0.66	0.94	0.53	0.67	1.23	1.43	1.02
云南	0.72	0.48	0.62	0.74	1.13	1.06	1.69
重庆	0.93	0.97	0.52	0.53	1.11	1.53	0.84
江西	0.85	0.94	0.43	0.47	1.19	0.73	1.27
广西	0.67	0.63	0.46	0.69	1.04	0.82	1.06
新疆	0.54	0.87	0.74	0.45	1.00	0.64	1.08
甘肃	0.52	0.81	0.69	0.31	0.81	1.02	1.04
青海	0.27	0.90	0.97	0.18	0.62	1.24	0.57
海南	0.42	0.57	0.58	0.42	0.36	1.23	0.85
贵州	0.55	0.60	0.42	0.22	0.74	0.85	0.75
西藏	0.28	0.30	1.01	0.14	0.81	0.73	0.69
宁夏	0.30	1.08	0.64	0.27	0.31	0.63	0.50

附表 2-8　　2016 年聚类分析变量数据

区域	X_1	X_2	X_3	X_4	X_5	X_6	X_7
广东	10.28	2.11	5.12	38.98	13.95	11.12	12.45
北京	6.15	3.34	4.79	13.11	5.61	36.08	7.72
江苏	7.15	2.41	3.40	19.14	13.50	11.81	13.93
浙江	5.17	2.18	4.09	12.75	12.84	11.05	11.39
山东	4.83	2.03	4.50	14.47	11.51	6.84	12.52
四川	3.71	1.52	3.65	9.54	5.77	6.42	5.99
福建	3.45	1.93	2.79	7.96	4.51	5.78	5.70
辽宁	2.01	1.81	2.82	7.18	5.91	5.85	4.39
安徽	2.24	1.81	2.36	5.32	5.51	5.49	4.98

续表

区域	X_1	X_2	X_3	X_4	X_5	X_6	X_7
湖南	2.37	1.67	2.79	4.44	5.76	4.20	5.05
江西	1.98	1.77	2.77	4.93	3.43	4.64	4.73
广西	1.77	1.30	2.59	4.32	3.28	3.59	4.46
云南	2.03	1.12	2.63	4.65	2.86	2.89	4.00
新疆	1.54	1.16	2.71	3.86	2.54	4.23	3.72
上海	4.62	2.38	4.95	21.49	6.93	12.86	6.69
湖北	3.07	2.00	3.00	11.42	5.48	9.90	5.28
天津	1.67	2.85	3.56	7.18	2.51	11.42	6.13
陕西	2.16	2.33	2.50	5.77	3.88	10.26	4.89
河南	3.66	1.88	2.60	5.60	6.80	3.65	7.42
河北	2.40	1.61	3.80	6.25	6.60	2.84	7.48
重庆	2.20	2.06	3.49	4.95	3.79	6.92	3.91
黑龙江	1.48	1.67	2.56	4.52	3.36	5.32	3.09
吉林	1.37	1.79	2.83	3.23	2.51	4.95	3.81
甘肃	1.21	1.64	2.64	2.20	1.83	4.65	3.31
内蒙古	1.28	1.76	2.96	3.07	3.35	2.84	5.09
山西	1.63	1.85	2.40	3.11	3.27	2.74	4.15
贵州	1.66	1.49	2.56	2.58	2.27	3.22	3.87
青海	0.51	1.12	3.67	2.38	0.86	2.96	3.44
宁夏	0.59	1.70	2.89	2.27	1.09	2.47	3.49
海南	0.92	1.49	2.86	3.12	0.95	3.12	2.45
西藏	0.39	0.95	4.10	2.01	0.33	2.31	2.64

附表 2-9　　基于2004年数据的区域知识资本聚类原始结果

区域	集群成员															
	20	19	18	17	16	15	14	13	12	11	10	9	8	7	6	5
广东	1	1	1	1	1	1	1	1	1	1	1	1	1	1	1	1
北京	2	2	2	2	2	2	2	2	2	2	2	2	2	2	2	2
上海	3	3	3	3	3	3	3	3	3	3	3	3	3	3	3	3
江苏	4	4	4	4	4	4	4	4	4	4	4	4	4	4	4	4

续表

区域	集群成员															
	20	19	18	17	16	15	14	13	12	11	10	9	8	7	6	5
浙江	5	5	5	5	5	5	5	5	5	5	5	5	5	5	5	4
山东	6	6	6	6	6	6	6	6	6	6	6	6	6	5	5	4
福建	7	7	7	7	7	7	7	7	7	7	7	7	7	6	6	5
天津	8	8	8	8	8	8	8	8	8	8	8	8	8	7	6	5
辽宁	9	9	9	9	9	9	9	9	9	9	7	7	7	6	6	5
河北	10	10	10	10	10	10	10	10	10	10	9	7	7	6	6	5
湖南	11	11	11	11	11	11	11	11	10	10	9	7	7	6	6	5
湖北	11	11	11	11	11	11	11	11	10	10	9	7	7	6	6	5
四川	12	12	12	12	12	12	11	11	10	10	9	7	7	6	6	5
陕西	13	13	13	11	11	11	11	11	10	10	9	7	7	6	6	5
黑龙江	13	13	13	11	11	11	11	11	10	10	9	7	7	6	6	5
河南	10	10	10	10	10	10	10	10	10	10	9	7	7	6	6	5
山西	13	13	13	11	11	11	11	11	10	10	9	7	7	6	6	5
安徽	14	14	14	13	13	13	12	12	11	11	10	9	7	6	6	5
内蒙古	14	14	14	13	13	13	12	12	11	11	10	9	7	6	6	5
吉林	15	15	15	14	14	13	12	12	11	11	10	9	7	6	6	5
云南	14	14	14	13	13	13	12	12	11	11	10	9	7	6	6	5
重庆	15	15	15	14	14	13	12	12	11	11	10	9	7	6	6	5
江西	16	16	14	13	13	13	12	12	11	11	10	9	7	6	6	5
广西	16	16	14	13	13	13	12	12	11	11	10	9	7	6	6	5
新疆	16	16	14	13	13	13	12	12	11	11	10	9	7	6	6	5
甘肃	16	16	14	13	13	13	12	12	11	11	10	9	7	6	6	5
青海	17	17	16	15	15	14	13	13	12	11	10	9	7	6	6	5
海南	18	17	16	15	15	14	13	13	12	11	10	9	7	6	6	5
贵州	18	17	16	15	15	14	13	13	12	11	10	9	7	6	6	5
西藏	19	18	17	16	15	14	13	13	12	11	10	9	7	6	6	5
宁夏	20	19	18	17	16	15	14	13	12	11	10	9	7	6	6	5

附表 2 – 10　　基于 2016 年数据的区域知识资本聚类原始结果

区域	集群成员															
	20	19	18	17	16	15	14	13	12	11	10	9	8	7	6	5
广东	1	1	1	1	1	1	1	1	1	1	1	1	1	1	1	1
北京	2	2	2	2	2	2	2	2	2	2	2	2	2	2	2	2
江苏	3	3	3	3	3	3	3	3	3	3	3	3	3	3	3	3
上海	4	4	4	4	4	4	4	4	4	4	4	4	4	4	4	4
山东	5	5	5	5	5	5	5	5	5	5	5	5	5	5	3	3
浙江	6	6	6	6	6	6	6	6	6	6	6	5	5	5	3	3
湖北	7	7	7	7	7	7	7	7	7	7	7	6	6	6	5	5
辽宁	8	8	8	8	8	8	8	8	8	8	8	7	7	7	6	5
天津	9	9	9	9	9	9	9	9	9	9	9	8	6	6	5	5
安徽	10	10	10	10	10	8	8	8	8	8	8	7	7	7	6	5
陕西	11	11	11	11	11	10	9	9	9	9	9	8	6	6	5	5
河南	12	12	12	12	12	11	10	10	10	10	8	7	7	7	6	5
河北	12	12	12	12	12	11	10	10	10	10	8	7	7	7	6	5
四川	13	13	13	13	13	12	11	11	11	8	8	7	7	7	6	5
福建	14	14	14	13	13	12	11	11	11	8	8	7	7	7	6	5
重庆	15	15	15	14	14	13	12	8	8	8	8	7	7	7	6	5
湖南	10	10	10	10	10	8	8	8	8	8	8	7	7	7	6	5
江西	16	16	16	15	15	14	13	12	12	11	10	9	8	7	6	5
黑龙江	17	17	17	16	15	14	13	12	12	11	10	9	8	7	6	5
广西	16	16	16	15	15	14	13	12	12	11	10	9	8	7	6	5
吉林	18	17	17	16	15	14	13	12	12	11	10	9	8	7	6	5
内蒙古	19	18	16	15	15	14	13	12	12	11	10	9	8	7	6	5
云南	16	16	16	15	15	14	13	12	12	11	10	9	8	7	6	5
新疆	18	17	17	16	15	14	13	12	12	11	10	9	8	7	6	5
山西	19	18	16	15	15	14	13	12	12	11	10	9	8	7	6	5
贵州	19	18	16	15	15	14	13	12	12	11	10	9	8	7	6	5
甘肃	18	17	17	16	15	14	13	12	12	11	10	9	8	7	6	5
青海	20	19	18	17	16	15	14	13	12	11	10	9	8	7	6	5
海南	20	19	18	17	16	15	14	13	12	11	10	9	8	7	6	5
宁夏	20	19	18	17	16	15	14	13	12	11	10	9	8	7	6	5
西藏	20	19	18	17	16	15	14	13	12	11	10	9	8	7	6	5

附录3　物质资本、知识资本与经济发展三系统耦合模型

附表3－1　　不同权重耦合度计算结果对比

调整系数	低度耦合阶段				中度耦合阶段		高度耦合阶段		
	极度失调	严重失调	中度失调	轻度失调	濒临失调	初级协调	中级协调	良好协调	优质协调
	0～0.1	0.1～0.2	0.2～0.3	0.3～0.4	0.4～0.5	0.5～0.6	0.6～0.7	0.7～0.8	0.8～1.0
方案1－1∶1∶1	—	青海、西藏	宁夏、海南	甘肃、贵州	安徽、黑龙江、陕西、山西、内蒙古、江西、云南、重庆、广西、新疆、吉林、天津	上海、四川、辽宁、湖北、河南、福建、湖南、河北、北京	山东、浙江	广东、江苏	—
方案2－1∶2∶2	—	西藏	宁夏、海南、青海	广西、新疆、甘肃、贵州	河南、湖南、河北、陕西、黑龙江、安徽、天津、山西、内蒙古、重庆、江西、云南、吉林	北京、辽宁、福建、四川、湖北	江苏、上海、浙江、山东	广东	—
方案3－1∶2∶3	—	西藏	海南、宁夏、青海	甘肃、贵州	河南、湖南、陕西、天津、河北、黑龙江、山西、安徽、重庆、内蒙古、江西、云南、吉林、新疆、广西	北京、辽宁、福建、湖北、四川	广东、上海、江苏、浙江、山东	—	—
方案4－1∶3∶2	—	青海、西藏	宁夏、海南	广西、吉林、新疆、贵州、甘肃	河北、河南、湖南、天津、陕西、黑龙江、安徽、重庆、云南、江西、内蒙古、山西	北京、湖北、辽宁、福建、四川	江苏、浙江、上海、山东	广东	—

附表 3-2　2004~2016 历年耦合度计算结果对比

调整系数	低度耦合阶段				中度耦合阶段		高度耦合阶段		
	极度失调	严重失调	中度失调	轻度失调	濒临失调	初级协调	中级协调	良好协调	优质协调
	0~0.1	0.1~0.2	0.2~0.3	0.3~0.4	0.4~0.5	0.5~0.6	0.6~0.7	0.7~0.8	0.8~1.0
2004 年	—	西藏	青海、海南、宁夏	内蒙古、江西、新疆、甘肃、广西、贵州	河北、四川、湖南、湖北、黑龙江、山西、河南、陕西、天津、安徽、云南、重庆、吉林	北京、福建、辽宁	山东、江苏、浙江	广东、上海	—
2005 年	—	西藏	青海、海南、宁夏	江西、新疆、广西、甘肃、贵州	河北、湖南、湖北、陕西、四川、河南、黑龙江、山西、天津、云南、安徽、吉林、内蒙古、重庆	北京、辽宁、福建	浙江、山东	广东、上海、江苏	—
2006 年	—	—	贵州、海南、青海、西藏、宁夏	云南、江西、重庆、内蒙古、新疆、广西、甘肃	福建、湖南、湖北、四川、河北、河南、陕西、山西、黑龙江、天津、吉林、安徽	北京、辽宁	上海、江苏、浙江、山东	广东	—
2007 年	—	宁夏、西藏	贵州、海南、青海	内蒙古、江西、云南、重庆、新疆、广西、甘肃	福建、湖北、四川、河南、湖南、河北、黑龙江、山西、天津、陕西、安徽、吉林	北京、辽宁	江苏、上海、浙江、山东	广东	—
2008 年	—	西藏	贵州、海南、青海、宁夏	吉林、江西、云南、新疆、广西、甘肃	福建、湖北、河北、四川、河南、湖南、山西、天津、黑龙江、陕西、安徽、重庆、内蒙古	北京、辽宁	江苏、上海、浙江、山东	广东	—
2009 年	—	青海、西藏	海南、宁夏	云南、江西、新疆、广西、甘肃、贵州	福建、河南、湖南、河北、陕西、天津、安徽、黑龙江、山西、内蒙古、重庆、吉林	北京、辽宁、湖北、四川	上海、山东、浙江	广东、江苏	—
2010 年	—	宁夏、海南、青海、西藏	贵州	吉林、新疆、甘肃	河北、福建、湖南、陕西、安徽、、黑龙江、山西、天津、重庆、内蒙古、江西、云南、广西	四川、辽宁、湖北、北京、河南	山东、浙江、上海	广东、江苏	—

续表

调整系数	低度耦合阶段				中度耦合阶段		高度耦合阶段		
	极度失调	严重失调	中度失调	轻度失调	濒临失调	初级协调	中级协调	良好协调	优质协调
	0～0.1	0.1～0.2	0.2～0.3	0.3～0.4	0.4～0.5	0.5～0.6	0.6～0.7	0.7～0.8	0.8～1.0
2011年	—	海南、宁夏、青海、西藏	贵州	云南、江西、吉林、新疆、广西、甘肃	河南、河北、湖南、陕西、天津、安徽、黑龙江、山西、内蒙古、重庆	四川、北京、辽宁、湖北、福建	山东、浙江、上海	广东、江苏	—
2012年	—	青海、西藏	海南、宁夏	吉林、新疆、广西、甘肃、贵州	河南、湖南、河北、陕西、安徽、天津、内蒙古、山西、重庆、黑龙江、云南、江西	北京、辽宁、福建、湖北、四川	浙江、山东、上海	广东、江苏	—
2013年	—	青海、西藏	海南、宁夏	云南、广西、吉林、新疆、甘肃、贵州	河南、湖南、安徽、陕西、河北、天津、重庆、江西、黑龙江、内蒙古、、山西	上海、北京、辽宁、湖北、四川、福建	浙江、山东	广东、江苏	—
2014年	—	海南、青海、西藏	宁夏	广西、新疆、山西、吉林、贵州、甘肃	辽宁、湖南、河北、陕西、安徽、天津、重庆、江西、内蒙古、云南、黑龙江	上海、北京、湖北、四川、河南、福建	江苏、山东、浙江	广东	—
2015年	—	海南、青海、西藏	宁夏	云南、广西、黑龙江、内蒙古、吉林、山西、贵州、新疆、甘肃	河南、湖南、辽宁、陕西、安徽、河北、天津、重庆、江西	上海、北京、湖北、四川、福建	江苏、浙江、山东	广东	—
2016年	—	海南、青海、西藏	宁夏	黑龙江、内蒙古、云南、广西、吉林、山西、新疆、贵州、甘肃	福建、河南、辽宁、陕西、湖南、安徽、河北、天津、重庆、江西	上海、北京、湖北、四川	江苏、浙江、山东	广东	—

附录 4　物质资本与知识资本协同效应对经济发展影响的时间和空间变化

附表 4 - 1　　物质资本与知识资本协同效应对经济发展影响的时间和空间变化

项目	East			Mid			West		
	(1)	(2)	(3)	(4)	(5)	(6)	(7)	(8)	(9)
	2004 ~ 2008 年	2008 ~ 2012 年	2012 ~ 2016 年	2004 ~ 2008 年	2008 ~ 2012 年	2012 ~ 2016 年	2004 ~ 2008 年	2008 ~ 2012 年	2012 ~ 2016 年
d	21. 01% *** (0. 0674)	15. 61% (0. 1734)	- 2. 25% (0. 0318)	4. 13% (0. 1086)	14. 30% (0. 3074)	22. 45% (0. 2478)	4. 69% (. 0478)	14. 63% * (0. 0806)	10. 49% ** (0. 0487)
mc	- 5. 70% (0. 0497)	- 4. 83% (0. 0547)	9. 44% *** (0. 0156)	8. 97% (0. 0564)	- 7. 12% (0. 0717)	0. 79% (0. 0743)	5. 32 (0. 0502)	- 1. 40% (0. 0391)	- 0. 49% (0. 0173)
hc	5. 72% ** (0. 0229)	- 0. 81% (0. 0523)	1. 10% (0. 0147)	3. 66% (0. 0322)	- 1. 06% (0. 0565)	3. 44% (0. 0483)	8. 06% ** (. 0341)	0. 81% (0. 0277)	4. 34% (0. 0323)
rc	5. 98% * (0. 0316)	4. 15% (0. 0399)	1. 89% (0. 0132)	- 0. 00% (0. 0417)	5. 55% (0. 0465)	1. 98% (0. 0251)	0. 33% (. 0141)	- 1. 31 (0. 0198)	- 0. 65% (0. 0144)
sc	4. 03% * (0. 0216)	1. 47% (0. 0481)	1. 39% * (0. 0078)	- 4. 19% (0. 0343)	- 4. 47% (0. 0536)	1. 61% (0. 0174)	0. 82% (. 0126)	- 5. 84% (0. 0245)	0. 69% (0. 0104)
常数项	6. 27 (4. 29)	16. 18 (4. 5623)	5. 79 *** (1. 5612)	- 5. 78% (6. 84)	10. 99 (7. 4152)	12. 21 *** (3. 5875)	- 1. 51 (3. 99)	8. 94 (4. 9317)	12. 60 (1. 9753)

续表

项目	East			Mid			West		
	(1)	(2)	(3)	(4)	(5)	(6)	(7)	(8)	(9)
	2004～2008年	2008～2012年	2012～2016年	2004～2008年	2008～2012年	2012～2016年	2004～2008年	2008～2012年	2012～2016年
年度哑变量	是	是	是	是	是	是	是	是	是
Adj－R^2	0.436	0.232	0.82	0.342	0.23	0.312	0.217	0.0141	0.519
rho	0.422	0.665	0.77	0.17	0.062	0.76	0.74	0.595	0.711
F Test	2.04*	5.74***	12.50***	0.81（不显著）	1.50（不显著）	7.16***	9.91***	4.52***	8.24***
Observation	44	44	44	32	32	32	48	48	48

注：括号内的数值是对应变量的文件标准误；F Test 和 rho 分别用于检验混合数据 OLS 估计与固定效应估计或随机效应估计是否有差异，即是否存在个体效应，F 检验使用随机变量模型。括号中的数据为标准差，*、** 和 *** 分别表示在 10%、5% 和 1% 水平下显著。

附录5　知识资本三要素的探索性因子分析

一、结构资本的因子分析

运用SPSS 20.0统计软件对数据进行因子分析，首先以Bartlett球形检验和KMO检验为判断标准，检验数据是否适合做因子分析，具体计算结果如下。

1. KMO和Bartlett检验

进行因子分析时，KMO值越接近1表示越适合做因子分析，0.8~0.9表示较为合适，0.7~0.8表示适合，数值越低越不适合，一般认为0.5以下表示不适合做因子分析。但多数学者指出财会领域中的变量多具有复杂性和多变性的特点，在此领域做因子分析时，KMO检验值只要大于0.5即可。从附表5－1可以看出，样本公司三年数据的KMO值均大于0.5，说明研究数据可以进行因子分析。而且从附表5－1还可以看到，Bartlett球体检验的显著性水平均为0.000，小于0.05，拒绝了原假设，这说明数据之间存在相关性，适合做因子分析。

附表5－1　　KMO和Bartlett检验结果

年份		2012	2013	2014
取样足够度的 Kaiser－Meyer－Olkin 度量		0.515	0.517	0.537
Bartlett 的球形度检验	近似卡方	71.532	60.057	86.072
	df	6	6	6
	Sig.	0.000	0.000	0.000

2. 变量总方差解释和旋转成分矩阵

方差贡献率和累积方差贡献率可以解释结构资本的各个衡量指标对提取的某个因子的重要程度，通常情况，公因子累积方差贡献率达到70%以上，说明提取的因子是有效的。从附表5－2、附表5－3和附表5－4可以看到提取的 2 个因子的累计方差贡献率分别为 76.809%、75.763% 和 79.015%，说明本次的因子分析是有效的。旋转成分矩阵列出了公因子与原基础变量间的相关系数，用以反映原基础变量对提取的公因子的重要程度。从附表 5-2、附表 5-3 和附表 5-4 中可以看出，管理费用率和研发投入强度在第一个因子上的载荷较高，可将它们归结为企业的运营效率；每人配备额和人均管理费用在第二个因子上的载荷较高，可将它们归结为企业的软硬件发展能力。

附表 5-2　　2012 变量总方差解释和旋转成分矩阵

指标	成分	
	S_1	S_2
管理费用率	0.871	0.238
每人配备额	0.195	-0.852
研发投入强度	-0.871	0.158
人均管理费用	0.410	0.736
方差贡献率	45.338%	31.470%
累积方差贡献率	45.338%	76.809%

附表 5-3　　2013 变量总方差解释和旋转成分矩阵

指标	成分	
	S_1'	S_2'
管理费用率	0.865	0.160
每人配备额	0.283	-0.818
研发投入强度	-0.869	0.146
人均管理费用	0.326	0.790
方差贡献率	42.337%	33.427%
累积方差贡献率	42.337%	75.763%

附表 5-4　　2014 变量总方差解释和旋转成分矩阵

指标	成分	
	S_1''	S_2''
管理费用率	0.876	0.191
每人配备额	0.170	-0.893

续表

指标	成分	
	S_1''	S_2''
研发投入强度	-0.905	0.136
人均管理费用	0.468	0.689
方差贡献率	47.836%	31.179%
累积方差贡献率	47.833%	79.015%

3. 因子得分系数

根据附表5-5，可以得出2012年结构资本两个因子的表达式。

$$S_1 = 0.493X_1 + 0.192X_2 - 0.529X_3 + 0.176X_4 \quad (5-1)$$

$$S_2 = 0.102X_1 - 0.661X_2 + 0.198X_3 + 0.518X_4 \quad (5-2)$$

附表5-5　　2012成分得分系数矩阵

指标	成分	
	S_1	S_2
管理费用率（X_1）	0.493	0.102
每人配备额（X_2）	0.192	-0.661
研发投入强度（X_3）	-0.529	0.198
人均管理费用（X_4）	0.176	0.518

根据附表5-6，可以得出2013年结构资本两个因子的表达式。

$$S_1' = 0.510X_1' + 0.181X_2' - 0.517X_3' + 0.180X_4' \quad (5-3)$$

$$S_2' = 0.105X_1' - 0.615X_2' + 0.123X_3' + 0.584X_4' \quad (5-4)$$

附表5-6　　2013成分得分系数矩阵

指标	成分	
	S_1'	S_2'
管理费用率（X_1'）	0.510	0.105
每人配备额（X_2'）	0.181	-0.615
研发投入强度（X_3'）	-0.517	0.123
人均管理费用（X_4'）	0.180	0.584

根据附表5－7，可以得出2014年结构资本两个因子的表达式。

$$S_1'' = 0.47X_1'' + 0.175X_2'' - 0.515X_3'' + 0.198X_4'' \quad (5-5)$$

$$S_2'' = 0.068X_1'' - 0.701X_2'' + 0.186X_3'' + 0.487X_4'' \quad (5-6)$$

附表5－7　　2014成分得分系数矩阵

指标	成分	
	S_1''	S_2''
管理费用率（X_1''）	0.470	0.068
每人配备额（X_2''）	0.175	-0.701
研发投入强度（X_3''）	-0.515	0.186
人均管理费用（X_4''）	0.198	0.487

4. 因子权重

因子权重计算公式：Wi＝方差贡献率/累积方差贡献率，根据附表5－6、附表5－7和附表5－8中的方差贡献率和累积方差贡献率，可分别求出两个因子三年的权重，见附表5－8。

附表5－8　　结构资本因子权重

	S_1	S_2	S_1'	S_2'	S_1''	S_2''
权重	59.03%	40.97%	55.88%	44.12%	60.54%	39.46%

根据附表5－8中的各因子的权重，可以得出2012年、2013年和2014年结构资本的综合得分函数，分别为式（5－7）、式（5－8）、式（5－9）。

$$SC = 59.03\% S_1 + 40.97\% S_2 \quad (5-7)$$

$$SC' = 55.88\% S_1' + 44.12\% S_2' \quad (5-8)$$

$$SC'' = 60.54\% S_1'' + 39.46\% S_2'' \quad (5-9)$$

二、人力资本的探索性因子分析

运用SPSS 20.0统计软件对数据进行因子分析，首先以Bartlett球形检验和KMO值为判断标准，检验数据是否适合做因子分析，具体计算结果如附表5－9所示。

1. KMO和Bartlett检验

从附表5－9可以看出，样本公司2012年和2013年的KMO值均大于0.5，而且Bartlett球形检验的显著性水平均为0.000，小于0.05，拒绝零假设，说明数据之间存在相关性，数据可以进行因子分析。2014年的KMO值为0.493，很接近0.5，而且Bartlett球形检验的显著性水平为0.000，可以进行因子分析。

附表5－9 KMO和Bartlett检验结果

年份		2012	2013	2014
取样足够度的Kaiser－Meyer－Olkin度量		0.502	0.507	0.493
Bartlett的球形度检验	近似卡方	73.529	118.695	119.285
	df	6	6	6
	Sig.	0.000	0.000	0.000

2. 变量总方差解释和旋转成分矩阵

从附表5－9至附表5－12可以看到，本书提取的2个因子的累计方差贡献率分别为77.090%、83.964%和81.992%，说明本次的因子分析是有效的。同时从上述三个表中可以看出员工人均创收额、员工人力资本维持率和员工人均净利润三个指标在第一个因子上的载荷较高，可将它们归结为员工的工作能力；员工受教育程度在第二个因子的载荷上较高，可以解释为员工的教育素养。

附表5－10 2012年变量总方差解释和旋转成分矩阵

指标	成分	
	H_1	H_2
员工人均创收额	0.858	0.144
员工人力资本维持率	－0.868	0.269
员工受教育程度	－0.241	0.866
员工人均净利润	0.507	0.660
方差贡献率	45.117%	31.973%
累积方差贡献率	45.117%	77.090%

附表 5 - 11　　2013 年变量总方差解释和旋转成分矩阵

指标	成分	
	H_1'	H_2'
员工人均创收额	0.897	0.001
员工人力资本维持率	-0.827	0.448
员工受教育程度	-0.014	0.951
员工人均净利润	0.755	0.442
方差贡献率	51.540%	32.424%
累积方差贡献率	51.540%	83.964%

附表 5 - 12　　2014 年变量总方差解释和旋转成分矩阵

指标	成分	
	H_1''	H_2''
员工人均创收额	0.903	0.111
员工人力资本维持率	-0.864	0.371
员工受教育程度	-0.022	0.939
员工人均净利润	0.679	0.476
方差贡献率	50.751%	31.241%
累积方差贡献率	50.751%	81.992%

3. 因子得分系数

根据附表 5 - 13，可以得出 2012 年人力资本两个因子的表达式。

$$H_1 = 0.475Y_1 - 0.483Y_2 - 0.139Y_3 + 0.277Y_4 \quad (5-10)$$

$$H_2 = 0.106Y_1 + 0.216Y_2 + 0.679Y_3 + 0.513Y_4 \quad (5-11)$$

附表 5 - 13　　2012 年成分得分系数矩阵

指标	成分	
	H_1	H_2
员工人均创收（Y_1）	0.475	0.106
员工人力资本维持率（Y_2）	-0.483	0.216
员工受教育程度（Y_3）	-0.139	0.679
员工人均净利润（Y_4）	0.277	0.513

根据附表 5－14，可以得出 2013 年人力资本两个因子的表达式。

$$H_1' = 0.436Y_1' - 0.394Y_2' + 0.010Y_3' + 0.375Y_4' \quad (5-12)$$

$$H_2' = 0.017Y_1' + 0.330Y_2' + 0.732Y_3' + 0.354Y_4' \quad (5-13)$$

附表 5－14　　2013 年成分得分系数矩阵

指标	成分	
	H_1'	H_2'
员工人均创收（Y_1'）	0.436	0.017
员工人力资本维持率（Y_2'）	－0.394	0.330
员工受教育程度（Y_3'）	0.010	0.732
员工人均净利润（Y_4'）	0.375	0.354

根据附表 5－15，可以得出 2014 年人力资本两个因子的表达式。

$$H_1'' = 0.444Y_1'' - 0.440Y_2'' - 0.041Y_3'' + 0.321Y_4'' \quad (5-14)$$

$$H_2'' = 0.059Y_1'' + 0.323Y_2'' + 0.749Y_3'' + 0.357Y_4'' \quad (5-15)$$

附表 5－15　　2014 年成分得分系数矩阵

指标	成分	
	H_1''	H_2''
员工人均创收额（Y_1''）	0.444	0.059
员工人力资本维持率（Y_2''）	－0.440	0.323
员工受教育程度（Y_3''）	－0.041	0.749
员工人均净利润（Y_4''）	0.321	0.357

4. 因子权重

因子权重计算公式：Wi＝方差贡献率/累积方差贡献率，根据附表 5－14、附表 5－15 和附表 5－16 中的方差贡献率和累积方差贡献率，可以分别求出两个因子三年的权重，见附表 5－20。

附表 5－16　　人力资本因子权重

	H_1	H_2	H_1'	H_2'	H_1''	H_2''
权重	58.53%	41.47%	61.38%	38.62%	61.90%	38.10%

根据附表 5－16 中的因子权重，可以得出 2012 年、2013 年和 2014 年人力资本的综合得分函数，见式（5－16）、式（5－17）、式（5－18）。

$$HC = 58.53\% H_1 + 41.47\% H_2 \tag{5-16}$$

$$HC' = 61.38\% H_1' + 38.62\% H_2' \tag{5-17}$$

$$HC'' = 61.90\% H_1'' + 38.10\% H_2'' \tag{5-18}$$

三、关系资本的探索性因子分析

运用 SPSS 20.0 统计软件对数据进行因子分析，首先以 Bartlett 球形检验和 KMO 值为判断标准，检验数据是否适合做因子分析，具体计算结果见附表 5－17。

1. KMO 和 Bartlett 检验

从附表 5－17 可以看出，样本公司三年的 KMO 值均大于 0.5，说明数据可以进行因子分析，此外，从表中还可以看到 Bartlett 球形检验的显著性水平均为 0.000，小于 0.05，拒绝零假设，说明数据之间存在相关性，可以进行因子分析。

附表 5－17　　KMO 和 Bartlett 检验结果

年份		2012	2013	2014
取样足够度的 Kaiser－Meyer－Olkin 度量		0.576	0.512	0.549
Bartlett 的球形度检验	近似卡方	38.949	35.942	36.481
	df	10	10	10
	Sig.	0.000	0.000	0.000

2. 变量总方差解释和旋转成分矩阵

从附表 5－18、附表 5－19 和附表 5－20 可以看到，提取的 3 个因子的累计方差贡献率分别为 75.579%、76.299% 和 75.564%，说明本次的因子分析是有效的。此外，从上述三个表中可以看出客户集中度和销售费用率在第一个因子上的载荷较高，可将之归结为企业的客户关系；供应商集中度和应付账款周转率在第二个因子上的载荷较高，可将之归结为企业的供应商关系；应收账款周转率在第三个因子上载荷较高，可以解释为企业的资金使用效率。

附表 5-18　　2012 年变量总方差解释和旋转成分矩阵

指标	成分		
	R_1	R_2	R_3
销售费用率	0.828	-0.114	0.001
客户集中度	0.824	0.123	-0.113
应付账款周转率	0.324	-0.749	-0.184
供应商集中度	0.380	0.733	-0.136
应收账款周转率	-0.060	0.035	0.984
方差贡献率	34.383%	22.977%	18.219%
累积方差贡献率	34.383%	57.360%	75.579%

附表 5-19　　2013 年变量总方差解释和旋转成分矩阵

指标	成分		
	R_1'	R_2'	R_3'
销售费用率	0.858	-0.095	-0.030
客户集中度	0.847	0.110	-0.063
供应商集中度	0.114	0.831	-0.217
应付账款周转率	0.120	-0.736	-0.361
应收账款周转率	-0.051	0.011	0.946
方差贡献率	31.263%	25.639%	19.397%
累积方差贡献率	31.263%	56.902%	76.299%

附表 5-20　　2014 年变量总方差解释和旋转成分矩阵

指标	成分		
	R_1''	R_2''	R_3''
销售费用率	0.826	0.085	0.017
客户集中度	0.682	0.493	0.080
应付账款周转率	0.630	-0.408	-0.314
供应商集中度	0.070	0.873	-0.100
应收账款周转率	-0.016	-0.075	0.964
方差贡献率	33.500%	22.613%	19.451%
累积方差贡献率	33.500%	56.112%	75.564%

3. 因子得分系数

根据附表5-21，可以得出2012年关系资本三个因子的表达式，分别为式(5-19)、式(5-20)和式(5-21)。

$$R_1 = 0.509Z_1 + 0.199Z_2 + 0.539Z_3 + 0.123Z_4 + 0.203Z_5 \quad (5-19)$$

$$R_2 = 0.090Z_1 + 0.649Z_2 - 0.128Z_3 - 0.024Z_4 - 0.667Z_5 \quad (5-20)$$

$$R_3 = 0.015Z_1 - 0.118Z_2 + 20.145Z_3 + 0.985Z_4 - 0.089Z_5 \quad (5-21)$$

附表5-21　　2012年成分得分系数矩阵

指标	成分		
	R_1	R_2	R_3
客户集中度（Z_1）	0.509	0.090	0.015
供应商集中度（Z_2）	0.199	0.649	-0.118
销售费用率（Z_3）	0.539	-0.128	0.145
应收账款周转率（Z_4）	0.123	-0.024	0.985
应付账款周转率（Z_5）	0.203	-0.667	-0.089

根据附表5-22，可以得出2013年关系资本三个因子的表达式，分别为式(5-22)、式(5-23)和式(5-24)。

$$R'_1 = 0.575Z'_1 + 0.036Z'_2 + 0.591Z'_3 + 0.084Z'_4 + 0.051Z'_5 \quad (5-22)$$

$$R'_2 = 0.077Z'_1 + 0.681Z'_2 - 0.090Z'_3 - 0.058Z'_4 - 0.568Z'_5 \quad (5-23)$$

$$R'_3 = 0.039Z'_1 - 0.253Z'_2 + 0.087Z'_3 + 0.898Z'_4 - 0.278Z'_5 \quad (5-24)$$

附表5-22　　2013年成分得分系数矩阵

指标	成分		
	R'_1	R'_2	R'_3
客户集中度（Z'_1）	0.575	0.077	0.039
供应商集中度（Z'_2）	0.036	0.681	-0.253
销售费用率（Z'_3）	0.591	-0.090	0.087
应收账款周转率（Z'_4）	0.084	-0.058	0.898
应付账款周转率（Z'_5）	0.051	-0.568	-0.278

根据附表5-23，可以得出2014年关系资本三个因子的表达式，分别为式(5-25)、式(5-26)和式(5-27)。

$$R''_1 = 0.406Z''_1 - 0.068Z''_2 + 0.546Z''_3 + 0.094Z''_4 + 0.441Z''_5 \quad (5-25)$$

$$R''_2 = 0.343Z''_1 + 0.750Z''_2 - 0.027Z''_3 - 0.088Z''_4 - 0.422Z''_5 \quad (5-26)$$

$$R''_3 = 0.132Z''_1 - 0.113Z''_2 + 0.096Z''_3 + 0.937Z''_4 - 0.233Z''_5 \quad (5-27)$$

附表5-23　2014年成分得分系数矩阵

指标	成分		
	R''_1	R''_2	R''_3
客户集中度（Z''_1）	0.406	0.343	0.132
供应商集中度（Z''_2）	-0.068	0.750	-0.113
销售费用率（Z''_3）	0.546	-0.027	0.096
应收账款周转率（Z''_4）	0.094	-0.088	0.937
应付账款周转率（Z''_5）	0.441	-0.422	-0.233

4. 因子权重

因子权重计算公式：Wi=方差贡献率/累积方差贡献率，根据附表5-22、附表5-23和附表5-24中的方差贡献率和累积方差贡献率，可以分别求出2个因子三年的权重，见附表5-24。

附表5-24　关系资本因子权重

项目	R_1	R_2	R_3	R'_1	R'_2	R'_3	R''_1	R''_2	R''_3
权重	45.49%	30.40%	24.11%	40.98%	33.60%	25.42%	44.33%	29.93%	25.74%

根据附表5-24中的各因子的权重，可以得出2012年、2013年和2014年关系资本的综合得分函数，见式(5-28)、式(5-29)和式(5-30)。

$$RC = 45.49\% R_1 + 30.40\% R_2 + 24.11\% R_3 \quad (5-28)$$

$$RC' = 40.98\% R'_1 + 33.60\% R'_2 + 25.42\% R'_3 \quad (5-29)$$

$$RC'' = 44.33\% R''_1 + 29.93\% R''_2 + 25.74\% R''_3 \quad (5-30)$$

5. 知识资本各要素的得分及其综合得分

根据因子分析的结果，可以计算出知识资本的三要素的具体数值，见本书附录6。又 IC = SC + HC + RC，可以计算出知识资本的综合得分，具体见本书附录6。

四、企业成长能力的探索性因子分析

操作步骤与知识资本三要素的探索性因子分析相同，具体过程如下。

1. KMO 和 Bartlett 检验

从附表 5 - 25 可以看出，样本公司三年数据的 KMO 值均大于 0.5，而且 2012 年的 KMO 值达到 0.7 以上，说明数据适合进行因子分析，而且从表中还可以看到 Bartlett 球形检验的显著性水平均为 0.000，小于 0.05，拒绝了原假设，这说明数据之间存在相关性，适合进行因子分析。

附表 5 - 25　KMO 和 Bartlett 检验结果

年份		2012	2013	2014
取样足够度的 Kaiser - Meyer - Olkin 度量		0.702	0.543	0.561
Bartlett 的球形度检验	近似卡方	309.842	207.344	122.634
	df	10	10	10
	Sig.	0.000	0.000	0.000

2. 变量总方差解释和旋转成分矩阵

附表 5 - 26　2012 年变量总方差解释和旋转成分矩阵

指标	成分	
	D_1	D_2
每股收益	0.947	-0.013
主营业务增长率	0.310	0.806
净利润增长率	0.814	0.332
总资产收益率	0.961	0.080
股东权益增长率	0.596	-0.630
方差贡献率	59.176%	22.758%
累积方差贡献率	59.176%	81.934%

附表 5－27　　2013 年变量总方差解释和旋转成分矩阵

指标	成分	
	D_1'	D_2'
每股收益	0.864	0.281
主营业务增长率	0.216	0.635
净利润增长率	0.840	－0.209
总资产收益率	0.850	0.392
股东权益增长率	－0.038	0.903
方差贡献率	49.592%	24.748%
累积方差贡献率	49.592%	74.340%

附表 5－28　　2014 年变量总方差解释和旋转成分矩阵

指标	成分	
	D_1''	D_2''
每股收益	0.938	0.112
主营业务增长率	－0.127	0.812
净利润增长率	0.173	0.661
总资产收益率	0.941	0.092
股东权益增长率	0.186	0.651
方差贡献率	41.053%	26.710%
累积方差贡献率	41.053%	67.763%

3. 因子得分系数

根据附表 5－29，可以得出 2012 年企业成长能力两个因子的表达式（5－31）和式（5－32）。

$$D_1 = 0.328W_1 + 0.057W_2 + 0.260W_3 + 0.327W_4 + 0.245W_5 \quad (5-31)$$

$$D_2 = -0.070W_1 + 0.683W_2 + 0.239W_3 + 0.010W_4 - 0.586W_5 \quad (5-32)$$

附表 5－29　　2012 年成分得分系数矩阵

指标	成分	
	D_1	D_2
每股收益（W_1）	0.328	－0.070

续表

指标	成分	
	D_1	D_2
主营业务增长率（W_2）	0.057	0.683
净利润增长率（W_3）	0.260	0.239
总资产收益率（W_4）	0.327	0.010
股东权益增长率（W_5）	0.245	-0.586

根据附表5-30，可以得出2013年企业成长能力两个因子的表达式。

$$D'_1=0.375W'_1+0.001W'_2+0.443W'_3+0.350W'_4-0.166W'_5 \quad (5-33)$$

$$D'_2=0.062W'_1+0.425W'_2-0.289W'_3+0.144W'_4+0.660W'_5 \quad (5-34)$$

附表5-30　　2013年成分得分系数矩阵

指标	成分	
	D'_1	D'_2
每股收益（W'_1）	0.375	0.062
主营业务增长率（W'_2）	0.001	0.425
净利润增长率（W'_3）	0.443	-0.289
总资产收益率（W'_4）	0.350	0.144
股东权益增长率（W'_5）	-0.166	0.660

根据附表5-31，可以得出2014年企业成长能力两个因子的表达式。

$$D''_1=0.514W''_1-0.168W''_2+0.019W''_3+0.519W''_4+0.028W''_5 \quad (5-35)$$

$$D''_2=-0.035W''_1+0.562W''_2+0.425W''_3-0.049W''_4+0.416W''_5 \quad (5-36)$$

附表5-31　　2014年成分得分系数矩阵

指标	成分	
	D''_1	D''_2
每股收益（W''_1）	0.514	-0.035
主营业务增长率（W''_2）	-0.168	0.562
净利润增长率（W''_3）	0.019	0.425
总资产收益率（W''_4）	0.519	-0.049
股东权益增长率（W''_5）	0.028	0.416

4. 因子权重

因子权重计算公式：Wi = 方差贡献率/累积方差贡献率，根据附表 5 - 26、附表 5 - 27 和附表 5 - 28 中的方差贡献率和累积方差贡献率，可以分别求出两个因子三年的权重，见附表 5 - 32。

附表 5 - 32　　企业成长能力因子权重

因子	D_1	D_2	D_1'	D_2'	D_1''	D_2''
权重	72.22%	27.78%	66.71%	33.29%	60.58%	39.42%

根据附表 5 - 32 中的因子权重，可以得出 2012 年、2013 年和 2014 年企业成长能力的综合得分函数。

$$DC = 72.22\% S_1 + 27.78\% S_2 \quad (5-37)$$

$$DC' = 66.71\% S_1' + 33.29\% S_2' \quad (5-38)$$

$$DC'' = 60.58\% S_1'' + 39.42\% S_2'' \quad (5-39)$$

5. 企业发展能力的综合得分

根据前面因子分析的结果，可以计算出表示企业成长能力的数值，具体见本书附录 6。

附录6 知识资本和企业成长能力变量数据汇总

附表6－1　　　　知识资本三要素的得分汇总

公司	结构资本			人力资本			关系资本		
	2012年	2013年	2014年	2012年	2013年	2014年	2012年	2013年	2014年
神州泰岳	-0.3666	-0.3406	-0.2549	-0.2224	0.2494	0.4460	-0.0117	0.3901	0.5423
立思辰	0.4092	0.5198	0.5042	0.3670	0.4150	0.4083	-0.4069	-0.3974	-0.3579
网宿科技	0.4290	0.2996	0.1186	0.7967	1.3321	1.7066	0.0814	0.0198	-0.0198
银江股份	0.1290	0.1853	-0.0443	1.7472	1.7343	1.7614	-0.6165	-0.4791	-0.4695
华星创业	0.4107	0.9509	0.9062	-0.0989	-0.3462	-0.2784	-0.0183	0.0724	0.1494
超图软件	-1.5610	-1.2762	-1.4770	-0.6169	0.0255	-0.1401	-1.1312	-0.8290	-0.8324
天源迪科	0.0606	0.4010	0.4008	-0.1366	0.1301	-0.1882	0.4392	0.5861	0.0619
世纪鼎利	-0.2811	-0.9595	-0.2440	-0.6118	-0.9203	-0.5038	-0.7837	-0.8603	-0.5695
三五互联	-0.0054	0.2779	0.4333	-1.1793	-0.8766	-1.1058	-1.1382	-0.7144	-0.4904
中青宝	-1.2947	-0.7925	-0.8475	-0.5060	-0.2956	-0.4109	-0.4901	-0.2683	-0.5333
东方财富	-0.2543	-0.4219	-0.5251	-0.7334	-0.7181	0.0358	-0.8137	-0.9285	-0.1981
华平股份	-0.1662	-0.1522	-1.1245	-0.0543	0.0178	-0.7033	-0.5248	-0.4646	-0.7194
数字政通	-0.1684	-0.0479	-0.1207	0.3139	0.8770	0.9909	-0.0456	-0.4125	-0.4872
银之杰	-0.3881	-0.8205	-0.2884	-0.5371	-0.2695	-0.3641	-0.3146	-0.4245	-0.3878
易联众	0.0623	-0.3045	-0.2993	-0.2294	-0.3457	-0.3884	-0.2435	0.1458	-0.1673
高新兴	-0.6505	0.2414	0.5515	-0.5521	-0.0612	0.3185	-0.4500	0.1456	0.2764
乐视网	0.3602	0.7229	0.6779	0.8657	1.1197	1.2745	-0.2764	-0.2190	0.3112
世纪瑞尔	-0.4704	-0.5686	-0.0580	0.8688	0.9722	1.8518	0.1100	-0.1452	-0.1224
东方国信	0.1852	0.1729	0.2030	-0.2430	-0.0765	-0.0489	0.1767	0.3568	0.0314
万达信息	0.1393	0.5005	0.7015	0.2691	0.2156	-0.0152	-0.1636	-0.0976	-0.1413
汉得信息	0.5430	0.5641	0.3956	-0.2117	0.1381	-0.0104	0.0263	0.3576	-0.1700
捷成股份	0.0902	-0.1312	0.3600	0.4902	1.0486	0.6762	0.8459	0.1288	-0.1821
东软载波	-0.5959	-0.9280	-0.4693	2.9073	2.6024	1.6201	0.9215	0.4803	0.1588
美亚柏科	-0.3969	-0.8120	-0.8419	0.0252	-0.0501	0.1981	-0.7562	-0.7445	-0.3619

续表

公司	结构资本			人力资本			关系资本		
	2012 年	2013 年	2014 年	2012 年	2013 年	2014 年	2012 年	2013 年	2014 年
天泽信息	-2.2798	-2.5031	-2.6231	-0.2502	0.0808	-0.2103	-0.1952	-0.2490	-0.2457
易华录	0.5829	0.6143	0.6305	0.4987	0.5415	0.8157	-0.3372	-0.1313	0.1919
拓尔思	-0.5942	-0.8513	-0.8865	0.0613	0.1884	0.0822	-0.8873	-0.9548	-0.9492
银信科技	0.6508	0.6314	0.4868	1.0423	0.8250	1.0427	0.7093	0.2957	0.6862
天玑科技	0.4192	0.2941	0.2282	-0.3857	-0.2258	-0.3866	0.6107	0.2158	0.2812
新开普	0.7004	0.7202	0.5501	-0.3336	-0.5415	-0.4835	-0.8872	-1.1820	-1.1393
卫宁软件	0.3157	0.2989	0.4481	-0.2769	-0.1722	-0.2557	-0.5966	-0.6988	-0.6096
华宇软件	-0.0256	-0.2369	-0.2115	0.2703	0.3468	0.2080	-0.4754	-0.4146	-0.4237
梅安森	0.6291	0.7366	0.0750	0.1440	0.3716	-0.3888	-0.6303	-0.6614	-0.5333
海联讯	-0.4305	-0.4860	-0.8049	0.3172	0.0129	-0.4557	-0.1091	-0.0169	-0.0373
飞利信	0.5029	0.6463	0.4620	0.4458	0.6844	0.7256	0.0536	-0.1656	-0.2074
朗玛信息	-0.0668	-1.0352	-1.9049	-0.4461	-0.4414	-0.9173	0.8114	1.5577	0.2931
三六五网	0.4009	0.4780	0.5543	-0.4522	-0.2343	-0.2906	0.7808	0.9207	-1.3038
蓝盾股份	-0.0197	-0.8120	-1.4215	0.2956	0.0703	0.2046	-0.4753	-0.2708	-0.2736
富春通信	0.6181	1.0122	0.8494	-0.4662	-0.2260	-0.2112	0.3848	0.6869	0.7180
汉鼎股份	0.3509	0.4935	-0.3117	1.1178	0.6920	1.2453	-0.3120	-0.0954	0.1804
宜通世纪	0.5948	0.7723	0.8498	-0.5994	-0.6006	-0.8390	0.7246	0.7808	0.7593
任子行	-0.6926	-0.9857	-0.8943	-0.0394	-0.1852	-0.1558	0.3355	0.6892	0.4785
邦讯技术	0.6293	0.0029	0.3548	-0.4271	-1.0978	-0.8480	-0.4156	-0.8100	-0.4695
掌趣科技	0.0324	0.2109	-0.3228	0.2545	0.3206	0.5772	0.5922	0.9356	0.9071
旋极信息	0.4619	0.0863	0.1005	0.3195	-0.1494	-0.2499	-0.1121	-0.4421	-0.3826
润和软件	0.5480	0.4577	0.5512	-0.1612	0.1081	-0.5436	0.4677	0.1101	-0.2062
北信源	-0.0676	-0.4080	0.7941	-0.0744	-0.0693	-0.2514	-0.7464	-0.4930	-1.0702
特锐德	0.1496	0.6188	0.5359	0.3615	0.2230	0.3930	-0.5231	-0.2999	-0.3792
汉威电子	-0.0278	-0.3359	-0.2503	-0.2355	-0.2933	-0.3467	-1.0123	-0.9124	-0.7750
中元华电	0.0421	0.0107	-0.1980	0.2695	0.1668	0.1877	-0.5282	-0.5417	-0.5060
中科电气	-0.2386	-0.2251	-0.4238	0.1662	0.5989	0.2011	-0.5741	-0.3637	-0.3313
九洲电气	0.0794	0.1569	-0.7446	1.3556	-0.4812	-1.0539	-0.3656	-0.7122	-0.9315

续表

公司	结构资本			人力资本			关系资本		
	2012 年	2013 年	2014 年	2012 年	2013 年	2014 年	2012 年	2013 年	2014 年
中能电气	0.0883	0.4151	0.2066	-0.2714	-0.2638	-0.3295	-0.5475	-0.4447	-0.2084
海兰信	-0.7148	-0.2866	-0.3017	0.0567	0.4336	0.3491	0.2721	0.1764	0.2263
智云股份	0.6151	0.5564	0.4505	-0.5495	-0.3551	-0.6769	0.0878	0.2320	0.1351
龙源技术	0.1131	0.3551	0.2765	1.3991	1.3564	1.4655	0.5190	0.2298	0.5040
东方日升	-0.5430	-0.1792	0.5502	-0.8950	0.3505	-0.1875	-0.4948	0.1648	0.1708
欣旺达	0.8776	1.2142	1.1029	-0.5384	-0.8047	-0.7236	0.5148	0.4724	0.7494
亿通科技	0.2806	0.4509	0.1142	-0.1663	-0.2451	-0.4675	0.1219	0.1293	0.0949
佳讯飞鸿	-0.9491	-1.4791	-0.0297	0.7622	1.8017	1.5978	-0.0135	-0.1519	-0.0572
科大智能	0.0976	-0.2081	0.1772	0.3416	0.2519	0.0398	0.3128	0.0666	-0.4298
瑞丰光电	0.7280	0.8475	0.7079	-0.2123	-0.5778	-0.6628	0.2196	0.1592	0.1834
联建光电	0.7239	0.7499	0.7565	-0.3986	-0.6444	-0.0704	-0.2361	-0.3494	-0.3717
中威电子	-0.3491	-1.2904	-0.9933	0.1386	-0.3471	0.1254	0.0307	-0.4307	0.6649
温州宏丰	0.6023	0.8374	0.6256	0.3823	-0.5549	-0.4484	1.5732	2.0456	1.3461
利亚德	0.5158	0.6068	0.5631	-0.0424	-0.1481	0.1877	-0.3846	-0.3271	-0.4686
云意电气	0.3399	0.4219	-0.0377	0.3181	0.3853	0.3527	0.1426	0.2708	0.3206
远方光电	-0.3344	-0.2372	-0.4146	0.2337	0.1067	-0.0495	1.8374	1.8845	1.9878
晶盛机电	-0.9406	-1.7813	-0.4765	2.1174	0.0403	-0.2846	0.6778	0.8518	1.1982
苏大维格	0.2816	-0.4309	-0.2393	-0.1695	-0.5883	-0.7605	0.7157	0.2983	0.2349
麦迪电气	0.5044	0.5708	0.5302	-0.1959	-0.3117	-0.4679	0.7497	0.6873	0.6552
南大光电	-0.1387	-1.2518	-1.5839	0.9798	1.2644	1.0659	1.5532	0.9324	0.8266
鸿利光电	0.4082	0.5614	0.6355	-0.4396	-0.3632	-0.4497	-0.2175	-0.1867	-0.1360
阳光电源	-0.3059	-0.0195	-0.1563	0.7401	1.6791	2.3297	-0.4653	-0.0313	0.1925
华测检测	0.0178	0.2273	0.3344	-0.5043	-0.3608	-0.6058	-0.1407	-0.2212	-0.7699
上海佳豪	0.4063	0.2386	0.5839	-0.6432	-0.7777	0.2206	0.5112	0.7370	1.3364
安科生物	0.3763	0.6027	0.0334	-0.2451	-0.2533	-0.1691	-0.9804	-0.8555	-0.8606
天龙光电	-4.5061	-1.9124	-2.6513	-2.7675	-1.7159	-1.2915	0.1914	-0.0876	0.0187
新宙邦	0.2853	0.3593	0.3153	0.3599	0.2288	-0.0595	0.1444	0.0778	0.1468
向日葵	-1.1020	-0.2143	-0.2376	-0.2633	-0.4025	-0.2312	0.3493	0.3117	0.7668

续表

公司	结构资本			人力资本			关系资本		
	2012 年	2013 年	2014 年	2012 年	2013 年	2014 年	2012 年	2013 年	2014 年
万讯自控	0.0182	-0.1302	-0.3286	-0.1626	-0.1227	-0.2249	-0.5332	-0.4926	-0.3849
汇川技术	-0.1633	0.1699	0.0495	0.3774	0.7791	0.6921	-0.3425	-0.2408	-0.1572
新国都	0.0285	-0.2204	-0.3299	-0.1115	-0.1694	-0.2141	0.1819	0.0843	0.2650
大富科技	-0.1098	0.5737	0.6927	-0.8652	-0.9713	-0.5549	0.4465	0.7702	1.1751
信维通信	-0.6479	-1.3304	-0.3279	-0.5283	-1.0038	0.0448	1.0304	0.5084	1.0451
雷曼股份	0.3186	0.1999	0.0524	-0.3917	-0.5858	-0.4703	0.0660	-0.1126	-0.0677
佳士科技	0.4673	0.4311	0.3174	-0.3849	-0.5826	-0.6092	-0.3067	-0.2939	-0.0777
洲明科技	0.5845	0.8680	0.8712	-0.4374	-0.5603	-0.5255	-0.1105	-0.2327	-0.2505
明家科技	0.5248	0.4877	0.7872	-0.7116	-1.2376	-0.8283	0.4561	0.3177	0.5741
乐金健康	0.4603	0.5273	0.6384	-0.4655	-0.6866	-0.9189	-0.4817	-0.3061	-0.2979
初灵信息	0.6751	0.2710	0.3171	-0.4551	-0.2707	-0.5111	0.3856	0.1122	0.1315
星星科技	0.2278	0.0355	0.6670	-0.8270	-1.5371	-0.7851	0.4673	0.2583	0.3767
安科瑞	0.3140	0.3823	0.2911	-0.2548	-0.1942	-0.4315	0.6062	0.2827	-0.2606
聚飞光电	0.4390	0.3663	0.3297	0.2003	0.5279	0.6127	0.3871	0.2281	0.4292

附表 6-2　　知识资本、物质资本与企业成长能力计算结果

公司简称	知识资本			物质资本			企业发展能力		
	2012 年	2013 年	2014 年	2012 年	2013 年	2014 年	2012 年	2013 年	2014 年
神州泰岳	-0.6006	0.2989	0.7335	4.5860	4.5917	4.7124	0.4994	0.8363	0.5241
立思辰	0.3693	0.5373	0.5546	-0.0930	-0.1629	0.2276	-0.2996	-0.0443	0.2324
网宿科技	1.3071	1.6516	1.8055	-0.0088	0.2991	0.5593	0.5930	1.8869	2.5878
银江股份	1.2598	1.4405	1.2476	-0.0890	0.0765	0.8841	0.2520	0.3351	0.5296
华星创业	0.2935	0.6771	0.7773	-0.8175	-0.4769	-0.5273	-0.0676	0.3279	-0.0195
超图软件	-3.3091	-2.0796	-2.4494	-0.5755	-0.5662	-0.6715	-0.5662	0.7689	-0.2448
天源迪科	0.3632	1.1173	0.2745	0.3662	0.3694	0.0855	0.4727	0.3902	-0.4970
世纪鼎利	-1.6766	-2.7402	-1.3172	1.3753	0.7694	0.9689	-0.5288	-1.6266	-0.4441
三五互联	-2.3229	-1.3131	-1.1629	-0.7524	-0.7968	-0.8123	-0.7083	-0.6230	-0.9204
中青宝	-2.2908	-1.3565	-1.7918	0.0871	0.0647	-0.2430	0.0413	0.3090	-0.9274

续表

公司简称	知识资本			物质资本			企业发展能力		
	2012 年	2013 年	2014 年	2012 年	2013 年	2014 年	2012 年	2013 年	2014 年
东方财富	-1.8014	-2.0685	-0.6873	1.6567	1.2567	0.8664	-0.5835	-0.6749	1.2744
华平股份	-0.7452	-0.5990	-2.5471	0.0699	0.0640	-0.2241	0.5914	0.3734	-0.7721
数字政通	0.0999	0.4166	0.3831	0.2064	0.1637	-0.0517	0.8815	0.6873	0.3255
银之杰	-1.2399	-1.5145	-1.0403	-0.7046	-0.7719	-0.4488	-0.2890	-0.4213	-0.0839
易联众	-0.4106	-0.5044	-0.8550	-0.4592	-0.5244	-0.6366	-0.3383	-0.2362	-0.4423
高新兴	-1.6527	0.3259	1.1464	-0.0851	-0.1352	-0.2209	-0.5993	0.0888	0.4533
乐视网	0.9496	1.6237	2.2636	0.7816	1.9352	2.7109	0.6920	0.7921	0.3033
世纪瑞尔	0.5085	0.2583	1.6715	0.9960	0.7189	0.3337	-0.3411	-0.2974	0.0983
东方国信	0.1189	0.4532	0.1855	-0.2778	0.0863	0.3928	0.5981	0.8156	0.4167
万达信息	0.2447	0.6185	0.5451	0.7823	0.8955	0.6158	0.1617	0.4266	-0.0376
汉得信息	0.3576	1.0599	0.2152	0.5353	0.6689	0.5435	0.3804	0.4642	0.1645
捷成股份	1.4263	1.0462	0.8541	0.5465	0.8192	0.6747	0.6885	0.9162	0.4953
东软载波	3.2329	2.1546	1.3096	1.2785	1.3280	0.8705	0.6312	0.8935	0.9095
美亚柏科	-1.1279	-1.6067	-1.0057	-0.1837	-0.2003	-0.2715	0.3202	-0.0809	0.3949
天泽信息	-2.7251	-2.6713	-3.0790	-0.0439	-0.1734	-0.4044	-0.6732	-0.4627	-0.8266
易华录	0.7445	1.0245	1.6381	-0.1023	-0.0860	-0.1159	0.2811	0.1527	0.1372
拓尔思	-1.4202	-1.6177	-1.7535	-0.1608	-0.1819	0.2815	0.0124	-0.0582	0.3888
银信科技	2.4025	1.7521	2.2157	-1.0895	-1.0663	-0.9985	0.5787	0.3040	0.1580
天玑科技	0.6442	0.2841	0.1227	-0.6767	-0.6205	-0.6316	0.2020	0.2720	0.1361
新开普	-0.5204	-1.0033	-1.0728	-0.7522	-0.7903	-0.8081	0.0497	-0.2442	-0.1833
卫宁软件	-0.5578	-0.5721	-0.4173	-0.6719	-0.5840	-0.5041	0.4223	0.7179	0.5641
华宇软件	-0.2307	-0.3047	-0.4272	-0.0051	0.0380	-0.0489	0.2209	0.5976	0.7006
梅安森	0.1428	0.4468	-0.8472	-0.6121	-0.5028	-0.6085	0.6295	0.7643	-0.6126
海联讯	-0.2224	-0.4900	-1.2980	-0.6256	-0.7877	-0.9245	-0.2370	-0.6030	-2.3076
飞利信	1.0023	1.1651	0.9803	-0.7364	-0.7136	0.0753	0.2038	0.2879	0.4484
朗玛信息	0.2986	0.0811	-2.5291	-0.7645	-0.7160	-0.3504	1.3235	0.2870	-0.1785
三六五网	0.7295	1.1644	-1.0401	-0.3800	-0.3862	-0.4981	1.1912	1.6444	1.8518
蓝盾股份	-0.1995	-1.0125	-1.4905	-0.4279	-0.4889	-0.5964	0.2338	-0.3416	-0.5011

续表

公司简称	知识资本			物质资本			企业发展能力		
	2012 年	2013 年	2014 年	2012 年	2013 年	2014 年	2012 年	2013 年	2014 年
富春通信	0.5368	1.4731	1.3561	-0.9417	-0.9727	-0.9684	-0.2434	-0.2227	-0.5644
汉鼎股份	1.1567	1.0902	1.1140	-0.5592	-0.5590	-0.5647	0.2737	0.0100	0.1700
宜通世纪	0.7201	0.9525	0.7701	-0.5422	-0.5720	-0.6512	0.2579	-0.1940	-0.3398
任子行	-0.3965	-0.4817	-0.5715	-0.9183	-0.9546	-0.9340	0.1570	-0.1105	-0.1175
邦讯技术	-0.2135	-1.9049	-0.9627	-0.0399	-0.3232	-0.4814	0.1240	-1.5261	-0.7201
掌趣科技	0.8791	1.4671	1.1615	-0.7145	0.9701	3.5769	0.4372	0.9408	1.0868
旋极信息	0.6693	-0.5052	-0.5319	-0.6331	-0.7453	-0.5040	0.1852	-0.4823	0.2623
润和软件	0.8545	0.6759	-0.1986	-0.4191	-0.3893	0.3803	0.7370	0.2854	0.5509
北信源	-0.8884	-0.9704	-0.5275	-0.5546	-0.5536	-0.6184	0.8258	0.2998	-0.0804
特锐德	-0.0120	0.5419	0.5497	0.6078	0.7891	0.4719	-0.1513	0.7311	-0.0225
汉威电子	-1.2756	-1.5416	-1.3720	-0.4563	-0.4905	0.0682	-0.1185	-0.0550	0.2456
中元华电	-0.2166	-0.3642	-0.5162	-0.2999	-0.3900	-0.5207	0.0267	-0.3209	-0.3021
中科电气	-0.6465	0.0102	-0.5541	-0.1953	-0.2085	-0.4192	-0.3081	0.1350	-0.5186
九洲电气	1.0694	-1.0365	-2.7300	0.7788	0.4991	-0.0107	2.6966	-0.9292	-1.7585
中能电气	-0.7305	-0.2935	-0.3313	-0.1861	-0.2772	-0.4666	-0.2739	-0.0560	-0.5803
海兰信	-0.3860	0.3234	0.2737	-0.4492	-0.5120	-0.6429	-0.8068	-0.4109	-0.7146
智云股份	0.1534	0.4333	-0.0914	-0.9025	-0.9063	-0.9079	-0.2476	0.5235	-0.5223
龙源技术	2.0312	1.9413	2.2460	1.9693	1.8708	1.2329	0.3974	0.2334	-0.2546
东方日升	-1.9328	0.3360	0.5336	2.1325	1.8838	2.0163	-2.7758	-0.0311	-0.4953
欣旺达	0.8540	0.8819	1.1288	0.7005	0.5642	0.4723	0.0186	0.0200	0.3086
亿通科技	0.2362	0.3351	-0.2584	-0.7955	-0.8333	-0.8838	-0.2069	-0.1079	-0.8082
佳讯飞鸿	-0.2004	0.1707	1.5109	-0.2439	-0.3082	-0.2646	-0.3174	0.1435	0.0268
科大智能	0.7519	0.1105	-0.2128	-0.4865	-0.5716	0.1677	-0.0386	-0.4319	0.9260
瑞丰光电	0.7354	0.4289	0.2284	-0.6706	-0.6520	-0.6956	0.4849	0.1318	-0.6323
联建光电	0.0893	-0.2439	0.3144	-0.5890	-0.6895	0.4714	-0.2674	-0.4943	1.8446
中威电子	-0.1799	-2.0681	-0.2030	-0.7892	-0.8489	-0.8386	0.2705	-0.5501	0.0880
温州宏丰	2.5578	2.3282	1.5233	-0.6572	-0.7462	-0.7836	-0.2015	-0.7167	-0.3837
利亚德	0.0887	0.1317	0.2821	-0.4117	-0.4000	-0.1104	0.1229	0.3179	0.5681

续表

公司简称	知识资本			物质资本			企业发展能力		
	2012 年	2013 年	2014 年	2012 年	2013 年	2014 年	2012 年	2013 年	2014 年
云意电气	0.8006	1.0780	0.6356	-0.0392	-0.0053	-0.1897	0.3971	0.5532	-0.1346
远方光电	1.7367	1.7540	1.5237	0.0183	0.0171	-0.1866	0.0712	0.4186	0.2723
晶盛机电	1.8546	-0.8892	0.4371	1.5776	1.2704	0.7215	0.0986	-0.8119	-0.5092
苏大维格	0.8278	-0.7209	-0.7648	-0.7752	-0.7568	-0.8733	-0.1210	-0.3829	-0.8274
麦迪电气	1.0582	0.9464	0.7175	-0.7644	-0.7767	-0.8119	-0.1516	0.1902	-0.3788
南大光电	2.3944	0.9449	0.3086	0.4398	0.3050	-0.0248	0.3118	-0.1268	-0.2243
鸿利光电	-0.2490	0.0115	0.0498	-0.1453	-0.2630	-0.3391	-0.2875	0.0205	-0.0097
阳光电源	-0.0310	1.6283	2.3659	1.9056	1.8807	1.4799	-0.1896	0.5925	0.0324
华测检测	-0.6272	-0.3547	-1.0413	-0.0369	0.0347	0.1263	0.3574	0.5873	0.2610
上海佳豪	0.2743	0.1979	2.1409	-0.6516	-0.7455	-0.4409	-0.5815	-0.6818	0.6029
安科生物	-0.8491	-0.5062	-0.9962	-0.5784	-0.5311	-0.5276	0.2470	0.4721	0.3389
天龙光电	-7.0821	-3.7158	-3.9241	-0.1080	-0.5079	-0.6717	-3.9942	-1.8695	-0.9443
新宙邦	0.7895	0.6659	0.4025	0.5781	0.4966	0.2005	0.1217	0.3185	0.3439
向日葵	-1.0160	-0.3051	0.2979	0.3832	0.2126	0.0202	-2.6686	-0.6797	-0.7256
万讯自控	-0.6776	-0.7455	-0.9385	-0.7967	-0.8112	-0.8628	0.1032	-0.0175	-0.6038
汇川技术	-0.1284	0.7083	0.5844	3.5916	3.9411	3.0921	0.2592	1.5343	0.9416
新国都	0.0990	-0.3055	-0.2790	0.2194	0.1213	-0.0741	0.1809	-0.1027	0.1892
大富科技	-0.5285	0.3726	1.3130	2.6615	2.1700	1.7473	-0.6946	-0.4315	1.8105
信维通信	-0.1459	-1.8258	0.7620	-0.4398	-0.5887	-0.6543	-0.2972	-1.9007	-0.0791
雷曼股份	-0.0071	-0.4985	-0.4856	-0.2524	-0.4011	-0.5283	-0.2256	-0.4879	-0.4701
佳士科技	-0.2242	-0.4455	-0.3695	1.9351	1.6427	0.9067	-0.2337	-0.3199	-0.6155
洲明科技	0.0366	0.0750	0.0953	-0.5766	-0.6301	-0.6494	-0.2469	-0.0539	-0.1034
明家科技	0.2693	-0.4322	0.5330	-1.1584	-1.2396	-1.1784	-0.7021	-2.1136	-0.8217
乐金健康	-0.4868	-0.4654	-0.5784	-0.6006	-0.6604	-0.6505	-0.2164	-0.4155	-0.6200
初灵信息	0.6056	0.1125	-0.0625	-0.9869	-0.9891	-0.9609	0.2413	-0.0214	-0.0497
星星科技	-0.1319	-1.2433	0.2585	-0.2213	0.7185	0.5824	-0.6310	-2.6360	-0.0228
安科瑞	0.6654	0.4708	-0.4010	-0.9482	-0.9112	-0.8761	0.3295	0.9165	0.4184
聚飞光电	1.0263	1.1222	1.3716	-0.1365	-0.0794	-0.1737	0.5434	0.6910	0.5709

附录7　团队成员知识互补性与创新绩效的关系研究调查问卷

尊敬的女士（先生）：您好！

首先感谢您在百忙之中抽时间参与调查。我是合肥工业大学的一名研究生，正在对团队成员知识互补性和团队创新绩效的关系进行研究，这项研究旨在调查团队成员知识互补性对团队创新绩效的影响，希望可以帮助贵公司（组织）及团队了解团队内部团队成员知识互补性，从而提高团队绩效。问卷的答案没有对错之分，只需按实际情况认真填写即可，您的认真对研究质量有莫大的帮助。本调查问卷只做学术研究之用，并以匿名方式进行，我们对您提供的相关信息绝对保密。因此，您尽可放心地填写，并请您不要漏填。

再次感谢您的支持与合作！

第一部分　个人基本情况

根据你的实际情况，选择相应选项

1. 您的性别（　　）

A. 男　　B. 女

2. 您的年龄（周岁）（　　）

A. 25岁以下　　B. 25~35岁

C. 36~45岁　　D. 45岁以上

3. 您的教育水平（最高学历）（　　）

A. 高中及以下　　B. 大专

C. 本科　　D. 硕士研究生及以上

4. 您的所学专业（可多选）（　　）

A. 理学　　B. 工学　　C. 经济学　　D. 管理学

E. 法学（法律）　　F. 文学（文学、哲学、历史）

G. 其他（农学、医学、教育、艺术、军事等）

5. 您加入团队的年限（　　）

A. 半年及以下　　B. 半年～1年

C. 1～3年　　D. 3～5年

E. 6～7年　　F. 8年以上

6. 您之前的部门工作经历：（可多选）（　　）

A. 研发　　B. 工程项目　　C. 生产采购　　D. 市场

E. 销售　　F. 财务　　G. 行政人员　　H. 客户服务

I. 其他

第二部分　公司基本信息

1. 您所在团队的规模（　　）人

2. 团队的组建时间（　　）

A. 半年及以下　　B. 半年～1年

C. 1～3年　　D. 3～5年

E. 5～8年　　F. 8年以上

3. 团队类型（　　）

A. 项目团队　　B. 研发团队　　C. 科研团队　　D. 管理团队

E. 销售团队　　F. 服务团队　　G. 其他

4. 您所在企业的性质

A. 国有企业　　B. 民营企业　　C. 外资企业　　D. 合资企业

E. 其他

5. 企业所属的行业（　　）

A. 科研院所　　B. IT业

C. 通信业　　D. 制造业

E. 建筑、房地产　　F. 经济金融

G. 能源　　H. 专业咨询

I. 设计与艺术　　J. 其他

6. 企业的规模（　　）

A. 50人及以下　　B. 51～200人

C. 201～500人　　D. 501～1000人

E. 1000人以上

第三部分 团队成员知识互补性

请您根据所在团队的实际情况如实作答，在相应的表示态度的方格中打√

项目	完全不符合	比较不符合	难以确定	比较符合	非常符合
1. 团队成员的学历背景差异很大	1	2	3	4	5
2. 团队成员所学专业差异很大	1	2	3	4	5
3. 团队成员所具有的专业知识涉及许多领域	1	2	3	4	5
4. 每位团队成员各自负责不同方面的专长	1	2	3	4	5
5. 我有其他成员不了解的与项目有关的知识	1	2	3	4	5
6. 我们团队中每一位成员都具有与任务有关的某方面知识	1	2	3	4	5
7. 团队成员在工作上的价值观差异很大	1	2	3	4	5
8. 团队成员对如何完成任务的认识差异很大	1	2	3	4	5
9. 团队成员工作室意见和观点差异很大	1	2	3	4	5
10. 团队成员在工作上的价值观差异很大	1	2	3	4	5
11. 团队成员对如何完成任务的认识差异很大	1	2	3	4	5
12. 共享我的知识将帮助团队有更多的能力来满足项目目标	1	2	3	4	5
13. 共享我的知识将帮助团队产生出更多的知识	1	2	3	4	5
14. 共享我的知识将帮助团队与项目进度更加接近	1	2	3	4	5
15. 共享我的知识将帮助团队运营更加有效	1	2	3	4	5

第四部分 团队冲突

请您根据所在团队的实际情况如实作答，在相应的表示态度的方格中打√

项目	非常不同意	不同意	一般	同意	非常同意
1. 团队成员认为彼此是一个整体	1	2	3	4	5
2. 注重寻求对每个人有利的行动方案	1	2	3	4	5
3. 团队成员认为冲突是有利的，共同进行解决	1	2	3	4	5

续表

请您根据所在团队的实际情况如实作答，在相应的表示态度的方格中打√					
项目	非常不同意	不同意	一般	同意	非常同意
4. 成员各自分工，以提高决策效率	1	2	3	4	5
5. 总希望说服他人同意自己的立场	1	2	3	4	5
6. 总是强迫他人做出让步	1	2	3	4	5
7. 将冲突视为非赢即输的竞赛	1	2	3	4	5
8. 利用固执来换取其他人员认同自己的观点	1	2	3	4	5
9. 尽量将分歧控制在桌面之下	1	2	3	4	5
10. 试图通过避免分歧来化解彼此的观点差异	1	2	3	4	5
11. 尽量避免有争议的话题讨论	1	2	3	4	5
12. 为了避免冲突成员之间尽量彼此做出让步	1	2	3	4	5

第五部分 包容型领导

请您根据所在团队的实际情况如实作答，在相应的表示态度的方格中打√					
项目	非常不符合	不太符合	不确定	有些符合	非常符合
1. 我的领导愿意听取我提出的新方案	1	2	3	4	5
2. 我的领导总是留意新的机遇以改善工作流程	1	2	3	4	5
3. 我的领导愿意与我讨论预期的目标以及实现这些目标所需要的新途径	1	2	3	4	5
4. 我的领导在我向他（她）咨询工作上的问题时总能给予我有效的帮助	1	2	3	4	5
5. 我的领导作为团队成员随时可以被我找到	1	2	3	4	5
6. 我的领导对于我所咨询的专业问题总能给予有效的解答	1	2	3	4	5
7. 我的领导随时准备倾听我的请求	1	2	3	4	5
8. 我的领导鼓励我向他（她）了解工作上出现的新问题	1	2	3	4	5
9. 我的领导在讨论新出现的问题时表现得很容易接近	1	2	3	4	5

第六部分 团队创新绩效

请您根据所在团队的实际情况如实作答，在相应的表示态度的方格中打√					
项目	非常不符合	不符合	不确定	比较符合	非常符合
1. 本项目团队经常可以开发一些能被市场接受的产品或者服务	1	2	3	4	5
2. 本项目团队有数量比较多的研发创新成果	1	2	3	4	5
3. 本项目团队会依据顾客反馈的需求，改变服务的项目或改善服务方式	1	2	3	4	5
4. 本项目团队经常采用新的产品组件及服务项目	1	2	3	4	5
5. 本项目团队经常采用一些能改善产品性能或作业流程的方法	1	2	3	4	5

答题结束。

再次感谢您对本项研究工作的大力支持！本研究预计 2018 年 3 月中旬结束，如果需要获知研究结果，可以留下您的邮件地址：

（邮箱：________________________________）

祝愿您一切安好！

附录 8　量表信度与效度分析

附表 8 - 1　　团队成员知识互补性的 KMO 和 Bartlett 的检验

取样足够度的 Kaiser - Meyer - Olkin 度量		0. 774
Bartlett 的球形度检验	近似卡方	1306. 785
	df	105
	Sig.	0. 000

附表 8 - 2　　知识互补性解释的总方差

成分	初始特征值			提取平方和载入			旋转平方和载入		
	合计	方差的百分比（%）	累积百分比（%）	合计	方差的百分比（%）	累积百分比（%）	合计	方差的百分比（%）	累积百分比（%）
1	4. 562	30. 411	30. 411	4. 562	30. 411	30. 411	4. 189	27. 924	27. 924
2	3. 435	22. 898	53. 309	3. 435	22. 898	53. 309	3. 339	22. 262	50. 186
3	1. 790	11. 936	65. 245	1. 790	11. 936	65. 245	1. 869	12. 462	62. 648
4	1. 135	7. 567	72. 812	1. 135	7. 567	72. 812	1. 525	10. 164	72. 812
5	0. 980	6. 533	79. 345	—	—	—	—	—	—
6	0. 710	4. 730	84. 075	—	—	—	—	—	—
7	0. 568	3. 788	87. 863	—	—	—	—	—	—
8	0. 408	2. 720	90. 583	—	—	—	—	—	—
9	0. 327	2. 181	92. 764	—	—	—	—	—	—
10	0. 294	1. 961	94. 726	—	—	—	—	—	—
11	0. 269	1. 793	96. 519	—	—	—	—	—	—
12	0. 170	1. 135	97. 654	—	—	—	—	—	—
13	0. 148	0. 985	98. 639	—	—	—	—	—	—
14	0. 113	0. 752	99. 391	—	—	—	—	—	—
15	0. 091	0. 609	100. 000	—	—	—	—	—	—

提取方法：主成分分析。

附表 8－3 知识互补性旋转成分矩阵

项目	成分			
	1	2	3	4
10 团队成员在工作上的价值观差异很大	0. 944	—	—	—
9 团队成员工作室意见和观点差异很大	0. 902	—	—	—
11 团队成员对如何完成任务的认识差异很大	0. 880	—	—	—
7 团队成员在工作上的价值观差异很大	0. 838	—	—	—
8 团队成员对如何完成任务的认识差异很大	0. 769	—	—	—
14 共享我的知识将帮助团队与项目进度更加接近	—	0. 937	—	—
13 共享我的知识将帮助团队产生出更多的知识	—	0. 904	—	—
15 共享我的知识将帮助团队运营更加有效	—	0. 882	—	—
12 共享我的知识将帮助团队有更多的能力来满足项目目标	—	0. 881	—	—
6 我们团队中每一位成员都具有与任务有关的某方面知识	—	—	0. 836	—
4 每位团队成员各自负责不同方面的专长	—	—	0. 688	—
5 我有其他成员不了解的与项目有关的知识	—	—	0. 545	—
3 每位团队成员所具有的专业知识涉及许多领域	—	—	0. 505	—
1 团队成员的学历背景差异很大	—	—	—	0. 894
2 团队成员所学专业差异很大	—	—	—	0. 718

附表 8－4 团队冲突的 KMO 和 Bartlett 的检验

取样足够度的 Kaiser – Meyer – Olkin 度量		0. 732
Bartlett 的球形度检验	近似卡方	1074. 708
	df	66
	Sig.	0. 000

附表 8－5 团队冲突量表的总方差解释

成分	初始特征值			提取平方和载入			旋转平方和载入		
	合计	方差的百分比（%）	累积百分比（%）	合计	方差的百分比（%）	累积百分比（%）	合计	方差的百分比（%）	累积百分比（%）
1	3. 546	29. 548	29. 548	3. 546	29. 548	29. 548	3. 239	26. 995	26. 995
2	3. 387	28. 228	57. 777	3. 387	28. 228	57. 777	2. 945	24. 543	51. 538
3	2. 146	17. 882	75. 659	2. 146	17. 882	75. 659	2. 895	24. 121	75. 659

续表

成分	初始特征值			提取平方和载入			旋转平方和载入		
	合计	方差的百分比（%）	累积百分比（%）	合计	方差的百分比（%）	累积百分比（%）	合计	方差的百分比（%）	累积百分比（%）
4	0. 693	5. 772	81. 431	—	—	—	—	—	—
5	0. 500	4. 164	85. 595	—	—	—	—	—	—
6	0. 455	3. 788	89. 384	—	—	—	—	—	—
7	0. 345	2. 878	92. 261	—	—	—	—	—	—
8	0. 300	2. 497	94. 759	—	—	—	—	—	—
9	0. 209	1. 739	96. 498	—	—	—	—	—	—
10	0. 170	1. 418	97. 916	—	—	—	—	—	—
11	0. 143	1. 193	99. 109	—	—	—	—	—	—
12	0. 107	0. 891	100. 000	—	—	—	—	—	—

提取方法：主成分分析。

附表 8 – 6　　旋转成分矩阵 a

项目	成分		
	1	2	3
8 利用固执来换取其他人员认同自己的观点	0. 913	—	—
7 将冲突视为非赢即输的竞赛	0. 871	—	—
6 总是强迫他人做出让步	0. 867	—	—
5 总希望说服他人同意自己的立场	0. 866	—	—
11 尽量避免有争议的话题讨论	—	0. 890	—
9 尽量将分歧控制在桌面之下	—	0. 866	—
10 试图通过避免分歧来化解彼此的观点差异	—	0. 847	—
12 为了避免冲突成员之间尽量彼此做出让步	—	0. 785	—
3 团队成员认为冲突是有利的，共同进行解决	—	—	0. 891
1 团队成员认为彼此是一个整体	—	—	0. 860
4 成员各自分工，以提高决策效率	—	—	0. 822
2 注重寻求对每个人有利的行动方案	—	—	0. 712

附表 8－7 **KMO 和 Bartlett 的检验**

取样足够度的 Kaiser－Meyer－Olkin 度量		0. 826
Bartlett 的球形度检验	近似卡方	724. 052
	df	36
	Sig.	0. 000

附表 8－8 **KMO 和 Bartlett 的检验**

取样足够度的 Kaiser－Meyer－Olkin 度量		0. 747
Bartlett 的球形度检验	近似卡方	245. 324
	df	10
	Sig.	0. 000

附表 8－9 **总体可靠性检验**

可靠性统计量		
Cronbach's α	项数	检验结果
0. 820	41	通过

附表 8－10 **各变量可靠性检验**

变量名称	Cronbach's α	项数	检验结果
团队成员知识互补性	0. 795	15	通过
团队冲突	0. 733	12	通过
包容型领导	0. 901	9	通过
团队创新绩效	0. 815	5	通过

参考文献

[1] [美] 埃茨科威兹. 三螺旋：大学·产业·政府三元一体的创新战略 [M]. 周春彦，译. 北京：东方出版社，2005.

[2] 陈春花，朱丽. 协同：数字化时代组织效率的本质 [M]. 北京：机械工业出版社，2019.

[3] 赫尔曼·哈肯. 协同学 [M]. 上海：上海世纪出版社，2005.

[4] 李怀组. 管理研究方法论（第2版）[M]. 西安：西安交通大学出版社，2004.

[5] 凌复华. 协同学：大自然构成的奥秘 [M]. 上海：上海译文出版社，1995.

[6] 任浩. 现代企业组织设计 [M]. 北京：清华大学出版社，2005.

[7] 芮明杰，陈晓静，王国荣. 公司核心竞争力培育 [M]. 上海：上海格致出版社，2008.

[8] 吴慈生，李兴国. 区域知识资本指数发展报告 [M]. 合肥：合肥工业大学出版社，2013.

[9] 阿依古丽·阿布都热西提. 企业战略与组织结构的关系研究 [J]. 知识经济，2010（15）.

[10] 艾健明，柯大钢. 多元化与企业价值的关系研究 [J]. 经济管理，2005（14）.

[11] 白俊红，陈玉和，李婧. 企业内部创新协同及其影响要素研究 [J]. 科学学研究，2008（2）.

[12] 曹雁，吴英策. 国外团队成员协作与知识分享行为研究新进展 [J]. 贵州大学学报（社会科学版），2010（2）.

[13] 陈逢文，张宗益. 创业企业知识资本与创业绩效的实证研究 [J]. 研究与发展管理，2010（5）.

[14] 陈国权. 组织学习和学习型组织：概念、能力模型、测量及对绩效的影响 [J]. 管理评论，2009（1）.

[15] 陈劲，王方瑞. 再论企业技术和市场的协同创新——基于协同学序

参量概念的创新管理理论研究［J］. 大连理工大学学报（社会科学版），2005（2）.

［16］陈劲，谢洪源，朱朝晖. 企业智力资本评价模型和实证研究［J］. 中国地质大学学报（社会科学版），2004（6）.

［17］陈信元，黄俊. 政府干预、多元化经营与公司业绩［J］. 管理世界，2007（1）.

［18］陈钰芬. 区域智力资本测度指标体系的构建［J］. 统计研究，2006（2）.

［19］程宝栋，宋维明. 国际企业战略与组织结构有效结合的分析［J］. 科技与管理，2003（5）.

［20］初凤荣，周君，赵丽华. 山东省区域知识资本管理策略研究［J］. 山东纺织经济，2013（12）.

［21］单豪杰. 中国资本存量K的再估算：1952～2006年［J］. 数量经济技术经济研究，2008（10）.

［22］邓洪林. 多元化经营对公司绩效的影响研究［J］. 北京市经济管理干部学院学报，2012（2）.

［23］邓新明. 我国民营企业政治关联、多元化战略与公司绩效［J］. 南开管理评论，2011（4）.

［24］范洁. 新经济发展的"多重效应"与"双重策略"［J］. 技术经济与管理研究，2017（5）.

［25］方阳春. 包容型领导风格对团队绩效的影响——基于员工自我效能感的中介作用［J］. 科研管理，2014（5）.

［26］方阳春，金惠红. 包容型领导风格对高校科研团队绩效影响的实证研究［J］. 技术经济，2014（4）.

［27］冯米，张曦如，路江涌. 战略与结构匹配对新兴市场企业集团绩效的影响［J］. 南开管理评论，2014（6）.

［28］龚六堂，崔小勇，严成樑. 现代经济学研究范式与中国现实经济问题探讨——第十一届中国青年经济学者论坛综述［J］. 经济研究，2011（S2）.

［29］郭凯明，龚六堂. 社会保障、家庭养老与经济增长［J］. 金融研究，2012（1）.

［30］韩忠雪，朱荣林，王宁. 超额控制、董事会构成与公司多元化折价［J］. 南开管理评论，2007（1）.

［31］亨利·埃茨科威兹，王平聚，李平. 创业型大学与创新的三螺旋模

型［J］. 科学学研究, 2009 (4).

［32］胡鞍钢, 王亚华. 中国国情分析框架: 五大资本及动态变化 (1980～2003)［J］. 管理世界, 2005 (11).

［33］胡永远, 刘永呈. 中国省际间人力资本和物质资本的相互关系分析［J］. 人口与经济, 2005 (5).

［34］黄鲁成, 张红彩, 李晓英. 我国电子及通信设备制造业的系统协同度分析［J］. 统计与决策, 2006 (11).

［35］黄玉杰, 万迪昉, 汪应洛. 一种多元化企业的战略选择技术及其应用——基于核心能力的战略杠杆评价体系［J］. 预测, 2005 (1).

［36］贾宪洲, 孙戈兵, 叶子荣. 知识互补性与专业化的局限: 一个新兴古典模型［J］. 技术经济与管理研究, 2010 (4).

［37］姜秀敏. 高校行政管理与经济、社会发展三螺旋关系模型的建立［J］. 航海教育研究, 2009 (1).

［38］蒋琰, 茅宁. 智力资本与财务资本: 谁对企业价值创造更有效——来自于江浙地区企业的实证研究［J］. 会计研究, 2008 (7).

［39］解学梅. 中小企业协同创新网络与创新绩效的实证研究［J］. 管理科学学报, 2010 (8).

［40］孔昕源, 于桂兰. 汽车制造行业工人知识互补性测量研究［J］. 人力资源管理, 2010 (12).

［41］劳埃特·雷德斯多夫, 马丁·迈耶尔, 周春彦. 三螺旋模式与知识经济［J］. 东北大学学报 (社会科学版), 2010 (1).

［42］雷良海, 杜小娟. 上市公司多角化经营程度与经营绩效关系的实证研究［J］. 上海理工大学学报, 2003 (4).

［43］李冬伟, 汪克夷. 基于 SKANDIA 导航仪的高科技企业市场价值影响因素实证研究［J］. 科技管理研究, 2009 (9).

［44］李冠众, 刘志远. 我国上市公司知识资本效率的行业分析［J］. 经济问题探索, 2007 (9).

［45］李海东, 王帅, 刘阳. 基于灰色关联理论和距离协同模型的区域协同发展评价方法及实证［J］. 系统工程理论与实践, 2014 (7).

［46］李嘉明, 黎富兵. 企业智力资本与企业绩效的实证分析［J］. 重庆大学学报 (自然科学版), 2004 (12).

［47］李朋波, 梁晗. 基于价值创造视角的企业组织结构演变机理研究——以阿里巴巴集团为例［J］. 湖北社会科学, 2017 (2).

[48] 李随成，张哲. 中小企业知识资本与企业成长 [J]. 统计与决策，2007 (2).

[49] 李祎. 经济增长要素对国民经济增长的促进作用分析——基于 1995—2009 年国内数据的实证分析 [J]. 金融经济，2011 (16).

[50] 林善浪，王健. 区域知识竞争力及其评价指标体系研究 [J]. 科技进步与对策，2008 (2).

[51] 刘兵，李嫄，许刚. 开发区人才聚集与区域经济发展协同机制研究 [J]. 中国软科学，2010 (12).

[52] 刘超，马惠琪，刘卫东. 软件企业智力资本对企业成长的影响机制研究 [J]. 技术经济与管理研究，2008 (5).

[53] 刘浩，张运华. 知识资本对我国区域经济增长作用的实证研究 [J]. 科技管理研究，2013 (12).

[54] 刘思嘉，赵金楼. 区域知识资本对经济发展促进作用的特性分析 [J]. 图书馆学研究，2009 (10).

[55] 刘玉平，赵兴莉. 智力资本驱动企业价值创造的有效性研究——基于智力资本综合评价视角 [J]. 中央财经大学学报，2013 (1).

[56] 鹿峰，李竟成. 科技—经济系统协同度模型及实证分析：1998—2003 [J]. 太原理工大学学报（社会科学版），2007 (3).

[57] 罗嘉，李连友. 基于协同学的金融监管协同度研究 [J]. 财贸经济，2009 (3).

[58] 马宁，孟卫东. 联合风险投资视角下风险资本与智力资本协同效应研究 [J]. 预测，2017 (2).

[59] 马跃如，程伟波，周娟美. 心理所有权和犬儒主义在包容性领导对员工离职倾向影响中的中介作用 [J]. 中南大学学报（社会科学版），2014 (3).

[60] 孟庆松，韩文秀，金锐. 科技—经济系统协调模型研究 [J]. 天津师大学报（自然科学版），1998 (4).

[61] 牟洁，张卫国，冯军. 多元化战略与组织结构的匹配关系研究 [J]. 重庆大学学报（社会科学版），2001 (4).

[62] 慕静，李全生. 教育投资的外部效应与经济增长 [J]. 电子科技大学学报（社科版），2005 (1).

[63] 潘开灵，白列湖，程奇. 管理协同倍增效应的系统思考 [J]. 系统科学学报，2007 (1).

[64] 潘昱庭，吴慈生. 经济增长要素的协同效应研究述评 [J]. 北方民

族大学学报（哲学社会科学版），2016（2）.

［65］彭静静，梅业琴．论苹果公司的现代企业管理创新——基于企业文化、战略、组织结构的视角［J］．商丘职业技术学院学报，2013（4）.

［66］戚聿东，李颖．新经济与规制改革［J］．中国工业经济，2018（3）.

［67］苏冬蔚．多元化经营与企业价值：我国上市公司多元化溢价的实证分析［J］．经济学（季刊），2005（S1）.

［68］孙敬水，董亚娟．人力资本、物质资本与经济增长——基于中国数据的经验研究［J］．山西财经大学学报，2007（4）.

［69］孙立新，于桂兰，余来文．知识资本对企业绩效的持续影响研究——基于智力增值系数法（VAIC）的面板数据［J］．现代管理科学，2015（10）.

［70］孙睦优．企业战略管理与组织结构［J］．冶金经济与管理，2005（5）.

［71］孙耀吾，赵雅，曾科．技术标准化三螺旋结构模型与实证研究［J］．科学学研究，2009（5）.

［72］唐新贵，许志波，闫森．区域知识资本及其对区域发展的影响研究［J］．经济地理，2012（2）.

［73］陶长琪，陈文华，林龙辉．我国产业组织演变协同度的实证分析——以企业融合背景下的我国IT产业为例［J］．管理世界，2007（12）.

［74］童晶．新经济发展趋势与中国的应对策略［J］．开放导报，2018（3）.

［75］万幼清，邓明然．基于知识视角的产业集群协同创新绩效分析［J］．科学学与科学技术管理，2007（4）.

［76］汪建，周勤．研发、知识资本与企业成长驱动——基于分位数回归的实证研究［J］．证券市场导报，2014（3）.

［77］汪涛．以顾客资产为核心的企业多元化经营战略［J］．管理评论，2005（5）.

［78］王斌，刘文娟．行动、组织学习与公司成长——以北京双鹤药业股份有限公司股权投资为例［J］．管理世界，2009（6）.

［79］王凤彬．战略决定结构还是结构决定战略——兼评联想集团的战略与结构关系［J］．经济理论与经济管理，2003（9）.

［80］王学军，陈武．区域智力资本与区域创新能力的关系——基于湖北省的实证研究［J］．中国工业经济，2008（9）.

［81］王学军，陈武．区域智力资本与区域创新能力——指标体系构建及其相关关系研究［J］．管理工程学报，2010（3）.

［82］王亚华，胡鞍钢．从国际比较看中国发展态势：五大资本及总资本

视角［J］. 世界经济与政治，2006（12）.

［83］王勇，许强，许庆瑞. 智力资本及其测度研究［J］. 科研管理，2002（4）.

［84］王智宁，王念新，吴金南. 知识共享与企业绩效：智力资本的中介作用［J］. 中国科技论坛，2014（2）.

［85］王智宁，吴应宇，叶新凤. 智力资本与企业可持续成长关系的实证分析——基于中国信息技术业上市公司的证据［J］. 软科学，2008（12）.

［86］温平川，傅璧. 基于知识互补性的产学研协同创新：一个创新收益模型［J］. 科技管理研究，2015（11）.

［87］温忠麟，侯杰泰，张雷. 调节效应与中介效应的比较和应用［J］. 心理学报，2005（2）.

［88］吴慈生，李兴国. 从物质资本到知识资本——经济新常态下的创新驱动力思考［J］. 决策，2015（7）.

［89］吴慈生，赵曙明. 组织学习与组织结构资本化的协同演化［J］. 当代经济管理，2005（5）.

［90］吴洁，张运华，施琴芬. 从知识资本指数评估地区创新表现［J］. 研究与发展管理，2009（2）.

［91］夏维力，陈晨，姜继娇. 中国制造业以技术创新为中心的知识资本测度研究［J］. 科学学与科学技术管理，2009（2）.

［92］徐浩鸣，徐建中，康姝丽. 中国国有电子通信设备制造业系统协同度模型及实证分析［J］. 工业技术经济，2003（2）.

［93］徐宏奇. 企业战略管理组织结构变革路径分析［J］. 未来与发展，2013（7）.

［94］徐少同，孟玺. 知识协同的内涵、要素与机制研究［J］. 科学学研究，2013（7）.

［95］徐扬. 知识价值及其增值的量化研究［J］. 情报杂志，2012（4）.

［96］许庆瑞，谢章澍. 企业创新协同及其演化模型研究［J］. 科学学研究，2004（3）.

［97］严成樑. 社会资本、创新与长期经济增长［J］. 经济研究，2012（11）.

［98］严成樑，崔小勇. 习惯形成及其对宏观经济学发展的影响——一个文献综述［J］. 世界经济文汇，2013（1）.

［99］杨蔓利. 智力资本对企业绩效影响的实证研究——以我国汽车制造业上市公司为例［J］. 会计之友，2013（22）.

[100] 杨肃昌，方来. 区域经济增长的要素贡献度研究——基于中国四大经济区域面板数据的实证分析 [J]. 学习与探索，2012 (12).

[101] 姚俊，吕源，蓝海林. 我国上市公司多元化与经济绩效关系的实证研究 [J]. 管理世界，2004 (11).

[102] 易纲，樊纲，李岩. 关于中国经济增长与全要素生产率的理论思考 [J]. 经济研究，2003 (8).

[103] 尹义省. 中国大型企业多角化实证研究——兼与美国大公司比较分析 [J]. 管理工程学报，1998 (3).

[104] 于桂兰，王弘钰. 工人人力资本的测量维度与经济价值研究 [J]. 社会科学战线，2008 (8).

[105] 于洪菲. 知识资本对中国高科技企业成长的影响分析 [J]. 当代经济研究，2013 (3).

[106] 余亮，梁彤缨，彭雯. 区域知识资本视角下的企业研发效率实证研究 [J]. 软科学，2011 (6).

[107] 余鹏翼，李善民，张晓斌. 上市公司股权结构、多元化经营与公司绩效问题研究 [J]. 管理科学，2005 (1).

[108] 袁丽. 关于智力资本基本概念 [J]. 中国软科学，2000 (2).

[109] 张波. 企业战略调整时期的组织结构设计——以大型国有煤炭企业为例 [J]. 科技情报开发与经济，2008 (17).

[110] 张钢，陈劲，许庆瑞. 技术、组织与文化的协同创新模式研究 [J]. 科学学研究，1997 (2).

[111] 张钢，熊立. 交互记忆系统与团队任务、成员异质性、团队绩效关系的实证研究 [J]. 技术经济，2008 (5).

[112] 张军，吴桂英，张吉鹏. 中国省际物质资本存量估算：1952 ~ 2000 [J]. 经济研究，2004 (10).

[113] 张军，许庆瑞. 知识积累、创新能力与企业成长关系研究 [J]. 科学学与科学技术管理，2014 (8).

[114] 张丽英. 技术并购与技术创新 [J]. 技术经济与管理研究，2013 (3).

[115] 张林，于富生. 智力资本对知识型企业可持续成长能力的影响——基于资源基础观的视角 [J]. 山西财经大学学报，2008 (12).

[116] 张明之，刘刚. 论知识创新成果产业化的螺旋运动 [J]. 南京政治学院学报，2000 (6).

[117] 张平. 我国企业集团行业多元化与绩效的实证研究 [J]. 科技管

理研究，2011（12）.

［118］张小雪，陈万明. 中国人力资本、物质资本供给的联合内生结构与经济增长研究［J］. 财贸研究，2009（5）.

［119］张秀萍，黄晓颖. 三螺旋理论：传统“产学研”理论的创新范式［J］. 大连理工大学学报（社会科学版），2013（4）.

［120］张雅琪，陈菊红，李兆磊. 基于匹配和调节一致性分析的制造企业服务化战略与组织结构关系研究［J］. 软科学，2015（5）.

［121］张艳艳，张炳发. 城市知识资本评估研究［J］. 山东纺织经济，2008（1）.

［122］张翼，刘巍，龚六堂. 中国上市公司多元化与公司业绩的实证研究［J］. 金融研究，2005（9）.

［123］张云逸，曾刚. 基于三螺旋模型的高校衍生企业形成机制研究——以上海高校衍生企业为例［J］. 科技管理研究，2009（8）.

［124］赵坤，孙锐. 从知识资本结构看区域经济发展模式的选择［J］. 工业技术经济，2006（3）.

［125］赵丽芹，郇金宝. Dell 公司的组织结构与战略的匹配分析［J］. 物流科技，2008（11）.

［126］郑惠莉，李希. 基于企业战略的组织结构调整——以国外电信运营商为例［J］. 南京邮电大学学报（社会科学版），2014（4）.

［127］钟铭，吴艳云，栾维新. 港口物流与城市经济协同度模型［J］. 大连海事大学学报，2011（1）.

［128］周春彦. 大学—产业—政府三螺旋创新模式——亨利·埃茨科维兹《三螺旋》评介［J］. 自然辩证法研究，2006（4）.

［129］周春彦，亨利·埃茨科威兹. 双三螺旋：创新与可持续发展［J］. 东北大学学报（社会科学版），2006（3）.

［130］周春彦，亨利·埃茨科威兹. 三螺旋创新模式的理论探讨［J］. 东北大学学报（社会科学版），2008（4）.

［131］周春彦，李海波，李星洲等. 国内外三螺旋研究的理论前沿与实践探索［J］. 科学与管理，2011（4）.

［132］周霞，李坤泽，吴虹霞. 论中国地区知识竞争力评价指标体系的构建［J］. 科技管理研究，2008（11）.

［133］周晓艳，王凌云. 股权结构、多元化与公司绩效［J］. 江苏社会科学，2003（6）.

[134] 周正，尹玲娜，蔡兵. 我国产学研协同创新动力机制研究 [J]. 软科学，2013 (7).

[135] 朱江. 我国上市公司的多元化战略和经营业绩 [J]. 经济研究，1999 (11).

[136] 朱其训. “包容性增长”实现路径探析——基于“包容性领导”的视角 [J]. 前沿，2011 (23).

[137] 邹波，郭峰，王晓红等. 三螺旋协同创新的机制与路径 [J]. 自然辩证法研究，2013 (7).

[138] 邹艳，张雪花. 企业智力资本与技术创新关系的实证研究——以吸收能力为调节变量 [J]. 软科学，2009 (3).

[139] 邓洪林. 多元化经营对公司绩效的影响研究 [D]. 北京师范大学学位论文，2012.

[140] 金林. 科技中小企业与科技中介协同创新研究 [D]. 大连理工大学学位论文，2007.

[141] 康建英. 制度创新、人力资本与河北经济增长 [D]. 河北大学学位论文，2004.

[142] 李冬琴. 智力资本与企业绩效的关系研究 [D]. 杭州：浙江大学学位论文，2004.

[143] 林晓辉. 中国上市公司多元化的动因和绩效研究 [D]. 厦门大学学位论文，2008.

[144] 刘国龙. 协同创新促进产业成长机制研究 [D]. 武汉理工大学学位论文，2009.

[145] 王翠. 经济增长中物质资本与人力资本的协调发展研究 [D]. 济南大学学位论文，2010.

[146] 王方瑞. 基于全面创新管理的企业技术创新和市场创新的协同创新管理研究 [D]. 浙江大学学位论文，2003.

[147] 王洪洲. 母子公司多元化战略、组织协同与公司绩效的关系研究 [D]. 浙江工业大学学位论文，2012.

[148] 王向华. 基于三螺旋理论的区域智力资本协同创新机制研究 [D]. 天津大学学位论文，2012.

[149] 徐爱萍. 智力资本的三维协同机理与绩效评价研究 [D]. 武汉理工大学学位论文，2009.

[150] 姚兵. 不确定环境下多元化战略和组织结构的实证分析 [D]. 东

北财经大学学位论文，2006.

[151] 姚舒坤. 多元化经营对企业绩效的影响研究 [D]. 天津财经大学学位论文，2013.

[152] 张虹. 多元化战略、组织结构与企业绩效研究 [D]. 华中科技大学学位论文，2012.

[153] 张兰. 公司治理、多元化战略与财务绩效的关系 [D]. 吉林大学学位论文，2013.

[154] 郑刚. 基于TIM视角的企业技术创新过程中各要素全面协同机制研究 [D]. 浙江大学学位论文，2004.

[155] 周勃. 企业螺旋型知识创新模式研究——基于进化生物学启示和标杆案例归纳 [D]. 上海：复旦大学学位论文，2005.

[156] 周震. 物质资本与知识资本在经济增长中的协同效应研究 [D]. 合肥工业大学学位论文，2014.

[157] Abid M, Schilling J, Scheffran J et al. Climate change vulnerability, adaptation and risk perceptions at farm level in Punjab, Pakistan [J]. Science of The Total Environment, 2016.

[158] Abramovitz M. Catch-up and convergence in the postwar growth boom and after [J]. Convergence of productivity: Cross-national studies and historical evidence, 1994.

[159] Alcaniz L, Gomez - Bezares F, Roslender R. Theoretical perspectives on intellectual capital: A backward look and a proposal for going forward [J]. Accounting Forum, 2011, 35 (2).

[160] Alesón M R, Escuer M E. The impact of product diversification strategy on the corporate performance of large Spanish firms [J]. Spanish Economic Review, 2002, 4 (2).

[161] Allen E L, Cooper C L, Edmonds F C et al. U. S. energy and economic growth, 1975 - 2010 [R]. United States: Institute for Energy Analysis, Oak Ridge, Tenn, 1976.

[162] Allen F, Qian J, Qian M. Law, finance, and economic growth in China [J]. Journal of Financial Economics, 2005, 77 (1).

[163] Al - Mulali U, Tang C F. Investigating the validity of pollution haven hypothesis in the gulf cooperation council (GCC) countries [J]. Energy Policy, 2013 (60).

［164］ Andriessen D, Stam C. Intellectual capital of the European Union 2008 ［C］. proceedings of the European Conference on Intellectual Capital: Inholland University of Applied Sciences, lectoraat Intellectual Capital, 2009.

［165］ Anıl İ, Yiğit I. The relation between diversification strategy and organizational performance: A research on companies registered to the Istanbul Stock Exchange Market ［J］. Procedia – Social and Behavioral Sciences, 2011 (24).

［166］ Ansoff H I. Strategies for diversification ［J］. Harvard business review, 1957, 35 (5).

［167］ Ansoff H I. Corporate strategy: An analytic approach to business policy for growth and expansion ［M］. New York: Penguin Books, 1965.

［168］ Apergis N, Ozturk I. Testing Environmental Kuznets Curve hypothesis in Asian countries ［J］. Ecological Indicators, 2015 (52).

［169］ Apergis N, Payne J E. Energy consumption and economic growth in Central America: Evidence from a panel cointegration and error correction model ［J］. Energy Economics, 2009, 31 (2).

［170］ Bantel K A, Jackson S E. Top management and innovations in banking: Does the composition of the top team make a difference? ［J］. Strategic Management Journal, 1989, 10 (S1).

［171］ Bao C, He D. The causal relationship between urbanization, economic growth and water use change in provincial China ［J］. Sustainability, 2015, 7 (12).

［172］ Barro R J. Notes on growth accounting ［J］. Journal of Economic Growth, 1999, 4 (2).

［173］ Baumol W J. Macroeconomics of unbalanced growth: the anatomy of urban crisis ［J］. The American economic review, 1967, 57 (3).

［174］ Becker G S. Human capital: a theoretical and empirical analysis, with special reference to education ［M］. New York: Columbia University Press, 1975.

［175］ Belloumi M. Energy consumption and GDP in Tunisia: Cointegration and causality analysis ［J］. Energy Policy, 2009, 37 (7).

［176］ Berger P G, Ofek E. Diversification's effect on firm value ［J］. Journal of financial economics, 1995, 37 (1).

［177］ Berthélemy J C, Demurger S. Foreign direct investment and economic growth: theory and application to China ［J］. Review of development economics,

2000, 4 (2).

[178] Bhattarai M, Hammig M. Governance, economic policy, and the environmental Kuznets curve for natural tropical forests [J]. Environment and Development Economics, 2004, 9 (3).

[179] Bloch H, Rafiq S, Salim R. Coal consumption, CO_2 emission and economic growth in China: Empirical evidence and policy responses [J]. Energy Economics, 2012, 34 (2).

[180] Bontis N. Intellectual capital: an exploratory study that develops measures and models [J]. Management decision, 1998, 36 (2).

[181] Bontis N. Assessing knowledge assets: A review of the models used to measure intellectual capital [J]. International journal of management reviews, 2001, 3 (1).

[182] Bontis N. National intellectual capital index: Intellectual capital development in the Arab Region [J]. Institute for Intellectual Capital Research, Ontario, 2002.

[183] Bontis N. National intellectual capital index: a United Nations initiative for the Arab region [J]. Journal of intellectual capital, 2004, 5 (1).

[184] Borensztein E, De Gregorio J, Lee J – W. How does foreign direct investment affect economic growth? [J]. Journal of international Economics, 1998, 45 (1).

[185] Borensztein E, Ostry J D. Accounting for China's growth performance [J]. The American Economic Review, 1996, 86 (2).

[186] Bounfour A. The IC – dVAL approach [J]. Journal of Intellectual Capital, 2003, 4 (3).

[187] Bounfour A, Edvinsson L. Intellectual capital for communities, nations, regions [J]. Cities, 2005.

[188] Bozoklu S, Yilanci V. Energy consumption and economic growth for selected OECD countries: Further evidence from the Granger causality test in the frequency domain [J]. Energy Policy, 2013 (63).

[189] Brooking A. The management of intellectual capital [J]. Long Range Planning, 1997, 30 (3).

[190] Brooking A, Board P, Jones S. The predictive potential of intellectual capital [J]. International Journal of Technology Management, 1998 (16).

[191] Buckley P J, Clegg J, Wang C. The impact of inward FDI on the performance of Chinese manufacturing firms [J]. Journal of International Business Studies, 2002, 33 (4).

[192] Burnside A C, Eichenbaum M S, Rebelo S T. Sectoral solow residuals [J]. European Economic Review, 1996, 40 (3-5).

[193] Caballe J, Santos M S. On endogenous growth with physical and human capital [J]. Journal ofPolitical Economy, 1993, 101 (6).

[194] Cabrita M R, Cabrita C, Matos F et al. Entrepreneurship capital and regional development: a perspective based on intellectual capital [M]. Entrepreneurship, human capital, and regional development. Springer, 2015: 15-28.

[195] Caire G, Becker G S. Human capital, a theoretical and empirical analysis with special reference to education [J]. Revue économique, 1967, 18 (1).

[196] Capon N, Hulbert J M, Farley J U et al. Corporate diversity and economic performance: The impact of market specialization [J]. Strategic Management Journal, 1988, 9 (1).

[197] Capron L, Hulland J. Redeployment of brands, sales forces, and general marketing management expertise following horizontal acquisitions: A resource-based view [J]. Journal of Marketing, 1999, 63 (2).

[198] Carlsson F, Lundström S. The effects of economic and political freedom on CO_2 emissions [J]. Economic Studies, Department of Economics, School of Economics and Commercial Law, Göteborg University: Gothenburg, Sweden, 2003.

[199] Chandler A. Chapters in the history of the American industrial enterprise [J]. Massachusetts Institute of Technology, USA, 1962.

[200] Chandler A. Strategy and structure: Chapters in the history of the American industrial enterprise [M]. Cambridge, Mass: MIT Press, 1962.

[201] Chang C-C. A multivariate causality test of carbon dioxide emissions, energy consumption and economic growth in China [J]. Applied Energy, 2010, 87 (11).

[202] Chang G H, Brada J C. The paradox of China's growing under-urbanization [J]. Economic Systems, 2006, 30 (1).

[203] Charoensiriwath C. Analyzing intellectual capital cluster index in Thailand's hard disk drive cluster [C]. proceedings of the portland international conference on management of engineering and technology, Portland, OR: IEEE,

2009.

[204] Chatterjee S, Wernerfelt B. The link between resources and type of diversification: Theory and evidence [J]. Strategic management journal, 1991, 12 (1).

[205] Chen B, Feng Y. Determinants of economic growth in China: Private enterprise, education, and openness [J]. China Economic Review, 2000, 11 (1).

[206] Chen J, Fleisher B M. Regional Income Inequality and Economic Growth in China [J]. Journal of Comparative Economics, 1996, 22 (2).

[207] Chen J, Li C, Ristovski Z et al. A review of biomass burning: Emissions and impacts on air quality, health and climate in China [J]. Science of the Total Environment, 2017 (579).

[208] Chen K, Kou M, Fu X. Evaluation of multi-period regional R&D efficiency: An application of dynamic DEA to China's regional R&D systems [J]. Omega, 2018, 74.

[209] Chenery H B, Taylor L. Development patterns: among countries and over time [J]. The Review of Economics and Statistics, 1968.

[210] Child J. Organizational structure, environment and performance: The role of strategic choice [J]. sociology, 1972, 6 (1).

[211] Chow G C. Capital formation and economic growth in China [J]. The Quarterly Journal of Economics, 1993, 108 (3).

[212] Chow G C, Li K – W. China's economic growth: 1952 – 2010 [J]. Economic Development and Cultural Change, 2002, 51 (1).

[213] Cohen W B, Yang Z, Stehman S V et al. Forest disturbance across the conterminous United States from 1985 – 2012: the emerging dominance of forest decline [J]. Forest Ecology and Management, 2016: 360.

[214] Comment R, Jarrell G A. Corporate focus and stock returns [J]. Journal of financial Economics, 1995, 37 (1).

[215] Corrado C, Hulten C R, Sichel D E. Intangible Capital and Economic Growth [J]. Review of Income and Wealth, 2009, 55 (3).

[216] Crescenzi R, Rodríguez – Pose A. The geography of innovation in China and India [J]. International Journal of Urban and Regional Research, 2017, 41 (6).

[217] Cyert R M, March J G. A behavioral theory of the firm [J]. Englewood Cliffs, NJ, 1963, 2 (4).

[218] Czarnitzki D, Kraft K, Etro F. The effect of entry on R&D investment of leaders: Theory and empirical evidence [J]. 2008.

[219] Dalgaard C - J, Hansen H. On aid, growth and good policies [J]. Journal of development Studies, 2001, 37 (6).

[220] Davis P S, Robinson Jr R B, Pearce J A et al. Business unit relatedness and performance: A look at the pulp and paper industry [J]. Strategic Management Journal, 1992, 13 (5).

[221] Davis R, Thomas L G. Direct estimation of synergy: A new approach to the diversity performance debate [J]. Management Science, 1993, 39 (11).

[222] De Bruyn S M. Explaining the Environmental Kuznets Curve: structural change and international agreements in reducing sulphur emissions [J]. Environment and development economics, 1997, 2 (4).

[223] Denis D J, Denis D K, Sarin A. Agency problems, equity ownership, and corporate diversification [J]. The Journal of Finance, 1997, 52 (1).

[224] Denison E F. Sources of economic growth in the United States and the alternatives before us [J]. 1962.

[225] Denison E F. The sources of economic growth in the United States and the alternatives before us [J]. Committee for Economic Development, 1962, Library of Congress.

[226] Domar E D. Capital expansion, rate of growth, and employment [J]. Econometrica, 1946, 14 (2).

[227] Duff A. Intellectual capital disclosure: Evidence from UK accounting firms [J]. Journal of Intellectual Capital, 2018, 19 (4).

[228] Durham J B. Absorptive capacity and the effects of foreign direct investment and equity foreign portfolio investment on economic growth [J]. European economic review, 2004, 48 (2).

[229] Economy E C. The third revolution: Xi Jinping and the new Chinese state [M]. New York: Oxford University Press, 2018.

[230] Edvinsson L, Bounfour A. Assessing national and regional value creation [J]. Measuring Business Excellence, 2004, 8 (1).

[231] Edvinsson L, Dvir R, Roth N et al. Innovations: the new unit of anal-

ysis in the knowledge era [J]. Journal of Intellectual Capital, 2004, 5 (1).

[232] Edvinsson L, Sullivan P H. Developing a model for managing intellectual capital [J]. European Management Journal, 1996, 14 (4).

[233] Eisenhardt K M, Bourgeois III L J. Politics of strategic decision making in high-velocity environments: Toward a midrange theory [J]. Academy of management journal, 1988, 31 (4).

[234] Engstrom T E J, Westnes P, Westnes S F. Evaluating intellectual capital in the hotel industry [J]. Journal of Intellectual Capital, 2003, 4 (3).

[235] Eriksson C, Persson J. Economic growth, inequality, democratization, and the environment [J]. Environmental and Resource economics, 2003, 25 (1).

[236] Etzkowitz H, Leydesdorff L. The Triple Helix of university-industry-government relations: A laboratory for knowledge-based economic development [J]. EASST Review, 1995 (14).

[237] Fan C C, Scott A J. Industrial agglomeration and development: A survey of spatial economic issues in East Asia and a statistical analysis of Chinese regions [J]. Economic Geography, 2003, 79 (3).

[238] Fay M. Inclusive green growth: The pathway to sustainable development [M]. World Bank Publications, 2012.

[239] Firer S, Mitchell Williams S. Intellectual capital and traditional measures of corporate performance [J]. Journal of intellectual capital, 2003, 4 (3).

[240] Fleisher B M, McGuire W, Smith A N et al. Intangible knowledge capital and innovation in China [J]. 2013.

[241] Fouraker L E, Stopford J M. Organizational structure and the multinational strategy [J]. Administrative Science Quarterly, 1968.

[242] Fredrickson J W. The strategic decision process and organizational structure [J]. Academy of management review, 1986, 11 (2).

[243] Friedmann J. Four theses in the study of China's urbanization [J]. International journal of urban and regional research, 2006, 30 (2).

[244] Fritsch M. Measuring the quality of regional innovation systems: A knowledge production function approach [J]. International Regional Science Review, 2002, 25 (1).

[245] Fujita M, Thisse J F. Does geographical agglomeration foster economic

growth? And who gains and loses from it? [J]. The Japanese Economic Review, 2003, 54 (2).

[246] Funke M, Niebuhr A. Regional geographic research and development spillovers and economic growth: Evidence from West Germany [J]. Regional Studies, 2005, 39 (1).

[247] Gao J, Zhou T. Quantifying China's regional economic complexity [J]. Physica A: Statistical Mechanics and Its Applications, 2018: 492.

[248] Garnaut R. 2. 40 years of Chinese economic reform and development and the challenge of 50 [J]. China'S 40 Years Of Reform And Development, 2018.

[249] Giachetti C. A resource-based perspective on the relationship between service diversification and firm performance: Evidence from Italian facility management firms [J]. Journal of Business Economics and Management, 2012, 13 (3).

[250] Gogan M – L. An innovative model for measuring intellectual capital [J]. Procedia – Social and Behavioral Sciences, 2014, 124.

[251] Gort M. Diversification and integration in American industry: a study by the National Bureau of Economic Research [M]. Princeton: Princeton University Press, 1962.

[252] Grant R M. Contemporary strategy analysis [M]. Oxford: Blackwell, 1998.

[253] Gray R J. Organisational climate and project success [J]. International Journal of Project Management, 2001, 19 (2).

[254] Grier R M. On the interaction of human and physical capital in Latin America [J]. Economic Development and Cultural Change, 2002, 50 (4).

[255] Grossman G M, Krueger A B. Economic growth and the environment [J]. The Quarterly Journal of Economics, 1995, 110 (2).

[256] Guariglia A, Poncet S. Could financial distortions be no impediment to economic growth after all? Evidence from China [J]. Journal of Comparative Economics, 2008, 36 (4).

[257] Gylfason T. Exports, inflation and growth [J]. World Development, 1999, 27 (6).

[258] Habib M M, Victor B. Strategy, structure, and performance of US manufacturing and service MNCs: A comparative analysis [J]. Strategic Management Journal, 1991, 12 (8).

[259] Hadlock C J, Ryngaert M, Thomas S. Corporate structure and equity offerings: Are there benefits to diversification? [J]. The journal of business, 2001, 74 (4).

[260] Halkos G E, Tzeremes N G. A conditional directional distance function approach for measuring regional environmental efficiency: Evidence from UK regions [J]. European Journal of Operational Research, 2013, 227 (1).

[261] Halkos G E, Tzeremes N G. The effect of electricity consumption from renewable sources on countries' economic growth levels: Evidence from advanced, emerging and developing economies [J]. Renewable and Sustainable Energy Reviews, 2014, 39.

[262] Hall D J, Saias M A. Strategy follows structure! [J]. Strategic management journal, 1980, 1 (2).

[263] Hambrick D C, Mason P A. Upper echelons: The organization as a reflection of its top managers [J]. Academy of Management Review, 1984, 9 (2).

[264] Hannon B, Joyce J. Energy and technical progress [J]. Energy, 1981, 6 (2).

[265] Harris I C, Ruefli T W. The strategy/structure debate: an examination of the performance implications [J]. Journal of Management Studies, 2000, 37 (4).

[266] Harrod R F. An essay in dynamic theory [J]. The economic journal, 1939, 49 (193).

[267] Harrod R F. Towards a Dynamic Economics: Some recent developments of economic theory and their application to policy [M]. London: MacMillan and Company, 1948.

[268] Harrold P. China: foreign trade reform: now for the hard part [J]. Oxford Review of Economic Policy, 1995, 11 (4).

[269] Hasan I, Wachtel P, Zhou M. Institutional development, financial deepening and economic growth: Evidence from China [J]. Journal of Banking & Finance, 2009, 33 (1).

[270] Henderson V. The urbanization process and economic growth: The so-what question [J]. Journal of Economic growth, 2003, 8 (1).

[271] Hickson D J, Pugh D S. Management worldwide: The impact of societal culture on organizations around the globe [M]. London: Penguin, 1995.

[272] Hopkins H D. Acquisition strategy and the market position of acquiring firms [J]. Strategic Management Journal, 1987, 8 (6).

[273] Hoskisson R E, Hitt M A. Strategic control systems and relative R&D investment in large multiproduct firms [J]. Strategic management journal, 1988, 9 (6).

[274] Hu P, Chen N, Li Y et al. Efficiency evaluation of water consumption in a Chinese province level region based on data envelopment analysis [J]. Water, 2018, 10 (6).

[275] Hu Z F, Khan M S. Why is China growing so fast? [R]. Staff Papers, 1997, 44 (1).

[276] Ishise H, Sawada Y. Aggregate returns to social capital: Estimates based on the augmented augmented – Solow model [J]. Journal of Macroeconomics, 2009, 31 (3).

[277] J T. Organization in Action [M]. London: McGraw – Hill, 1967.

[278] Jackson S E, Stone V K, Alvarez E B. Socialization amidst diversity-the impact of demographics on work team oldtimers and newcomers [J]. Research in organizational behavior, 1992, 15.

[279] Jalil A, Mahmud S F. Environment Kuznets Curve for CO_2 emissions: A cointegration analysis for China [J]. Energy Policy, 2009, 37 (12).

[280] Januškaitė V, Užienė L. Intellectual capital measurements and national strategy development: explaining the gap [J]. Procedia – Social and Behavioral Sciences, 2015 (213).

[281] Jehn K A. A multimethod examination of the benefits and detriments of intragroup conflict [J]. Administrative Science Quarterly, 1995, 40 (2).

[282] Jehn K A, Northcraft G B, Neale M A. Why differences make a difference: A field study of diversity, conflict and performance in workgroups [J]. Administrative Science Quarterly, 1999, 44 (4).

[283] Jia M, Wang Z, Zhang Y et al. Landsat-based estimation of mangrove forest loss and restoration in Guangxi province, China, influenced by human and natural factors [J]. IEEE Journal of Selected Topics in Applied Earth Observations and Remote Sensing, 2015, 8 (1).

[284] Jiang S, Wang J, Zhao Y et al. Sustainability of water resources for agriculture considering grain production, trade and consumption in China from 2004 to

2013 [J]. Journal of Cleaner Production, 2017, 149.

[285] Jin C, Zhaohui Z, Yuan X H. Measuring intellectual capital: A new model and empirical study [J]. Journal of Intellectual Capital, 2004, 5 (1).

[286] Jorgenson D W. Energy prices and productivity growth [J]. The Scandinavian Journal of Economics, 1981, 83 (2).

[287] Jorgenson D W. The role of energy in productivity growth [J]. The Energy Journal, 1984, 5 (3).

[288] Kahloul I, Hallara S. The impact of diversification on firm performance and risk: An empirical evidence [J]. International Research Journal of Finance and Economics, 2010 (35).

[289] Kaldor N. Alternative theories of distribution [J]. The review of economic studies, 1955, 23 (2).

[290] Kalecki M. On the Gibrat distribution [J]. Econometrica: Journal of the Econometric Society, 1945.

[291] Kavida V, Sivakoumar N. The relevance of intellectual capital in the Indian information technology industry [J]. IUP Journal of Knowledge Management, 2010, 8 (4).

[292] Kinoshita Y. R&D and technology spillovers via FDI: Innovation and absorptive capacity [R]. Working Papers University of Michigan Business School, 2000.

[293] Komen M H, Gerking S, Folmer H. Income and environmental R&D: empirical evidence from OECD countries [J]. Environment and Development Economics, 1997, 2 (4).

[294] Kraft J, Kraft A. On the relationship between energy and GNP [J]. The Journal of Energy and Development, 1978, 3 (2).

[295] Krugman P. What's new about the new economic geography? [J]. Oxford Review of Economic policy, 1998, 14 (2).

[296] Kuo C C, Yang C H. Knowledge capital and spillover on regional economic growth: Evidence from China [J]. China Economic Review, 2008, 19 (4).

[297] Kuznets S. Economic growth and income inequality [J]. The American Economic Review, 1955, 45 (1).

[298] Kuznets S. Economic growth of nations [J]. The Economic Journal,

1972, 82 (326).

[299] Lall S. Technological capabilities and industrialization [J]. World Development, 1992, 20 (2).

[300] Lang L H, Stulz R M. Tobin's q, corporate diversification, and firm performance [J]. Journal of Political Economy, 1994, 102 (6).

[301] Lee C – C, Chang C – P. FDI, financial development, and economic growth: international evidence [J]. Journal of Applied Economics, 2009, 12 (2).

[302] Lee J – W, Hong K. Economic growth in Asia: Determinants and prospects [J]. Japan and the World Economy, 2012, 24 (2).

[303] Lerro A, Schiuma G. Knowledge-based dynamics of regional development: the case of Basilicata region [J]. Journal of Knowledge Management, 2009, 13 (5).

[304] LeSage J P, Fischer M M. Estimates and inferences of knowledge capital impacts on regional total factor productivity [J]. Available at SSRN 1681316, 2010.

[305] Lewellen W G. A pure financial rationale for the conglomerate merger [J]. The journal of Finance, 1971, 26 (2).

[306] Leydesdorff L, Etzkowitz H. Emergence of a Triple Helix of university-industry-government relations [J]. Science & Public Policy, 1996, 23 (5).

[307] Leydesdorff L, Meyer M. The Triple Helix of university-industry-government relations [J]. 2003.

[308] Leydesdorff L, Meyer M. Triple Helix indicators of knowledge-based innovation systems: Introduction to the special issue [J]. Research Policy, 2006, 35 (10).

[309] Li L. China's manufacturing locus in 2025: With a comparison of "Made – in – China 2025" and "Industry 4. 0" [J]. Technological Forecasting and Social Change, 2018 (135).

[310] Li P, Li J, Yin J. The Relationship between regional intellectual capital and regional innovation competence: An empirical analysis based on Chongqing City [C]. proceedings of the international conference on business intelligence and financial engineering, Lanzhou, China: IEEE, 2012.

[311] Li X, Pan J. China green development index report 2011 [M]. New

York: Springer, 2013.

[312] Liang J, Watson J V, Zhou M et al. Effects of productivity on biodiversity in forest ecosystems across the United States and China [J]. Conservation Biology, 2016, 30 (2).

[313] Liang Q, Teng J – Z. Financial development and economic growth: Evidence from China [J]. China Economic Review, 2006, 17 (4).

[314] Lin B, Chen G. Energy efficiency and conservation in China's manufacturing industry [J]. Journal of Cleaner Production, 2018 (174).

[315] Lin B, Du K. Measuring energy efficiency under heterogeneous technologies using a latent class stochastic frontier approach: An application to Chinese energy economy [J]. Energy, 2014, 76.

[316] Lin C Y Y, Edvinsson L. National intellectual capital: comparison of the Nordic countries [J]. Journal of Intellectual Capital, 2008, 9 (4).

[317] Lin C Y Y, Edvinsson L. National intellectual capital model and measurement [J]. International Journal of Knowledge – Based Development, 2012, 3 (1).

[318] Liu X, Burridge P, Sinclair P J. Relationships between economic growth, foreign direct investment and trade: Evidence from China [J]. Applied Economics, 2002, 34 (11).

[319] López – Bazo E, Vayá E, Artis M. Regional externalities and growth: evidence from European regions [J]. Journal of Regional Science, 2004, 44 (1).

[320] López – Ruiz V – R, Alfaro – Navarro J – L, Nevado – Peña D. Knowledge-city index construction: An intellectual capital perspective [J]. Expert Systems with Applications, 2014, 41 (12).

[321] Lovelace K, Shapiro D L, Weingart L R. Maximizing cross-functional new product teams' innovativeness and constraint adherence: A conflict communications perspective [J]. Academy of Management Journal, 2001, 44 (4).

[322] Lü S, Wang F, Yu Y et al. Analysis of dynamic evolution and driving factors behind water consumption in China [J]. Water Science and Technology: Water Supply, 2018, 18 (3).

[323] Lucas Jr R E. On the mechanics of economic development [J]. Journal of Monetary Economics, 1988, 22 (1).

[324] Lucas R E. On the mechanics of economic development [J]. Journal of Monetary Economics, 1988, 22 (1).

[325] Lucas R E. Making a Miracle [J]. Econometrica, 1993, 61 (2).

[326] Mačerinskienė I, Aleknavičiūtė R. Comparative evaluation of national intellectual capital measurement models [J]. Business: Theory and Practice, 2015, 16.

[327] Makido Y, Dhakal S, Yamagata Y. Relationship between urban form and CO_2 emissions: Evidence from fifty Japanese cities [J]. Urban Climate, 2012, 2.

[328] Maksimovic V, Phillips G. Do conglomerate firms allocate resources efficiently? [J]. Journal of Finance in Press, 2001, 2.

[329] Malhotra Y. Knowledge management and business model innovation [M]. London: IGI Global, 2001.

[330] Malhotra Y. Measuring knowledge assets of a nation: knowledge systems for development [C]. Proceedings of the Keynote Presentation at the Ad Hoc Group of Experts Meeting at the United Nations Headquarters, New York Citeseer, 2003.

[331] Malone E L. Intellectual capital: realizing your company's true value by finding its hidden brainpower [J]. NY: Harper Business, 1997.

[332] Malthus T R. An essay on the principle of population [M]. London: Cambridge University Press, 1872.

[333] March J G, A S H. Organizations [J]. Social Science Electronic Publishing, 1958, 2 (1).

[334] Marcin K. Intellectual capital as a key factor of socio-economic development of regions and countries [J]. Procedia Economics and Finance, 2013 (6).

[335] Markides C C, Williamson P J. Corporate diversification and organizational structure: A resource-based view [J]. Academy of Management Journal, 1996, 39 (2).

[336] Martin P, Ottaviano G I. Growth and agglomeration [J]. International Economic Review, 2001, 42 (4).

[337] Martineztorres M R. A procedure to design a structural and measurement model of intellectual capital: an exploratory study [J]. Information & Management, 2006, 43 (5).

[338] Mavridis D G. The intellectual capital performance of the Japanese banking sector [J]. Journal of Intellectual Capital, 2004, 5 (1).

[339] Mavridis D G, Kyrmizoglou P. Intellectual capital performance drivers in the Greek banking sector [J]. Management Research News, 2005, 28 (5).

[340] Michel A, Shaked I. Multinational corporations vs. domestic corporations: Financial performance and characteristics [J]. Journal of International Business Studies, 1986, 17 (3).

[341] Milliman J, Taylor S, Czaplewski A J. Cross-cultural performance feedback in multinational enterprises: Opportunity for organizational learning [J]. Human Resource Planning, 2002, 25 (3).

[342] Mingyong L, Shuijun P, Qun B. Technology spillovers, absorptive capacity and economic growth [J]. China Economic Review, 2006, 17 (3).

[343] Mintzberg H. The design school: reconsidering the basic premises of strategic management [J]. Strategic Management Journal, 1990, 11 (3).

[344] Mohajeri N, Gudmundsson A, Scartezzini J-L. Expansion and densification of cities: linking urban form to urban ecology [C]. Proceedings of the International Conference on Future Buildings & Districts Sustainability From Nano to Urban Scale, Lausanne, Switzerland: EPFL Solar Energy and Building Physics Laboratory, 2015.

[345] Myers S C, Majluf N S. Corporate financing and investment decisions when firms have information that investors do not have [J]. Journal of Financial Economics, 1984, 13 (2).

[346] Nannetti C W H D S J C r. Planeación estratégica: conceptos analíticos [M]. Bogotá México: Norma, 1985.

[347] Nasir M, Ur Rehman F. Environmental Kuznets Curve for carbon emissions in Pakistan: An empirical investigation [J]. Energy Policy, 2011, 39 (3).

[348] Nazemi A, Madani K. Urban water security: Emerging discussion and remaining challenges [J]. Sustainable Cities and Society, 2018, 41.

[349] Nick B, Chua C K W, Stanley R. Intellectual capital and business performance in Malaysian industries [J]. Journal of Intellectual Capital, 2000, 1 (1).

[350] Nitkiewicz T, Pachura P, Reid N. An appraisal of regional intellectual capital performance using Data Envelopment Analysis [J]. Applied Geography,

2014, 53.

[351] Niu S, Ding Y, Niu Y et al. Economic growth, energy conservation and emissions reduction: A comparative analysis based on panel data for 8 Asian - Pacific countries [J]. Energy Policy, 2011, 39 (4).

[352] Njoh A J. Urbanization and development in sub - Saharan Africa [J]. Cities, 2003, 20 (3).

[353] Nobeoka K, Cusumano M A. Multiproject strategy and sales growth: the benefits of rapid design transfer in new product development [J]. Strategic Management Journal, 1997, 18 (3).

[354] Oldham G R, Cummings A. Employee creativity: Personal and contextual factors at work [J]. Academy of Management Journal, 1996, 39 (3).

[355] Oyvat C. Agrarian structures, urbanization, and inequality [J]. World Development, 2016, 83.

[356] Ozturk I, Acaravci A. The long-run and causal analysis of energy, growth, openness and financial development on carbon emissions in Turkey [J]. Energy Economics, 2013, 36.

[357] Palich L E, Carini G R, Seaman S L. The impact of internationalization on the diversification-performance relationship: A replication and extension of prior research [J]. Journal of Business Research, 2000, 48 (1).

[358] Pao H T, Tsai C M. CO_2 emissions, energy consumption and economic growth in BRIC countries [J]. Energy Policy, 2010, 38 (12).

[359] Pao H - T, Fu H - C. Renewable energy, non-renewable energy and economic growth in Brazil [J]. Renewable and Sustainable Energy Reviews, 2013, 25.

[360] Pasher E, Shachar S. The intellectual capital of the state of Israel [M]. Intellectual capital for communities: Elsevier, 2005: 139 -49.

[361] Pearce D, Markandya A, Barbier E. Blueprint 1: for a green economy [M]. New York: Routledge, 2013.

[362] Pedro E, Leitão J, Alves H. Back to the future of intellectual capital research: a systematic literature review [J]. Management Decision, 2018, 56 (11).

[363] Pehrsson A. Business relatedness and performance: A study of managerial perceptions [J]. Strategic Management Journal, 2006, 27 (3).

[364] Pena I. Intellectual capital and business start-up success [J]. Journal of Intellectual Capital, 2002, 3 (2).

[365] Peneder M. Structural change and aggregate growth [J]. Structural Change and Economic Dynamics, 2002, 14.

[366] Penrose E. The theory of the growth of the firm [J]. Long Range Planning, 1996, 29 (4).

[367] Petty R, Guthrie J. Intellectual capital literature review: measurement, reporting and management [J]. Journal of Intellectual Capital, 2000, 1 (2).

[368] Pineo R F, Baer J A. Cities of hope: people, protests, and progress in urbanizing Latin America, 1870 - 1930 [M]. New York: Routledge, 1998.

[369] Pla - Castells M, Martinez - Durá J J, Samper - Zapater J J et al. Use of ICT in Smart Cities. A practical case applied to traffic management in the city of Valencia [C]. Proceedings of the 2015 Smart Cities Symposium Prague (SCSP), Prague, Czech Republic: IEEE, 2015.

[370] Platform G G K. Moving towards a common approach on green growth indicators [J]. Green Growth Knowledge Platform Scoping Paper, 2013.

[371] Porter M E. From competitive advantage to corporate strategy [M]. Readings in Strategic Management. Springer, 1989: 234 - 55.

[372] Prahalad C K, Bettis R A. The dominant logic: A new linkage between diversity and performance [J]. Strategic Management Journal, 1986, 7 (6).

[373] Publishing O. Towards green growth [M]. Paris: Organisation for Economic Co-operation and Development, 2011.

[374] Ranson S, Hinings B, Greenwood R. The structuring of organizational structures [J]. Administrative Science Quarterly, 1980.

[375] Reckien D, Martinez - Fernandez C. Why do cities shrink? [J]. European Planning Studies, 2011, 19 (8).

[376] Rezek J P, Rogers K. Decomposing the CO_2-income tradeoff: An output distance function approach [J]. Environment and Development Economics, 2008, 13 (4).

[377] Riahibelkaoui A. Intellectual capital and firm performance of U. S. multinational firms: A study of the resource-based and stakeholder views [J]. Journal of Intellectual Capital, 2003, 4 (2).

[378] Ricardo D. Principles of political economy and taxation [M]. London:

G. Bell, 1891.

[379] Robinson J. The production function and the theory of capital [J]. The Review of Economic Studies, 1953, 21 (2).

[380] Rodan S, Galunic C. More than network structure: how knowledge heterogeneity influences managerial performance and innovativeness [J]. Strategic Management Journal, 2004, 25 (6).

[381] Rodriguez B M, Marti J M V. The region's intellectual capital benchmarking system: enabling economic growth through evaluation [J]. Journal of Knowledge Management, 2006, 10 (5).

[382] Romer P M. Increasing returns and long-run growth [J]. Journal of Political Economy, 1986, 94 (5).

[383] Romer P M. Growth based on increasing returns due to specialization [J]. The American Economic Review, 1987, 77 (2).

[384] Romer P M. Endogenous technological change [J]. National Bureau of Economic Research, 1989, 98 (5).

[385] Romer P M. Endogenous technological change [J]. Journal of political Economy, 1990, 98 (5, Part 2).

[386] Rosenthal S S, Strange W C. Evidence on the nature and sources of agglomeration economies [C]. Handbook Of Regional And Urban Economics. Elsevier, 2004: 2119 -71.

[387] Rostow W W. The estages of economic growth: a non-communist manifesto [M]. London: Cambridge University Press, 1962.

[388] Rumelt R P. Strategy, structure, and economic performance [D]. Cambridge, MA: Harvard University, 1974.

[389] Schaubroeck T, Staelens J, Verheyen K et al. Improved ecological network analysis for environmental sustainability assessment; A case study on a forest ecosystem [J]. Ecological Modelling, 2012, 247.

[390] Schultz T W. Investment in human capital [J]. The American Economic Review, 1961, 51 (1).

[391] Schultz T W. The economic importance of human capital in modernization [J]. Education Economics, 1993, 1 (1).

[392] Serenko A, Bontis N. Meta-review of knowledge management and intellectual capital literature: Citation impact and research productivity rankings [J].

Knowledge and process management, 2004, 11 (3).

[393] Solow R M. A contribution to the theory of economic growth [J]. The Quarterly Journal of Economics, 1956, 70 (1).

[394] Solow R M. Technical change and the aggregate production function [J]. The Review of Economics and Statistics, 1957, 39 (3).

[395] Soytas U, Sari R, Ewing B T. Energy consumption, income, and carbon emissions in the United States [J]. Ecological Economics, 2007, 62 (3).

[396] St. John C H, Harrison J S. Manufacturing-based relatedness, synergy, and coordination [J]. Strategic Management Journal, 1999, 20 (2).

[397] Stachowicz - Stanusch A. The relationship between National Intellectual Capital and corruption: a cross-national study [J]. Journal of Business Economics and Management, 2013, 14 (1).

[398] Ståhle P, Ståhle S, Lin C Y. Intangibles and national economic wealth: A new perspective on how they are linked [J]. Journal of Intellectual Capital, 2015, 16 (1).

[399] Ståhls M, Saikku L, Mattila T. Impacts of international trade on carbon flows of forest industry in Finland [J]. Journal of Cleaner Production, 2011, 19 (16).

[400] Ştefănescu - Mihăilă R O. Social investment, economic growth and labor market performance: Case study—Romania [J]. Sustainability, 2015, 7 (3).

[401] Stewart T, Ruckdeschel C. Intellectual capital: The new wealth of organizations [J]. Performance Improvement, 1998, 37 (7).

[402] Stewart T A. Your company most valuable asset-intellectual capital [J]. Fortune, 1994, 130 (7).

[403] Streimikiene D, Kasperowicz R. Review of economic growth and energy consumption: A panel cointegration analysis for EU countries [J]. Renew Sust Energ Rev, 2016 (59).

[404] Stretton H. Urban planning in rich and poor countries [M]. Oxford University Press Oxford, 1978.

[405] Stulz R. Managerial discretion and optimal financing policies [J]. Journal of financial Economics, 1990, 26 (1).

[406] Subramaniam M, Youndt M A. The Influence of Intellectual Capital on

the Types of Innovative Capabilities [J]. Academy of Management Journal, 2005, 48 (3).

[407] Sullivan P H. Value driven intellectual capital: how to convert intangible corporate assets into market value [M]. New York: John Wiley & Sons, Inc. , 2000.

[408] Sveiby K E. The Intangible Assets Monitor [J]. Journal of Human Resource Costing & Accounting, 1997, 2 (1).

[409] Swan T W. Economic growth and capital accumulation [J]. Economic record, 1956, 32 (2).

[410] Syrquin M, Chenery H. Three decades of industrialization [J]. The World Bank Economic Review, 1989, 3 (2).

[411] Tanriverdi H, Venkatraman N. Knowledge relatedness and the performance of multibusinessfirms [J]. Strategic Management Journal, 2005, 26 (2).

[412] Tiba S, Omri A. Literature survey on the relationships between energy, environment and economic growth [J]. Renew Sust Energ Rev, 2017 (69).

[413] Užienė L. Measurement of national intellectual capital: the benchmarking of the Baltic countries in the context of Europe [C]. Proceedings of the European Conference on Intangibles and Intellectual Capital. Trnava: Slovak Republic Academic Conferences International Limited, 2014.

[414] Varadarajan P R. Product diversity and firm performance: An empirical investigation [J]. Journal of Marketing, 1986, 50 (3).

[415] Viedma J M. CICBS: a methodology and a framework for measuring and managing intellectual capital of cities. A practical application in the city of Mataró [J]. Knowledge Management Research & Practice, 2004, 2 (1).

[416] Wang H, Zhang R, Liu M et al. The carbon emissions of Chinese cities [J]. Atmospheric Chemistry and Physics, 2012, 12 (14).

[417] Wang S S, Zhou D Q, Zhou P et al. CO_2 emissions, energy consumption and economic growth in China: A panel data analysis [J]. Energy Policy, 2011, 39 (9).

[418] Wang Y, Wang Y, Zhou J et al. Energy consumption and economic growth in China: A multivariate causality test [J]. Energy Policy, 2011, 39 (7).

[419] Wei Y D. Regional development in China: states, globalization and in-

equality [M]. London: Routledge, 2013.

[420] Wieland A J. Business leadership and diversity: The relationships between team diversity climate, leaders'diversity attitudes, and leadership styles [D]. Iowa: The University of Iowa, 2004.

[421] Wiersema M F, Bantel K A. Top Management Team Demography and Corporate Strategic Change [J]. Academy of Management Journal, 1992, 35 (1).

[422] Williams K, O'Reilly III C. Demography and diversity in organisations: A review of 40 years of research in BM Staw and LL Cummings (eds) Research in organisational behaviour Vol. 20 [J]. Jai Pres, Connecticut, 1998.

[423] Woo W T. Understanding the major threats to China's economic growth [J]. The Impacts of China's Rise on the Pacific and the World, 2018.

[424] Woodruff R B. Customer value: the next source for competitive advantage [J]. Journal of The Academy of Marketing Science, 1997, 25 (2).

[425] Wrigley. Divisional autonomy and diversification [D]. Boston: Harvard Business School, 1970.

[426] Wu C, Song M. Research on the synergy model between knowledge capital and regional economic development [C]. Proceedings of the international conference on swarm intelligence. Beijing: Springer, 2010.

[427] Wu Y. Has productivity contributed to China's growth? [J]. Pacific Economic Review, 2003, 8 (1).

[428] Xia T, Niu J. A study on the measurement of regional intellectual capital [C]. Proceedings of the international conference on e-product e-service and e-entertainment, Henan: IEEE, 2010.

[429] Xu Z, Yu G, Zhang X et al. Soil enzyme activity and stoichiometry in forest ecosystems along the North – South Transect in eastern China (NSTEC) [J]. Soil Biology and Biochemistry, 2017 (104).

[430] Zerenler M, Gozlu S. Impact of intellectual capital on exportation performance: Research on the Turkish automotive supplier industry [J]. Journal of Transnational Management, 2008, 13 (4).

[431] Zhang T, Zou H – f. Fiscal decentralization, public spending, and economic growth in China [J]. Journal of Public Economics, 1998, 67 (2).

[432] Zhang X P, Cheng X M. Energy consumption, carbon emissions, and

economic growth in China [J]. Ecological Economics, 2009, 68 (10).

[433] Zhu C M, Ye W M, Chen Y G et al. Impact of cyclically infiltration of $CaCl_2$ solution and deionized water on volume change behavior of compacted GMZ01 bentonite [J]. Engineering Geology, 2015, 184.